Jacqueline Jacobsen, Olaf Jacobsen

# Der lebendige Spiegel im Menschen



2021
Klimaneutraler Druck
mit firstclimate

Jacqueline Jacobsen
Olaf Jacobsen

# Der lebendige Spiegel
## *im Menschen*

In Resonanz
lernen – lösen – leben – lieben

**Olaf Jacobsen Verlag**

Die in diesem Buch beschriebenen Methoden sollen ärztlichen Rat und medizinische Behandlung nicht ersetzen. Die vorgestellten Informationen und Anleitungen sind sorgfältig recherchiert und wurden nach bestem Wissen und Gewissen weitergegeben. Dennoch übernehmen Autor und Verlag keinerlei Haftung für Schäden irgendeiner Art, die direkt oder indirekt aus der Anwendung oder Verwertung der Angaben in diesem Buch entstehen. Die Informationen in diesem Buch sind zur eigenen, persönlichen Weiterbildung gedacht.

**Wie wird hier geschlechtergerecht formuliert?**

Wird eine Bezeichnung in der Mehrzahl benötigt, dann wird der Genderstern verwendet (Bsp.: „Teilnehmer*innen“). Bei Bezeichnungen in der Einzahl wird unregelmäßig zwischen weiblich und männlich abgewechselt.

Bibliografische Information der Deutschen Nationalbibliothek:
Die Deutsche Nationalbibliothek verzeichnet diese Publikation
in der Deutschen Nationalbibliografie; detaillierte bibliografische
Daten sind im Internet über http://dnb.d-nb.de abrufbar

überarbeitete Neuauflage 2021



Druck und Bindung: CPI books GmbH, Leck

ISBN 978-3-936116-04-5

# Inhalt


Der lebendige Spiegel 7

**I Die erste Spiegel-Ebene: DER KREATIVE** 15

Wie wir uns kreativ an ein neues Selbstbild gewöhnen 23

„Das ist mein kraftvolles Gehirn!" 30

„Du projizierst gerade!" 35

Die Essenz des ersten Kapitels 38

**II Die zweite Spiegel-Ebene: DER VERWUNDETE** 39

Wie wir optimal im Fluss bleiben 41

„Lebe ich Verantwortungsabgabe oder Spiegel-Bewusstsein?" 46

Wie wir eigenverantwortlich mit Verletzungen umgehen 51

Verletzungen sind oft emotionale Phantomschmerzen 54

Wie wir emotionale Phantomschmerzen auflösen 60

Wie wir erfolgreich Projektionen weiterentwickeln 64

„Das ist *dein* Problem!" 72

Die Essenz des zweiten Kapitels 75

**III Die dritte Spiegel-Ebene: DER FORSCHER** 77

Der einzige Maßstab: unser ***Stimmigkeitsgefühl*** 82

Unser Universum besteht aus Kräften / Wünschen 91

„Alles ist DAS WÜNSCHENDE" 94

Unsere Wünsche sind effektive Veränderungsregler 95

So funktionieren wir 104

Wo wirken welche Wünsche? 106

Die große Falle: Schuldzuweisung 111

Wie wir Schuldzuweisungen auflösen 117

Die Essenz des dritten Kapitels 128

**IV Die vierte Spiegel-Ebene: VERBUNDENHEIT** 131

Spukhafte Fernwirkungen überall 132
Wir können die Verbundenheit nicht direkt wahrnehmen 137
Unser Umfeld beeinflusst unsere Wünsche 144
Wie wir Rückschlüsse auf unser Umfeld ziehen können 152
Wer beeinflusst eigentlich wen? 175
Die Essenz des vierten Kapitels 184

**V Unser Spiel mit dem lebendigen Spiegel** 187

Ich fühle mich wie ein „weises freies Kind“ 190
Wie wir unser Umfeld optimal als Spiegel für uns selbst nutzen 194
Was hilft „wirk“ lich? 205
Aus unserer Beobachtung des Umfeldes stellen wir Vermutungen über uns selbst an 211
DIE VIER SZENEN 227
Herzzerreißendes Weinen als höchst effektives Lösungswerkzeug 237
Wie wir Autor*innen uns gegenseitig beim Spiegeln helfen 250
Die Regeln des Freien Aufstellens auf den Alltag übertragen 262
Ein Unterscheidungs-Spiel zur Verfeinerung unserer Realitätsabbildung im Gehirn 271
„Augen auf!“ – Befreie dein Stimmigkeitsgefühl! 283
Wie lernen und wachsen wir mit Freude? 287
Wie wir unsere Problemtrancen nachhaltig auflösen – ein erlösender Überblick 292

Dank 313
Ausbildung für Freie Systemische Aufstellungen 314
Über die Autor*innen 315
Verzeichnis der Spiele und Empfehlungen 318
Literaturverzeichnis 319

# Der lebendige Spiegel

Liebe Leserinnen und liebe Leser,

vielleicht wird Ihnen auffallen, dass wir Autor*innen in diesem Ratgeber privat und persönlich schreiben – auch wenn wir öfter „abstrakte“ Gedankengänge haben oder manche Erkenntnisse von Wissenschaftler*innen ansprechen. Vielleicht haben Sie sogar das Gefühl, dass wir Ihnen einen langen persönlichen Brief schicken. Dann liegt das daran, dass wir uns genau das auch vornehmen. Wir wollen so tun, als ob wir einen ganz persönlichen Brief an Sie schreiben.

Je intensiver wir uns mit den Themen „Spiegel“ und „Resonanz“ befasst haben, desto deutlicher haben wir wahrgenommen: Wir fühlen uns nur authentisch, wenn wir persönlich (= subjektiv) von uns selbst berichten. Wir können und wollen uns nicht hinter einer Objektivität eines Fachbuches verstecken, die eigentlich gar nicht möglich ist.

Denn – was sehen wir, wenn wir direkt in einen Spiegel schauen? Uns selbst. Wenn wir also über diesen Spiegel und seinen Inhalt berichten, reden wir über das, was wir darin entdeckt haben: uns selbst.

Betrachten Sie unseren langen Brief bitte aus zwei Perspektiven:

1. Er spiegelt ausschließlich unsere persönliche, subjektive Realität wider.
2. Er könnte Ihnen selbst als „Spiegel“ dienen. Wie stellen Sie unsere Realität in sich selbst dar und wie reagieren Sie darauf? Wie gehen Sie damit um?

Wir wollen schon gleich zu Beginn tief in das geheimnisvolle Phänomen der Spiegelung eintauchen: Was ist ein Spiegel und wofür können wir ihn einsetzen?

Stehen wir vor einem Spiegel und schauen direkt hinein, dann reflektiert der Spiegel Teile von uns selbst. Wenn wir lächeln, dann blickt unser Spiegelbild genauso lächelnd zurück. Machen wir einen grimmigen Gesichtsausdruck, dann sehen wir auch ein grimmiges Spiegelbild. Wenn wir unserem Spiegelbild liebevoll in die Augen schauen, dann beobachten wir, wie unser Spiegelbild uns liebevoll in die Augen schaut.

Wir beeinflussen als Beobachter das, was wir beobachten. Deswegen können wir das, was wir beobachten, oft auch ***positiv*** beeinflussen.

Inzwischen ist uns das Beeinflussen unseres Spiegelbildes so selbstverständlich geworden, dass wir darüber nicht mehr erstaunt sind. Bei jungen Katzen oder Hunden oder auch kleinen Kindern, die zum ersten Mal in einen Spiegel schauen, können wir die Faszination des „Spiegel-Spiels" noch entdecken. Wir Spiegel-Erfahrene nutzen unser Spiegelbild, um uns erfolgreich zu schminken oder zu rasieren oder Ähnliches. Wir schauen unser Gesicht oder unseren Körper genauer an, um eventuell Dinge an uns zu entdecken, die wir noch zum Besseren verändern wollen. Ohne Spiegelbild könnten wir diese Dinge nicht sehen und daher auch nicht gezielt verändern. Spiegel sind aus unserem Alltag nicht mehr wegzudenken. Wir brauchen sie.

Allerdings gibt es nicht nur glatte Spiegel, die wir im Kaufhaus erhalten. Es gibt auch „lebendige Spiegel" um uns herum, mit deren Hilfe wir unseren persönlichen Entwicklungsprozess intensivieren und beschleunigen können.

Viele Autor*innen von Lebenshilferatgebern schreiben darüber, dass die Menschen um uns herum einen Spiegel für uns darstellen. Sie schreiben, dass sich unser lebendiges Umfeld mit uns in Resonanz befindet und wir es direkt oder indirekt beeinflussen. Im wissenschaftlichen Bereich wird in der Quantenphysik schon lange darüber gesprochen, dass die Beobachterin das Beobachtete beeinflusst. Dementsprechend spiegelt sich in einem Forschungsergebnis auch mehr oder weniger die Haltung der beobachtenden Wissenschaftler*innen wider. Jede Wissenschaft ist subjektiv geprägt.

Die Frage ist: Wie können wir so einen lebendigen Spiegel in der Partnerschaft oder im Alltag als wunderbares Potenzial erkennen und erfolgreich für uns selbst einsetzen?

Zuallererst sollte uns überhaupt *bewusst sein*, dass wir in einen Spiegel schauen. Wenn wir gar nicht wissen, dass wir uns gerade in einem Spiegel selbst wahrnehmen, dann werden wir den Spiegel auch nicht für uns nutzen.

Hinzu kommen noch drei weitere Aspekte. Wir Autor*innen finden sie sehr wichtig und empfehlen, sie immer mit zu berücksichtigen:

- *Was* beobachten wir? Das, worauf wir in der Gegenwart unsere Aufmerksamkeit lenken, bekommen wir zu sehen – alles andere nicht. Der Spiegel spiegelt das, worauf wir *jetzt* unsere Aufmerksamkeit richten. Nicht die Zukunft und nicht die Vergangenheit.

  Beispiel: Schaut die 60-jährige Birgit im Spiegel in ihr Gesicht, dann sieht sie den gegenwärtigen Zustand ihres Gesichts. Ihre Kleidung oder Umgebung nimmt sie in dem Moment höchstens verschwommen im Nebenblick wahr. *Sie bestimmt, dass sie jetzt nur ihr Gesicht sieht.*

- *Wie* beobachten wir etwas? Mit welchem *Werkzeug* und mit welchem *Wunsch*? Davon hängt es ab, wie ein Spiegelbild für uns aussieht. Die Form unseres gewählten Spiegel-Werkzeugs und unsere innere Haltung beeinflussen das Spiegelergebnis.

  Beispiel: Schaut sich Birgit durch einen konkav geformten Kosmetik-Spiegel (*Werkzeug*) ins Gesicht, dann nimmt sie ihre Gesichtshaut **vergrößert** wahr. Vergleicht sie ihre Wahrnehmung zusätzlich noch mit der perfekt reinen Haut eines jungen Models, die sie eigentlich gerne wieder hätte (*Wunsch*), dann ist ihre Haut aus ihrer Perspektive in einer **schrecklichen** Verfassung – mit all den Unreinheiten und Unebenheiten, die sie aufgrund der Vergrößerung entdecken kann. *Sie bestimmt äußerlich und innerlich, wie für sie ihr Gesicht im Spiegel erscheint.*

- *Welche Schlüsse* ziehen wir aus dem, was wir beobachtet haben? Hier entscheiden wir (bewusst oder unbewusst), wie wir mit dem beobachteten Spiegelergebnis *umgehen* und es kommunizieren wollen. Unsere Interpretation des Spiegelbildes und der Umgang damit hängen von unseren grundlegenden Sichtweisen und Wünschen ab.

  Beispiel: Durch ihre „schreckliche" Haut fühlt sich Birgit als Mensch ebenso schrecklich und im Kontakt mit anderen Menschen unwohl. Die anderen könnten ihre Haut ja auch schrecklich finden. Deshalb sollte die Haut behandelt und vielleicht sogar geliftet werden, damit sie schöner wird. Aus diesem Grund massiert Birgit ihre Haut mit den unterschiedlichsten Cremes. Gleichzeitig vermeidet sie, mit anderen Menschen über das Thema „Haut" zu reden, da es in ihr unangenehme Gefühle auslöst. *Sie bestimmt, wie sie mit dem, was sie wahrgenommen hat, umgeht.*

Der Beobachter beeinflusst durch seine bewussten und unbewussten Entscheidungen das, was er beobachtet.

Es gibt noch eine weitere Form der Beeinflussung, die Albert Einstein eine „spukhafte Fernwirkung“ nannte und die in der Psychologie seit Jahrzehnten „Übertragung und Gegenübertragung“ genannt wird. In der Gehirnforschung ist dieses Phänomen inzwischen mehrfach bewiesen worden. Es beeinflusst uns in jeder Beziehung: Verschiedene Gehirne können synchron miteinander schwingen – auch über die Entfernung. Bei wissenschaftlichen Tests wurde eine Affenmutter mit einer kleinen Nadel gestochen. Gleichzeitig reagierte das Schmerzzentrum im Gehirn ihres Affenbabys, das in einem weit entfernten anderen Raum an Gehirnmessgeräte angeschlossen war. Irgendwie muss diese Fernwirkung, diese synchrone Schwingung, diese „Resonanz“, auf einer noch unerforschten „universellen Verbundenheit“ beruhen.

In unserem Beispiel mit Birgit könnte es folgender Szene entsprechen: Birgit findet ihre Haut schrecklich und hat die Befürchtung, andere Menschen würden ihre Haut ebenso schrecklich finden. Diese innere Haltung wirkt sich möglicherweise auf diejenigen Menschen aus, die Birgit anschauen und zu ihr eine Empathie leben. Schwingen diese anderen Menschen in ihrem Gefühl in „Resonanz“ zu Birgit, dann fühlen sich einige (nicht alle!) mit Birgits Haut tendenziell ebenso unwohl – selbst wenn Birgit nichts dazu gesagt hat.

Würde Birgit ihre Haut normal finden, könnte es sich auf andere Menschen so auswirken, dass sie Birgits Haut ebenso normal finden. Birgits innere Haltung gegenüber ihrer Haut können also einige andere Menschen bewusst oder unbewusst spüren und reagieren manchmal in Resonanz darauf. *Hier beeinflusst Birgit ihren Umwelt-Spiegel. Ihre innere Haltung spiegelt sich in manchen Bewertungen Ihres Umfeldes wider.*

Wenn Birgit nun ihren Umwelt-Spiegel gezielt für sich selbst einsetzen möchte, dann ist entscheidend,

a) *was* sie durch den Umfeld-Spiegel betrachtet, auf welchen eigenen Anteil sie ihre Aufmerksamkeit richtet, welche Fragen sie über sich stellt.

b) *wie* sie diesen Teil wahrnimmt, also von welchem Umfeld sie sich spiegeln lässt. Unterschiedliche Menschen können den gleichen Anteil von ihr unterschiedlich widerspiegeln, denn jeder Mensch hat eine andere Art, seine Gefühle und Gedanken auszudrücken. Das Spiegelergebnis hängt von der Form des Spiegels ab, von den Charakterzügen und persönlichen Verhaltensmustern eines spiegelnden Menschen.

c) *wie sie* mit der Spiegelung *umgeht*, wie sie das Spiegelbild interpretieren möchte, welche Gewichtung und Bewertung sie den Reaktionen ihres Umfeldes gibt und wie sie es für sich selbst in Worte fasst.

Diese drei Aspekte zeigen, wo wir unser Spiegelbild selbstständig beeinflussen und daher auch zum Positiven verändern können. Wir sind nicht von dem Spiegelbild abhängig, das wir gerade sehen, sondern wir können es ändern. Wir können angenehmere Fragen über uns selbst stellen, wir können einen angenehmer spiegelnden Menschen wählen, wir können angenehmer mit der Spiegelung umgehen etc.

Die „spukhaften Fernwirkung" zwischen Menschen und wie wir sie gezielt als Spiegel für unser Leben nutzen können, behandeln wir ausführlich ab dem vierten Kapitel. In den ersten drei Kapiteln wollen wir für Sie eine Art „Grundlage" schaffen, durch die Sie später den lebendigen Spiegel optimal für sich einsetzen können. Diese Grundlage verteilen wir wie folgt auf die Kapitel:

1. Wir können ein ***Spiegel-Bewusstsein*** entwickeln: Aus biologischen Gründen schauen wir permanent in den Spiegel (Kapitel I).
2. Wir können die ***Richtung unserer Aufmerksamkeit*** wählen und entscheiden, *was* wir in diesem Spiegel beobachten (Kapitel I und III).
3. Wir können die ***innere oder äußere Art und Weise*** wählen, *wie* wir etwas beobachten (Kapitel II).
4. Wir können unsere Bewertung und unseren ***Umgang*** mit dem, was wir wahrnehmen, wählen (Kapitel II und III).
5. Wir machen uns bewusst, dass wir durch eine gewisse Verbundenheit unser Umfeld permanent beeinflussen. Umgekehrt werden auch wir vom Umfeld permanent beeinflusst. Diese ***Beeinflussungen*** können wir gezielt und kraftvoll für unsere Weiterentwicklung einsetzen (Kapitel IV und V).

Diesen Umgang mit einem Spiegel können wir uns in jeder alltäglichen Situation vergegenwärtigen. Sobald wir uns im Alltag an diese fünf Punkte erinnern, erhöhen wir unsere Wahlmöglichkeiten und werden dadurch flexibler und auch gelassener und klarer.

Im Bereich der Gehirnforschung schreibt der Neurobiologe Gerald Hüther in seinem Buch „Was wir sind und was wir sein könnten" (2011) darüber, dass die Neurobiologie in den letzten Jahren an eine bestimmte Grenze gestoßen sei.

Es werde immer deutlicher, dass scheinbar objektive Untersuchungen und Experimente von den Versuchsleiter*innen abhängen. Ihre subjektiven Erfahrungen, Überzeugungen und Erwartungen hätten beim Experiment einen entscheidenden Einfluss auf ihre Fragestellungen (*Was* schauen sie an?), auf die Versuchsabläufe (*Wie* schauen sie etwas an?) als auch auf ihre Interpretationen der erhobenen Messdaten (*Wie* gehen sie mit ihren Beobachtungen um?). Hüther meint, dass die Naturwissenschaft nach der Quantenphysik nun auch auf dem Gebiet der Biologie, speziell der Neurobiologie bei einem Punkt angekommen sei, den die Mystiker vergangener Zeiten ebenfalls schon erreicht hätten – nämlich „bei der Erkenntnis, dass alle beobachtbaren Erscheinungen auf eine Weise miteinander verbunden und voneinander abhängig sind, die sich nicht mehr mit einfachen Worten beschreiben, bestenfalls noch in verschwimmenden Bildern erfassen oder einfach nur noch erspüren lässt."

Beim Stöbern in anderen Ratgebern haben wir es vermisst, das konkret erklärt wird, was eigentlich mit dieser Verbundenheit zwischen Beobachter und beobachteter Erscheinung gemeint ist. Was genau ist verbunden und voneinander abhängig und was nicht? Wer beeinflusst was? Wer ist bei der gegenseitigen Beeinflussung dominanter? Warum? Wie kann man mit so einem Umwelt-Spiegel gezielt umgehen? Wie können wir ihn in Beziehungen praktisch anwenden, um uns mit seiner Hilfe optimal weiterzuentwickeln? Um kleinere und größere Probleme wirkungsvoll und nachhaltig zu lösen und Herausforderungen leichter zu bewältigen?

Diese Lücke füllen wir mit diesem langen „Brief" an Sie. Wir bieten denjenigen eine Grundlage, die noch nie etwas davon gehört haben, dass Menschen sich gegenseitig ein Spiegel sein können. Und wir zeigen Fortgeschrittenen neue überraschende Sichtweisen und Techniken, die wir für uns entdecken durften. Dafür werden wir viele Beispiele bringen, wie wir Autor*innen uns erfolgreich als Spiegel nutzen - innerhalb unserer Ehe und auch für unser sonstiges Leben.

Gleichzeitig sind wir uns bewusst, dass wir natürlich nur über das schreiben können, womit wir uns beschäftigt und was wir kennengelernt haben. Außerdem sind unsere Themen höchst selektiv, nicht wertfrei und von uns subjektiv zu hundert Prozent beeinflusst. Das beginnt schon beim Begriff „Erfolg". Das, was für uns als Ehepaar eine „erfolgreiche" Nutzung eines Spiegels ist, muss für Sie noch lange nicht die gleiche Bedeutung haben.

Für unsere Subjektivität wollen wir uns nicht entschuldigen – im Gegenteil: Wir sagen, dass Subjektivität ein ganz wichtiger Bestandteil sowohl beim Thema „lebendiger Spiegel“ als auch generell in unserer Gesellschaft ist. Unserer Meinung nach ist sie viel zu wenig integriert. Wie viele Bücher machen den Eindruck einer gewissen Objektivität und sind doch extrem subjektiv gefärbt?! Wie viele Autor*innen formulieren in Behauptungen und erwecken den Eindruck, dass es gar nicht anders sein könnte? Wie viele Seminarleiter*innen vermitteln den Inhalt ihrer Seminare als „Wahrheit“ und weniger als „persönliches Angebot“?

Subjektivität wird oft minderwertig behandelt und nicht ernst genommen. Deswegen wollen wir Ihnen mit unserem persönlichen Brief Mut machen, zu Ihren eigenen Sichtweisen und zu Ihrem individuellen Bewertungsmaßstab zu stehen, ihn offen zu kommunizieren und sich dadurch insgesamt authentischer zu fühlen.

Wir werden bereits bekannte Sichtweisen einzelner Wissenschaftler*innen, Philosoph*innen und Weisheitslehrer*innen als auch unsere eigenen Erfahrungen auf unsere subjektive Weise neu sortieren und werden sie dem Thema „lebendiger Spiegel“ zuordnen. Es entstehen dadurch neue Zusammenhänge und Erkenntnisse, die wir in dieser Form noch nirgends gelesen haben. Zusätzlich werden wir Ihnen Übungen vorschlagen, mit denen Sie Ihr alltägliches Erleben erweitern können. Diese Übungen nennen wir „Spiele“. Der Begriff „Spiel“ ist für uns stimmiger, weil er in unserem Gefühl mit mehr Leichtigkeit verknüpft ist – weniger mit „anstrengender Übung“.

Wir wollen so viele Menschen wie möglich erreichen. Deshalb haben wir für Neulinge viele wiederholende Formulierungen und möglichst einfache Beispiele als „Training“ und zum besseren Verständnis eingebaut. Es könnte vorkommen, dass manche Leser*innen bei Wiederholungen oder banalen Beispielen Desinteresse zu fühlen beginnen, weil sie die Thematik bereits kennengelernt oder verstanden haben. Dafür gibt es am Ende der ersten vier Kapitel jeweils eine Zusammenfassung. Wer schneller begriffen hat, worum es in einem Kapitel geht, kann einfach zu dieser Zusammenfassung springen. Allerdings verzichten wir auf eine Essenz des fünften Kapitels, da es nach unserem Gefühl wegen seines Ideenreichtums kaum weiter zusammenfassbar ist. Dafür gibt es am Ende des Buches eine andere Art der Zusammenfassung (ab Seite 292).

Wenn Sie tiefer in die Thematik einsteigen, alle Zusammenhänge gut verstehen möchten und sich so trainieren wollen, dass sich Ihr Denken und Fühlen allmählich umstellt und neu vernetzt, dann empfehlen wir Ihnen, das Buch von vorne bis hinten mit viel Zeit und Ruhe komplett durchzulesen.

Wir hoffen, dass Sie etwas mit unseren Erfahrungen und Erkenntnissen anfangen können. Und so machen wir uns nun mit Freude und Motivation daran, Ihnen diesen langen persönlichen Brief zu schreiben. Wir wünschen Ihnen die gleiche Freude und Motivation beim Lesen der folgenden Seiten – bis hin zum Happy End unseres Briefes.

Jacqueline und Olaf Jacobsen — Karlsruhe, im April 2013

# I

# Die erste Spiegel-Ebene:

## Der Kreative

*Olaf*:

Liebe Leserinnen und Leser, es ist mir ein großes Anliegen, mich ganz herzlich bei Ihnen zu bedanken. Denn indem Sie Ihre Augen Wort für Wort diese Zeilen entlangführen, machen Sie es möglich, dass ich zu Ihnen sprechen kann. Sie machen mich in sich selbst lebendig. In diesem Sinne sind Sie gerade ein kreativer Schöpfer.

Ihre Augen sind auf diese Seite gerichtet, auf dieses Blatt Papier. Innerhalb Ihrer Augen erfühlen die Rezeptorzellen der Netzhaut die Unterschiede der hereinkommenden Lichtwellen zwischen weiß und schwarz. Diese Unterschiede werden in Form von elektrischen und chemischen Signalen an Ihr Gehirn weitergeleitet. In Ihrem Gehirn findet ein blitzschneller Verarbeitungsprozess statt: Alle Neurone, die sich von diesen Signalen „angesprochen" fühlen, beginnen, gemeinsam zu feuern. Dadurch verstärken oder erneuern sich synaptische Verbindungen im Gehirn. Grob gesagt bilden sich blitzschnell neue „Formen" (In-Form-ationen). Dadurch werde ich in Ihnen geformt und scheinbar zum Leben erweckt. Sie „erleben" es, als ob ich hier gerade zu Ihnen spreche.

Aber wer bin ich eigentlich?

Im Grunde bin ich nur der, den Sie jetzt gerade aus mir machen. Natürlich machen Sie es nicht bewusst. Sie schauen nicht in dieses Buch und überlegen sich gleichzeitig, was Sie hier kreativ erschaffen könnten. Sondern es passiert einfach in Ihnen. Automatisch und unbewusst.

Im Laufe Ihres bisherigen Lebens haben Sie sich spielerisch oder konzentriert unzählige Fähigkeiten angeeignet, die Sie auch weiterhin nutzen (das Laufen, das Reden, Fahrradfahren etc.). Sie haben mit einer Fähigkeit so lange gespielt, sie trainiert und immer wiederholt, bis sie wie von selbst geflossen ist. Die meisten Fähigkeiten trainieren Sie heute nicht mehr, sie laufen inzwischen automatisch und unbewusst ab. Sie leben nur noch das Ergebnis – den Fluss.

Eine Fähigkeit, die Sie als Kind erlernt haben, ist beispielsweise, Buchstaben zu erkennen und sie zu Wörtern zusammenzufügen. Sie haben im Laufe der Zeit gelernt, diese Wörter flüssig zu verarbeiten. Deshalb haben Sie beim gleichmäßigen Führen Ihrer Augen das Gefühl, als ob ich jetzt zu Ihnen spreche. Das ist Ihre eigene Leistung. Ich mache dabei gar nichts. Überhaupt nichts. Das, was ich getan habe, ist schon lange vorbei. Und damit komme ich zu einem anderen Anteil von mir.

Natürlich bin ich nicht nur der, den Sie gerade in Ihrem Kopf unbewusst selbst herstellen. Sondern ich bin auch ein realer Mensch mit einem Namen. Mein Name ist Olaf Jacobsen. Ich bin Autor mehrerer Bücher und schreibe zusammen mit meiner Frau Jacqueline gerade dieses Buch. Es macht uns Freude, uns zu überlegen, wie wir Ihnen unsere tiefen Erfahrungen und Erkenntnisse möglichst klar und verständlich aufschreiben. Dabei fühlt es sich für uns stimmig an, dass ich die Grundstruktur des Buches formuliere, während Jacqueline Beispiele aus unserem Alltag einstreuen wird.

Aus unserer Perspektive sind die Leistungen von Jacqueline und mir schon lange Vergangenheit. Das Buch ist fertig geschrieben und gedruckt. Wir haben uns inzwischen den nächsten darauf aufbauenden Aufgaben zugewendet, während Sie uns jetzt in der Gegenwart in sich lebendig werden lassen.

Auch wenn ich mir dieses Unterschieds zwischen Ihnen und uns Autor*innen bewusst bin, springe ich nun zu meiner Gegenwart zurück: Ich sitze an meinem Laptop und tippe diese Zeilen. Ich beginne, unsere Erfahrungen mit dem lebendigen Spiegel im Menschen aufzuschreiben. Dabei stelle ich mir vor, dass ich mit vielen verschiedenen Leser*innen rede. Gleichzeitig weiß ich: Diese Leser*innen sind meine eigenen subjektiven Kreationen in meinem Gehirn.

Eigentlich gibt es sie so, wie ich sie mir vorstelle, gar nicht.

Was mache ich also? Ich rede mit den „Fantasieprodukten“, die ich mir selbst erschaffen habe, also mit meiner Schöpfung. Letztendlich rede ich mit mir selbst.

Und was machen Sie? Sie hören sich selbst reden, denn Sie erschaffen mich ja gerade in Ihrem eigenen Gehirn – mit Hilfe dieses Buches. Während Sie hier lesen, erschafft Ihr Gehirn kreativ einen Olaf Jacobsen, der dem realen Olaf Jacobsen höchstens „ähnlich“ ist. Außerdem erschaffen Sie kreativ Bilder von den Themen, über die ich schreibe. Aber wie groß die Ähnlichkeit zwischen Ihren Bildern und der Realität ist, können Sie nie wirklich herausbekommen oder gar „wissen“.

Biolog*innen und Hirnforscher*innen schreiben in Ihren Forschungsberichten, dass wir die Realität nie so wahrnehmen, wie sie „wirklich“ ist. Der Neurowissenschaftler Wolf Singer sagte in einem Spiegel-Interview (1/2001): „Wahrnehmung ist stets ein aktiver Prozess, keineswegs bloßes Aufnehmen von Sinneseindrücken. Unsere Wahrnehmungssysteme sind in hohem Maße interpretativ.“

Der renommierte chilenische Biologe Humberto Maturana beschreibt uns Menschen sogar als „autopoietische Systeme“ (griech. autos = selbst; poiein = machen). Er ist davon überzeugt, dass wir die Welt in uns selbst erzeugen. Durch unser Wachstum, durch unseren Lebensimpuls stellen wir in uns die Welt selbst her – sozusagen als Landkarte für die Welt um uns herum. Wir machen in uns selbst ein Modell der Welt und halten dieses Modell für die Realität.

Im Buddhismus gibt es diese Sichtweise schon seit hunderten von Jahren. So soll der buddhistische Meister Rangjung Dorje im 14. Jahrhundert sinngemäß gesagt haben: „Zwar nimmt das Bewusstsein ein Objekt wahr, seine Besonderheiten werden jedoch von den geistigen Faktoren konstruiert.“

Oscar Wilde formulierte es auf poetische Weise: „Erst im Gehirn ist der Klatschmohn rot, duftet der Apfel und trillert die Lerche.“

So gibt es unzählige Wissenschaftler*innen und Menschen, die in sich selbst eine Realität erzeugt haben, in der lebendige Wesen in sich selbst Realitäten erzeugen (klarer ausgedrückt: Unzählige Wissenschaftler*innen sind davon überzeugt, dass wir unsere Realität im Gehirn aktiv *erzeugen*).

Um das alles besser nachvollziehen und verstehen zu können, malen Sie sich bitte folgenden Prozess aus:

Unsere Wahrnehmungsorgane (Augen, Ohren, Nase, Haut etc.) nehmen Schwingungen von unserer ***äußeren*** Realität wahr. Daraufhin schicken sie Signale an unser Gehirn. Das Gehirn wiederum interpretiert diese Signale blitzschnell, zieht seine Schlüsse daraus und stellt mit Hilfe von feuernden Neuronen eine ***innere*** Realität her. Wir Menschen erleben in Wirklichkeit *nur* diese innere Realität und glauben, dies sei die äußere.

Aus dieser inneren Realität heraus gibt das Gehirn „Handlungsanweisungen" an die Muskeln unseres Körpers und wir werden daraufhin aktiv. Unsere Augen bewegen sich, unsere Beine, unsere Hände etc. Gleichzeitig „begleiten" unsere Wahrnehmungsorgane das, was wir tun. Sie beobachten unsere Aktivität und schicken wieder entsprechende Signale (die „Erfahrungen", die wir gerade machen) an unser Gehirn. Das Gehirn wiederum bildet feuernd eine neue *innere* Realität daraus.

Es läuft ein permanenter Austausch zwischen Gehirn und Wahrnehmungsorganen ab. Dies hilft dem Gehirn, die innere Realität von Erfahrung zu Erfahrung zu aktualisieren und zu verfeinern. Blitzschnell, beinahe synchron mit den Signalen, die durch unsere Wahrnehmungsorgane hereinkommen, stellt es ein immer besser funktionierendes Gleichgewicht zum äußeren Umfeld her. Letztendlich hat es unser Gehirn zu einer Perfektion gebracht, die uns selbst die Illusion vermittelt, wir würden die Welt vollkommen und direkt so wahrnehmen, wie sie ist. Selbst unsere blinden Flecken werden ausgeblendet.

Unseren bekanntesten blinden Fleck zeige ich Ihnen durch ein Experiment auf der folgenden Seite: Schließen Sie bitte gleich Ihr linkes Auge und schauen nur mit dem **rechten** Auge auf den Stern auf der *linken* Seite. Falls Sie eine Brille haben, nehmen Sie diese bitte zuerst ab und leben damit, dass Sie die Punkte unscharf wahrnehmen.

Strecken Sie Ihre Arme aus und halten das Buch ganz weit von sich weg. Während Sie weiterhin immer mit dem rechten Auge den Stern fixieren, holen Sie nun langsam das Buch immer näher an Ihr Auge heran – ohne die Augen zu bewegen (immer den Stern fixieren!). Sie beobachten dabei im Nebenblick, ob Sie den *unteren, rechten* Kreis durchgehend in Ihrem Wahrnehmungsfeld wahrnehmen können oder ob er beim Heranfahren verschwindet und dann wieder auftaucht.

Sie können auch Folgendes machen: Wenn er verschwindet, dann behalten Sie den Abstand zum Buch so, wie er gerade ist, und schauen kurz mit dem rechten Auge direkt hinüber auf den Kreis und dann wieder zurück auf den Stern. In dem Moment, in dem Sie wieder auf den Stern schauen, wird Ihnen das Verschwinden des unteren Kreises noch deutlicher.

Der obere größere Kreis in der Mitte dient als „Kontrollkreis", denn er verschwindet bei dem Experiment nicht aus Ihrem Blick.

Dieses Phänomen passiert, weil es auf unserer Netzhaut eine Stelle gibt, an der sich *keine* Lichtrezeptoren befinden. Demnach können auch keine Lichtwellen empfangen werden. Genau an dieser Stelle knüpfen die Fasern des Sehnervs, der zum Gehirn führt, an die Netzhaut an. Hier sieht das Auge nichts. Ein blinder Fleck.

Das Interessante dabei ist: Wenn der Kreis verschwindet, dann sehen wir stattdessen kein schwarzes Loch, sondern unser Gehirn ***ergänzt*** diese „Lücke". Wir haben das Gefühl, an dieser Stelle die weiße Farbe der Buchseite zu sehen. Unsere blinden Flecken werden vom Gehirn automatisch ergänzt und damit zum Verschwinden gebracht. Unser Gehirn projiziert – ohne dass uns das bewusst ist!

Jetzt übertragen wir diese Erfahrung auf unsere gesamte Realität: Durch äußere Objekte angeregt entwickeln unsere feuernden Neurone im Gehirn eine innere Projektion. Dort, wo „Lücken" in unserer Wahrnehmung existieren, merken wir es nicht, weil unser Gehirn fleißig weiter feuert, projiziert und die Lücke *dem Kontext und den bisherigen Erfahrungen entsprechend* „logisch" und „stimmig" ergänzt. Deshalb empfinden wir unsere Wahrnehmung als „vollständig" und haben z. B. das Gefühl, als wüssten wir, wie andere Menschen sind, was sie wohl denken oder wie die Welt ist. In Wirklichkeit nehmen wir nur die Projektionen unseres Gehirns wahr, unser inneres Modell, unsere nach unserem Gefühl perfekte Abbildung der Realität.

*Jacqueline*:

Vor vielen Jahren, am Anfang unserer Beziehung, habe ich mit Olaf einmal folgende Situation erlebt: Ich merkte, dass er – ohne ein Wort zu sagen und ohne sich von mir zu verabschieden – das Haus verließ, einfach ging, in sein Auto stieg und davonfuhr. Ich sah noch aus dem Küchenfenster, wie er wegfuhr, und sofort stieg in mir eine Angst hoch. Für mein Gehirn gab es keine Erklärung für sein Verhalten. Diese Lücke schloss mein Gehirn mit der damals einzig möglichen Erklärung, die es bis dato aus der früheren Vergangenheit ‚gelernt' hatte: Jemand ist böse auf mich und ich werde verlassen.

Ein anderer Mensch mit einem anderen Gehirn hätte in der gleichen Situation die Lücke mit einer anderen Projektion geschlossen, z. B. „Olaf geht einkaufen". Dies wäre für diesen Menschen genauso ‚real' gewesen, wie damals für mich die Verlustszene.

Später erzählte mir Olaf, dass er einfach nur in Gedanken versunken das Haus verlassen habe, einkaufen gefahren sei und aus Versehen nicht ans Verabschieden gedacht hatte.

*Olaf*:

Die Lücken unserer inneren Realität werden uns meistens erst bei Unstimmigkeiten mit der äußeren Realität bewusst. Wenn uns andere Menschen hinterher erzählen, was sie gedacht oder warum sie etwas getan haben, entdecken wir, dass dies nicht mit unserer Vorstellung übereinstimmt.

Durch ***genaues Erforschen und Nachfragen*** können wir unsere Lücken klären und unsere innere Realität noch exakter ausfeilen. So wird der Unterschied zwischen innerer und äußerer Realität immer geringer und unsere Menschenkenntnis wächst.

Schwierig wird es, wenn unser Gehirn gar nicht erkennt, dass es gerade projiziert. Dabei sind wir überzeugt, dass wir alles korrekt wahrnehmen, und kommen selten auf die Idee, zu forschen oder nachzufragen. Genau dafür schreiben Jacqueline und ich diesen langen Brief an Sie, damit Ihnen Ihre innere Realität immer bewusster werden darf. Wir wollen Ihnen Sichtweisen und Spiele anbieten, mit denen Ihnen im Alltag immer schneller klar wird, dass Sie projizieren und diese Projektion immer wieder neu hinterfragen, überprüfen und erneuern können.

Denken Sie beispielsweise an einen U-Boot-Kapitän. Er schaut nicht durch ein Fenster nach draußen, sondern er hat nur Messgeräte, Armaturen und Bildschirme vor sich. Die „Wahrnehmungsorgane“ (Messinstrumente) des U-Boots leiten elektrische Impulse an diese Armaturen weiter. Der Kapitän interpretiert, was er darauf sieht und gibt entsprechende Steuerbefehle oder steuert selbst.

Maturana sagt dazu, dass wir in Wirklichkeit nichts wahrnehmen, sondern dass wir die internen Bewegungen innerhalb unseres Nervensystems interpretieren und sie in ein virtuelles Außen projizieren.

Da dieser Zusammenhang nicht sofort für jeden verständlich ist, hier noch eine genauere Erklärung: Der U-Boot-Kapitän interpretiert die Bewegungen der Zeiger, die Angaben auf den Armaturen oder Bildschirmen und stellt sich daraufhin vor, wie wohl die Umgebung draußen im Wasser aussieht. Er hat kein Fenster, er sieht nicht die Riffe oder die anderen U-Boote direkt, sondern er stellt es sich mit Hilfe der Informationen von den Armaturen nur vor. Diese Vorstellung ist das „virtuelle Außen“. Also: Wir Menschen interpretieren die unterschiedlichen Bewegungen in unserem Nervensystem und stellen uns vor, wie es wohl um uns herum aussieht. Wir sehen es nicht wirklich.

Das hört sich zuerst wie eine „Unfähigkeit“ an, wie ein Mangel: „Wir Menschen können die Realität leider gar nicht wirklich wahrnehmen. Wir ‚projizieren' sie nur ...“. Doch dahinter verbirgt sich ein großes Potenzial: Wenn wir sowieso „nur“ projizieren und diese Projektionen unser Leben beeinflussen, dann können wir auch ***gezielt*** mit Hilfe von Projektionen (Fantasien, inneren Bildern) unser Leben anders beeinflussen – und zwar so, dass wir uns immer besser und immer freier fühlen.

Die **Kraft der Gedanken** wird in vielen Lebenshilfebüchern betont. Durch Visualisierungen positiver Bilder sollen wir unser Leben positiv beeinflussen können. Meistens wird dabei empfohlen, diese positive Vorstellungskraft durch Training zu entwickeln. Aber niemand schreibt darüber, dass wir Visualisierungen bereits täglich anwenden. Die Aktivität unseres Gehirns, alltäglich ein Umfeld wahrzunehmen, es in sich feuernd als Modell zu projizieren und mit diesem Umfeld auch noch zu interagieren, basiert auf Visualisierungen, auf reinen mentalen Prozessen, auf der „reinen Kraft der Gedanken“. Wir setzen diese Mental-Kraft täglich ein – auf ganz gewohnte Weise. Keiner muss etwas trainieren. Jeder tut es schon! Jetzt kommt es nur noch darauf an, dieses Potenzial in uns wirkungsvoll auf andere Bereiche zu übertragen, in denen wir es noch nicht bewusst einsetzen. Wie das gelingt, zeigen wir in den nächsten Kapiteln.

Johann Wolfgang von Goethe soll geschrieben haben (laut Don Joseph Goewey in *Mystic Cool* – das Zitat entspricht möglicherweise nicht dem originalen Wortlaut): „Ich bin zu dem furchterregenden Schluss gekommen, dass ich selbst das bestimmende Element bin. Meine persönliche Geisteshaltung erschafft das Klima. Meine tägliche Stimmung macht das Wetter. Ich besitze die enorme Kraft, das Leben leid- oder freudvoll zu gestalten. Ich kann ein Werkzeug der Qual oder ein Instrument für Inspiration sein, ich kann demütigend oder humorvoll sein, verletzen oder heilen. In allen Situationen ist es meine Antwort, welche entscheidet, ob eine Krise eskaliert oder beruhigt wird und ob ein Mensch menschlicher oder unmenschlicher wird.“

Wir Menschen erleben es bisher eigentlich ganz anders. Diese eben beschriebenen biologischen Zusammenhänge unseres Gehirns müssen sich in uns erst setzen und zu einem neuen Selbstbild formen. Daher beschreibe ich es für Sie zur Übersicht und zum Training noch einmal im Folgenden. Lassen Sie sich bitte Zeit und vollziehen Schritt für Schritt nach:

**1. Das Außen:**

Im Außen existieren ganz viele Schwingungen um uns herum. Lichtwellen, Schallwellen, Funkwellen, Magnetfelder etc. Wie sich unsere Physiker inzwischen vorstellen, besteht auch die Materie aus Schwingungen. Hans-Peter Dürr, Physiker, Heisenberg-Schüler, Friedensnobelpreisträger und Träger des Alternativnobelpreises sagt: „Ich habe 50 Jahre – mein ganzes Forscherleben – damit verbracht zu fragen, was eigentlich hinter der Materie steckt. Das Ergebnis ist ganz einfach: Es gibt keine Materie. Ich habe 50 Jahre an etwas gearbeitet, was es gar nicht gibt. Aber das ist ganz aufregend!“

Diese Schwingungen und Felder um uns herum haben zunächst keinerlei Bedeutungen. Sie haben nur verschiedene Formen. Sie sind einfach da. Sie existieren so, wie sie sind. Und wir Menschen lassen unsere Wahrnehmungsorgane von diesen Schwingungen und Feldern anregen.

**2. Das Innen:**

Unsere Wahrnehmungsorgane werden durch die Schwingungen und Felder verändert. Rezeptoren registrieren in sich selbst die Veränderungen ihrer eigenen Zustände. Darauf reagieren sie mit elektrischen und/oder chemischen Signalen, die sich innerhalb unseres Körpers, speziell unseres Gehirns, durch viele feuernde Nervenzellen blitzschnell weiterverbreiten. Unser Inneres „sucht“ kraftvoll nach bisher erlebten gespeicherten Ähnlichkeiten, nach eigenen „Formen“, nach „Resonanz“. Es vergleicht und entscheidet, ob und wie es zu den gerade vorhandenen Zielen, Wünschen und Bedürfnissen des gesamten Ichs passt. Mit Hilfe der kreativen Kraft unserer Gedanken gibt unser Inneres Bedeutungen, Bewertungen und bildet dabei neue Formen. Wir bewerten diese Signale – bewusst oder unbewusst. Kraftvoll machen wir etwas aus diesen Signalen. Doch was wir aus diesen Signalen machen, entscheiden wir in unserem Gehirn ganz allein.

Wir Autor*innen sind uns bewusst, dass diese Zusammenhänge für einige Leser*innen sicherlich sehr abstrakt, theoretisch und momentan noch schwer nachvollziehbar sind. Trotzdem benötigen wir hier diese Beschreibungen als Grundlage, um später darauf aufbauen zu können. Wir versichern: Es wird schon ab dem zweiten Kapitel wesentlich einfacher und praktischer. Der Höhepunkt ist dann unser letztes Kapitel.

## Wie wir uns kreativ an ein neues Selbstbild gewöhnen

*Olaf:*

Jacqueline und ich haben uns überlegt, wie wir uns diese biologischen Zusammenhänge und die bereits existierende Kraft unserer Gedanken so bewusst machen können, dass sie uns im Alltag immer präsent sind. Wie können wir kreativ ein neues Bewusstsein dafür entfalten, dass das, was wir gerade wahrnehmen, eine kraftvolle, mentale Projektionsleistung unseres Gehirns darstellt?

Im Moment unterliegen viele Menschen immer noch der Täuschung, sie würden *direkt* ihre Umwelt sehen und *direkt* hören können, was für Geräusche um sie herum vorhanden sind. Sie leben in dem Irrtum, ein anderer Mensch meint genau das, was er gerade sagt. Sie meinen, den anderen meistens *sofort* verstehen zu können, wenn er etwas mitteilt oder fragt.

Wir Autor*innen bieten an, die neuen Erkenntnisse der Biolog*innen und Gehirnforscher*innen praktisch zu nutzen und sich neu zu trainieren. Wir haben das Gefühl, dass das alte Menschenbild, man würde *direkt* die Realität wahrnehmen, ein Nährboden für so manche zwischenmenschlichen Probleme und Konflikte darstellt. Besonders wenn wir kraftvoll etwas auf andere Menschen projizieren, diese aber ganz anders sind! Oder wenn wir etwas objektiv behaupten, was wir in Wirklichkeit gar nicht behaupten können, weil es eigentlich nur eine Projektion unseres Gehirns ist.

Jacqueline und ich haben erfahren, dass sich durch diese Bewusstseinserweiterung automatisch manche Konflikte leichter bewältigen lassen.

Außerdem gilt: Je bewusster uns wird, dass wir immer die kraftvolle Projektion unseres Gehirns wahrnehmen, desto bewusster wird uns auch **die kreative Kraft unserer Gedanken** und desto effektiver können wir unsere natürliche Kompetenz für unsere Ziele einsetzen.

Die erste Eselsbrücke, die wir für uns gefunden haben, schlagen wir Ihnen als folgendes Denkmuster vor:

Stellen Sie sich kreativ vor, Sie sind die **Kapitänin** oder der **Kapitän** in Ihrem eigenen Gehirn und sind abhängig von den hereinkommenden Messdaten, wie eine Kapitänin in einem U-Boot.

Wie wir wissen, ist das Gehirn durch den Schädel geschützt und es gibt vom Gehirn aus keinen direkten Zugang nach außen. Es gibt keine Fenster im Kopf und keine Löcher, durch die das Gehirn Licht und Schall *direkt* empfangen kann. Es ist komplett rundherum abgeschirmt. Sie können also wie eine Kapitänin innerhalb des U-Boots nicht aus Ihrem Gehirn herausschauen. Aber es gibt Messinstrumente, die das Außen vermessen und dann entsprechende Impulse blitzschnell nach innen an das Gehirn weiterleiten: Augen, Ohren und alle weiteren Nervenzellen auf der Haut und im Körper.

Bewusstseinsforscher*innen haben noch kein klares Bild, wo sich unser Bewusstsein genau befindet. Ich selbst denke, dass Bewusstsein sowieso überall dort ist, wo Wandlungsprozesse stattfinden. Und da sich alles permanent wandelt und aus Schwingungen besteht, ist auch überall Bewusstsein. Dabei rede ich von einer *allgemeinen* Bewusstseinsform (siehe S. 188 f.).

Manche Bewusstseinsforscher*innen suchen jedoch nach dem *menschlichen* Bewusstsein, das über sich selbst nachdenken kann, sich mancher Dinge über sich selbst bewusst ist und mancher Dinge nicht. Sie suchen nach dem Bewusstsein, das sich abschaltet, wenn der Mensch „bewusst-los" auf dem Boden liegt oder wenn er schläft.

Stellen Sie sich vor, dass Ihr menschliches Bewusstsein ein bestimmter Teil Ihres Gehirns oder Ihres Körpers ist. Es könnten auch mehrere Teile sein, die über das Gehirn oder über das Herz oder über den Körper verstreut sind und immer synchron zusammenarbeiten. Ich vereinfache aber lieber und spreche von einem einzigen Teil, von einem **Kapitän** im Gehirn, auch wenn er sich aus mehreren synchron arbeitenden Anteilen zusammensetzt.

Dieser **Kapitän** wurde in der Kindheit gebildet und hat gelernt, über sich selbst zu reden. Er hat damals gelernt, über das zu reden, was ihm gerade über seinen Körper inklusive aller Gefühle und Gedanken bewusst wird.

Inzwischen ist dieser **Kapitän** ein kraftvolles, automatisches Verhaltensmuster und im Gehirn fest verankert und ausgebildet.

Bleiben Sie sich bitte bewusst: Jacqueline und ich bieten Ihnen hier wirkungsvolle Denkmodelle an – keine allgemeingültige, rein objektive, wissenschaftlich erforschte Realität, die es ja unserer Sicht nach letzten Endes sowieso nicht gibt.

Diese Eselsbrücke (**Kapitän** in Ihrem Gehirn) ist noch unzureichend, um der Sichtweise gerecht zu werden, dass Sie die Realität immer in sich selbst abbilden. Denn im Moment schauen Sie in Ihrer Vorstellung noch auf einen **Kapitän**, der sich irgendwo in Ihrem Gehirn aufhält. Als nächstes empfehlen wir, sich noch in diesen **Kapitän** *hineinzuversetzen*.

Was nehmen Sie wahr, wenn Sie sich in diesen **Kapitän** *hineinversetzen*?

Nichts anderes, als was Sie schon immer wahrgenommen haben. Ihre Gedanken und Gefühle, Ihren eigenen Körper und die Welt um Sie herum. Mit einem Unterschied: Sie *wissen* nun, dass Sie nicht die Welt wahrnehmen, wie Sie ist, sondern Sie nehmen ganz allein nur die innere Realität Ihres kraftvoll feuernden Gehirns wahr.

Was sehen Sie, wenn Sie bei Vollmond in den klaren Himmel schauen und den Anblick des Mondes genießen? Eine Scheibe – immer noch, ... obwohl wir Menschen bereits *wissen*, dass der Mond eine Kugelform hat. Wir können ihn aufgrund seiner großen Entfernung nicht räumlich wahrnehmen. Wir können keine dreidimensionale Kugel sehen. Wir sehen nur die Scheibe. Aber wir ergänzen das, was wir sehen, mit unserem *Wissen* darüber.

Genauso können Sie es mit Ihrer gesamten Wahrnehmung machen. Das, was Sie wahrnehmen, scheint Ihr Umfeld zu sein. Und nun können Sie es mit Ihrem *Wissen* ergänzen, dass es immer das Innere Ihres Gehirns ist. Nichts anderes. Natürlich wird Ihr Gehirn von außen angeregt und befindet sich in intensiver Resonanz zum Außen – doch Sie nehmen nicht das Außen wahr, sondern immer das, was Ihr Gehirn aufgrund seiner kraftvollen „Ein-Bildungs-Fähigkeit" herstellen kann.

Vergleichen Sie bitte die beiden mittleren Kreise:

Die beiden mittleren Kreise sind von der Größe her in Wirklichkeit genau identisch (messen Sie es nach!). Wir „sehen" unser Gehirn und was unser Gehirn passend zu diesen beiden Bildern in sich selbst berechnet und feuernd herstellt. Es projiziert den linken Kreis *aufgrund des anderen Umfeldes* kleiner als den rechten.

*Alles, was wir hören, ist eine Meinung, keine Tatsache.*

*Alles, was wir sehen, ist eine Sichtweise, keine Wahrheit.*

(Marcus Aurelius, Kaiser des gallo-römischen Imperiums im 3. Jahrhundert n. Chr.)

Ich sitze hier an meinem Laptop und wenn ich aufschaue, sehe ich vor mir am Ende des Raumes ein Klavier stehen. Jetzt *weiß* ich: Ich sehe es nicht wirklich, sondern mein Gehirn projiziert feuernd ein perfektes Bild. Dieses Bild darf ich (ich als **Kapitän**) im blitzschnellen Austausch mit meinen Messinstrumenten (Augen) lebensecht wahrnehmen. Und ich staune und freue mich, wie kraftvoll meine Messinstrumente und mein Gehirn arbeiten. Diese Bilder sind meine *innere* Realität, das Ergebnis meiner feuernden Neurone. Genauso wie es die Buchstaben sind, die gerade von Ihren Augen als Signale an Ihr Gehirn weitergeleitet werden – und Ihr Gehirn wandelt diese Signale in innerlich projizierte Buchstaben um.

Wenn ich meine Aufmerksamkeit auf meinen Körper lenke, dann fühle ich meinen Rücken, wie er die Stuhllehne berührt. Ich fühle meine Füße auf dem Boden. Jetzt *weiß* ich inzwischen: Mein Gehirn erschafft sich mit Hilfe von hereinkommenden Signalen ein Abbild meines Körpers. Es findet ein ständiger Austausch von Signalen zwischen meinen Körperteilen und meinem Gehirn statt, so dass es sich immer auf dem neuesten Stand befindet. Ein Dauer-Update. Was auch bedeutet, dass die Strukturen in meinem Gehirn sich permanent plastisch (modellierbar) meiner neuen Umwelt anpassen. Das Gehirn versucht, die Umwelt immer wieder neu in sich nachzubilden.

Als **Kapitän** kann ich entscheiden, auf was ich genau schaue, also welche Projektionsanteile ich in meinem Bewusstsein auftauchen lasse. Ich lenke meine Aufmerksamkeit auf den Projektionsteil „Rücken" oder auf den Projektionsteil „Fuß". Konzentriere ich mich aber wieder auf die Projektion „Computerbildschirm", auf den ich gerade schaue, dann befindet sich meine Wahrnehmung des Rückens oder meines Fußes wieder im Hintergrund. Das fleißige Gehirn aktualisiert weiterhin permanent die Körperprojektion, doch ich als **Kapitän** lenke entspannt meine Aufmerksamkeit auf andere Dinge.

Es wird erst wieder wichtig, meine Aufmerksamkeit auf meinen Körper zu lenken, wenn Schmerzsignale hereinkommen und ich blitzschnell analysieren muss, was die Ursache dafür sein könnte. Ansonsten habe ich die Wahl, worauf ich mich konzentriere.

Lenken Sie Ihre Aufmerksamkeit bei diesem Bild abwechselnd auf die weiße Vase in der Mitte oder auf die beiden schwarzen Köpfe, die sich gegenseitig in die Augen schauen.[1]

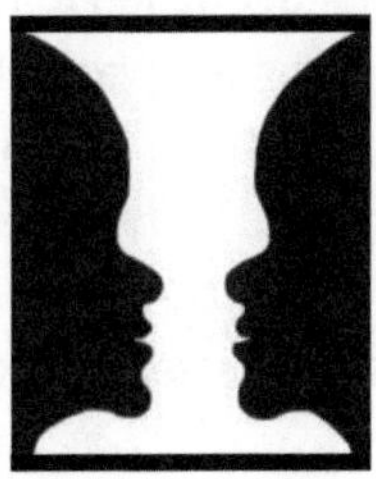

Obwohl das Bild gleich bleibt, können Sie wählen, auf was Sie Ihre Aufmerksamkeit lenken. Was *wollen* Sie sehen? Sehen Sie eine Vase oder sehen Sie Köpfe? Selten kann Ihr innerer Kapitän beides gleichzeitig sehen …

---

[1] Ein ähnliches „Kipp-Bild" wurde ursprünglich 1915 von Edgar J. Rubin entwickelt.

*Jacqueline*:

Früher – als Jugendliche – habe ich mich ab und zu in andere Männer ‚verguckt'. Dabei hat meine Kapitänin in meinem Gehirn aus den wenigen ‚Messdaten', die sie anfänglich von einem neuen Mann hatte, einen innerlich projizierten Mann mit schönen Eigenschaften erschaffen. Doch je mehr Kontakt ich mit dem jeweiligen Mann hatte, desto mehr Messdaten konnte meine Kapitänin sammeln und desto realitätsnaher interpretierte sie diesen Mann. Das führte dazu, dass die Kapitänin immer klarer entscheiden konnte, ob dieser Mann wirklich so toll war, wie sie sich anfangs ausgemalt hatte.

Doch leider kam noch etwas hinzu:

Meine Kapitänin war aufgrund einiger traumatischer Erlebnisse in meiner Kindheit nur sehr eingeschränkt flexibel. Sie hatte auf einer inzwischen unbewussten Ebene permanent Angst und klammerte sich deshalb an alte, gewohnte Interpretationen der Messdaten. Außerdem hatte sie gelernt, manche Messdaten zu ignorieren, da die Beobachtung dieser Messdaten früher immer viel Schmerz erzeugt hatte. Dadurch brauchte sie sehr lange, bis ihr veränderte Messdaten überhaupt auffielen. Oder sie hatte gelernt, unterschiedliche Messdaten immer auf die gleiche gewohnte Weise zu interpretieren, und hielt an dieser Interpretation fest.

Übertragen auf den Alltag war es wie folgt:

Aufgrund bestimmter Erlebnisse in meiner Kindheit war ich es gewohnt, immer mal wieder in meinen Handlungen negativ bewertet zu werden und auch selbst negativ zu bewerten. Negative Bewertungen waren auf diese Weise eine ‚Normalität'. Meine Kapitänin hatte gelernt, diese einfach so hinzunehmen, als ‚dazugehörig' anzuerkennen und sie im Weiteren zu ignorieren. So interpretierte meine Kapitänin beim Kennenlernen eines bestimmten Mannes seine negativen Bewertungen als ‚Normalität' und stufte sie als „nicht weiter wichtig" ein. Sie beachtete kaum jene Messdaten, die Bewertungs-Signale im Gehirn anzeigten. Stattdessen wollte sie sich mehr auf die Messdaten konzentrieren, durch die sie letztendlich ein ‚schönes' Bild von dem Mann erschaffen konnte.

Als ich mehr Zeit mit diesem Mann verbrachte, wurde der Abwertungsschmerz schlimmer. Die Zeiger der inneren Armaturen schlugen immer mehr aus und befanden sich fast permanent im ‚roten Gefahrenbereich'. Durch den Schmerz merkte meine Kapitänin völlig überrascht, dass sie diesen Messdaten doch mehr Aufmerksamkeit widmen musste. Sie erkannte, dass ihre Interpretation einiger Messdaten unstimmig war und korrigiert werden musste. Das bisher projizierte, schöne Bild und die extremen Messdaten im roten Bereich stimmten immer weniger überein. Der Unterschied zwischen den hereinkommenden schmerzvollen Signalen und der momentan bestehenden Projektion wurde immer größer. Die Kapitänin korrigierte ihre Interpretation und erschuf dadurch ein neues stimmigeres Bild von dem Mann. Dieses neue Bild führte auch zu neuen Befehlen, die die Kapitänin an den Körper weitergab: Mein Interesse an dem Mann ließ nach oder ich trennte mich von ihm.

Dieser gesamte Prozess war sehr wichtig für meine Kapitänin. Es war sowohl gut, dass sie zunächst nur Positives in den Mann projiziert hatte, als auch, dass die inneren Armaturenzeiger durch die schmerzlichen Abwertungen bis in den Gefahrenbereich ausschlugen und die Kapitänin überlasteten. Nur so konnte sie auf den immer stärker werdenden Unterschied zwischen der schönen Projektion und den Schmerzsignalen aufmerksam werden. Sie begann, die Projektion in Frage zu stellen und loszulassen. Dabei wurde ihr wieder bewusst, warum sie bisher an dieser Projektion festgehalten hatte und welche Ängste und Verlustschmerzen aus der Kindheit damit zusammenhingen. Diese konnten nun vom Körper mit Hilfe von Tränen nachträglich verarbeitet werden.

*Olaf*:

In dieses Menschenbild, bei dem wir uns bewusst werden, dass unser Gehirn die Realität immer in sich selbst projiziert, passt auch die Erkenntnis des amerikanischen Neurowissenschaftlers V. S. Ramachandran:

Manche Menschen, denen z. B. ein Bein amputiert wurde, fühlen immer noch Schmerzen in diesem Bein, das ja in Wirklichkeit nicht mehr da ist. Sie fühlen dort Phantomschmerzen. Warum? Weil der Gehirnbereich, der dieses Bein repräsentiert hat, *nicht* amputiert wurde.

Den Bereich, der für ein bestimmtes Körperteil verantwortlich ist, nennt man in der Wissenschaft auch „Gehirnkarte". Die entsprechende Gehirnkarte für das Bein existiert also nach der Amputation immer noch und erschafft unter bestimmten Umständen weiterhin Gefühle für das Bein – nur nicht mehr in Übereinstimmung mit dem echten, nicht mehr existierenden Bein. Es ist ja kein aktueller Austausch mit den Nerven des Beines mehr möglich. Erst wenn sich das Gehirn der Amputation (einer *radikalen plötzlichen Veränderung* des Körpers) allmählich Schritt für Schritt anpassen konnte, hört es auf, ein immer noch existierendes Bein vorzugaukeln. Dann kann der entsprechende Mensch im günstigsten Fall fühlen, dass das Bein weg ist, und die Phantomschmerzen verschwinden.

Übertragen auf das Bild mit der Kapitänin: Die Armatur im Gehirn, die für das Bein zuständig war, existiert weiterhin. Als das Bein amputiert wurde, ist die Anzeige nicht auf „Null“ zurückgefallen, sondern auf dem letzten Stand bei der Amputation einfach stehen geblieben. Sie zeigt permanent dieses letzte Ergebnis an. Die Kapitänin im Gehirn sieht auf der Armatur, dass das Bein noch da zu sein und einen permanenten Schmerz zu haben scheint.

Sie werden bis zum Ende des Buches erfahren haben, dass eine Kapitänin immer frei in ihrer Entscheidung ist, *auf welche* Armatur sie schaut, *wie* sie auf die Armaturen schaut und wie sie mit den Messdaten *umgeht*. Sie muss sich ihrer kraftvollen Freiheit „nur“ bewusst werden ...

## „Das ist mein kraftvolles Gehirn!“

*Olaf:*

Wir empfehlen Ihnen folgendes **Spiel**. Sie können sich durch dieses Spiel noch mehr bewusst machen, dass Sie immer „nur“ Ihr Gehirn wahrnehmen. Gleichzeitig können Sie Ihr Bewusstsein dafür stärken, dass Ihr Gehirn permanent die **feuernde Kraft Ihrer Gedanken** einsetzt. Diese Bewusstheit unterstützt Sie in allem Weiteren, über das wir in diesem Buch noch schreiben werden.

Spiel: Gehen Sie mit offenen Augen und Ohren durch die Welt und sagen innerlich zu allem, was Sie wahrnehmen, ständig – wie ein Mantra: „Das ist mein kraftvolles Gehirn.“ Damit dieses Spiel gut wirken kann, ist es wichtig, dass Sie tatsächlich auf diese Weise innerlich mit Ihrem Umfeld kommunizieren. Benennen Sie jedes Detail Ihres Umfeldes neu.

Sie sehen dieses Buch und machen sich bewusst: „Dieses Buch ist mein kraftvolles Gehirn.“

Sie hören ein Geräusch und machen sich bewusst: „Dieses Geräusch ist mein kraftvolles Gehirn.“

Sie sehen einen Baum und machen sich bewusst: „Dieser Baum ist mein kraftvolles Gehirn.“

Sie sehen Vögel fliegen und machen sich bewusst: „Diese Vögel und ihre Bewegungen sind mein kraftvolles Gehirn."

Sie sehen einen Menschen und machen sich bewusst: „Dieser Mensch ist mein kraftvolles Gehirn."

Sie hören, was ein Mensch sagt und machen sich bewusst: „Das, was ich von ihm höre, ist mein kraftvolles Gehirn."

Sie schauen in die Weiten des Weltalls bis in die Unendlichkeit des Universums und machen sich bewusst: „Das ist die Unendlichkeit meines kraftvollen Gehirns."

Sie fühlen, schauen und hören auf alles und machen sich bewusst: „Das alles ist mein kraftvolles Gehirn."

Sie können NIEMALS *nicht* Ihr Gehirn wahrnehmen.

Alles ist Ihr kraftvolles Gehirn.

Bevor hier einige Leser*innen Widersprüche oder Ergänzungsvorschläge zu dieser generalisierenden Aussage „Alles ist Ihr kraftvolles Gehirn" in sich aufsteigen lassen: Wir werden diese Sichtweise in den nächsten Spiegel-Ebenen noch um wichtige Faktoren ergänzen, die hier im Moment noch nicht erwähnt werden. ***Das gilt auch für alle weiteren generalisierenden Behauptungen in diesem Buch. Warten Sie bitte mit Beurteilungen bis zum Happy End des Buches, bis wir alles erklärt, erwähnt und zusammengefasst haben.***

Übrigens können Sie sich auch über Ihre Widersprüche und Beurteilungen bewusst werden: „Das ist mein kraftvolles Gehirn."

Wir laden Sie dazu ein, dieses Spiel so lange zu spielen, bis Ihnen in jedem Moment bewusst ist, dass alles, was Sie wahrnehmen, Ihr wundervolles kraftvolles Gehirn ist. Bis Sie permanent „spüren", dass Sie Ihr kraftvolles Gehirn wahrnehmen. Egal, was Sie gerade erleben. Anschließend beobachten Sie einfach, was sich daraus wie von selbst für Ihr Leben entwickelt.

Als ich dieses Spiel selbst durchzuführen begann, merkte ich, wie mein Gehirn dabei wacher und aufmerksamer wurde. Dabei hatte ich viel mehr Freude, die Welt mit Hilfe meines Gehirns wahrzunehmen. Ich hatte den Eindruck, als würde mein Gehirn wieder schneller arbeiten.

Außerdem merkte ich, wie manche Gefühle, die ich noch im Kontakt mit Menschen hatte, plötzlich verschwanden. Stattdessen blieb in mir übrig: „Ich weiß gar nicht wirklich, was diese Menschen gerade denken oder fühlen."

Einige meiner blinden Flecken wurden mir bewusst.

Zusätzlich erlebte ich etwas Neues, als ich mich an vergangene Krisen mit anderen Menschen erinnerte und dabei verstärkt ungute Gefühle fühlte. Früher habe ich bei solchen Erinnerungen in meiner Fantasie damit begonnen, mit diesen Menschen Streitgespräche auszufechten. Durch das Spiel angeregt konnte ich jetzt viel klarer denken: „Das ist mein kraftvolles Gehirn, das gerade mit sich selbst ein Streitgespräch mit unguten Gefühlen erschafft."

Da solche Streitgespräche in meiner Fantasie geschehen (so wie ein Traum – also losgelöst von einer äußeren Realität), gibt es auch keine äußere Realität, an die ich mich klammern und dadurch die Streitgespräche auflösen könnte. Ich kann mir nicht beruhigend sagen: „Ich nehme es ja gerade in der Realität ganz anders wahr, als ich es mir ausmale." Meine Fantasie ist leider absolut frei, das innere Erleben in die unangenehmsten Richtungen zu führen - ungebremst.

Durch das Spiel kann ich nun leichter denken: „Das ist mein kraftvolles Gehirn." Und ich kann meinen inneren Film sofort in Frage stellen: „Kann ich absolut sicher sein, dass es die äußere Wirklichkeit ist, was sich hier in mir abspielt?"

Antwort: „Nein. Es ist nur mein Gehirn."

Gleichzeitig muss ich abwarten und offen lassen, was denn nun die wahre Realität ist. Dieses Abwarten und diese Offenheit sind neu für mich – und es gilt, das Gefühl der Unwissenheit komplett zuzulassen. Die Frage, was denn nun wirklich wahr ist, bleibt immer bestehen und ist unbeantwortbar. Denn alles ist ja „nur" mein Gehirn. Ich kann versuchen, mich durch Erforschen und Nachfragen der wahren Realität anzunähern, werde aber nie erfahren, wie nahe ich an ihr schon dran bin.

Außerdem „weiß" ich, dass dies bei jedem anderen Menschen auch so ist. Bei jedem, der meint, absolut Bescheid zu wissen, kann ich mir sagen: „Das, was er behauptet, ist allein sein kraftvolles Gehirn."

Noch stimmiger (aber komplexer) wäre es, mir Folgendes zu sagen: „Das ist mein kraftvolles Gehirn, das einen anderen Menschen in sich projiziert, der aus seinem kraftvollen Gehirn spricht und agiert."

*Jacqueline:*

Ich selbst ertappe mich immer wieder, dass ich Stress habe, wenn ich an bestimmte Personen oder an bevorstehende Situationen denke. Besonders, wenn ich nachts aufwache, um auf die Toilette zu gehen, lassen mich meine Gedanken oft lange nicht mehr einschlafen. Ich kann mich erinnern, dass ich dieses Problem schon immer hatte. Gestern hatte ich nun intensiv dieses erste Kapitel gelesen und mir Gedanken über Korrekturen, Beispiele und Veränderungen gemacht. Ich hatte mich ausgiebig mit dem Thema in diesem ersten Kapitel auseinandergesetzt. In der Nacht wurde ich wieder wach, um auf die Toilette zu gehen. Auch dieses Mal kamen beim Wiedereinschlafen die üblichen Gedanken und Bilder. Also sagte ich mir bei jedem sorgenvollen Gedanken und bei jedem inneren Bild über zukünftige Situationen: „Das ist mein kraftvolles Gehirn! Mein Gehirn kreiert diese Gedanken – ob sie jemals so eintreffen werden, weiß ich nicht!" Es dauerte nicht lange und ich war wieder eingeschlafen. Morgens wachte ich sehr erholt auf.

*Olaf:*

Im Jahr 1987 hat Dr. Jeffrey Schwarz von der University of California in Los Angeles mit Patient*innen, die eine Zwangsstörung hatten, eine ähnliche Übung durchgeführt. Ziel war, dass sich die problematischen Vernetzungen im Gehirn, die zu der Zwangsstörung führten, neu sortieren. Die Patient*innen sollten so gelassen wie möglich ihre unangenehmen Gefühle und Gedanken beobachten und sie dann zurückweisen, indem sie sich selbst sagten: „Das bin nicht ich. Das ist mein Gehirn, das einen weiteren zwanghaften Gedanken hervorbringt. Ich weiß, dass es nicht real ist."

Nachdem die Patient*innen eine Woche lang ihre Symptome immer wieder so benannt hatten, erlebten sie, dass die Zwangsstörungen nachließen.

Anschließende Untersuchungen ihrer Gehirne mit Hilfe von Scans mit der Positronen-Emissions-Tomographie bestätigten erstaunliche Veränderungen in der Gehirnaktivität. Die Gehirnstrukturen hatten sich umsortiert und arbeiteten wesentlich entspannter.

Probieren Sie das Spiel „Das ist mein kraftvolles Gehirn!" eine Weile und beobachten Sie, wie es auf Sie wirkt. Und falls Sie gerade mit starken Unlustgefühlen auf dieses Spiel reagieren sollten, seien Sie sich bewusst: Das ist Ihr kraftvolles Gehirn, das auf dieses Spiel reagiert. Denn ursprünglich ist dieses

Spiel vollkommen neutral – weder negativ noch positiv. Das, was Sie als Wertung empfinden, hat Ihr Gehirn kreativ erschaffen.

Übertragen Jacqueline und ich diese Erkenntnisse auf unsere Ehe, dann können wir bei Uneinigkeit oder bei Missverständnissen schneller aus der Spannung herauskommen. Es muss „nur" einem von uns beiden bewusst werden, dass man ja gerade die Projektionen, Deutungen und Bewertungen seines eigenen kraftvollen Gehirns wahrnimmt. Je präsenter diese Sichtweise ist, desto seltener bauen sich durch Missverständnisse Spannungen auf.

Auch auf die Beziehung „Autor*innen – Leser*innen" können wir das übertragen: Wenn Sie als Leser*in behaupten wollen, Sie (Ihre innere Kapitänin) wüssten aufgrund der hier aufgeschriebenen Sätze genau, wie die wirkliche Jacqueline und der wirkliche Olaf wären und was wir wirklich mitteilen möchten, müssten Sie uns erst noch mehr erforschen. Sie müssten uns treffen, uns genauer kennenlernen, uns Fragen stellen, Ihre Jacobsen-Gehirnkarte überprüfen, korrigieren, ausfeilen und immer mehr verbessern. So lange, bis Sie uns in Worten beschreiben, wie Sie uns und unsere Sichtweisen projizieren und wir Ihnen sagen: „Ja, so nehmen wir uns und unsere Sichtweisen auch wahr. Genauso, wie Sie es gerade formulieren, würden wir es auch ausdrücken!" Dann ist ein ziemlich gutes Gleichgewicht zwischen uns hergestellt.

Ob Sie in dem Moment aber die „wahre" Jacqueline und den „wahren" Olaf wirklich „wahr"nehmen können, wissen wir alle immer noch nicht genau. Das können weder Ihr Kapitän noch unsere Kapitäne innerhalb des jeweiligen Gehirns endgültig entscheiden. Denn keiner kann seinen Platz verlassen, aus dem Gehirn heraustreten und seine Projektion mit der wirklichen Realität abgleichen.

In einem Punkt sind wir uns garantiert einig: Sie können wahrnehmen, wie Sie sich Jacqueline und Olaf mit ihren hier formulierten Sichtweisen gerade in Ihrem Gehirn vorstellen. Und das, was Sie sich vorstellen, ist Ihre eigene kraftvolle Schöpfung. Sie nehmen also auf jeden Fall wahr, was Ihr (durch Ihre eigenen Erfahrungen geprägtes) Gehirn aus den Schwingungen und Feldern macht, die Ihre Wahrnehmungsorgane gerade erfühlen.

## „Du projizierst gerade!“

*Olaf*:

Sie können auch wunderbar ein Spiel zu zweit durchführen. Sobald Sie das Gefühl haben, dass Sie sich in einer Spannung befinden oder dass gleich ein Streit beginnt oder dass der andere Ihnen Vorwürfe macht, können Sie sagen:

„Du projizierst gerade!“

Und der andere kann reagieren mit:

„Klar! Du auch.“

Mit dieser Aussage und mit dieser Reaktion sind drei Fliegen mit einer Klappe geschlagen:

1. Sie drücken Ihre momentanen Gefühle aus. Sie können Ihrem Bedürfnis, dem anderen einen Vorwurf zu machen, mit Hilfe dieser Aussage Ausdruck verleihen.
2. Sie sagen genau das Richtige. Denn es stimmt, wenn Sie dies dem anderen an den Kopf werfen. Der andere projiziert gerade. Sogar immer.
3. Sie trainieren sich beide gegenseitig, sich immer wieder das neue Selbstbild bewusst zu machen, dass wir unsere Realität in unserem Gehirn kraftvoll projizieren und sie jederzeit hinterfragen können. „Kann ich mir wirklich sicher sein, dass es wahr ist, was ich hier projiziere?“ Und dann können Sie mit der Kraft Ihrer Gedanken eine stimmigere Projektion suchen.

Beobachten Sie, wie Ihre Auseinandersetzung anschließend weitergeht. Dabei können Sie darauf beharren, dass der andere bei seinen Vorwürfen bitte immer mit berücksichtigt, dass er gerade projiziert. Und der andere kann ebenso darauf beharren.

Projektion heißt dabei immer: Keiner kann wirklich wissen, ob es wahr ist, was er behauptet. Es gibt keine objektive Wahrheit und keine objektiven Regeln. Jeder formuliert und behauptet immer subjektiv aus seinen individuellen Projektionen heraus.

Entwickelt sich Ihre Spannung anders, als Sie es bisher gewohnt sind?

*Jacqueline:*

Manchmal fällt es mir sehr schwer, die Bemerkung „Du projizierst!" vom anderen anzunehmen. Hätte mir damals, als Olaf sich nicht verabschiedet hat und einfach spontan mit dem Auto weggefahren ist, jemand gesagt: „Du projizierst nur, dass er dich verlässt!", dann hätte ich es demjenigen niemals glauben können. Denn mein durch Olafs Verhalten ausgelöster Verlustschmerz war bereits an der Oberfläche und wirkte in mir mit voller Kraft.

Ich befand mich in einer sogenannten ‚Problemtrance'. Mein Gehirn konzentrierte sich – wie in einer Trance – intensiv auf das Problemgefühl, auf den Verlustschmerz. Ein Teil von mir benötigte diese Projektion, dass Olaf mich verlässt, um diesen Verlustschmerz vollständig fühlen und untersuchen zu können. Ich konnte mich in dieser Trance fragen: „Warum tut mir sein Weggehen so sehr weh? Welcher unverarbeitete Verlustschmerz aus meiner Kindheit steckt dahinter?" Und als mir ein Zusammenhang bewusst wurde, konnte ich diesen Verlustschmerz mit Hilfe von Tränen nachträglich verarbeiten. Würde ich dem Kommentar: „Du projizierst nur!" in dem Moment sofort Glauben schenken, würde sich der getriggerte[2] alte Verlustschmerz tendenziell wieder beruhigen und könnte nicht mehr von mir untersucht und verarbeitet werden. Er würde beim nächsten Mal in gleicher Stärke auftauchen.

‚Falsche' Projektionen und Problemtrancen können also für einen nachträglichen Verarbeitungsprozess sehr wichtig sein. Sie docken manchmal an eine schmerzvolle, noch nicht verarbeitete Erfahrung, an eine ‚unerlöste Gehirnkarte' an. Erst wenn im eigenen Gehirn eine fast hundertprozentige Wiederholung der alten Situation erschaffen wird, können die dazugehörigen, noch nicht verarbeiteten Gefühle bewusst werden. Sie können wieder ins Fließen gebracht werden, so dass sich das Problem für immer lösen kann. Im fünften Kapitel werden wir noch ausführlicher über solche Verarbeitungsprozesse berichten.

Übrigens könnten wir Autor*innen durch unsere Sichtweisen bei Ihnen als Leser*in ebenso an eine ‚unerlöste Gehirnkarte' andocken und eine Problemtrance hervorrufen. In dem Moment beginnen Sie, sich mit diesem Buch irgendwie ‚unwohl' zu fühlen. Wir laden Sie dazu ein, solche Gefühle in zwei Richtungen zu erforschen: Stimmt irgendetwas mit unseren Sichtweisen nicht – oder wurde eine noch nicht verarbeitete Erfahrung bei Ihnen getriggert?

---

[2] „Trigger" von englisch *trigger* = Auslöser; triggern = auslösen; in der Psychologie: ein „Schlüsselreiz"

*Olaf:*

Ein Mensch wird nie endgültig entscheiden können, wie nahe er mit seiner subjektiven Realität an die wirkliche äußere Realität herankommt, also ob sie falsch oder richtig ist. Es gibt keinen „objektiven Maßstab", der den Grad der Übereinstimmung wird bestimmen können. Der Kapitän schaut nicht durch ein Fenster nach draußen, sondern muss alles so intelligent wie möglich aus der Anzeige seiner Messinstrumente folgern. Das bedeutet aber auch:

Jede subjektive Realität wird immer nur ein unfertiges Abbild mit blinden Flecken bleiben. Daher kann niemand sein Umfeld perfekt verstehen. Man erreicht lediglich „Annäherungen". Von einem wirklichen „Verständnis" können wir eigentlich gar nicht mehr reden. Es gibt immer nur „Missverständnisse". Letztendlich geht es beim Wunsch, sein Umfeld so gut wie möglich zu verstehen, darum, das am besten funktionierende Missverständnis zu finden.

„Ich weiß, dass ich nicht weiß." (Sokrates)

Bei diesem Menschenbild müssen wir davon loslassen, jemals einen anderen Menschen oder einen Sachverhalt komplett perfekt wahrnehmen und verstehen zu können. Wir müssen jederzeit unsere blinden Flecken und die Unvollständigkeit und Unschärfe unseres Gehirns mit ***einberechnen***.

Gleichzeitig bietet dieses Menschenbild eine enorm große Chance für uns selbst. Wenn wir „eigentlich" nur unser kraftvolles Gehirn wahrnehmen können, dann bedeutet es, dass wir in Wirklichkeit **uns selbst genau wahrnehmen können!**

An dieser Stelle kann ich wieder an den Begriff des „Spiegels" erinnern. Was macht ein Spiegel? Er bietet uns eine klare Fläche, in der wir **uns selbst genau wahrnehmen können**. Er spiegelt uns.

Jetzt kommt der phänomenale allumfassende Schluss, den wir aus dem bisher Beschriebenen ziehen können:

Wenn wir immer nur unser Gehirn wahrnehmen und was es aus den Schwingungen und Feldern in unserem Umfeld macht, was es kraftvoll erschafft, dann können wir das als Spiegel für uns selbst nutzen. So, wie wir unser Umfeld projizieren und bewerten, *sind* wir selbst. Es ist die Schöpferleistung unseres *eigenen* Gehirns.

**Wir schauen also *permanent* in den Spiegel!**

## Die Essenz des ersten Kapitels

*Jacqueline:*

Beim Betrachten eines Spiegels kommt es darauf an, *was* wir beobachten, *wie* wir es beobachten und *wie* wir mit dem Beobachteten *umgehen*.

Wir können unser Umfeld nicht objektiv wahrnehmen, denn unsere Wahrnehmung der ‚Realität' ist immer subjektiv. Unser Gehirn ist autopoetisch und konstruiert mit Hilfe der äußeren Eindrücke unserer Sinne (Augen, Ohren, Tastsinn etc.) eine ‚innere Realität'. Dabei werden blinde Flecken und Lücken mit den im Gehirn gespeicherten eigenen Erfahrungen ergänzt und Interpretationen und Bewertungen hinzugefügt.

Kurz gesagt: Unser Gehirn projiziert immer.

Keiner kann objektiv entscheiden, ob seine innere Realität mit der äußeren Wirklichkeit exakt übereinstimmt, da sich niemand außerhalb seines Gehirns aufhalten kann.

Das einzige, das wir perfekt wahrnehmen können, sind wir selbst. So, wie wir unser Umfeld als innere Realität in unserem Gehirn konstruieren, *sind* wir selbst. Es ist eine *eigene* Schöpferleistung unseres Gehirns.

Somit schauen wir permanent in den Spiegel.

Unverarbeitete Verlustschmerzen aus der Kindheit können mit Hilfe von Tränen ganz allmählich und schrittweise verarbeitet werden.

# II

## Die zweite Spiegel-Ebene:

## **Der Verwundete**

*Jacqueline*:

Und? Wie hat Olafs Aussage: „Wir schauen also permanent in den Spiegel!" auf Sie gewirkt? Was hat Ihr Gehirn kraftvoll daraus gemacht? Was fühlen Sie jetzt?

Ich könnte mir vorstellen, dass einige Leser*innen einen Einwand fühlen. Er könnte lauten: „Wir nehmen *nicht* nur uns allein wahr! Erwiesenermaßen nehmen wir eine Umwelt wahr, über die wir gemeinsam kommunizieren können, die wir also *alle* sehen. Es gibt ‚Objekte', über die wir uns austauschen."

Ja, stimmt. Ich habe schließlich meinen Mann Olaf geheiratet – und nicht allein mich selbst. Und wir arbeiten gemeinsam an einem Objekt – an diesem Buch, das Sie gerade in den Händen halten. Das allein ist schon der Beweis dafür, dass ich nicht nur mich selbst sehe, sondern auch ein objektives Umfeld wahrnehme. Diese Wahrnehmung von Objekten wird das Thema dieser und der folgenden Spiegel-Ebenen sein.

Olaf meint mit seiner Aussage, dass wir diese Objekte nur wahrnehmen können, weil wir sie *gleichzeitig* in uns selbst *herstellen*. Damit erleben wir in ‚Wirklichkeit' das Ergebnis unserer eigenen Neuronenaktivität im Gehirn, die Kraft unserer Gedanken. Auch wenn dieses Ergebnis wahrscheinlich der objektiven Welt um uns herum entspricht, ist es trotzdem unsere eigene Schöpfung.

Immer deutlicher erkennen Hirnforscher durch unterschiedlichste Experimente, dass unser Gehirn ein wahrer Meister im Täuschen ist. Es bildet die äußere Welt in sich selbst ab und tarnt gleichzeitig Wahrnehmungslücken und ‚blinde Flecken' so, dass wir sie nicht merken. Es ergänzt die hereinkommenden Signale mit eigenen Interpretationen. Man hat festgestellt, dass bei einem visuellen Input ungefähr 10% der Signale vom Auge kommen und die restlichen 90% aus verschiedenen Bereichen des Gehirns beigesteuert werden. Das Gehirn füllt also nicht nur Lücken, sondern konstruiert zusätzlich auch viele eigene Deutungen, die in der äußeren Welt gar nicht unbedingt messbar sind. Trotzdem merken wir das nicht, sondern leben in der *Illusion*, wir würden die äußere Welt ohne subjektive Beeinflussung *ganz direkt* wahrnehmen.

Mark Twain schrieb einmal: „Ich habe in meinem Leben eine Reihe schrecklicher Dinge durchgemacht, von denen einige sogar tatsächlich passiert sind!"

Wenn Olaf und ich die Erfahrungen der Buddhist*innen und vieler anderer Weisheitslehrer*innen, die Forschungsergebnisse von Wissenschaftler*innen als auch unsere eigenen Erfahrungen ernst nehmen, ist für uns die logische Konsequenz dieses revolutionäre Menschen- und Weltbild. Unser Schluss aus allem bisher Erfahrenen ist: Wir Menschen nehmen die äußere Welt nur *indirekt* und *unvollständig* wahr. Wir projizieren permanent und kraftvoll die Realität – aber eben nur *subjektiv*. Wir sehen, hören und fühlen nur das Innere unseres Gehirns, das versucht, sich an die Signale von außen anzupassen. Jedes ‚Objekt' in unserem Umfeld könnte zwar so ähnlich existieren, wie wir es wahrzunehmen meinen, ist aber letztendlich immer unser wundervolles Gehirn.

Daher bitten wir Sie: Gewöhnen Sie sich beim Lesen unseres langen Briefes an die Sichtweise, dass jeder permanent in den persönlichen Spiegel schaut. Das ist die Basis, auf der wir alle weiteren Spiegel-Ebenen aufbauen.

## Wie wir optimal im Fluss bleiben

*Olaf:*

In dieser zweiten Spiegel-Ebene kümmern wir uns um die Verletzungen, die wir Menschen uns „scheinbar“ gegenseitig zufügen.

Sind wir uns des permanenten Spiegels *nicht* bewusst, dann geben wir damit der Sichtweise Raum, dass wir *von anderen* Menschen verletzt werden. Wir schieben uns gegenseitig eine Schuld zu und führen Krieg gegeneinander. Genau das verlängert jedoch eine Verletzung und den Schmerz – in vielen Fällen sogar über mehrere Generationen.

Je bewusster uns Menschen ist, dass unser Gehirn permanent eine Schöpferin ist und die äußere Welt nur in sich nachbildet, desto mehr erkennen wir: Wir haben die volle Verantwortung für unsere Nachbildung! Wir haben die volle Verantwortung für unser inneres Erleben, für unsere Gedankenkraft und damit auch für unsere Verletzungsgefühle. Wir wissen: Unser Gehirn ist dafür verantwortlich, auf welche Weise es die äußeren Objekte nachbildet. Unser Gehirn gibt den äußeren Objekten eine subjektive Bedeutung (*wie* schauen wir in den Spiegel und *wie* gehen wir mit dem, was wir wahrnehmen, um?!). Je klarer wir die eigene Verantwortung erkennen, desto weniger Schuldzuweisungen und Vorwürfe machen wir anderen. Auch unsere Ängste gegenüber anderen Menschen nehmen ab, wenn wir letztendlich merken, dass wir nur vor uns selbst Angst haben, vor den schmerzvollen Konstruktionen unseres Gehirns.

Der bekannte Kommunikationswissenschaftler, Psychotherapeut und Philosoph Paul Watzlawik schreibt dazu: „Aus der Idee des Konstruktivismus ergeben sich zwei Konsequenzen: Erstens die Toleranz für die Wirklichkeit anderer – denn dann haben die Wirklichkeiten anderer genauso viel Berechtigung, wie meine eigene. Zweitens ein Gefühl der absoluten Verantwortlichkeit. Denn wenn ich glaube, dass ich meine eigene Wirklichkeit herstelle, bin ich für diese Wirklichkeit verantwortlich.“

Im Grunde müssen wir radikal umdenken und wirklich für *alles* die Verantwortung übernehmen: **Dafür, wie unser Gehirn mit den hereinkommenden Signalen *umgeht*, haben wir selbst die volle Verantwortung. Dafür kann niemand anderes die Verantwortung übernehmen.**

Es erfordert intensive Übung und Spiegel-Bewusstheit, sein inneres Menschen- und Weltbild so weiterzuentwickeln, dass man einem verletzenden Menschen nicht mehr für die zugefügten Verletzungen böse ist oder vor ihm Angst hat. Mit diesem Buch wollen wir Sie in dieser Übung unterstützen. Wir wünschen Ihnen und uns, dass Ihr Spiegel-Bewusstsein immer präsenter werden kann, denn es hat sehr angenehme Folgen: Wer sich vollständig bewusst ist, dass er permanent in den Spiegel schaut, der nimmt eine erfahrene Verletzung wie eine „Naturkatastrophe". Er kümmert sich um die Heilung seiner Wunden und Verletzungen. Außerdem sorgt er auch dafür, dass er optimal dazulernt, um sich in Zukunft auf bessere Weise zu schützen und zu stärken.

Er wird aber keine Energie mehr dafür aufwenden wollen, sich aufzuregen, sich zu empören oder zu ärgern, einem anderen Menschen böse zu sein, ihm eine Verantwortung zuzuweisen, ihn abzuwerten, Rache zu üben, Angst vor ihm zu haben oder von ihm zu erwarten, dass er etwas versteht oder sich ändert. Es geht auch gar nicht mehr darum, dem anderen zu vergeben, zu verzeihen, ihm eventuell sogar „dankbar" für diese Erfahrung zu sein oder ihn als seinen „Arsch-Engel" zu bezeichnen, wie es der Psychologe und Autor Robert Betz empfiehlt.

Nein – der andere spielt bezogen auf unsere Verletzung hinterher *überhaupt keine* Rolle mehr. Er hat einfach nur die Verletzung ausgelöst – und das war´s. Wie das Hochwasser einen Deichbruch auslöst, der Sturm eine Baumentwurzelung oder große Hagelkörner die Schäden bei Autos und bei Dächern. Normalerweise wollen wir am Wasser keine Rache üben. Wir erhoffen uns keine Änderung der Windrichtung durch Vorwürfe an den Sturm. Keinem Riesen-Hagel-Korn sind wir persönlich böse, auch wenn es auf unserem verbeulten Auto liegt. Der uns verletzende Mensch ist/war ein Auslöser und wirkt wie eine schmerzvolle **Naturkatastrophe** auf uns. Mehr nicht. Das genügt ja auch.

Wenn wir keine Energie mehr in den inneren oder äußeren Kampf gegen andere Menschen stecken müssen, haben wir viel mehr Energie für uns selbst zur Verfügung.

Folgende **drei Umgangsmöglichkeiten** bieten Jacqueline und ich Ihnen als grundlegendes „Ziel" an:

1. Wir gehen bei Sturm im Wald spazieren. Plötzlich hören wir es krachen und erhalten kurze Zeit später einen heftigen Schlag auf den Kopf, der uns un-

glaublich schmerzt und auch sehr erschreckt hat. Schock. Ein Ast ist uns auf den Kopf gefallen. Wir fassen die Wunde an und merken, dass wir bluten. **Als nächstes kümmern wir uns darum, dass diese Wunde möglichst schnell und möglichst gut versorgt wird, damit sie heilen darf.** Auch unserem Schock geben wir die Möglichkeit zu heilen. Wir geben unseren körperlichen Reaktionen wie Zittern, Herzklopfen und eventuell Schweißausbruch oder Tränen viel heilenden Raum und lassen den Schock auf diese Weise fließen und langsam ausklingen. **Wir lernen aus der Situation**, um mit ähnlichen Unglücksfällen in Zukunft besser umgehen zu können. Beispielsweise ziehen wir den Schluss daraus, dass so ein Krachen eine Gefahr von oben darstellen könnte und dass es für uns gefährlich ist, bei Sturm im Wald spazieren zu gehen. Daraus ziehen wir unsere Konsequenzen.

Wir können auch aus unangenehmen Situationen so **lernen**, dass wir auf neue Weise kraftvoll mit unserem Umfeld umgehen können. Dadurch erreichen wir einen neuen Zustand im Außen, wie beispielsweise die Sklaven sich ihre Freiheit erkämpft haben. Oder wir entwickeln einfallsreich etwas Neues und stellen kreativ und erfinderisch eine Verbesserung her. Neue technische Erfindungen, die uns bestimmte Arbeiten erleichtern.

2. Wir sehen am Himmel ein Gewitter auf uns zukommen und treffen entsprechende Vorbereitungen. Da wir das Gewitter nicht verhindern können, **begeben wir uns in einen möglichst geschützten Raum und halten die Bedrohung so lange aus, bis sie wieder vorbei ist**.

   Auch wenn wir ahnungslos vom Gewitter überrascht wurden und es uns erschreckt, tun wir unser Bestes, schützen uns so gut wie es geht und warten ab, bis es wieder vorbei ist und unser Schreck sich gelegt hat. Wenn dann anschließend die Sonne scheint, genießen wir ihre Strahlen – ohne überhaupt noch einen Gedanken an das Gewitter zu verschwenden.

3. Wenn wir einen lieben Menschen für immer verloren haben, weil sein Leben zu Ende ist oder weil er uns verlassen hat, dann denken wir an all die schönen Stunden mit ihm und weinen darüber, dass es nun für immer vorbei ist. **Wir verabschieden uns emotional** von ihm. So ein Abschied braucht viel Gefühl und Zeit. Je nachdem wie intensiv der Kontakt für uns war, kann so ein tränenreicher Abschied über ein Jahr dauern. Denn es wird in einem Jahr ein erstes Mal Geburtstag ohne die geliebte Person geben, ein erstes Mal Weihnachten, Urlaub etc.

Entscheidend ist, dass immer dann, wenn Gedanken an diese Person Tränen auslösen, diese Tränen auch frei fließen dürfen. Dieser Fluss ist so lange nötig, bis kein einziger Gedanke an die liebe Person mehr Tränen oder Trauergefühle auslöst. Dann ist der Abschied vollzogen und der Verlust komplett verarbeitet und integriert. Übrig bleibt ein tiefes Dankbarkeitsgefühl für die gemeinsame Zeit mit diesem Menschen. Ist die Dankbarkeit noch nicht fühlbar, dann schlummert meistens noch ein Rest des Verlustschmerzes in uns, der noch ausgeweint werden möchte.

In diesen drei Umgangsmöglichkeiten kommen Ärger, Wut, Rache, Abwertungen, Schuldzuweisungen, Verleugnungen und Ängste nicht vor. Man bleibt im Fluss. Man fühlt sich nicht persönlich von der **Naturkatastrophe** angegriffen, sondern kümmert sich allein um den Schmerz und verarbeitet und heilt ihn optimal.

Damit Sie uns nicht missverstehen – oder besser: damit Sie das sowieso vorhandene Missverständnis Ihres Gehirns in ein noch „angenehmer funktionierendes“ Missverständnis verwandeln können, da es ja sowieso nur Missverständnisse gibt (Sie erinnern sich!), folgende Erklärung dazu:

Es geht uns *nicht* darum, Ärger, Wut, Abwertungen oder Schuld zu bekämpfen, zu unterdrücken oder auszuschließen. Wir wissen inzwischen aus unseren eigenen Erfahrungen, dass diese Gefühle automatisch entstehen, wenn ein Schmerz nicht fließend verarbeitet werden kann.

Wenn der *ursprüngliche* Schmerz nicht im Fluss ist, entwickeln sich daraus Ärger, Wut, Abwertungen, Schuldzuweisungen und weitere unangenehme Gefühle. Wenn aber der Schmerz im Fluss ist und sofort verarbeitet werden kann, bleiben die anderen Gefühle alle weg. Sie tauchen gar nicht erst auf. Dementsprechend muss man sie auch nicht „unterdrücken“, wenn sie gar nicht da sind.

Bei Kindern können wir dies ganz klar erleben: Ein Kind, das etwas verloren hat und darüber herzzerreißend weint und diese Trauer auch bis zum Schluss durchleben darf, beruhigt sich irgendwann und spielt danach mit anderen Sachen, als wäre nichts gewesen.

Trotz und Wut entstehen erst, wenn die Eltern kein Verständnis für die Gefühle des Kindes haben und wenn dem Kind das komplette Verarbeiten eines

Verlustes oder Schmerzes nicht gestattet wird oder es keinen Raum dafür bekommt, sondern „abgelenkt“ wird.

Wir beobachten auch, dass manche Menschen bei einer besonders schmerzvollen traumatischen Erfahrung Wut und Ärger zeitweise als „Schutz“ für sich selbst brauchen, um nicht sofort allen Schmerz auf einmal fühlen zu müssen. Die Projektion nach außen, die Schuldzuweisung an jemand anderen, die Wut auf die Ursache der schmerzlichen Erfahrung leisten in diesem Fall gute Dienste. Sie sind ein Schutz vor dem eigenen tiefen Schmerz. Man schafft eine Distanz zur Schmerzverarbeitung, die momentan viel zu intensiv verlaufen würde, wenn man den Schmerz frei fließen ließe.

Eine weitere Erklärung zu unseren drei Umgangsmöglichkeiten: Es geht uns auch nicht darum, einen grenzüberschreitenden oder übergriffigen Menschen (= Täter) zu entschuldigen. Wenn Grenzüberschreitungen oder Übergriffe passieren, zieht der Verletzte seine Konsequenzen aus dem Erlebten. Er lernt, sich besser zu schützen, und lässt den Täter die Folgen seiner Tat durch das Rechtssystem spüren (Anzeige oder Anklage gegen ihn). Nur eben *ohne* die Gefühle wie Ärger, Wut, abwertende Schuldzuweisung, Angst, Empörung, Rache etc. Diese Gefühle benötigen viel Energie und verlängern den schmerzauslösenden Moment. Sie lassen den Moment zum andauernden Leid werden.

Wir fassen unsere drei Umgangsmöglichkeiten noch einmal zusammen:

1. Wir kümmern uns so um unsere Wunde, dass sie optimal heilen darf. Wir lernen so aus der erlebten Situation, dass wir uns in Zukunft besser vor einer Verletzung schützen oder wir unser Leben angenehmer gestalten können.
2. Können wir eine unangenehme Situation nicht verhindern, dann schützen wir uns davor, so gut es geht, und halten es so lange aus, wie die Situation andauert. Anschließend genießen wir wieder die Sonne.
3. Wenn wir einen Verlust erleben, dann lassen wir unsere dazugehörigen Gefühle fließen und verabschieden uns intensiv und so lange, bis wir ohne Schmerzgefühle an den Verlust denken können und wissen: Dieser Verlust gehört jetzt zu meinem Leben dazu.

Halten Sie diese drei Umgangsmöglichkeiten ebenso für erstrebenswert wie wir? Dann laden wir Sie für den Rest dieses Buches dazu ein, mit Hilfe des lebendigen Spiegels Schritt für Schritt daran zu arbeiten. Denn Sie können diese Möglichkeiten symbolisch auf alle Alltagssituationen übertragen. Sie können Ihren Lebensfluss und Ihre Energie überall wieder zugänglich machen. Unser Ziel ist, sich wieder frei wie ein Kind zu fühlen, bei dem die Gefühle genau in dem Moment fließen können, in dem die Verletzung geschieht. Dabei wird der Schmerz so lange verarbeitet, bis er sich vollständig erledigt hat.

## „Lebe ich Verantwortungsabgabe oder Spiegel-Bewusstsein?“

*Jacqueline*:

Viele Menschen sind den Umgang mit problematischen Situationen ganz anders gewohnt und kennen es eher so, wie ich es in den folgenden Beispielen aus meiner Kindheit beschreibe:

Sobald ich Lesen und Schreiben gelernt hatte, wurde ich zu einer fleißigen Briefschreiberin. Voller Stolz hatte ich einen Brief an meine Oma geschrieben und auch schon den Briefumschlag mit der Adresse versehen. Ich ging zu meinem Vater, um mir eine Briefmarke geben zu lassen. Als mein Vater den Umschlag sah, fing er an mit mir zu schimpfen: „So kann man den Brief nicht abschicken! Du hast die Adresse auf die falsche Seite geschrieben – die gehört rechts hin und nicht links!“ Nach meinem Gefühl hagelten Vorwürfe über Vorwürfe auf mich ein. Verletzt und unter Tränen beschriftete ich einen neuen Umschlag – diesmal die Adresse auf der gewünschten Seite. Übrig blieb die Angst vor dem nächsten Schimpfen meines Vaters.

Irgendwann hatte ich einmal die Aufgabe, in meinem Zimmer Staub zu wischen. Ich erinnere mich an eine Situation, in der ich mich sehr bemüht hatte, wirklich überall den Staub zu wischen und nichts zu vergessen. Als ich das Gefühl hatte, dass ich fertig sei, kam mein Vater zur Kontrolle in mein Zimmer und entdeckte zwei Holzleisten unter meinem Schreibtisch, die ich vergessen hatte. Er schimpfte sehr heftig mit mir. Unter Tränen wischte ich noch die Holzleisten ab.

In der Grundschule lernte ich Blockflöte im Gruppenunterricht, der nicht zur Schulpflicht gehörte. Einmal hatte ich keine Lust zum Flötenunterricht zu gehen. Alle meine Freundinnen trafen sich zum Spielen. Kurzerhand schwänzte ich die Stunde und ging mit meinen Freundinnen mit. Ich hatte gedacht, dass das sowieso keiner merken würde, wenn ich mir am nächsten Tag die Hausaufgaben vom Flötenunterricht von jemand anderem geben ließe.

Als ich einen Tag später von der Schule nach Hause kam, fragte mich mein Vater, ob ich tags zuvor beim Flötenunterricht gewesen sei. Da ich Ärger und Strafe befürchtete, wenn ich die Wahrheit sagen würde, log ich und sagte ihm, dass ich da war. Er fragte nach, welche Hausaufgaben ich aufhätte, und ich teilte es ihm mit – schließlich hatte ich mich ja informiert. Plötzlich klatschte er mir eine Ohrfeige ins Gesicht und schimpfte: „Das dafür, dass du nicht im Flötenunterricht warst!“ und eine zweite Ohrfeige folgte sogleich: „Und das dafür, dass du mich angelogen hast.“ Dann zog er eine Postkarte hinter dem Rücken hervor. Die ‚blöde’ Flötenlehrerin hatte geschrieben, dass ich nicht im Unterricht gewesen sei und sie hiermit die Hausaufgaben mitteile.

*Olaf:*

Sicherlich kennen Sie solche Situationen. Sie hatten als Kind absichtlich oder ahnungslos etwas getan und Ihre Eltern reagierten mit Schuldzuweisungen, einem strengen Tonfall, Wut oder gar mit Schlägen.

Noch heute gibt es viele Eltern, die davon überzeugt sind, dass ein kleiner Klaps auf den Po nicht schade. Jedes Kind habe Phasen, in denen es unkontrolliert handelt und dabei über Grenzen tritt. Wenn kleine Ermahnungen nicht helfen und das Kind die Grenzen wieder vergisst oder ungebremst weitermacht, müssten eben Strenge und Härte angewendet werden.

Hirnforscher*innen betonen inzwischen, dass jede kleine Strafe das kindliche Gehirn einschränkt und in seiner freien Entfaltung bremst. Bei Stress und Angst werden nur noch wenig neue Neurone gebildet. Man kann also bei Strafe schwerer dazulernen. Trotzdem ist die bestrafende Erziehung für viele Menschen völlig normal. Und das heranwachsende Kind lernt, dass man sich gegenseitig mit Strenge und Härte behandelt.

Eine von vielen Alternativen wäre, liebevolle und verständnisvolle Grenzen zu setzen. Man teilt mit, was nicht geht, und zeigt liebevolles Verständnis dafür, wenn das Kind sich erst einmal weinend von seinem Wunsch verabschieden muss. Aktuelle Erziehungsratgeber sind voll von liebevollen, klaren und „gehirngerechten“ Möglichkeiten, Grenzen zu setzen.

Eltern, die davon überzeugt sind, dass sie ihr Kind schmerzvoll bestrafen müssen, sehen die Verantwortung für das gerade erlebte Ungleichgewicht im Fehlverhalten des Kindes, also *außerhalb* von ihnen. Dabei empfinden sie *innerlich* ein Ungleichgewicht und eine Wertung: „So, wie das Kind sich gerade verhält, ist es falsch. Es macht Fehler, überschreitet Grenzen oder verhält sich unmoralisch oder unloyal. Deshalb hat das Kind die Verantwortung dafür, dass wir Eltern es bestrafen müssen.“

Manche Eltern fühlen sich durch das Verhalten des Kindes hilflos und machtlos. Wenn sie das Kind jetzt *nicht* zurechtweisen, würde das Ungleichgewicht bestehen bleiben oder sich sogar noch verschlimmern. Das wäre katastrophal! Einige Eltern haben die Befürchtung, dass das Kind nicht dazulernt und ungezogen bleibt und sich an dieses „Ungleichgewicht“ gewöhnt. Erst wenn das Kind erfolgreich in die Schranken gewiesen werden konnte, fühlen sich die Eltern besser. Das Kind hat jedoch nicht nur die Schranken kennengelernt, sondern auch gleichzeitig die Methode, andere Menschen auf eine strenge oder verzweifelte Art in ihre Schranken zu weisen. Wird das Kind erwachsen, dann wird es diese Methode genauso anwenden und anderen Menschen eine Schuld für die eigenen unguten Gefühle zuweisen.

Dieses Weltbild ist stark verbreitet: Wenn ein anderer sich so verhält, dass wir es als „falsch“ empfinden, uns unwohl fühlen oder sogar verletzt sind, dann ist aus unserer Sicht dieser andere Mensch schuld an unserer Verletzung. Dementsprechend müssen wir uns entweder vor ihm schützen, uns von ihm distanzieren oder ihn harte Folgen erfahren lassen, damit er so etwas nie wieder tut. Am besten wirken schmerzvolle Strafen und Beschimpfungen. Also machen wir dem anderen seine Schuld bewusst und bestrafen oder beschimpfen ihn. Je stärker wir uns verletzt fühlen, desto intensiver kämpfen wir gegen ihn, desto härter sind unsere Vorwürfe oder desto mehr distanzieren wir uns von ihm oder verhalten uns trotzig und verschlossen.

Keiner denkt im Geringsten daran, dass wir permanent in den Spiegel schauen und in Wirklichkeit immer nur unser eigenes Gehirn mit seinen kraftvollen Projektionen wahrnehmen ...

*Jacqueline:*

Ich wechsle einmal die Seite. Im folgenden Beispiel bin ich die Mutter.

Weil ich im Buch viele Beispiele über mich und meine Kinder bringe, möchte ich kurz für Sie erwähnen, dass Olaf und ich keine gemeinsamen Kinder haben. Ich rede von meinen zwei Kindern aus erster Ehe.

Hier nun das Beispiel aus einer früheren Zeit:

Ich saß mit meinen beiden kleinen Kindern beim Mittagessen auf der Terrasse. Sie stritten sich lauthals, so dass ich mich unwohl fühlte und mir Sorgen machte, ob die Nachbarn bald in unserem Garten auftauchen würden. Es war nicht das erste Mal, dass die beiden sich stritten. Anstatt aber meine Kinder zu bestrafen oder zurechtzuweisen, wie manche Eltern es getan hätten, oder den Streit zu schlichten, wie ich es normalerweise machte, fragte ich mich dieses Mal, was mir das ständige Streiten meiner Kinder am Esstisch sagen sollte: „Was spiegeln mir die Kinder?"

In dem Moment, als ich dies dachte, hörten die Kinder sofort auf und aßen fröhlich weiter. Ich war sprachlos. So etwas hatte ich noch nie erlebt. Ich schien meine Kinder beeinflusst zu haben. Sie waren für mich ein Spiegel und reagierten bereits darauf, dass ich ihr Verhalten als Spiegel ernst nahm, auch wenn ich das Spiegelbild noch nicht zu deuten wusste.

Die Deutung wurde mir erst Jahre später bewusst, als ich einmal wieder zu Besuch bei meinen Eltern war. Wir saßen am Esstisch und meine Eltern kommunizierten in einem vorwurfsvollen Ton miteinander. Ab und zu stritten sie sogar. Als ich dies beobachtete, tat es mir weh. Mir wurde bewusst, dass ich diesen Schmerz schon als Kind oft gefühlt hatte.

Mein Fazit: Meine eigenen Kinder hatten sich wie meine Eltern verhalten und mir dadurch unabsichtlich diesen alten ungelösten Schmerz bewusst gemacht. Sie waren mir ein Spiegel für diese schmerzvolle Situation in meiner Kindheit.

Durch dieses Beispiel wird deutlich, wie wir Verhaltensweisen von Kindern oder von anderen Menschen auch ganz anders auffassen können. Zuerst erleben wir im Außen eine Störung, sortieren sie dann aber sofort als ‚Spiegel' ein. Anstatt diese Störung direkt zu bekämpfen, beginnen wir zunächst einmal, darüber zu reflektieren: „Hängt diese Störung vielleicht mit mir selbst zusammen? Beeinflusse ich als Beobachter unabsichtlich mein Umfeld, so dass ich eine Störung in mein Leben ziehe? Wie kann ich sie anders sehen? Was könnte ich von ihr lernen?“

Um so zu reflektieren, brauchen wir natürlich einen inneren Abstand zur Störung. Dieser Abstand entsteht automatisch, wenn uns immer bewusst bleibt, dass wir in den Spiegel schauen und unser kraftvolles Gehirn wahrnehmen. Sind wir auf diese Weise auf uns selbst konzentriert, dann sind auch die ab Seite 42 aufgeführten drei Umgangsmöglichkeiten präsenter.

In dem Beispiel mit meinen Kindern ist ein spannender Zusammenhang aufgetaucht, den wir im vierten Kapitel ausführlicher betrachten: Sobald wir uns für unsere Verletzungsgefühle komplett eigenverantwortlich sehen, uns allein um uns selbst kümmern und dem Umfeld keine Schuld mehr geben, dann scheint sich auch etwas im Umfeld zu ändern.

Wie kann es angehen, dass man sich ‚nur' innerlich die Frage stellt, was das unangenehme Verhalten des anderen Menschen einem gerade zu sagen hat – und der andere ändert in der nächsten Sekunde sein Verhalten? Spukhafte Fernwirkung?

War der Streit meiner Kinder am Mittagstisch gar nicht schuld an meinem Unwohlgefühl, sondern war ich mit meinem ungelösten Schmerz schuld an dem spiegelnden Verhalten meiner Kinder? Wer beeinflusst wen?

Ist wirklich immer nur der andere schuld, wenn wir uns durch sein Verhalten verletzt fühlen? Oder könnte eine unbewusste alte Verletzung in uns auf den anderen ausgestrahlt und sein Verhalten angeregt haben?

Der Beobachter beeinflusst das Beobachtete. Schon wenn wir unser Umfeld anders als gewohnt betrachten, *kann* sich möglicherweise an der Gesamtsituation etwas ändern. Wenn wir nicht mehr denken, dass etwas in unserem Umfeld falsch ist, sondern wenn wir unser Umfeld umdeuten und uns selbst sagen: „Das ist mein kraftvolles Gehirn“, dann beeinflussen wir das von uns Beobachtete auf neue Weise.

Ich kann mir gut vorstellen, dass ich mich als Kind gegenüber meinem mich beobachtenden Vater anders gefühlt hätte, wenn er sich gleichzeitig folgende Fragen gestellt hätte:

„Was hat es mir selbst zu sagen, dass meine Tochter die Adresse auf die falsche Seite des Briefes geschrieben hat?“

„Was hat es mir zu sagen, dass meine Tochter mich anlügt?“

Und vor allem die Frage: „Warum muss ich mich so sehr darüber aufregen? Was drängelt mich?“

Vielleicht hätte ich mich dann in einigen Situationen von vornherein anders verhalten und hätte nie aus Angst lügen müssen. Aber darüber kann ich jetzt nur spekulieren ...

Heute ist mir bewusst, dass ich mit den damaligen schmerzvollen Situationen eigenverantwortlich umgehen muss und umgehen kann. Das, was ich heute aus vergangenen Situationen mache und wie ich nachträglich damit umgehe, liegt allein in der Kraft meines eigenen Gehirns.

## Wie wir eigenverantwortlich mit Verletzungen umgehen

*Olaf*:

Jacqueline und ich stellen in dieser zweiten Spiegel-Ebene folgende These auf:

1. Wir Menschen schauen permanent in den Spiegel.
2. **Wir haben die volle Verantwortung dafür, *wie* wir auf ein Verletzungsgefühl schauen und *wie* wir damit umgehen.**

Wenn wir die erste Spiegel-Ebene ernst nehmen, dass wir permanent in den Spiegel schauen und unser eigenes Gehirn wahrnehmen, ist die einzig logische Konsequenz daraus: Nicht der andere ist allein schuld an unserem Verletzungsgefühl, sondern wir sind auch selbst *mit* schuld. Denn wir schauen ja permanent in den Spiegel und sehen uns selbst – also auch, während der andere uns scheinbar durch sein Verhalten unwohl oder gar verletzt fühlen lässt. Wir stellen diese Verletzung gleichzeitig in uns selbst her. Die Verletzung, die wir wahrnehmen, „ist unser kraftvolles Gehirn“.

Einige Leser könnten protestieren und sagen, dass sie früher von einem oder mehreren Menschen verletzt worden sind und noch heute darunter leiden müssen, was man ihnen angetan hat, z. B. sind sie verprügelt oder vergewaltigt worden. Sie waren als Opfer hilflos und ausgeliefert und fühlen sich deshalb unschuldig. Der andere Mensch trägt die Verantwortung, denn er hat Grenzen verletzt und seine Macht ausgenutzt. Deswegen fühlt man sich berechtigt, sich noch heute vor dem anderen zu schützen, ihn auszugrenzen, sein Verhalten abzuwerten und ihm die ganze Schuld zuzuweisen.

Ja, das ist *eine* Möglichkeit, mit einem erlebten Schmerz umzugehen. So eine Schuldzuweisung verlängert zwar das eigene Leiden, schützt aber gleichzeitig vor einer viel zu intensiven Schmerzverarbeitung, die wieder in Fluss kommen würde, wenn man die Schuldzuweisung sofort aufgibt. Wer das zurzeit (noch) braucht, wählt diese Form. Sie gehört genauso dazu.

Wer aber sein Leid irgendwann einmal beenden und mit der Verletzungssituation seinen Frieden schließen möchte, der wird seine Schuldzuweisung aufgeben und sich seinem Schmerz dahinter zuwenden. Er wird die Verantwortung für den Umgang mit seinem Schmerz komplett übernehmen, ihn Schritt für Schritt verarbeiten und letztendlich vollständig heilen.

Wir Autor*innen möchten an dieser Stelle noch einmal wiederholen: Es geht uns nicht darum, einen verletzenden Täter zu entschuldigen. Das Lernen des Opfers aus dieser Situation, das Ziehen der eigenen Konsequenzen, das Sich-Schützen vor dem Täter und die Folgen für den Täter durch das Rechtssystem sind in dem Umgang mit drin, den wir empfehlen. Nur eben nicht auf Dauer die Gefühle wie Empörung, Protestgefühle, Ärger, Wut, abwertende Schuldzuweisung, Kampf, Angst etc. Diese Gefühle benötigen viel Energie und verlängern den schmerzauslösenden Moment. Sie lassen den erlebten Moment zum andauernden Leid werden.

Damit Sie diesen Zusammenhang noch besser nachvollziehen können, teile ich im Folgenden eine Verletzung in zwei Teile ein – in die objektive äußere Verletzung und die subjektive innere Verletzung.

**Die äußere Verletzung** passiert z. B. durch das Verhalten anderer Menschen, vielleicht weil jemand unseren Körper mit einem Messer verletzt oder uns vergewaltigt. Sie passiert auch, wenn wir eine gegenseitige Nähe und Verbundenheit mit anderen Menschen leben und diese sich plötzlich von uns emotional distanzieren oder sterben. Die Hirnforschung hat herausgefunden, dass bei einer emotionalen Verletzung oder einem Verlust das Gehirn ähnlich reagiert wie bei einer körperlichen Verletzung. Der Mensch empfindet den Verlust einer äußeren Verbundenheit so ähnlich wie körperlichen Schmerz.

**Die innere Verletzung** passiert wie folgt: Die Wahrnehmungsorgane unseres Körpers leiten die neutralen Schwingungen des Umfeldes (Schallwellen, Lichtwellen) über das Nervensystem ins Gehirn weiter. Oder die Nerven in unserer Haut schicken dem Gehirn Signale, dass der Körper gerade verletzt wurde. Wenn dann das Gehirn diese Signale interpretiert und deutet (projiziert): „Das muss ein Schmerz sein!", dann schickt es diese Deutung in unser Bewusstsein und genau dann empfinden wir es auch als Schmerz.

Ein Hypnotiseur kann uns manchmal suggerieren, dass wir einen Schmerz fühlen – und dann fühlen wir auch Schmerz, ohne dass wir wirklich einen Schmerz äußerlich erfahren haben.

Umgekehrt zeigen genügend Forschungsergebnisse, dass ein Gehirn durch Operationen, durch Magnetfelder oder andere Stimulationen so beeinflusst werden kann, dass der Mensch sein Gefühl für soziale Verbundenheit verliert. In dem Moment kann er auch keinen emotionalen Verlust mehr spüren. Genauso kann durch Narkosemittel, die im zentralen Nervensystem wirken, das Bewusstsein eines Menschen als auch körperliche Schmerzempfindungen ausgeschaltet werden. Hypnose und Akupunktur können den Menschen in ähnliche schmerzunempfindliche Zustände versetzen, z. B. bei der Zahnärztin. Menschen mit einem bestimmten Gendefekt haben kein Schmerzempfinden. Sie müssen ständig aufpassen, dass sich ihr Körper nicht aus Versehen verletzt, z. B. bei einer Verbrennung durch eine heiße Herdplatte, denn sie können es nicht fühlen. Kein Schmerz warnt sie. Letztendlich können Buddhisten nach vielen Meditationsübungen ihre Identifikation mit dem körperlichen Schmerz lösen. Sie fühlen ihn zwar, können aber so mit ihm umgehen, dass er sie kaum noch belastet. Sie sind sich bewusst: „Es ist nicht *mein* Schmerz, sondern es ist der Schmerz *meines Körpers*" – und lächeln.

Fazit: Sind die entsprechenden Nervensysteme oder Gehirnbereiche ausgeschaltet (durch Betäubung), dann fühlen wir bewusst nur wenig oder gar keinen Schmerz. Egal, wie sich andere Menschen uns gegenüber verhalten und wie sie uns verletzen. Deshalb sind wir mit unserem Gehirn an der Erschaffung eines Schmerzes sowie an der Erschaffung der Bedeutung eines Schmerzes **entscheidend beteiligt** (*Was* nehmen wir wahr, *wie* nehmen wir es wahr und *wie gehen* wir mit dem Wahrgenommenen *um*?).

Natürlich gibt es einen äußeren Auslöser, der für unseren Schmerz mitverantwortlich ist. Die meisten Menschen übersehen jedoch den verantwortlichen Teil in ihrem eigenen Gehirn: Ohne ihre Eigenleistung würden sie diesen

Schmerz nicht spüren. **Deshalb hat jeder immer die kraftvolle *Möglichkeit*, etwas daran zu ändern.** Jeder hat also die volle Verantwortung *für den Umgang* mit seinen Verletzungen.

Allerdings ist die Frage, *was* wir mit Hilfe der Kraft unserer Gedanken aus unseren Verletzungen machen *wollen* und was wir daraus machen *können*. Besitzen wir die *Fähigkeit* zu verschiedenen Umgangsmöglichkeiten?

## Verletzungen sind oft emotionale Phantomschmerzen

*Olaf:*

Es gibt drei Möglichkeiten, wie wir eine Verletzung wahrnehmen:

a) **Äußerlich wird uns ein Schmerz zugefügt.** Entweder wird gerade unser Körper verletzt (ein Ast fällt uns auf den Kopf) oder wir verlieren auf der emotionalen Ebene eine Verbundenheit (ein uns nahestehender Mensch stirbt oder wir werden von ihm streng kritisiert). Wenn wir den Schmerz tatsächlich spüren, reagieren wir „stimmig", d. h. unser Gehirn reagiert passend auf die äußere Situation. An dieser Reaktion brauchen wir nicht unbedingt etwas zu verändern. Sie ist „natürlich".

   Jetzt geht es nur noch darum, die Verletzung optimal zu heilen und aus ihr zu lernen (siehe die drei Umgangsmöglichkeiten ab Seite 42).

b) **Äußerlich wird uns ein Schmerz zugefügt, doch wir nehmen es nicht wahr.** Unser Körper und unser Gehirn sind so beeinflusst, dass sie diesen Schmerz nicht bewusst realisieren. Sie sind an einer bestimmten Stelle „betäubt". Wir fühlen keinen Schmerz und reagieren daher unstimmig, unnatürlich. Sind wir bei Bewusstsein, dann können wir uns darum kümmern, die Betäubung zu beseitigen.

   Ziel: Eine zum Außen passende „normale" Verletzung fühlen können – der Situation angemessen (siehe z. B. das Spiel ab Seite 283)

c) **Es wird uns in Wirklichkeit *kein* äußerer Schmerz zugefügt, doch unser Gehirn projiziert trotzdem einen Schmerz.** Manche Menschen merken die perfekte Täuschung des Gehirns nicht und sind überzeugt, dass sie gerade tatsächlich von außen verletzt worden sind.

Auch hier reagieren wir unnatürlich. In diesem Fall können wir uns auf den Weg machen, die falsche Projektion unseres Gehirns zu einer stimmigen, schmerzfreien Projektion weiterzuentwickeln.

Ziel: Entsprechend des momentan *nicht* verletzenden Umfeldes auch *keine* Verletzung fühlen müssen.

**Eine schwierige Mischform** ist, dass zwar im Außen tatsächlich ein Schmerz in uns ausgelöst wurde, wir aber unangemessen stark darauf reagieren – viel stärker als es für die auslösende Situation angemessen wäre. Auch hier findet eine unstimmige Projektion des Gehirns statt.

Wenn Sie einen neuen Umgang mit Ihren Verletzungen erlernen wollen, seien Sie sich bewusst, dass es tatsächlich so etwas gibt, wie ich es hier unter „c)“ dargestellt habe: Es gibt Verletzungsgefühle, die in Wirklichkeit *nicht* oder nur *sehr wenig* von außen ausgelöst worden sind. Diesen Verletzungen wollen wir uns im Folgenden zuwenden:

Wenn beispielsweise ein Bein amputiert worden ist, können anschließend körperliche Phantomschmerzen auftreten. Dabei projiziert das Gehirn einen Schmerz auf den Körper, ohne dass in der Gegenwart eine äußere Verletzung vorliegt. Das Bein ist weg, doch der entsprechende Gehirnbereich projiziert weiter einen Schmerz an die Stelle, wo früher einmal ein Bein war. Oder der Blinddarm ist durch eine Operation entfernt worden, doch das Gehirn projiziert bei manchen Menschen weiterhin einen Schmerz in die Region des Blinddarms.

Auch im emotionalen Bereich ist das möglich. Es könnte beispielsweise sein, dass wir in der Vergangenheit durch einen Menschen viele Verletzungen erfahren haben. Daraufhin haben wir uns von ihm getrennt. Wir haben den Kontakt zu ihm „amputiert“. Nun kommt ein neuer Mensch, der in unserer Gegenwart eigentlich etwas „Normales“ tut, ohne die Absicht, uns zu verletzen. Trotzdem fühlen wir uns verletzt oder unwohl, weil unser Gehirn die alte verletzende Interpretation liefert.

Sie erinnern sich an die Beispiele von Jacqueline aus ihrer Kindheit. Sie vergaß, eine Leiste unter ihrem Schreibtisch von Staub zu befreien. Und sie schrieb die Adresse auf die falsche Seite des Briefumschlages. Wir wissen: Durch solche Fehler wird normalerweise kein anderer Mensch „angegriffen“. Doch das Gehirn des Vaters projiziert trotzdem ein Unwohlsein in diese Situation. Denn in seiner eigenen Kindheit wurde bei Fehlern viel mit ihm geschimpft. Eine alte Gehirnkarte wurde getriggert. Es existiert in der Gegenwart zwar keine wirkliche äußere Verletzung, aber er erschafft in sich selbst eine innere, weil seine Tochter einen Fehler gemacht hat. Die Folge: Der Vater bestraft das unschuldig fühlende Kind für eine Tat, die ursprünglich „neutral" ist.

Ein anderes Beispiel: Manchmal gebe ich Jacqueline einen unverbindlichen Tipp, was sie eventuell besser machen könnte. Dabei projiziere ich natürlich in sie, dass sie es selbst nicht sieht und in nächster Zeit auch nicht auf eine Lösung kommt. Denn das habe ich in meiner eigenen Kindheit oft erlebt. Sie jedoch projiziert in meinen Tipp immer noch die strengen Korrekturen ihres Vaters, so dass sie bei meinem Tipp unangenehme Gefühle bekommt.

Ein drittes Beispiel aus den Anfängen unserer Beziehung: Ich gehe aus dem Haus, ohne mich zu verabschieden, und Jacqueline fühlt sich verletzt. Ihr Gehirn projiziert kraftvoll, ich wäre sauer auf sie.

Weitere Beispiele: Eine Frau hat den Kontakt zu ihren vorwurfsvollen Eltern abgebrochen. Damit sind die Vorwürfe aber nicht weg. Ihr gegenwärtiger Partner sagt immer wieder Dinge, durch die sie eine vorwurfsvolle Verletzung empfindet. Obwohl er dabei beteuert, keinen Vorwurf gemacht zu haben. Ihr Gehirn projiziert in das Verhalten ihres Partners die gewohnten Vorwürfe der Eltern. Sie befürchtet, dass er als nächstes wütend wird. Doch er wird nicht wütend.

Eine Mutter hat früher ihrem kleinen Sohn kontrollierende Fragen gestellt. Sie hat ihn entsprechend bestraft, wenn seine Antworten nicht ihren Vorstellungen entsprachen. Heute ist der Sohn erwachsen. Seine Partnerin stellt ihm Fragen, um ihn besser verstehen und ihm helfen zu können. Doch er projiziert dies als „kontrollierende" Fragen, empfindet eine Verletzung und wehrt sich gegen dieses „Ausquetschen".

Eine junge Frau sieht einen fremden Mann und fühlt sich auf den ersten Blick tief mit ihm verbunden. Als sie ihm das mitteilt, antwortet der Mann ganz freundlich, dass er sich mit ihr nicht verbunden fühlt. Dadurch empfindet die Frau eine Verletzung. Ihr Gehirn hatte eine Verbundenheit mit dem Mann projiziert, die von ihm aber nicht bestätigt wurde. Durch seine Aufklärung verlor sie die projizierte Verbundenheit wieder. So etwas fühlt sich wie ein Verlustschmerz an. Ohne dass der Mann eine Absicht hatte, die Frau zu verletzen, fühlte sie sich verletzt. Eine Folge ihres projizierenden Gehirns und eine Folge, die die meisten von uns kennen: Man himmelt jemanden an und bekommt dann einen „Korb“ – der klassische Verlustschmerz. Wer nach einem Korb seine Projektion nicht korrigieren kann und das Gehirn projiziert weiterhin eine nicht erwiderte Verbundenheit mit dem anderen, der beginnt zu leiden (Liebeskummer).

Ein Mann fühlt sich mit seiner Arbeit nicht mehr wohl. Er möchte lieber seinen Freizeitinteressen nachgehen, hat aber die Befürchtung, dass das „Hobby-zum-Beruf-Machen“ ihm nicht das erforderliche Einkommen bringen wird. Es gibt an seinem Arbeitsplatz nichts, das ihn wirklich verletzt. Dennoch kreiert er in seinem Gehirn eine psychosomatische Erkrankung: Er fühlt heftige Rückenschmerzen, wodurch er mehrere Wochen krankgeschrieben wird. Erst als er sich entscheidet, sein Hobby zum Beruf zu machen, bei der Firma kündigt und endlich den Beruf ausübt, der ihm wirklich Spaß macht, verschwinden die Rückenschmerzen wie von selbst.

Eine Frau muss miterleben, wie ihre erwachsene Tochter sich mit ihrem Mann, dem Vater der Tochter, streitet. Die Frau fühlt ein Problem, leidet unter dem Streit der beiden und möchte ihn am liebsten beenden. Ihr Leid ist eine Projektion ihres Gehirns, denn sie hat damals als Kind erleben müssen, wie ihr eigener Vater immer wieder mit ihr geschimpft hat. Das hatte ihr sehr wehgetan. Heute projiziert ihr Gehirn diesen Schmerz auf ihre Tochter und leidet mit. Im gelösten Zustand würde die Mutter den Konflikt der beiden zwar mitfühlen, aber nicht darunter „leiden“. Sie würde kein persönliches Problem dabei spüren, sondern nur schauen, ob und wie ihre Hilfe gebraucht wird. Benötigen beide momentan keine Hilfe von außen, dann kann die Frau offen dem zustimmen, wie es gerade ist, und die Verantwortung den Streitenden lassen.

E-Mails oder Internetforen sind ein gutes Feld, um Projektionen des Gehirns zu erleben. Wir deuten einen bestimmten Tonfall in die geschriebenen Worte des anderen – und wenn man genauer nachfragt, hat der andere es oft nicht so gemeint, wie man es aufgefasst (projiziert) hatte. Beispiel: „Das interessiert mich gerade nicht.“ Dieser Satz könnte als eine normale Information gemeint sein, eine wortwörtliche Mitteilung, dass man an einem bestimmten Thema gerade kein Interesse empfindet. Man könnte ihn aber auch als eine abwertende und verletzende Grenzziehung auffassen.

Gerade im Internet stellt sich die Frage: Wenn wir andere Menschen kaum kennen, ihnen nie begegnet sind und zu ihnen eigentlich auch keinerlei Verbundenheit leben oder aufrechterhalten wollen, warum verletzt es uns, wenn sie uns verbal angreifen und abwerten? Es droht uns doch kein wirklicher

Verlust. „Eigentlich“ dürfte es uns nicht berühren. Trotzdem projiziert unser Gehirn den Verlust von Verbundenheit in diese Situationen und fühlt dadurch einen emotionalen Schmerz.

Als ich im Alter von 22 Jahren aus meinem Elternhaus auszog und 700 Kilometer weit weg ein neues Leben begann, war mir klar: In dieser neuen Umgebung kann ich nun komplett neu anfangen. Mich kennt keiner und ich kenne keinen. Das ist die beste Chance, endlich *den* Olaf zu leben, den ich während meiner Kindheit und Jugend aufgrund der vorhandenen Beschränkungen in meinem Elternhaus nicht leben konnte. Ich wollte nun endlich im übertragenen Sinne als „freies Kind“ leben können. All die Situationen in meiner Kindheit, in denen ich verzichten musste oder etwas nicht leben durfte, weil ich „noch zu klein“ war oder weil es meinen Eltern nicht stimmig erschien, warteten darauf, endlich gelebt zu werden.

Was musste ich aber erleben? Ich verhielt mich in dem neuen Umfeld genauso gehemmt und blockiert, wie ich es von zu Hause kannte. Mein Gehirn projizierte fleißig weiter die gewohnte mich beschränkende Umgebung in mein gegenwärtiges neues Umfeld. Ich brauchte viele Jahre, um diese Projektionen zu erforschen, mein Gehirn weiterzuentwickeln und dadurch den Olaf zu befreien, den ich schon immer in mir fühlte.

Heute habe ich endlich das Gefühl, ein „weises freies Kind“ zu sein. Der Begriff „Erwachsener“ passt für mich nicht. So, wie viele Erwachsene den Begriff „Erwachsener“ verwenden, enthält er für mich noch zu viele Beschränkungen. Als „weises freies Kind“ fühle ich mich frei, über mein Leben eigenverantwortlich zu bestimmen. Ich fühle mich nicht mehr von außen beschränkt oder gelenkt, sondern selbstständig, autonom und authentisch. Ich fühle mich spielerisch frei und kreativ und ich fühle mich durch meine vielen Lebenserfahrungen und Erkenntnisse klar im Umgang mit meinem Umfeld. Gleichzeitig bin ich mir meines permanenten Reifungsprozesses bewusst und habe Freude daran, lebendige Spiegel zu verwenden, um mit ihrer Hilfe Probleme zu lösen als auch neue Fähigkeiten und neues Wissen dazuzulernen. Als weises freies Kind wachse ich spielerisch ständig über mich selbst hinaus. Alles, was mir begegnet, unterstützt mich darin, weiter zu reifen und zu wachsen und Bereiche, die ich bisher noch nicht kannte oder bisher noch nicht integrieren konnte, auf eine neue Weise kennenzulernen und in mein Leben zu integrieren. In Zukunft kann ich das Erfahrene und Integrierte als „Fähigkeit“ oder „Wissen“ einsetzen, um wieder ins nächste bessere Gleichgewicht zu gelangen.

Ich bin in meinem fließenden Reifungsprozess „angekommen“.

Die falschen unangenehmen und schmerzvollen Projektionen unseres Gehirns sind dafür verantwortlich, dass so viele Menschen sich in ihrem Leben eingeengt und unfrei fühlen und nach Lebenshilfe suchen. Diese Menschen merken, dass sie sich in bestimmten Situationen unwohl fühlen, obwohl sie in so einer Situation „eigentlich" gar kein Problem fühlen müssten. Ihr Verstand hat die Situation längst begriffen. Es besteht „eigentlich" keine Gefahr. Doch im Gefühl tauchen trotzdem Angst, Schüchternheit, Verlegenheit, Unsicherheit, bestimmte Phobien oder andere unangenehme Gefühle auf. Sie fühlen sich mit dem Außen nicht wohl, vielleicht sogar vom Außen verletzt. Doch eine Überprüfung lässt klar werden, dass gerade weder eine körperliche noch eine emotionale Verletzung im Außen aktiv durchgeführt wurde. Oder sie zeigt, dass eine Angst unbegründet ist.

Bei einem körperlichen Schmerz ohne körperlichen Anlass sagt man „Phantomschmerz". Bei einem emotionalen Ungleichgewichtsgefühl oder einer emotionalen Verletzung ohne wirklichen äußeren Verursacher benutzen Jacqueline und ich den Begriff „emotionaler Phantomschmerz".

Auf der ersten Spiegelebene ging es darum, grundsätzlich davon auszugehen, dass wir permanent in den Spiegel schauen.

Auf dieser zweiten Spiegelebene geht es darum, grundsätzlich davon auszugehen, dass jede Verletzung letztendlich immer die Folge der Projektion unseres Nervensystems ist, also in uns selbst liegt. Die Verletzung *könnte* von außen zugefügt worden sein – **oder aber auch nicht!** Das kann unser Kapitän im Gehirn spontan nicht wirklich wissen! Das muss überprüft werden.

Wollen wir ein möglichst perfektes Gleichgewicht zu unserem Umfeld herstellen? Wollen wir eine möglichst perfekte, frei fließende Realitätsabbildung in uns selbst garantieren? Am besten ohne emotionale Phantomschmerzen? Ohne falsche Projektionen? Dann müssen wir Verantwortung übernehmen und immer wieder eigenverantwortlich überprüfen, ob unsere Schmerz-Projektion mit dem Außen übereinstimmt. Wir müssen mit allen Sinnen überprüfen, ob unsere spontane Deutung, wie unser Schmerz entstanden ist, wirklich wahr ist.

Gibt es im Außen tatsächlich eine ursächliche, verletzende Aktion? Entspricht die Aktion, wie wir sie „wahrnehmen" und „deuten", auch wirklich der Realität? Finden wir bei unserer Überprüfung Bestätigungen dafür?

Wenn ja, dann geht es wie bei dem herunterfallenden Ast darum, unsere

Wunde zu heilen, uns vor dem verletzenden Außen in Zukunft zu schützen oder mit der äußeren Gefahr umgehen zu lernen, damit sie uns nicht noch einmal verletzt. Oder es geht wie beim Gewitter darum, das Unangenehme für eine Zeit im geschützten Raum auszuhalten, bis es vorübergezogen ist. Haben wir etwas verloren, dann geht es darum, uns davon so lange zu verabschieden, bis uns die Erinnerung an den Verlust nicht mehr schmerzt.

Wenn wir im Außen aber *keine* direkte Bestätigung für unsere gefühlte Verletzung finden, dann geht es darum, unseren Phantomschmerz aufzulösen. Wir korrigieren die Projektion unseres Gehirns, bis sie mit der aktuellen, nicht verletzenden Realität im Außen wieder übereinstimmt.

Die Frage ist: Mit welcher Technik kann man eine Projektion und den damit zusammenhängenden Phantomschmerz korrigieren?

## Wie wir emotionale Phantomschmerzen auflösen

*Olaf*:

Als Kind hatte ich eine Hexe unter meinem Bett vermutet. Ich hatte Angst davor, dass sie mir abends meine Füße festhält, wenn ich ins Bett steige. Deswegen machte ich immer einen großen Sprung. Wir wissen, dass dies die Fantasie eines Kindes war. Wir wissen jetzt aber auch, dass wir heute nichts anderes machen: Unser Gehirn projiziert etwas.

Viele Jahre nach einer Trennung denken Menschen an ihren Ex-Partner und ärgern sich in der Gegenwart immer noch über ihn und sein damaliges Verhalten. Sie denken an ihre Eltern und fühlen immer noch Wut oder Hemmungen oder andere unangenehme Gefühle. Sie denken an längst vergangene Situationen, fühlen aber in der Gegenwart immer noch das gleiche Gefühl in sich auftauchen, das sie auch damals hatten.

Was passiert? Das Gehirn projiziert etwas.

Wir haben mehrere Möglichkeiten, mit den Projektionen unseres Gehirns umzugehen und sie weiterzuentwickeln. Ich erläutere ein paar Möglichkeiten anhand meines Beispiels aus meiner Kindheit:

1. Ich suche danach, welche Fähigkeiten ich entwickeln müsste, um mich erfolgreich vor der Hexe zu schützen. Oder was würde helfen, eine große Macht zu erlangen, so dass die Hexe keine Chance mehr hätte und bei je-

dem Kampf die Unterlegene sein würde? Und ich wäre permanent der Gewinner!

2. Ich suche danach, auf welche Weise ich diese Hexe vernichten könnte. Wie könnte ich sie töten? Was bräuchte ich für Werkzeuge, damit die Vernichtung auch vollkommen wirkt und die Hexe nie wiederkommt? Dann würde ich mich endlich frei und unabhängig fühlen.
3. Ich suche danach, wie ich mich mit der Hexe versöhnen könnte. Welche Rituale bräuchte ich? Sollte ich die Wünsche der Hexe integrieren? Oder sie einfach so achten, wie sie ist? Will sie vielleicht nur gewürdigt werden? Vielleicht genügt eine Verneigung vor ihr – und dann können wir uns friedlich die Hand reichen und sie respektiert auch meinen Wunsch, dass ich in Ruhe in mein Bett steigen darf.
4. Ich probiere aus, wie es ist, wenn ich allem zustimme, was die Hexe vorhat. Wenn ich sie bedingungslos liebe. Alles, was sie plant und mir antun würde, darf dazugehören und ich halte es aus und trage es mit. Aus allem kann ich lernen. Es dient für meinen Wachstumsprozess. Alles hat seinen Sinn.
5. Oder ich schaue einfach unter das Bett und entdecke, dass die Hexe gar nicht existiert. Sie war „nur" eine Projektionsleistung meines Gehirns. Und wenn ich hinterher doch noch einmal Angst bekomme, sage ich mir: „Das ist mein kraftvolles Gehirn!"

6. Allerdings könnte sich in meiner Fantasie während der Versöhnung (siehe Möglichkeit 3) die Hexe auch in eine liebevolle und verständnisvolle Fee verwandelt haben, bei der ich mich endlich so geborgen fühle, wie ich es noch nie fühlen durfte. Dann schaue ich lieber nicht unter das Bett, sondern stelle mir weiter vor, dass da eine Fee unter meinem Bett liegt und mir Geborgenheit, Verbundenheit und Nähe vermittelt. Falls ich entdecken müsste, dass es sie gar nicht gibt, würde ich ein tiefes Verbundenheitsgefühl verlieren – und das tut weh. Ich wäre plötzlich ganz alleine. Da projiziere ich doch lieber weiter eine liebe Fee unter mein Bett, anstatt mich mit der harten Realität zu konfrontieren.

Ich löste damals mein Problem mit Hilfe der Möglichkeit Nr. 5 und finde, sie lässt sich gut auf viele andere Situationen übertragen. In jedem Moment, in dem ich ein Problem fühle, habe ich die Wahl, „unter das Bett zu schauen" und mich zu fragen:

„Sind meine Bilder und Gefühle jetzt gerade angemessen? Durch welche Aktion/Frage kann ich die gegenwärtige Situation erforschen und noch genauer kennenlernen? Wie ist die Situation jetzt gerade in Wirklichkeit?"

Byron Katie empfiehlt bei Ihrer Lebenshilfemethode *„The Work"*, sich selbst die Frage zu stellen: „Kann ich absolut sicher sein, dass das, was ich denke, wirklich wahr ist?"

Schon alleine durch unser Bewusstsein, dass wir permanent projizieren und dabei immer in den Spiegel schauen, als auch durch dieses intensive Erforschen und Hinterfragen unserer Realitätsabbildung kann sich mancher Phantomschmerz auflösen.

Osho empfiehlt in einer seiner Geschichten in dem Buch „The Divine Melody", sich in jedem ängstlichen Moment bewusst zu machen: „Wie geht es mir *jetzt* gerade? Ist mit mir im Moment noch alles in Ordnung? Ja, bis hierher ist mit mir immer noch alles in Ordnung und ich kann den nächsten Schritt machen." Man schaut dabei nicht auf seine inneren Befürchtungen, auf seine Projektionen, was in der Zukunft auf einen zukommen könnte, sondern man schaut im Jetzt: „Wie geht es mir *jetzt* gerade?" Antwort: „Bis hierher ist mit mir alles in Ordnung."

Wenn mich bereits ein lösender Umgang *innerhalb* meiner Projektion befreit fühlen lässt und den Phantomschmerz zum Verschwinden bringt (Versöhnung mit der Hexe; allem, was die Hexe tut, zustimmen etc.), kann ich das Erforschen der realen Gegenwart, das Schauen unter mein Bett, aber auch sein lassen. Oder wenn sich die Annäherung an die Wirklichkeit eher unangenehm auswirken würde und ich lieber meine Projektion behalte, weil sie sich besser anfühlt (die Geborgenheit einer verständnisvollen Fee), dann kläre ich sie auch nicht weiter.

Aber – halt. Wie war das noch?

Wir schauen *permanent* in den Spiegel. Wir projizieren also ständig. Dann ist zwar meine Entdeckung, dass die Hexe oder die Fee unter meinem Bett gar nicht existieren, eine große *Annäherung* an die Wirklichkeit, aber trotzdem weiterhin eine neue Projektion meines Gehirns – nur eine andere! *Alles* ist mein kraftvolles Gehirn! Und dann wäre auch das schmerzvolle Gefühl von „Alleinsein" oder von „Verlust einer Verbundenheit" (ohne Fee) eine kraftvolle Projektionsleistung meines Gehirns. Ich kann diese neue Projektion noch genauer untersuchen, erforschen und verbessern – bis ich vielleicht eine noch kraftvollere und stimmigere Projektion gefunden habe, beispielsweise: Es gibt dieses schmerzvolle Alleinsein gar nicht. Stattdessen gibt es auf der höchsten Ebene die allumfassende Verbundenheit mit allem – die permanente Verbundenheit mit dem gesamten Universum in allumfassender Liebe. Ohne jegliche Trennung. Alles ist intensiv miteinander verbunden und hat seinen Zusammenhang und seinen Sinn.

Diese neue Projektion ist möglicherweise eine sehr problemfreie. Denn in dieser Projektion kann ich „Verlust" und „Trennung" ganz anders sehen. Sie sind lediglich ein Hinweis auf einen unverarbeiteten Schmerz entweder in mir selbst oder in den Sichtweisen anderer Menschen. Die allumfassende Verbundenheit ist wie der blaue Himmel – und der Verlust und die Trennung sind Wolken, die den Blick auf den immer vorhandenen Himmel für eine Zeit verdecken.

Wenn also unser Gehirn sowieso nur projiziert und wenn uns sowieso nichts anderes übrig bleibt, als mit den Projektionen unseres Gehirns zu leben, dann sind wir frei. **Wir sind frei, die Projektion zu wählen, die uns selbst gut tut**, uns frei fühlen lässt, uns glücklich fühlen lässt, uns die Erfahrung schenkt, mit jeder Herausforderung umgehen zu können und Freude und Spaß an unseren lebendigen Projektionen zu haben.

Diese Erkenntnis befreit uns von der ewigen Frage: Was ist Wahrheit? Was ist Realität? Letztendlich spielt das für unser Gehirn keine wirkliche Rolle. Deswegen können auch Hypnose oder Visualisierungen genauso gut wie die (scheinbare) „Realität" auf uns wirken und unser Nervensystem, unsere Gefühle und damit unseren gesamten Körper reagieren lassen.

Die zusammenfassende Empfehlung, die wir Ihnen aus diesen Überlegungen heraus geben möchten, lautet also:

**Finden Sie die Projektionen, die sowohl der (scheinbar) äußeren Realität so gut wie möglich entsprechen als auch Ihnen selbst ein sehr gutes Gefühl vermitteln und Ihren Wunsch nach einem glücklichen und befreiten Dasein optimal berücksichtigen.**

Nicht „entweder - oder", sondern: „sowohl - als auch"!

Welche Sichtweisen, welche Überzeugungen, welche Erkenntnisse helfen Ihnen, immer angenehmere, stimmigere Projektionen zu entwickeln?

Da jeder Mensch andere Projektionen hat, können wir Ihnen an dieser Stelle natürlich keine generelle Antwort darauf geben. Sie müssen sich selbst auf die Suche machen. Die Werkzeuge (Möglichkeiten) für Ihre Suche haben wir Ihnen zur Verfügung gestellt. Weitere Werkzeuge werden folgen.

Zur Erinnerung: Eine Auflösung aller Projektionen und einen Blick direkt auf die objektive Wirklichkeit, wie es in manchen buddhistischen Büchern angesprochen wird, kann es nicht geben, da Ihr Kapitän nie aus Ihrem Gehirn aussteigen kann. Sie können als Mensch die Welt nicht *ohne* Ihr Gehirn wahrnehmen.

## Wie wir erfolgreich Projektionen weiterentwickeln

*Olaf:*

Wissenschaftler*innen haben festgestellt, dass körperliche Phantomschmerzen zum Verschwinden gebracht werden können. Dazu ist es wichtig, dass man an die schmerzvolle Projektion des Gehirns andockt und dem Gehirn eine Weiterentwicklung anbietet – in Richtung eines besseren Gleichgewichts. Dies ist beispielsweise mit Hilfe einer Spiegeltherapie möglich.[3]

Auch an einen emotionalen Phantomschmerz kann man andocken und das Gehirn an dieser Stelle in Richtung eines angenehmeren Gleichgewichts weiterentwickeln. Das erste Spiel war, zu allem zu sagen, dass es „mein kraftvolles Gehirn“ ist. Im Folgenden zeigen wir ein nächstes **Spiel**.

Haben Sie gerade eine Situation parat, die Ihnen in Ihrem Leben große Probleme bereitet? So, wie ich als Kind ein für mich ernst zu nehmendes Problem mit der Hexe hatte?

Fassen Sie es in einem kurzen Satz zusammen und schreiben diesen auf.

Welches innere Bild haben Sie zu dem Problem und was genau fühlen Sie dazu?

---

[3] siehe mein Buch *„Ich stehe nicht mehr zur Verfügung 2 – Die Kritik von anderen hat nichts mit mir zu tun“*

Mit welcher Körperhaltung oder Körperbewegung würden Sie dieses Problem pantomimisch darstellen?

Haben Sie die Antworten gefunden, dann überlegen Sie nun, wie Sie diese Situation aus einem neuen „realistischeren" Blickwinkel anschauen, wie Sie die Situation „besser verstehen" könnten. Unabhängig davon, ob Sie Ihren neuen Blick auch wirklich „fühlen": Wie wäre Ihr gelöster, klarer, angenehmer Blick auf diese Situation? Wie wäre es für Sie „stimmig"?

Fassen Sie auch dies in einem kurzen Satz zusammen und schreiben ihn auf.

Welches innere Bild haben Sie zu der neuen und besseren Realität?

Mit welcher Körperhaltung oder Körperbewegung stellen Sie Ihre Lösung pantomimisch dar?

Bevor ich Ihnen sage, wie Sie nun damit umgehen können, gebe ich Ihnen ein Beispiel aus meinem gegenwärtigen Alltag. Mein Problem ist, dass ich manchmal in die Angst hineinrutsche, dass ein anderer Mensch böse auf mich ist. Wenn ich irgendetwas tue, was jemand anderes nicht mag und ihm gegen den Strich geht, befürchte ich, dass er mir komplett die Schuld an seinen Gefühlen gibt und mich schimpfend und schreiend demütigt und niedermacht, so dass ich ihm gegenüber absolut keine Chance habe und mich ohnmächtig und schwach fühle.

Kurzfassung: **Ich habe Angst davor, dass ein anderer Mensch heftig böse auf mich ist und ich mich schwach und ohnmächtig fühle.**

Bild: Ich sehe einen Menschen mit hochrotem Kopf mir gegenüber stehen, mich mit innerer Härte wütend anschreien und ich bringe kein Wort heraus.

Körperhaltung: Ich stehe starr mit eingezogenem Kopf.

Eine neue und besser funktionierende Projektion ist für mich:

Es hat seinen Sinn, warum der andere gerade so handelt. Möglicherweise ist durch mich bei ihm ein unverarbeiteter Schmerz getriggert worden und er befindet sich nun in einer **„Kriegs-Trance"**.

Was ist eine Kriegstrance? Soldaten im Einsatz können nur auf andere Menschen schießen, wenn sie gleichzeitig ihr Mitgefühl, ihre Empathie komplett abgestellt haben. Man kann nur andere Menschen beschimpfen, wenn man gleichzeitig sein Mitgefühl für diese anderen Menschen abgeschaltet hat. Wenn mich also ein Mensch verbal angreift, hat er den Kontakt zu seinem Mitgefühl mir gegenüber unterbrochen und befindet sich in einer Kriegstrance[4].

Ich fühle das in Form eines Ohnmachts- und Kleingefühls, denn der andere ist nicht mehr zugänglich, nicht mehr offen. Er wirkt wie hypnotisiert in dem, was er tut. Ich werde von ihm nicht mehr wirklich wahrgenommen und habe keine Chance. Daher macht es auch keinen Sinn, irgendetwas zu sagen, und ich fühle mich sprachlos. Die einzige Möglichkeit wäre, zum anderen ein Gleichgewicht einzugehen und zurückzuschießen. Doch dazu müsste ich ebenso mein eigenes Mitgefühl abstellen und mich in eine Kriegstrance begeben, was ich aber nicht wählen möchte.

Lasse ich meine Empathie, mein Mitgefühl offen, dann fühle ich etwas vollkommen Natürliches: den Verlust einer Verbundenheit. Der andere hat in sich selbst seinen empathischen und mitfühlenden Teil abgespalten. Zu diesem Teil hat keiner von uns beiden mehr Zugang. Er ist gerade „verlorengegangen“. Mein Verletzungsgefühl ist etwas Natürliches, etwas Menschliches, wie der Schmerz meiner Hand auf einer heißen Herdplatte. Entweder ziehe ich mich zurück oder halte das Gewitter aus, bis es vorbei ist.

Über den anderen denke ich: Er war früher einmal ganz offen. Doch dann musste er öfter erleben, dass er verletzt wurde. Diese Verletzungen konnte er nicht verarbeiten. Er hat nicht gelernt, lösend damit umzugehen. Und so befindet sich ein Teil seines Gehirns in einem ungelösten Schmerzzustand. Mein Verhalten hat diesen Schmerz aktiviert – und jetzt ist er gerade aus diesem Schmerz heraus gestresst aktiv und verletzt andere Menschen.

Wenn er diesen Schmerz in sich erlösen möchte, wenn er sich für sein eigenes Mitgefühl und seine Empathie wieder öffnen möchte, **müsste er sich zuallererst dem Schmerz stellen, andere Menschen verletzt zu haben**. Ein Soldat, der seine Empathie beim Verletzen oder Töten anderer Menschen abgestellt hat und der nun wieder Zugang zu seiner Empathie haben möchte, müsste zuallererst den tiefen Schmerz in sich zulassen, einen anderen Menschen getötet zu haben. Er müsste sich erlauben, diesen Schmerz zu fühlen, intensiv auszudrücken und fließen zu lassen (weinen).

Das ist einer der schlimmsten Schmerzen, die ein Mensch zu verarbeiten hat. Vielen Eltern geht es so, dass sie einen (unbewussten) Schmerz darüber

---

[4] siehe mein Buch „*Die Kriegs-Trance und das Mitgefühl*“

in sich tragen, wie sie damals ihre eigenen Kinder behandelt haben. Wenn diese Schmerzen emotional komplett ausgedrückt und damit verarbeitet werden, bekommt ein Mensch allmählich wieder tieferen Zugang zu seinem Mitgefühl und zu seiner Empathie.

Da auch ich andere Menschen verletzt habe, weiß ich, wie unendlich schwer und wie schmerzvoll das ist. Deshalb kann ich den Menschen, der mich gerade anschreit, sehr gut verstehen. Ich kann verstehen, dass es ihm im Moment nicht gelingt, darüber zu reflektieren, wie er sich gerade mir gegenüber verhält oder wie er sich schon früher gegenüber anderen Menschen verhalten hat. Es ist auf jeden Fall leichter für ihn, weiterhin anderen Menschen eine Schuld zuzuweisen und gegen sie zu kämpfen, als sich seinem eigenen unverarbeiteten Schmerz zu stellen.

Ich unterscheide deutlich: Möglicherweise habe ich seinen Schmerz und damit seine **Kriegstrance** ausgelöst. Ich bin aber *nicht* dafür verantwortlich, wie er nun mit diesem Zustand *umgeht*. Sein Umgang damit hat mit mir nichts zu tun. Das bedeutet aber nicht, dass ich nicht mit ihm mitfühle. Es bedeutet nur, dass ich mich an seiner Kriegstrance nicht schuldig fühle.

Kurzfassung meiner Lösungsprojektion: **Der andere befindet sich in einer „Kriegstrance". Meine mitfühlende Verletzlichkeit ist ein natürliches Gefühl und zeigt den Verlust einer Verbundenheit.**

Bild: Ich sehe in diesem Menschen einen unverarbeiteten Schmerz. Er musste bis heute den Kontakt zu seinem eigenen Mitgefühl (teilweise) abstellen. Ich stimme meinem Gefühl der mitfühlenden Verletzung zu. Es ist der Situation entsprechend angemessen. Entweder halte ich das Gewitter mitfühlend aus oder ich gehe mitfühlend weg.

Körperhaltung: Ich stehe entspannt und locker und lächle.

Das war mein persönliches Beispiel mit meinen eigenen subjektiven Projektionen. Wenn Sie eine neue und besser funktionierende Projektion für Ihr eigenes momentanes Problem gefunden haben, schlagen wir Autor*innen Ihnen folgendes wirkungsvolle Spiel vor. Wir haben es aus der aktuellen Trauma-Therapie sowie aus der Hypnosystemischen Therapie übernommen:

Sagen Sie sich den Problemsatz (Kurzfassung), schauen innerlich intensiv auf das Problembild und nehmen die problematische Körperhaltung dazu ein.

Dann lassen Sie dieses Bild sich äußerst langsam, ganz allmählich, Schritt für Schritt und mit viel Gefühl in Ihr Lösungsbild verwandeln, während Sie Ihren Lösungssatz sprechen und ganz allmählich Ihre gelöste Körperhaltung einnehmen.

Wiederholen Sie diesen Prozess mehrfach. Sehr oft (mindestens zehn Mal). Zuerst das Problem wahrnehmen, den Problemsatz aussprechen, die Problemkörperhaltung einnehmen, dann das Problembild ganz langsam mit viel Gefühl in Ihr Lösungsbild verwandeln, sich Ihren Lösungssatz sagen und Ihre gelöste Körperhaltung einnehmen. Es klappt auch, wenn sie einfach zwischen beidem mehrfach hin und her wechseln – ohne langsame Verwandlung.

Auf diese Weise bahnen Sie in Ihrem Gehirn neue Wege. Sie verknüpfen die Problemprojektion mit Ihrer Lösungsprojektion, so dass Ihnen später in einer auftauchenden Problemsituation schneller Ihre Lösung einfällt und Ihr Gehirn leichter zu Ihrer Lösung und zu Ihren entsprechend gelösteren Gefühlen wechseln kann.

Wundern Sie sich nicht, wenn dabei eventuell Tränen zu fließen beginnen. Sie gehören dazu. Lassen Sie sie in dem Fall so lange fließen und geben ihnen Raum, bis der Fluss sich von selbst beendet.

Dieses Spiel funktioniert möglicherweise am besten, wenn Sie bei Ihrer neuen Lösungsprojektion sicher sind, dass sie tatsächlich viel besser mit der äußeren Realität um Sie herum übereinstimmt.

Als ich erkannte, dass keine Hexe unter dem Bett war, und es mich erleichterte, hat dieses neue Bild sofort in mir eingeschlagen. Ich musste gar keine Übung dazu machen. Es war einfach klar: Da ist keine Hexe. Es liegt nur Staub unter meinem Bett.

Als ich über verschlossene Menschen nachdachte und mir dazu der Begriff „Kriegstrance" und die einleuchtende Erklärung dazu einfiel, hat es auch sofort in mir eingeschlagen. Seitdem hilft mir die Vermutung, jemand anderes befände sich eventuell gerade in einer Kriegstrance. Ich kann mit ihm viel gelassener umgehen. Auch meine eigenen Kriegstrancen erkenne ich schneller.

Doch manche Phantomprobleme lassen sich nicht so schnell auflösen. In dem Fall müssen wir unserem Gehirn Zeit für eine Weiterentwicklung geben. Dieses Spiel ist dafür bestens geeignet.

Nach unserer persönlichen Erfahrung sollten Sie davon ausgehen, dass Sie das Spiel ca. zwei bis drei Wochen täglich spielen, um in Ihnen lösende Effekte bewirken zu können. Vielleicht dauert es bei Ihnen aber auch etwas länger oder es geht schneller.

Im besten Fall tritt die Wirkung *sofort* ein, wenn Sie die tiefgreifende Klarheit haben, dass die „Hexe“ gar nicht da ist, noch nie da war und auch in Zukunft nicht da sein wird. In dem Fall hat Ihre Projektion sich durch Ihre Klarheit von selbst verändert und wurde vom Gehirn sofort angenommen. Testen Sie bitte für sich, was Ihnen guttut und was für Sie intensiv wirkt.

Auf jeden Fall gilt: Je „realistischer“ und gleichzeitiger auch „angenehmer“ Ihre neue Projektion für Ihr Gehirn ist, desto schneller wird sie von Ihrem Gehirn auch akzeptiert.

*Jacqueline:*

Olaf und ich haben dieses Buch in der ersten Rohfassung meinen Eltern zum Lesen gegeben. Dabei stellte sich heraus, dass meine Beispiele aus meiner Kindheit von meinen Eltern ganz anders gesehen wurden. Im Vergleich zu den Erzählungen meiner Eltern hatte mein Gehirn bei der Erinnerung an eine unverarbeitete schmerzhafte Situation eine sehr verzerrte Realität erschaffen. Offenbar funktioniert das Gehirn anders, wenn man sich innerlich im Kontakt mit einem ungelösten Problem befindet. Das Gehirn engt sich auf die Problemsituation ein, konzentriert sich darauf und blendet andere Dinge aus. Es scheint sich in eine Art „Problemtrance“ zu begeben, aus der heraus man einiges anders sieht.

Meine Eltern wunderten sich über folgende Punkte:

- **In der Problemtrance steckend – sprich: während ich den Schmerz fühlte – beschrieb ich in der ersten Buchversion meine Situation in der Kindheit sehr <u>generalisierend</u>** – als wenn meine Kindheit *immer* nur ganz fürchterlich gewesen wäre und es *nie* schöne Momente gegeben hätte. Dabei gab es genügend schöne und fröhliche Momente. Doch die negativen Gefühle waren echt. Sie waren da und wollten auch gefühlt werden, damit mein Gehirn ganz und gar an die problematische Situation andocken kann. Allerdings entsprachen diese negativen Gefühle nicht *der* Realitätsabbildung, die mein Gehirn hatte, wenn ich *nicht* in der Problemtrance steckte. War ich entspannt, dann konnte ich auch an die positiven Erlebnisse denken und meine Kindheit sah ganz anders aus.

- **In der Problemtrance steckend verknüpfte ich Situationen miteinander, die ganz offensichtlich nicht zusammengehörten.** Zum Beispiel erlebte ich als Kind hin und wieder im Kontakt mit meinen Eltern Ohnmachtsgefühle, die mein Gehirn mit zwei anderen Situationen verknüpfte, in denen ich tatsächlich in Ohnmacht gefallen war. In der einen Situation war ich eine Treppe hinuntergefallen und danach vor lauter Schreien und Schmerz in Ohnmacht gefallen. In der anderen Situation hatte meine Oma vergessen, mir beim Abholen vom Kindergarten einen Keks mitzubringen, wie sie es sonst immer getan hatte. Auch hier weinte ich vor Verlust und fiel in Ohnmacht.

Ganz gewiss gehörten die beiden Situationen nicht zu den anderen Situationen, in denen meine Eltern mit mir schimpften oder mich bestraften und ich mich dabei lediglich ohnmächtig *fühlte*. Mein Gehirn hatte es aber miteinander verknüpft, so dass ich als erwachsene Frau meinte, bei meinen Eltern früher immer in Ohnmacht gefallen zu sein.

In der Problemtrance hatte mein Gehirn eine sehr verzerrte Erinnerung erzeugt, damit ich den unverarbeiteten Schmerz von damals wieder voll und ganz fühlen konnte. Die Gefühle kamen dadurch wieder in Fluss und ich konnte sie verarbeiten. Dabei war es ganz unwichtig, ob meine Erinnerung oder Projektion ‚wahr' war.

- **In der Problemtrance steckend benutzte ich eine sehr strenge Art der Kommunikation**, die zu dem Problem passte, d. h. ich berichtete Situationen mit negativen Formulierungen und einem strengen Tonfall, so dass es andere verletzte. Als ich die Stellen, auf die mich meine Eltern hingewiesen hatten, nochmals las, fiel mir mein Tonfall selbst auf und ich war sehr verwundert: „So hatte ich das gar nicht gemeint!"

Fazit: Hinter einer strengen und verletzenden Art der Kommunikation kann eine Problemtrance oder ein unverarbeiteter Schmerz stecken.

Es gibt eine weitere Technik, um aus einer Problemtrance herauszukommen: **EMDR** – Eye Movement Desensitization and Reprocessing (Deutsch: Desensibilisierung und Verarbeitung durch Augenbewegung).

Sind wir in einer Trance, dann *konzentriert* sich sowohl unsere innere Aufmerksamkeit als auch der äußere Blick. Wir werden in gewisser Weise ‚fest', ‚starr' und ‚eng'. Diesen Zustand kann man mit intensiver Bewegung kombinieren. Durch Bewegung wird eine Trance erweitert, verändert, beweglich gemacht. Die entsprechenden Gefühle ändern sich. In den meisten Fällen werden sie geringer, manchmal werden sie stärker und es kommen zusätzlich alte Erinnerungen hoch, die noch angeschaut und verarbeitet werden wollen.

Ab und zu wache ich nachts auf, wie im ersten Kapitel schon beschrieben, und fühle Angst. Mal weiß ich, wovor ich Angst habe, mal habe ich einfach nur so ein Gefühl. Vor zwei Nächten war es wieder einmal soweit – und da ich nicht einschlafen konnte, wandte ich die EMDR-Methode an. Ich konzentrierte mich innerlich stark auf mein Angstgefühl, fühlte es intensiv, schloss die Augen und bewegte meine Augäpfel ganz schnell hin und her. Rechts – links – rechts – links – rechts – links ...

Nach ungefähr einer Minute war meine Angst weg und ich konnte entspannt einschlafen.

Die amerikanische Psychologin Francine Shapiro entdeckte im Jahr 1987 zufällig, dass unangenehme Gefühle durch schnelle Augenbewegungen verändert werden können. Sobald ihr ein störender Gedanke oder ein seltsames Gefühl kam, führte sie schnelle horizontale Bewegungen mit den Augen durch. In den meisten Fällen reduzierten sich ihre Belastungsgefühle oder verschwanden sogar vollständig. Dieser Erfolg ermutigte sie, mit Freunden und Bekannten zu arbeiten. Auch hier stellten sich positive Wirkungen ein. Heute ist die EMDR-Intervention als wissenschaftlich begründete Psychotherapiemethode anerkannt – besonders für posttraumatische Belastungsstörungen.

Falls Sie diese Methode selbst eigenverantwortlich ausprobieren und es tauchen Verschlimmerungen in Ihren Gefühlen auf, dann gehen Sie davon aus, dass hier ein bestimmter unerlöster Gehirnbereich von Ihnen aktiviert wurde. Geben Sie diesen Gefühlen und eventuell unangenehmen Erinnerungen Raum und Zeit. Lassen Sie sie einige Tage zu und kombinieren diese Gefühle immer mal wieder mit schnellen Augenbewegungen. Im Laufe von einigen Tagen dürfte sich nach unserer bisherigen Erfahrung das Thema entstresst haben. Oder Sie lassen die schnellen Augenbewegungen sein und lassen die Gefühle sich allmählich wieder beruhigen oder lassen Ihre Tränen fließen.

Weitere Spiele, mit denen wir erfolgreich ‚schmerzvolle' Realitätsprojektionen in ‚angenehmer funktionierende' Projektionen weiterentwickeln, beschreiben wir im fünften Kapitel.

Die nächste Frage, die sich uns stellt, lautet: Wie sollen wir Menschen eine möglichst realistische und wirkungsvolle Klarheit finden, wenn wir eigentlich immer nur uns selbst wahrnehmen? Wie können wir uns der äußeren Realität annähern, wenn wir gar keinen ‚objektiven' Maßstab in uns besitzen, der uns mitteilt, wie nahe wir uns mit unserer Gehirnprojektion an der Realität bewegen? Wie sollen wir als Kapitän in unserem Gehirn entscheiden, ob unsere Messinstrumente richtig funktionieren, wenn wir nicht aus unserem Gehirn aussteigen können, um unsere Messergebnisse direkt mit der Realität zu vergleichen?

Dazu benötigen wir die dritte Spiegel-Ebene: den Forscher in uns.

## „Das ist *dein* Problem!"

*Jacqueline und Olaf*:

Bevor wir uns dem inneren Forscher zuwenden, möchten wir Ihnen noch ein weiteres Spiel für das Thema dieses zweiten Kapitels anbieten, das Sie mit einem anderen Menschen durchführen können und das an das Spiel im ersten Kapitel „Du projizierst gerade!" anknüpft.

Es gibt Menschen, die davon überzeugt sind, bei anderen Menschen Probleme wahrnehmen zu können. Besonders in Partnerschaften meint der eine zu wissen, was das Problem des anderen ist. Viele werfen dem anderen vor, er solle doch mal „sein" Problem angehen und endlich lösen.

Aus systemischer Sicht in der Familientherapie als auch aus der Sicht der Neurowissenschaftler*innen und der Buddhist*innen hat immer nur derjenige ein Problem, der das Problem auch selbst fühlt. Wer sich glücklich oder ausgeglichen fühlt, hat kein Problem. Und wenn dann jemand anderes ihm unterstellen sollte, er hätte eins, ist die/der Ausgeglichene nur verwundert – und ratlos.

Tatsache ist: Ein Problem hat, wer ein Problem fühlt. Es kann nur derjenige das Problem lösen, der es auch fühlt.

Logisch ist nach all dem, was wir bisher geschrieben haben: Wenn wir beim anderen ein Problem „sehen", dann projizieren wir es in unserem eigenen Gehirn. *Wie* wir mit dieser Projektion umgehen, liegt allein in unserer Verantwortung. Wenn wir den Wunsch entwickeln, dass dieses projizierte Problem vom *anderen* gelöst werden sollte, haben wir definitiv selbst eins.

Beispiel: Die Ehefrau beobachtet, dass ihr Mann sich nicht mit den gemeinsamen Kindern beschäftigt. Er kommt von der Arbeit nach Hause und setzt sich gleich vor den Fernseher, um zu entspannen. Am Wochenende findet man ihn alleine in seiner Hobbywerkstatt, statt dass er mit den Kindern spielt. Die Ehefrau sieht darin ein Problem und drängt ihren Mann, sich mehr um die Kinder zu kümmern, weil diese es sehr bräuchten. Allerdings fühlt der Mann kein Problem – es ist doch alles gut so.

Einige Jahre lang bittet sie ihn immer wieder, sich unbedingt um sein Problem zu kümmern. Sie geht sogar so weit, dass sie sein Problem in einem Aufstellungsworkshop mit Hilfe von Stellvertreter*innen betrachtet. Dabei zeigt sich, dass sie selbst einen unverarbeiteten Schmerz in sich trägt: Ihr Vater hatte ihr kindliches Verhalten damals oft als falsch empfunden und bewertet. Er erkannte das Verhalten seiner Tochter nicht als einen Spiegel für sich selbst und konnte sich somit nicht erfolgreich weiterentwickeln. Hätte er sich weiterentwickelt, dann hätte die Tochter nicht mehr unter den Problemen des Vaters leiden müssen. Ihr großer Schmerz ist demnach, dass der Vater sich nie veränderte. Darunter leidet sie noch heute.

Als Kind wäre für sie die Lösung gewesen, dass der Vater sich verändert. Und diese Lösungsmöglichkeit überträgt sie nun auf ihren Ehemann und wünscht sich von ihm eine Veränderung. In Wirklichkeit ist sie als Erwachsene selbst für die Lösung ihrer Probleme verantwortlich.

In diesem Spiel wollen wir allen Ausgeglichenen vorschlagen, zu denjenigen, die Euch ein Problem unterstellen, zu sagen: „Das ist *dein* Problem!"

Und damit es nicht so abgrenzend und abwertend klingt (was man ja in diesen Satz projizieren könnte), könnt Ihr ergänzen: „Sag mir, wie ich dir optimal helfen kann, dein Problem zu lösen. Ich stehe dir gerne dafür zur Verfügung, sofern es sich nicht gegen meine eigenen Wünsche richtet. Was kann ich für dich tun?"

Noch einmal die Kurzfassung: **„Du projizierst gerade. Das ist *dein* Problem. Sag mir, wie ich dir helfen kann, es zu lösen."**

Lernen Sie diesen Satz für Ihren Alltag auswendig. Sie werden Ihn sicherlich öfter gebrauchen können. Selbstverständlich können Sie ihn auch abändern und nach Ihrem Gefühl noch liebevoller gestalten. Beispiel: „Ich fühle gerade kein Problem – mir geht es gut. Deshalb glaube ich, dass du gerade projizierst. Es könnte dein Problem sein. Wenn du Hilfe brauchst, sag mir, wie ich dir helfen kann ...“

Übrigens können Sie sich wieder auf einer Wellenlänge einfinden, wenn der Dialog sich so entwickelt, wie wir es hier mit zwei Gesprächspartner*innen darstellen, die im gegenseitigen Spiegeln schon erfahrener sind:

„Hey, du hast da ein Problem. Lös das mal!“

„Wenn *du* das Problem wahrnimmst, müsste es *dein* Problem sein. Möchtest du, dass ich dir bei der Lösung helfe? Mache ich gerne. Sag mir nur, wie ich dir helfen kann.“

„Das projizierst du aber gerade, dass es *mein* Problem sein müsste.“

„Ja. Und du projizierst, dass ich es projiziere.“

„Ja, stimmt.“ ...

„Also nochmal von vorne: Wer von uns fühlt gerade wirklich ein Problem und möchte welche Hilfe?“

Diejenige, die ein Problem wahrzunehmen glaubt, projiziert dieses Problem selbst in sich und könnte durch Selbsterforschung an einen bisher unentdeckten eigenen Problem-Kern vordringen.

*Wie* diejenige ihr Problem und ihr Lösung selbst erforscht, zeigen wir nun im nächsten Kapitel.

## Die Essenz des zweiten Kapitels

*Jacqueline:*

**Der Umgang mit Schmerz**

Auch bei körperlichen oder emotionalen Verletzungen projizieren wir Menschen permanent und kraftvoll eine innere und subjektive Realität in unserem Gehirn. **Dafür, wie unser Gehirn mit den hereinkommenden Signalen umgeht, haben wir selbst die volle Verantwortung.**

Wenn jemand ein Problem fühlt, kann auch nur er das Problem „haben“ (= Problemträger). Somit kann nur derjenige das Problem lösen, der es wahrnimmt. Alle anderen können ihn begleiten und ihm Angebote machen, aber nicht sein Problem für ihn lösen.

Im Alltag und in unserer Gesellschaft sind Vorwürfe, Wut, Ärger, Schuldzuweisungen, Rache, Abwertungen und Verleugnungen an der Tagesordnung. Sie verlängern den empfundenen Schmerz. Deshalb empfehlen wir, mit Verletzungen auf andere Weise umzugehen (Verletzungen bezeichnen wir auch als ‚Naturkatastrophe’):

1) Wir kümmern uns darum, dass eine Wunde / eine Verletzung möglichst schnell und möglichst gut versorgt wird, damit sie heilen darf. Und wir lernen aus der Situation.
2) Wir begeben uns in einen möglichst geschützten Raum und halten die Bedrohung so lange aus, bis sie wieder vorbei ist. Dann genießen wir die Zeit danach.
3) Haben wir einen Verlust erlitten, dann verabschieden wir uns emotional so lange davon, bis keine Tränen mehr fließen und stattdessen Dankbarkeit zu fühlen ist.

**Schmerzwahrnehmungen**

Unser Gehirn hat drei Möglichkeiten einen Schmerz wahrzunehmen bzw. zu projizieren:

1. Wir erfahren eine Verletzung von außen (Ast fällt auf den Kopf) und nehmen den Schmerz (stimmig) in uns wahr.

   Reaktion: Wir fühlen den Schmerz einer Verletzung.

   Ziel: Heilung der erfahrenen Verletzung.

2. Wir erfahren eine Verletzung von außen, aber wir können den Schmerz in uns nicht wahrnehmen, weil etwas in uns ‚betäubt' ist.

   Reaktion: Wir nehmen den Schmerz einer Verletzung *nicht* wahr.

   Ziel: Die ‚normale' Verletzung wieder (stimmig) fühlen und sie heilen.

3. In Wirklichkeit wird *kein* äußerer Schmerz zugefügt, aber unser Gehirn projiziert trotzdem einen Schmerz oder ein Unwohlsein (körperlicher oder emotionaler **Phantomschmerz**).

   Reaktion: Wir nehmen einen Schmerz wahr, der *nicht* von außen erfolgt ist, sondern eine Projektion unseres Gehirns darstellt.

   Ziel: Phantomschmerz auflösen und eigene Realitätsabbildung aktualisieren, bis wir wahrnehmen können: Es ist gerade *keine* Verletzung erfolgt.

### Auflösung von Phantomschmerzen

Um einen Phantomschmerz aufzulösen, kann der Satz von Byron Katie („The Work") hilfreich sein: *„Kann ich absolut sicher sein, dass das, was ich denke, wirklich wahr ist?"*

Da unser Gehirn permanent projiziert, brauchen wir nicht nach der ‚wirklichen Realität' zu suchen. Es genügt, nach einer besser funktionierenden Realitätsabbildung im Gehirn zu suchen. Empfehlung:

**Finden Sie die Projektion, die sowohl der (scheinbar) äußeren Realität so gut wie möglich entspricht als auch Ihnen selbst ein sehr gutes Gefühl vermittelt und Ihren Wunsch nach einem glücklichen und befreiten Dasein (als ‚weises freies Kind'?) optimal berücksichtigt.**

### Kriegstrance

Eine Kriegs- oder Problemtrance ist ein Zustand bzw. eine Projektion des Gehirns, in der die Empathie/das Mitgefühl ausgeblendet ist. Ohne diese Ausblendung des Mitgefühls kann kein Mensch einen anderen Menschen verletzen oder erschießen oder Kinder schlagen, denn man würde dabei das Gefühl haben, sich selbst zu verletzen, zu töten, zu schlagen.

Die grundlegende Auflösung einer Kriegstrance zur Wiedererlangung des eigenen Mitgefühls kann deshalb nur durch die schmerzvolle Auseinandersetzung mit dem eigenen Tätersein und dem schmerzvollen Gefühl, andere Menschen verletzt zu haben, erfolgen.

# III

# Die dritte Spiegel-Ebene:

## Der Forscher

*Olaf*:

Wir kümmern uns in diesem Kapitel um den „Forscher*in-Mechanismus“, der meiner Sichtweise nach für unser gesamtes Wachstum verantwortlich ist. Er stellt eine weitere Grundlage für den lebendigen Spiegel dar:

**Wir sind unseren Wünschen entsprechend aktiv – und beobachten dann die hereinkommenden Signale unserer Sinnesorgane. Gleichgewicht oder Ungleichgewicht?**[5]

„Was bewegt sich da vor meinem Gesicht? Ah, das muss wohl meine Hand sein. Jetzt erkenne ich einen Zusammenhang zwischen dem Gefühl, wie ich meine Hand bewege, und dem, was ich sehe.“

Gedacht haben wir so etwas als Baby bestimmt nicht, da uns noch die entsprechende Sprache fehlte. Aber jeder von uns hat es erlebt. Direkt nach unserer Geburt hat unser Gehirn begonnen, das Körpergefühl allmählich mit den Informationen zu verknüpfen, die die Augen an das Gehirn senden. Dabei bildeten sich Schritt für Schritt neue Verbindungen, innere Zusammenhänge und Projektionen im Gehirn.

---

[5] Dies entspricht ungefähr dem Kybernetischen Regelkreis.

Auch heute bilden wir permanent Zusammenhänge: Unser Gehirn stellt mit Hilfe von Sinneserfahrungen eine innere Projektion von unserer Umwelt her. Anschließend erforscht es mit Hilfe neuer Sinneserfahrungen, ob diese Projektion in der Gegenwart eine Bestätigung erhält. Dann erstellt es eine angepasste, neue Projektion, die es wieder mit Hilfe der neuesten Sinneserfahrungen überprüft und anpasst. Alles blitzschnell und „fast" gleichzeitig.

Wir erhalten hereinkommende Signale, stellen Vermutungen an, machen uns ein Bild oder eine Vorstellung, führen darauf aufbauende Aktivitäten durch und beobachten, ob wir eine Bestätigung für unsere Vermutungen erleben.

**Wir sind unseren Wünschen entsprechend aktiv – und beobachten dann die hereinkommenden Signale unserer Sinnesorgane. Gleichgewicht oder Ungleichgewicht?**

Diese einfache Verhaltensschleife steuert unsere gesamte Wahrnehmung und Entwicklung. Sie ist der Kern.

Auf die Frage: „Wie können wir ein stimmiges Abbild von der äußeren Realität herstellen, wenn wir doch nur in den Spiegel schauen und allein uns selbst wahrnehmen?", lautet die Kurz-Antwort: „Mit Hilfe der Verhaltensschleife **Aktivität – Beobachtung – Bewertung – Aktivität ...**".

Übertragen auf die U-Boot-Kapitänin, die schon mehr Erfahrungen als ein Baby hat: Sie drosselt die Geschwindigkeit (**Aktivität**) und **beobachtet**, ob sich der Zeiger für die Geschwindigkeit nach unten bewegt (**Bewertung**). Sie lässt einen Greifarm außerhalb des U-Bootes ausfahren und beobachtet, ob die Kamera die Bewegungen des Greifarms genauso auf dem inneren Bildschirm abbildet, wie sie den Greifarm steuert. Sie lässt das U-Boot steigen und beobachtet, ob das Höhenmessgerät eine Steigung anzeigt.

Ich plane, einen Satz hier in den Computer einzugeben, tippe nacheinander ein paar Tasten (**Aktivität**) und **beobachte** dann den Bildschirm, ob ich dort auch genau den Satz entdecke, den ich schreiben wollte (**Bewertung**).

Sie lesen in diesem Buch Satz für Satz und vesruhcen bi jeben Wrt, doz Warft gnt zn verstehen.

Was passiert aber, wenn die Messgeräte des U-Boots etwas anderes anzeigen als erwartet? Was passiert, wenn Sie auf einmal Wörter lesen, die Sie kaum noch verstehen? Was passiert, wenn ich entdecke, dass der Computer ganz andere Buchstaben in anderer Reihenfolge anzeigt, als ich eingeben wollte? Wenn mein Kapitän im Gehirn also keine Bestätigung erlebt, sondern ein Ungleichgewicht zwischen den Wünschen/Erwartungen und den neuen hereinkommenden Signalen erfährt?

Dann beginnt die Suche. Entweder habe ich mich vertippt oder der Computer spinnt oder meine Augen haben einen Fehler gemacht und ich bin beim Lesen in der Zeile verrutscht.

Wo finde ich die Ursache für das Ungleichgewicht? In meiner eigenen Aktivität oder im Außen? So lange wir keine Klarheit haben, empfinden wir eine Lücke in unserer inneren Projektion. Wir haben das Gefühl, etwas nicht zu wissen. Wir versuchen, unsere Projektion möglichst perfekt der aktuellen Gegenwart anzupassen und suchen nach *Erklärungen*, bis die Lücke in unserer Projektion verschwunden ist und wir sie nicht mehr fühlen.

Und was tun wir, wenn wir nach einer Erklärung suchen? Nichts anderes, als was wir schon die ganze Zeit tun:

**Wir werden aktiv, innerlich oder äußerlich – und beobachten dann die hereinkommenden Signale: Gleichgewicht oder Ungleichgewicht?**

Wir erschaffen aktiv eine Erklärung, suchen nach stimmigen Gedanken, entwickeln Spekulationen und beobachten: Fühlt sich unsere Erklärung stimmig oder unstimmig an? Erhalten wir für unsere Erklärung eine Bestätigung oder nicht?

Ihre Erklärung für die seltsamen Wörter auf der vorherigen Seite dürfte inzwischen sein, dass sie von mir absichtlich verunstaltet wurden, weil es gerade zum Thema passt. Und mit diesem letzten Satz haben Sie von mir sogar noch eine direkte Bestätigung für Ihre Erklärung erhalten.

*Jacqueline:*

Seit einigen Wochen trainiere ich auf einem Trimm-dich-Pfad im Wald. Dort gibt es eine Station, bei der man Balancieren übt. Da die Übung im Vorwärts-Gehen inzwischen zu einfach ist, mache ich sie rückwärts. Seitdem ich mir bewusst bin, dass mein Gehirn permanent projiziert, finde ich es sehr spannend, genauer zu beobachten, was in mir vorgeht und was mein Körper macht.

Solange ich mich gut im Gleichgewicht befinde und mit der Aufmerksamkeit ganz bei mir bin, kann ich schnell und gleichmäßig rückwärts über den Balken laufen. Der Prozess in meinem Gehirn ‚Aktivität – Beobachten – Bewerten – Aktivität …' läuft flüssig und schnell ab: Ich mache **aktiv** einen Rückwärtsschritt, meine Augen **beobachten** es und schicken zusammen mit den Gefühlen aus meinem Körper Signale an das Gehirn. Mein Gehirn erschafft eine Abbildung von dem Balkenabschnitt, den ich sehen kann. Das Gehirn **bewertet** alle Informationen und entscheidet sich für jene Befehle, die mich im Gleichgewicht halten. Diese gibt es an die Muskeln weiter. Meine Beine machen **aktiv** einen weiteren Schritt und senden Signale an das Gehirn. Die Signale werden abermals vom Gehirn überprüft und bewertet und die eigene Realitätsabbildung wird Schritt für Schritt angepasst.

Solange der Balken bei jedem Schritt die gleiche Form hat, erfolgt dieser Informationskreislauf in meinem Gehirn reibungslos. Sobald ich z.B. durch eine Unebenheit im Balken aus dem Gleichgewicht komme, stockt mein Vorangehen und der Körper balanciert zunächst das Gleichgewicht aus. Die hereinkommenden Signale der Sinnesorgane unterscheiden sich stark von den Schritten davor und das Gehirn braucht Zeit, um seine Realitätsabbildung neu anzupassen und die adäquaten Befehle an die Muskeln zurück zu senden. Erst wenn in meinem Gehirn die Antwort auf die Frage: „Befinde ich mich im Gleichgewicht?“ ein „Ja“ ist, kann ich weitergehen.

Und manchmal – vor allem wenn ich durch andere attraktive Sportler abgelenkt bin – übergehe ich den Hinweis meines Gehirns: „Vorsicht, nicht im Gleichgewicht – ich brauche Zeit, um die Realitätsabbildung anzupassen“. Deshalb kann ich dann auch mein Gleichgewicht nicht ausbalancieren und falle hinunter. Hierbei muss dann das Gehirn eine ganz neue Realitätsabbildung erstellen, worauf es dann auf ein ‚Rettungsmuster‘ zurückgreift und mich beim Hinunterfallen auf den Beinen aufkommen lässt.

*Olaf:*

Durch dieses erforschende Verhaltensmuster (Aktivität – Beobachtung – Bewertung – Aktivität ...) bauen wir unsere Realitätsabbildung in uns selbst immer mehr aus und verfeinern sie. Wir finden neue Realitätsabbildungen, mit denen wir uns im optimalen Fall immer stimmiger und freier fühlen und mit denen wir auch unsere Fähigkeiten immer besser ausbauen.

Ein Beispiel aus meinem aktuellen Alltag:

Am Ende des vorherigen Kapitels beschrieb ich meine Problemprojektion und die für mich stimmigere Projektion: Mein Problem war, Angst davor zu haben, dass ein Mensch auf mich böse ist und ich mich dabei unangenehm verloren fühle. Meine „realistischere“ Projektion ist, dass ich beim anderen eine **Kriegstrance** vermute und gleichzeitig meine dazugehörige Verletzlichkeit als eine völlig natürliche und offene Reaktion anerkenne.

Bevor ich auf diese neue Projektion kam, hatte ich mir einen Tag vorher noch eine andere Lösungsprojektion erarbeitet:

Ich nehme diesen schimpfenden Menschen wahr, sehe, dass er aus einem eigenen unverarbeiteten Schmerz heraus aktiv ist, und habe Mitgefühl mit seinem Stress. Ich warte ab, bis das Gewitter vorbei ist, und wünsche ihm, dass er sein Leid möglichst bald in ein glückliches Lebensgefühl verwandeln kann. Dabei stelle ich mir vor, wie er irgendwann in der Zukunft durch eine eigene Erleuchtungserfahrung auf eine neue Ebene gelangt und mich von dort aus mit ganz offenen freundlichen Gefühlen anschauen kann. Das Universum allein weiß, ob und wann ihm das geschenkt wird.

Alles ist im Universum auf der Basis der allumfassenden Liebe miteinander verbunden. Wir sind alle Teile dieser allumfassenden Liebe. Wenn mich ein Mensch böse anschreit, schreit mich gerade ein geschmerzter Teil der allumfassenden Liebe an und zeigt mir seinen Schmerz. Und ich spüre mein Mitgefühl und meine guten Wünsche für ihn.

Kurzfassung meiner Lösungsprojektion:

**Wir sind auf höchster Ebene in der allumfassenden Liebe intensiv und sinnvoll miteinander verbunden. Jeder erkennt dieses zu einem anderen Zeitpunkt – wenn die Erkenntnis für ihn dran ist.**

Bild: Ich stelle mir diesen Menschen vor, wie er mich *nach* seiner tiefgreifenden Erkenntnis freundlich anschaut und sagt: „Ach *so* ist das! Das konnte ich bisher noch nicht sehen. Jetzt kann ich endlich wahrnehmen, wie sinnvoll und liebevoll alles auf höchster Ebene miteinander verbunden ist.“

Das war meine Lösung einen Tag zuvor. Mir ging es gut damit. Als ich aber am Morgen des nächsten Tages aufwachte, spürte ich, dass es mir schlechter ging. Irgendetwas stimmte nicht. Ich fühlte tief und ehrlich in mich hinein und merkte, dass in meiner Fantasie der geschmerzte Anteil dieses wütenden Menschen mir zurief: „Ich will ernst genommen werden. Ich will nicht, dass du mir irgendeine Lösung aufdrückst und mir wünschst, ich würde die allumfassende Liebe erkennen können. Ich will in meinem *gegenwärtigen* Schmerz gesehen und in meinem *gegenwärtigen* Verhalten ernst genommen werden! Mein Verhalten hat *JETZT* einen Sinn!"

Daraufhin änderte ich meine Lösungsprojektion in die, die Sie bereits gelesen haben. Damit ging es mir dann besser.

Was habe ich gemacht?

Ich habe mir eine erste Lösungsprojektion erschaffen (**Aktivität**), habe am nächsten Morgen meine inneren Signale **beobachtet** und ein Ungleichgewicht (**Bewertung**) wahrgenommen. Dann habe ich eine Korrektur durchgeführt (**Aktivität**) und ein noch besseres Gleichgewicht erschaffen, mit dem ich mich bis heute gut fühle.

## Der einzige Maßstab: unser Stimmigkeitsgefühl

*Olaf*:

Je bewusster uns ist, dass wir innerlich auf diese Weise reifen und wachsen, desto gezielter können wir diesen Prozess einsetzen: Aktivität – Beobachten – Bewerten. Spiel-Vorschlag: Wenn Sie irgendwo stecken bleiben, können Sie sich fragen: „Welche Aktivität könnte ich als nächstes ausprobieren, um vielleicht einen Schritt weiter zu kommen?" Anschließend werden Sie aktiv und beobachten, ob es sich gut oder schlecht anfühlt.

**Fühlt es sich gut an, dann genießen und stärken wir in unserem Gehirn das, was wir gerade tun.**

**Fühlt es sich schlecht an, dann suchen wir im Gehirn nach besseren Verbindungen – indem wir etwas anderes tun und beobachten, welche Wirkungen es auf uns hat. Besser oder schlechter?**

Auf diese Weise bildet sich unsere innere Realität aus. Das, was sich gut anfühlt, stärken wir. Das, was sich schmerzlich anfühlt, verknüpfen wir im Gehirn möglichst neu. Wir suchen im optimalen Fall nach besseren Erklärungen und Lösungen, bis wir das beste Gleichgewicht gefunden haben.

Stoßen wir also gegen eine Wand, weil wir die Tür verfehlt haben, dann war unsere bisherige Projektion im Gehirn nicht gut genug. Wir haben uns verletzt. Nun sucht unser Gehirn nach einer besseren Projektion, nach einer „Erkenntnis", mit der wir besser die Tür finden, durch die wir dann schmerzfrei hindurchgehen können.

Das ist der Prozess für alles. So entwickelt sich die Projektion unseres Gehirns. Und so gestaltet sich auch unser plastisches Gehirn permanent um und passt sich immer wieder neu der aktuellen Gegenwart an.

Die Hirnforschung bestätigt: Wenn wir mit den Augen etwas wahrnehmen, dann werden nur ca. zehn Prozent an Informationen von den Augen ans Gehirn weitergeleitet. Die übrigen Informationen kommen aus verschiedenen Bereichen des Gehirns. Wir nutzen blitzschnell unsere alten Projektionen, unsere „Erwartungen", was wir wahrnehmen werden, und vergleichen sie mit den neuen Informationen, die über unsere Wahrnehmungsorgane hereinkommen. Dabei werden Gleichgewichte, Stimmigkeiten gestärkt und aufrechterhalten. Ungleichgewichte, Unstimmigkeiten werden korrigiert, wodurch neue Verbindungen im Gehirn entstehen.

Allerdings können wir nie sicher wissen, wie nah wir uns mit unserer Realitätsabbildung an der Realität bewegen oder wie weit wir noch davon entfernt sind. **Wir können immer nur Gleichgewichte oder Ungleichgewichte fühlen und Konsequenzen aus unserem Gefühl ziehen.**

Viele Menschen sind automatisch davon überzeugt: Je mehr Gleichgewichte, je mehr „Stimmigkeit" sie fühlen, desto besser können sie die äußere Realität wahrnehmen. Sie nehmen ihr „gutes Gefühl" als Maßstab für die Realität. Doch der Schein trügt! Es könnte nämlich sein, dass sie nur deswegen ein Gleichgewicht fühlen, weil sie in eine andere Richtung bisher nie aktiv geworden sind. Sie leben mit „Scheuklappen" und haben nicht auf Signale geachtet, die aus einer anderen Richtung kommen. Sie haben also nicht in diese andere Richtung „geforscht".

Das beste Beispiel ist meine Entscheidung, lieber nicht unter mein Bett zu schauen, damit ich mir weiterhin ausmalen kann, dass eine freundliche Fee darunterliegt, die mir Geborgenheitsgefühle vermittelt. Ich fühle zwar durch die Fee ein Gleichgewicht, fühle mich gut und stimmig, habe aber nicht alles erforscht. Ich habe (noch) nicht unter das Bett geschaut. Mein Stimmigkeitsgefühl kann also nicht heißen, dass diese Fee in der Realität auch wirklich existiert! Die Fähigkeit, ein Gleichgewicht oder eine Harmonie oder eine Stimmigkeit zu fühlen, und die Fähigkeit, die äußere Realität möglichst exakt in sich selbst abbilden zu können, sind also definitiv zwei Paar Schuhe!

Sehr oft können wir andere Menschen erleben, die sich mit einer bestimmten Realitätsabbildung in ihrem Gehirn besonders wohl fühlen und die nicht dazu zu bewegen sind, auch in andere Richtungen zu forschen. Sie verschließen sich vor diesen anderen Richtungen. Denn für sie würde ein Kennenlernen dieser anderen Richtungen bedeuten, dass sie ihre bisherige Realitätsabbildung hinterfragen oder sogar loslassen müssten. Das kann schmerzlich sein, wenn man zu seiner bisherigen Realitätsabbildung ein Verbundenheitsgefühl entwickelt hat und sich darin zu Hause fühlt.

Nur wenige Menschen haben das grundlegende Ziel, Realitätsabbildungen in sich zu entwickeln, die *alle* Richtungen erforschen und integrieren können – bei denen letztendlich **alles dazugehört**. Viele bleiben bei einer bestimmten, sich für sie gut anfühlenden Realitätsabbildung stehen, ohne weiter nach rechts und links zu schauen. Alle anderen Richtungen werten sie als „Humbug“ ab und schließen es aus.

In dieser Spiegel-Ebene ergänzen Jacqueline und ich die dritte These:

1. Wir Menschen schauen permanent in den Spiegel.
2. Wir haben die volle Verantwortung dafür, *wie* wir auf ein Verletzungsgefühl schauen und *wie* wir damit umgehen.
3. **Wir sind unseren Wünschen entsprechend aktiv, beobachten Gleichgewichte oder Ungleichgewichte und ziehen Konsequenzen aus unserem Gefühl.**

Wenn wir uns diesen neuen Punkt 3 genau anschauen, dann bedeutet unsere These: Wir Menschen erforschen nicht die objektive Realität, sondern **wir erforschen in Wirklichkeit unsere subjektiven Un/Gleichgewichte!**

Was ist aber mit den Objekten um uns herum, über die wir uns austauschen und die offensichtlich vorhanden sind? Erforschen wir die nicht? Lernen wir nicht, unser Umfeld immer besser wahrnehmen zu können?

Da wir mit unserer Kapitänin nicht aus unserem Gehirn aussteigen können, wissen wir auch definitiv nicht, wie nah wir uns mit unseren Sichtweisen an der objektiven Realität bewegen. Deshalb können wir Autor*innen diese Frage nicht beantworten. Vielleicht ist es ein schönes Nebenprodukt, das Gefühl zu haben, die äußere Realität ziemlich exakt wahrnehmen zu können. Aber „wissen“ können wir es definitiv nicht, *wie* exakt wir sie wahrnehmen.

Jacqueline und ich wollen nicht ausschließen, dass wir Menschen uns durch das Erforschen unserer eigenen Wünsche und unserer subjektiven

Un/Gleichgewichte trotzdem der Realität sehr intensiv annähern. Wir haben nur die These, dass man das niemals wirklich „objektiv wissen“ kann.

Deshalb müssen wir auch unsere Aussage am Ende des vorigen Kapitels wieder relativieren. Wir haben geschrieben: „Je ‚realistischer‘ Ihre Erkenntnis und damit Ihre neue Projektion für Ihr Gehirn ist, desto schneller wird sie von Ihrem Gehirn auch akzeptiert.“

Im Grunde können wir nur sagen:

**Je *stimmiger* sich Ihre neue Projektion für Sie persönlich *anfühlt*, desto schneller wird sie von Ihrem Gehirn auch akzeptiert.**

Ob die neue Projektion dann auch der Realität besser entspricht …

… wir vermuten es zwar, wissen es aber nicht wirklich!

Diese klare Unterscheidung zwischen „Stimmigkeit“ und „Realität“ halten wir persönlich für einen sehr wichtigen (für uns stimmigen) Schritt! Denn diese Unterscheidung löst automatisch Auseinandersetzungen auf, wenn sie von allen Menschen so gesehen wird. Sie führt wie von selbst zur Technik der „gewaltfreien Kommunikation“, die Marshall Rosenberg anbietet.

Rosenberg empfiehlt, dass man nur von sich selbst, seinen Gefühlen und Bedürfnissen berichtet (Ich-Botschaften: „Ich fühle mich unwohl, wenn du xyz machst …“) anstatt dem anderen vorzuwerfen, was er falsch macht, oder mit ihm über eine „objektive Wahrheit“ zu diskutieren.

Mit dieser klaren Unterscheidung zwischen „Stimmigkeit“ und „Realität“ können wir Menschen nicht mehr dogmatisch behaupten, *die* Realität oder *die* Wirklichkeit oder *die* Wahrheit zu kennen. In diesem Paradigma („Wir schauen permanent in den Spiegel“) haben wir keine Möglichkeit mehr, einen objektiv korrekten Machtanspruch zu behaupten.

Wir können aber immer noch kraftvoll behaupten, **ganz genau zu wissen, was sich *für uns selbst* gut und stimmig anfühlt!**

Und wenn ein anderer Mensch behauptet, *die* Realität oder Wirklichkeit oder Wahrheit zu kennen, können wir das nun leichter relativieren. Wir sehen: Er kennt *seine* Wahrheit, die sich für *ihn* stimmig anfühlt. Aber die wirkliche Wahrheit kennt niemand genau. Nicht einmal, ob das auch wirklich so ist, dass niemand die wirkliche Wahrheit genau kennt, wissen wir. Und auch, ob wir das nicht wissen, wissen wir nicht …

Es bleibt letzten Endes nur ein einziger Bewertungsmaßstab übrig:

**unser persönliches subjektives *Stimmigkeitsgefühl*.**[6]

Alle anderen Maßstäbe fallen damit unter den Tisch und spielen nur noch eine begleitende Rolle. Auch die Suche nach der endgültigen „wirklichen Realität" können wir aufgeben. Was wirkliche Realität ist, kann niemand objektiv beantworten, nicht einmal wissenschaftlich. Wir können innerhalb unseres menschlichen Rahmens mit Hilfe unseres ***Stimmigkeitsgefühls*** nur „versuchen", uns so gut wie möglich an die wirkliche Realität anzunähern. Mehr aber nicht. Es bleibt immer ein menschlicher Versuch. Wir schauen permanent in den Spiegel, sehen uns selbst, bilden unsere subjektive innere Realität von uns selbst und von unserem Umfeld und fällen unsere Entscheidungen nur mit Hilfe unseres ***Stimmigkeitsgefühls***.

Das ist alles.

Unser ***Stimmigkeitsgefühl*** stellt die ***Basis all unserer Entscheidungen*** für unser Leben und für die Bildung unserer inneren Realität dar. Selbst wenn unsere Entscheidungen oft scheinbar vom Verstand gefällt werden: Die Basis darunter ist immer ein bewusstes oder unbewusstes Un-/Stimmigkeits*gefühl* des gesamten Systems. Die menschliche mit dem Verstand hergeleitete „Logik" gehört zum ***Stimmigkeitsgefühl***, denn logische Zusammenhänge fühlen sich für uns Menschen „besonders stimmig" an („logisch!" = „stimmig!").

Da unser persönliches ***Stimmigkeitsgefühl*** unsere Basis ist, brauchen wir uns in Zukunft nur noch auf unser ***Stimmigkeitsgefühl*** zu konzentrieren, und wir werden fantastische und viele „stimmige" Zusammenhänge erleben, wie Jacqueline und ich in den nächsten Kapiteln noch zeigen werden.

Einige Leser*innen können sich vielleicht noch gut an ihre früheste Kindheit erinnern: Damals hat das eigene persönliche ***Stimmigkeitsgefühl*** eine sehr große Rolle gespielt. Wenn man als Erwachsener seinen bewussten Zugang dazu wieder befreit, könnte ein „weises freies Kind" zum Vorschein kommen.

Es gibt ein weiteres hochsensibles Gefühl, mit dem wir unseren Zugang zu unserem ***Stimmigkeitsgefühl*** noch intensivieren können: das Gefühl der

---

[6] In der Hirnforschung gibt es eine Entsprechung: die Hypothese der „Somatischen Marker", die vom Neurowissenschaftler Antonio Damasio aufgestellt wurde (sein Stimmigkeitsgefühl).

*Ehrlichkeit.* Irgendetwas in uns weiß genau, wann wir ehrlich sind und wann unehrlich.

Wenn wir absolut ehrlich sind – wie ein unschuldiges Kind –, dann fühlen wir mehr Kraft und Resonanz und Stimmigkeit und Einheit. Sind wir unehrlich, dann ist unsere Energie wackeliger, geteilter, wir fühlen uns getrennter, haben weniger Kraft. Lügendetektoren nutzen dieses Phänomen, denn Unehrlichkeit bedeutet: Wir sagen etwas anderes als wir denken oder fühlen. Es gibt mindestens zwei sich widersprechende Teile in uns. Unehrlichkeit bedeutet, dass wir irgendetwas in uns unterdrücken, ausblenden, kaum berücksichtigen wollen. Wir leben einen Zwiespalt in uns selbst und fühlen uns „geteilt". Ob bewusst oder unbewusst spielt keine Rolle. Das Ergebnis kann Stress oder eine gewisse Energielosigkeit, eine fehlende Kraft und damit auch fehlende Freude am Leben sein.

Ehrlichkeit bedeutet: Alles in uns wird berücksichtigt, gehört dazu, darf sein und passt zusammen. Wir leben Integrität, Kraft und Freude.

Deshalb können wir den Unterschied zwischen Unehrlichkeit und Ehrlichkeit in uns erspüren – wenn wir ganz ehrlich mit uns selbst sind.

Körperlich lässt sich dieser Unterschied mit dem kinesiologischen Muskeltest nachvollziehen: Ist etwas in uns unstimmig, dann reagieren unsere Muskeln geschwächt. Ist alles in uns stimmig, reagieren unsere Muskeln stark.

Mit Hilfe dieser grundlegenden Ehrlichkeit können wir uns auf die Suche machen und uns selbst fragen: „Fühlt sich wirklich alles in mir total stimmig an? Oder gibt es irgendwo einen Zweifel? Fühle ich vielleicht, dass sich zwei Seiten in mir widersprechen? Welche?"

Dort, wo wir einen Zweifel oder einen Widerspruch fühlen, besteht ein Ungleichgewicht. Hier könnten wir das Ungleichgewicht verstehen lernen und uns auf die Suche nach einem besseren Gleichgewicht in unserer Realitätsprojektion machen: „Was genau stimmt nicht und was wäre stimmiger? Allumfassender? Ganzheitlicher? Ehrlicher?"

Jetzt verstehen Sie sicherlich besser, warum wir Autor*innen unsere Subjektivität so betonen. Aufgrund unserer gegenwärtigen Sichtweise (Realitätsabbildung) bleibt uns nichts anderes übrig. Bei jeder Behauptung, die wir aus unserem ***Stimmigkeitsgefühl*** heraus in diesem Buch aufschreiben, sind wir uns bewusst, dass wir es „eigentlich" nicht objektiv wissen können. Wir schreiben im Grunde nur über unsere für uns stimmige Weltsicht – ganz subjektiv – und bieten sie Ihnen als eine Möglichkeit an, es so zu sehen oder auch nicht. Und Sie entscheiden nach Ihrem Gefühl: Gleichgewicht oder Ungleichgewicht für Sie? Stimmig? Ganz ehrlich?

… und wenn sich irgendetwas unstimmig anfühlt, werden Sie weitersuchen oder sich dem zuwenden, was sich für Sie stimmiger anfühlt …

Ich möchte Ihnen einen interessanten Gedankengang nicht vorenthalten, der mir bei der Arbeit an diesem Abschnitt durch mein Gehirn schoss:

Es gibt Menschen, deren ***Stimmigkeitsgefühle*** in ihrer Kindheit von den Eltern abgewertet und ausgeschlossen wurden. Die Eltern haben ihre eigenen ***Stimmigkeitsgefühle*** über die Gefühle des Kindes gestellt und gleichzeitig die Gefühle des Kindes negativ bewertet, vielleicht sogar bestraft. Kinder, die so etwas immer wieder erlebt haben, haben es als Erwachsene schwer, wieder freien Zugang zu ihrem eigenen ***Stimmigkeitsgefühl*** zu bekommen.

Wenn das ***Stimmigkeitsgefühl*** die Basis zur Bildung der inneren Realität ist, was bedeutet es dann, wenn dieser Zugang eingeschränkt oder mit dunklen Schmerzwolken verhangen ist? Die Realitäts-Bildung dieser Menschen gestaltet sich ähnlich: Eingeschränkter und mit dunklen Schmerzwolken versehen.

Das könnte der Grund sein, warum wir ab und zu Menschen erleben, die offensichtlich eine komplett andere Realität haben als wir selbst. Vergleichen wir die Sichtweisen dieser Menschen mit unserem eigenen Stimmigkeitsgefühl, erscheint es uns, als ob sie die Zusammenhänge auf seltsame Weise verzerrt wiedergeben. Wir haben das Gefühl, dass diese Menschen die Realität sehr „unstimmig“ und „unlogisch“ wahrnehmen und beschreiben – mit vielen offensichtlichen Widersprüchen. Gleichzeitig wirken sie verschlossen, hart, abweisend, ausschließend oder gestresst, ängstlich, innerlich zurückgezogen (dunkle Wolken).

Meine Erklärung dazu: Wenn solche Menschen es aufgrund ihrer teilweise schmerzvollen Kindheit schwer haben, ihr ***Stimmigkeitsgefühl*** frei rundherum einzusetzen, dann ist auch ihre Realitäts-Bildung in gewisser Weise eingeschränkt und verschlossen. Das Gehirn dieser Menschen projiziert in Form von Phantomschmerzen oder Phantombildern mehr Schmerz, Stress, Grenzen und Härte in das äußere Umfeld als eigentlich vorhanden sind. Diese Menschen haben Angst oder Stress und schützen sich vor irgendwelchen dunklen Wolken, die eigentlich gar nicht da sind. Es sind die dunklen Wolken, die sich in ihrer Kindheit zwischen ihnen und ihrem ***Stimmigkeitsgefühl*** gebildet haben, als ihre Eltern dieses ***Stimmigkeitsgefühl*** abwerteten und ausschlossen.

Doch Vorsicht: Das behaupte ich natürlich nur aus meiner eigenen Realitätsabbildung heraus! Letztendlich kann ich nicht wirklich entscheiden, wessen Realitätsabbildung verzerrter ist – die des anderen Menschen oder meine?! Diese Tatsache ist mir immer bewusst.

Mit mir selbst habe ich folgende Erfahrung gemacht: Je mehr ich meine unverarbeiteten Schmerzen aus der Vergangenheit verarbeiten konnte, je mehr sich meine eigenen dunklen Wolken auflösen durften, desto logischer und stimmiger fühlte sich mein Blick auf mein Umfeld an. Ich fühlte mich immer klarer und konnte mehr Zusammenhänge in mein Weltbild integrieren. Inzwischen habe ich das Gefühl, alles integrieren zu können.

Es könnte also sein, dass ich durch das Klären der dunklen Wolken in mir den Kontakt zu meinen ***Stimmigkeitsgefühlen*** klären und befreien konnte, was wiederum dazu geführt hat, dass meine Realitäts-Bildung für mich immer „stimmiger“ und „logischer“ und auch „ehrlicher“ wurde.

**Unser *Stimmigkeitsgefühl* ist die Basis für unsere Realitäts-Bildung in unserem Gehirn.**

Wollen wir uns also intensiv weiterentwickeln und uns selbst entfalten, brauchen wir uns „nur“ ganz ehrlich auf unser Stimmigkeitsgefühl zu konzentrieren und danach zu suchen, alle Unstimmigkeiten Schritt für Schritt in bessere Gleichgewichte weiterzuentwickeln.

Der erste Schritt ist, sein eigenes ***Stimmigkeitsgefühl*** wieder komplett anzuerkennen, ihm den obersten Rang im Leben zu geben, ihm zu folgen und aus den Erfahrungen mit seinem Gefühl zu lernen.

Der zweite Schritt ist, ganz ehrlich sich selbst gegenüber die dunklen Wolken, die den Zugang zum eigenen ***Stimmigkeitsgefühl*** erschweren, wieder bewusst zu machen und aufzulösen (siehe hierzu ab Seite 283: „*Augen auf! – Das Stimmigkeitsgefühl befreien*“).

*Jacqueline:*

Ich saß einmal mit mehreren Frauen in einer lockeren Gesprächsrunde zusammen. In dieser Runde kamen wir auf das Thema ‚berufstätige Frauen und Kinder‘ zu sprechen. Dabei berichtete ich aus meinem eigenen Stimmigkeitsgefühl heraus wie folgt:

„Ich kann es nicht verstehen, warum Frauen Kinder bekommen, wenn sie innerhalb der ersten drei Lebensjahre des Kindes wieder voll arbeiten gehen wollen und das Kind in eine Kindertagesstätte geben.“

Eine Frau in dieser Runde fühlte sich durch diese Aussage von mir persönlich angegriffen und verteidigte sich mit den Worten: „Ich bin gerne arbeiten gegangen! Lange Jahre hatte ich deswegen Schuldgefühle. Aber wer gerne arbeitet, der soll auch arbeiten dürfen.“

Mein eigenes Stimmigkeitsgefühl sagt mir, dass ich meine Kinder unter drei Jahren niemals in eine Kindertagesstätte geben würde. Wenn es mir finanziell irgendwie möglich wäre, kümmere ich mich viel lieber selbst um sie.

Was hat die Frau gemacht? Sie hat meine Aussage gehört und war dadurch in Resonanz zu mir und *meinem* Stimmigkeitsgefühl gegangen. Dabei hat sie unbewusst mein Stimmigkeitsgefühl über das ihrige gestellt. Ihr Unbewusstes hat meinem Stimmigkeitsgefühl ‚mehr Wahrheit‘ gegeben als ihrem eigenen. Dadurch wurden bei ihr Schuldgefühle ausgelöst, die sich als Rechtfertigung ausdrückten – als Versuch, ihrem eigenen Stimmigkeitsgefühl wieder mehr Geltung zu verleihen.

Ich vermute: Vielleicht hatte sie damals, als ihr Kind noch klein war, zwei konkurrierende Wünsche in sich, die sie selbst nicht unter einen Hut bringen konnte: ‚Kind zu Hause betreuen‘ oder ‚gerne arbeiten‘. Und als sie meine Sichtweise hörte, kam ihr damaliger Konflikt für sie wieder an die Oberfläche.

Ich realisierte noch während des Gespräches, dass sie womöglich mein Stimmigkeitsgefühl über ihr eigenes gestellt hatte, und bot ihr zur Versöhnung an, dass wir beide einfach unterschiedliche Meinungen (sprich: Stimmigkeitsgefühle) haben und dass ja beides sein darf.

Auch hierzu ging sie sofort in Resonanz, ließ von meinem Maßstab ab, übernahm wieder ihre eigene Bewertung und war zufrieden.

Wenn jemand anderes von etwas überzeugt ist, werten wir manchmal allzu schnell unser eigenes Stimmigkeitsgefühl ab und stellen es in der Rangfolge nach unten. Der Bewertung des anderen geben wir Vorrang und fühlen uns dann unwohl. Im schlimmsten Fall kämpfen wir gegen das Stimmigkeitsgefühl des anderen, obwohl wir es eigentlich selbst über unser eigenes Stimmigkeitsgefühl gestellt haben.

So etwas passiert oft, wenn wir als Kind gewohnt waren, die Stimmigkeitsgefühle unserer Eltern übernehmen zu müssen, und bestraft wurden, wenn wir nach unserem eigenen Stimmigkeitsgefühl gehandelt haben.

## Unser Universum besteht aus Kräften / Wünschen

*Olaf*:

Jacqueline und ich sind davon überzeugt, dass dieses Muster all unseren Wachstumsprozessen zugrunde liegt: **Wir sind unseren Wünschen entsprechend aktiv, beobachten Gleichgewichte (stimmig?) oder Ungleichgewichte (unstimmig?) und ziehen Konsequenzen aus unserem *Stimmigkeitsgefühl*.**

Wenn wir uns selbst noch besser verstehen wollen, stellt sich die Frage: Wie und warum werden wir eigentlich aktiv? Wo kommen unsere Wünsche, Ziele, Bedürfnisse her? Um diese Frage aus meiner Sicht zu beantworten, hole ich etwas weiter aus.

Im Jahr 1996 habe ich für mich das universelle Grundgesetz „*Jedes Element hat den Wunsch nach Gleichgewicht*" erkannt. Diese Formel ist eine „Projektion" meines Gehirns, die bis heute für mich eine geniale Basis bildet und sich absolut stimmig anfühlt. Ich entwickle daraus viele neue Erkenntnisse, die mich mein Umfeld immer besser verstehen und nachvollziehen lässt. Mein Umfeld bestätigt es mir oft. Da ich diese Formel mit einem stimmigen Gefühl auf alles übertragen kann, was mir bisher begegnet ist, nenne ich sie gerne die „Weltformel".[7]

In der Wissenschaft gibt es eine Entsprechung: die „Homöostase" und „Homöodynamik". Diese Begriffe beschreiben, dass ein offenes dynamisches System (wie z. B. das Gehirn) durch einen regelnden Prozess (die Blut-Hirn-Schranke) die Aufrechterhaltung eines Gleichgewichts anstrebt.

Meine These ist, dass jedes System nicht nur danach sucht, ein Gleichgewicht aufrechtzuerhalten oder ein verlorenes Gleichgewicht wieder zurückzubekommen, sondern dass jedes System permanent *das beste Gleichgewicht*

[7] siehe mein Buch „*So, jetzt ist aber genug! – Die Geburt einer Weltformel*"

anstrebt, das jetzt gerade mit seinem Umfeld zusammen möglich ist. Wir Menschen fühlen ein Ungleichgewicht, suchen nach einem besseren Gleichgewicht, bewegen uns dabei, sammeln Erfahrungen, schauen, in welche Richtung sich das Ungleichgewicht verstärkt oder wo es verschwindet, bis wir das bestmögliche Gleichgewicht für diesen Moment gefunden haben.

Dass wir dieses Gleichgewicht gefunden haben, merken wir an der Auflösung unseres Wunsches. Der Wunsch, der uns angetrieben hat, verschwindet. Gewünschtes Gleichgewicht erreicht.

Was ist das Wesen eines Wunsches? Es ist eine Kraft, eine Antriebskraft. So wie die Gravitation eine Antriebskraft in eine bestimmte Richtung ist.

In meiner Realitätsprojektion besteht das gesamte Universum aus Wünschen. Die kleinsten Einheiten, die kleinsten Bausteine des Universums sind keine Materieteilchen oder Schwingungen, sondern Wünsche. Denn Materieteilchen oder Schwingungen können nur existieren, wenn sie durch eine Kraft zusammengehalten oder aufrechterhalten werden, durch wirkungsvolle „Kraftteilchen". Und was sind Kraftteilchen anderes als Wünsche?!

Viele sagen, das Universum bestünde aus reiner Energie. Der Begriff „Energie" kommt aus dem Altgriechischen. Man kann ihn übersetzen mit „en" = „innen" und „ergon" = „wirken". Genau das ist es, was Wünsche machen. Sie wirken innen. Ich finde den Begriff „Wunsch" zurzeit noch stimmiger als den Begriff „Energie".

Materie ist eine Konzentration von Wünschen, die zusammen gerade ein bestimmtes Gleichgewicht aufrechterhalten, um gemeinsam in das nächste bessere Gleichgewicht gelangen zu können. Ist das Gleichgewicht erreicht (Wunscherfüllung), ändern sich die Wünsche und sortieren sich zu neuen hilfreichen Konzentrationen, die das nächste bessere Gleichgewicht anstreben.

Wenn ein Wunsch die kleinste Einheit des Universums ist, kann ich natürlich nicht sagen, aus welch kleineren Einheiten ein Wunsch besteht. Das einzig stimmige Bild für mich ist: Jeder Wunsch besteht aus Unterwünschen, die wieder aus Unterwünschen bestehen, die aus Unterwünschen bestehen etc.

Ähnliche Wünsche schließen sich zu Wunschgruppen zusammen und bilden einen größeren Überwunsch, der sich mit anderen Überwünschen zu einem weiteren Überwunsch zusammenschließt etc.

„Wunsch" ist für mich der Basis-Begriff für alle unterschiedlichen Kräfte, die es im Universum gibt. Wünsche / Kräfte sind die Basis für jegliche Materie, für alle Schwingungen und für jegliche Bewegungs- und Energieformen. Alles besteht aus Wünschen.

**Alles ist „das Wünschende“.**

Ich könnte mein universelles Grundgesetz noch leicht umformulieren und sagen: „Jedes Element *ist* ein Wunsch nach Gleichgewicht.“

Obwohl sich dieses Weltbild für mich bis heute absolut stimmig anfühlt, suche ich gleichzeitig nach neuen Weltbildern, die sich für mich noch stimmiger anfühlen – habe aber bisher noch keine gefunden. Ich erlebe nur, dass sich dieses Weltbild in mir durch die gegenwärtige Wissenschaft und durch meine Erfahrungen immer weiter bestätigt, festigt und ausbaut. Wenn Sie möchten, können Sie meinen dementsprechenden Entwicklungsprozess in all meinen Büchern nachvollziehen, die ich seit meiner Erkenntnis dieser Weltformel im Jahr 1996 geschrieben habe.

Wir hatten vorhin folgende Fragen gestellt: Wie und warum werden wir eigentlich aktiv? Wo kommen unsere Wünsche, Ziele, Bedürfnisse her?

Die Antworten auf diese Fragen sind mit dem eben beschriebenen Hintergrund nun einfach: Wir werden aktiv, weil wir grundsätzlich durch die Basiskraft des Universums gesteuert werden – durch Wünsche.

Unsere Wünsche kommen aus dem All, aus dem Universum, aus dem Ganzen. Alle Wünsche sind immer Teil des Ganzen. So wie wir selbst Teil des Ganzen sind.

Jeder Wunsch wirkt sich auf andere Wünsche aus, jede (Gravitations-) Kraft beeinflusst ihre Umgebung. Sobald sich ein Wunsch auflöst, entsteht ein neuer Wunsch und das Umfeld ändert sich entsprechend.

Aufgrund dieser Beeinflussung ist es schwer, ein Materieteilchen isoliert von seiner Umgebung zu untersuchen. Denn was passiert bei einer solchen Untersuchung? Wissenschaftler*innen (= bestehen aus Wünschen / *sind* Wünsche) untersuchen (= Wunsch nach Gleichgewicht, nach Erkenntnis) Materieteilchen, Schwingungen, Kraftteilchen (= *sind* andere Wünsche) und beeinflussen dabei alles um sich herum. Je mehr sich ein Wunsch seiner Wunscherfüllung annähert, desto mehr ändert er sich selbst, desto mehr ändert sich auch sein Umfeld und dementsprechend die anderen Wünsche, die man gerade untersuchen wollte.

Alles ist im Fluss. Und ein Fluss kann sich nicht selbst erkennen. Denn sobald er sich selbst erkannt hat, ist er schon wieder verändert, weitergeflossen, und wird nie wieder so sein, wie zu dem Zeitpunkt der Selbst-Erkenntnis. Es sei denn, er erkennt das Übergreifende: das „Fließende“ an sich, den ewigen Wandel.

Das Übergreifende allen Seins im Universum ist „das Wünschende“ an sich.

Erst aus dem Wünschenden entsteht das Fließende. Ohne Wünsche keine Bewegung, kein Fluss, kein Wandel.

Ich vergleiche gerne „das Fließende“ mit dem Begriff „Qi“ oder „Ch´i“ aus der traditionellen chinesischen Medizin, was so viel wie „Energie, Atem oder Fluidum“ bedeutet. „Das Wünschende“ setze ich mit dem Begriff „Jing“ gleich. Jing wird oft mit „Same des Lebens“ oder „Ursubstanz der Lebensenergie“ übersetzt und ist die Basis des Qi. Ohne Jing kein Qi. Ohne Wunschkraft kein Fluss.

Diese Sichtweisen sind das Ergebnis der bisherigen Erforschung meiner eigenen ehrlichsten Stimmigkeitsgefühle tief in mir. Möge jeder für sich herausbekommen, welche Sichtweisen und welche Formulierungen sich für ihn selbst stimmig anfühlen.

## „Alles ist DAS WÜNSCHENDE“

An dieser Stelle möchte ich Ihnen ein weiteres wirkungsvolles Spiel vorstellen. Jedenfalls wirkt es intensiv auf meine eigenen Gefühle, da ich ja auch für mich diese Realitätsabbildung entwickelt habe. Probieren Sie es bitte für sich selbst aus. Es könnte sein, dass es bei Ihnen nicht so intensiv wirkt, weil Sie möglicherweise eine andere Realitätsabbildung bevorzugen. Aber vielleicht ja doch? Und vielleicht sogar noch besser als bei mir? Sie werden erleben, was sich für Sie stimmig anfühlt.

Wenn ich mich in Situationen befinde, in denen Spannungen oder Auseinandersetzungen mit anderen Menschen zu fühlen sind, dann sage ich mir manchmal: „Alles ist das Wünschende“ – und etwas entspannt sich in mir.

Neulich auf der Autobahn auch wieder: Ich fahre in dichtem Verkehr, die anderen Autos wirken teilweise drängelnd oder aggressiv auf mich und ich gehe zunächst automatisch in Resonanz dazu, fühle selbst ein inneres Drängeln. Dann fällt mir wieder der Satz ein: „Alles ist das Wünschende“ – und schon kann ich entspannt und gelassen das Drängeln beobachten.

Bei Unstimmigkeiten mit einem anderen Menschen habe ich mir ebenfalls innerlich gesagt: „Alles ist das Wünschende“ – und schon konnte ich lächeln und die Unstimmigkeit gelassen betrachten.

Was passiert in mir, wenn ich mir diesen Satz sage? Ich mache mir bewusst, dass alles aus Wünschen besteht. Ich sehe, dass es gar nicht anders geht und dass überall unterschiedliche Wünsche vorhanden sind, die sich auch gegenseitig im Weg stehen können. In dem Moment kämpfe ich nicht mehr gegen fremde Wünsche, die mir im Weg stehen, sondern ich kann all diesen Wünschen zustimmen und sie so achten, wie sie sind, denn alle Wünsche gehören dazu. Alles ist ja das Wünschende.

Dadurch, dass ich alle unterschiedlichen Wünsche als dazugehörig empfinde, kann ich entspannen und befinde mich sozusagen auf einer übergeordneten Ebene, von der aus ich alles Wünschende gelassen überschauen kann.

## Unsere Wünsche sind effektive Veränderungsregler

Bei unserem „Wachstumsmotor“ **(Wir sind unseren Wünschen entsprechend aktiv, beobachten Stimmigkeiten oder Unstimmigkeiten und ziehen Konsequenzen aus unserem Stimmigkeitsgefühl)** stellt sich auch die nächste Frage, woher wir eigentlich wissen können, was eine Stimmigkeit und was eine Unstimmigkeit darstellt. Auch diese Antwort ist jetzt mit dem vorhin beschriebenen Hintergrund ganz einfach:

Wünsche haben eine geniale Eigenschaft. Sie bieten uns nicht nur eine grundlegende Antriebskraft und lassen uns in eine Richtung aktiv werden, sondern sie versetzen uns gleichzeitig in die Lage, Bewertungen zu fühlen. Durch einen Wunsch werden wir *automatisch* fähig, Stimmigkeiten und Unstimmigkeiten zu identifizieren. Denn sobald wir in eine Unstimmigkeit gelangen, wird unser Wunsch größer, weil er gerade nicht erfüllt wird. Erleben wir aber eine Wunscherfüllung, dann verschwindet der Wunsch – und wir empfinden eine Stimmigkeit. Ob wir also gerade eine Unstimmigkeit oder eine Stimmigkeit erfahren, liest unser Gehirn an der Vergrößerung oder Verkleinerung unserer Wünsche ab. Ganz einfach.

Lassen Sie uns „Bewertungen“ noch genauer anschauen.

Ich sitze am Klavier und spiele vor mich hin – planlos. Jacqueline kommt in den Raum und fragt mich etwas. Später klingelt das Telefon – ein Klient möchte einen Beratungstermin. Anschließend setze ich mich wieder an das Klavier und spiele weiter – planlos. Nichts stört. Ich fühle mich ausgeglichen und genieße, was passiert.

Am nächsten Tag höre ich im Radio ein geniales Klavierstück. Ich bin begeistert und möchte es spielen können. Gleichzeitig fällt mir ein, dass in zwei Wochen ein Freund von mir seinen Geburtstag feiert. Das wäre ja die Gelegenheit, das Klavierstück vorzuspielen. Gezielt verplane ich meine Zeit so, dass ich in zwei Wochen das Stück beherrsche. Hochmotiviert beginne ich zu üben. Jacqueline kommt in den Raum und fragt mich etwas. Ich fühle mich gestört – so eine banale Frage, damit hätte sie auch warten können! Meine Bitte an sie: mich nicht mehr zu stören. Ich übe weiter – das Telefon klingelt. Genervt ergreife ich den Hörer. Ein anderer Klient möchte einen Termin. Ich gebe ihm einen in drei Wochen. Für ihn ist es aber sehr dringend – ob ich nicht noch einen früheren Termin hätte. Bei dem Gedanken gerate ich unter Druck, denn es könnte sein, dass ich das Klavierstück dann nicht mehr rechtzeitig lerne. Ich bin im Zwiespalt und fühle mich ungeduldig, reiße mich aber zusammen.

Haben wir kein Ziel, dann fühlen wir Ausgeglichenheit und Wertfreiheit. Sobald wir aber ein Ziel verfolgen, können wir blitzschnell fühlen, was uns einerseits unterstützt, dieses Ziel zu erreichen, und was uns andererseits von dem Ziel abhält. Alles, was uns behindert, gehört nicht zu unserem Ziel dazu. Deswegen „bewerten“ wir es automatisch negativ. Manchmal reagieren wir sogar blitzschnell mit den Worten „Mist!“ oder „Dieser Mistkerl! Kann er nicht mal aufpassen?!“ Jeder Unfall, jeder Konflikt, jeder Fehler, jedes unpassende Verhalten eines anderen Menschen sind im Grunde „falsch“. Sie entsprechen nicht unserem Ziel und stellen eine Störung dar. So eine Bewertung ist eine vollkommen natürliche Reaktion.

Es gibt Menschen, die daran arbeiten, diese Wertungen grundsätzlich loszuwerden und stattdessen der Situation liebevoll zuzustimmen. Ich biete Ihnen jedoch die innere Haltung an, Wertungen als vollkommen normal anzuerkennen, also auch den Wertungen zuzustimmen.

Unsere Wertungen hören erst auf, wenn wir unser Ziel erreicht oder losgelassen haben, wenn wir also komplett ziellos sind, wenn wir einfach nur „sind“, ohne jegliches Ziel.

Allein durch die Existenz eines Ziels werden wir automatisch zum Unterscheider zwischen Gut und Böse, zwischen richtig und falsch, zwischen „das gehört dazu“ und „das gehört nicht dazu“.

**„Wünsche wecken Wirkungen und Wertungen“** – besser ist es nicht auf den Punkt zu bringen.

In der Ziellosigkeit sind wir einfach nur erleuchtet und können allem zustimmen, wie es ist, können es geschehen lassen.

Ich fahre wesentlich entspannter Auto, seitdem ich zustimme, dass andere Autofahrer grundsätzlich Vorrang vor mir haben wollen. Ich habe mein eigenes Ziel, Vorrang vor anderen Autofahrern zu haben, **verändert in das Ziel, anderen Autofahrern Vorrang zu *geben***, wenn sie es gerade so wollen. Durch diese Entscheidung werte ich den Drang fremder Autofahrer nicht mehr als „störend“, sondern er gehört für mich dazu und ich bin dabei entspannt, wenn ich ihnen den gewünschten Vorrang gebe.

Habe ich das Ziel, morgens pünktlich zur Arbeit zu kommen, bin aber zu spät losgefahren, dann bewerte ich jede rote Ampel als Hindernis. Lasse ich jedoch mein Ziel los und stimme zu, dass ich später komme, sind die roten Ampeln „nur noch“ rote Ampeln – ohne Bewertung.

Wenn Wertungen automatisch entstehen, sobald wir ein Ziel verfolgen, können wir diesen Automatismus auch umgekehrt anwenden: Wenn wir eine Wertung erleben, dann bedeutet es automatisch, dass gerade ein bestimmtes Ziel verfolgt wird – bewusst oder unbewusst.

Ich nutze oft mein spontan wertendes Verhalten als Zeichen dafür, dass ich gerade ein Ziel verfolge. Denn manchmal sind mir meine Ziele nicht bewusst. Untersuche ich also meine Wertungen, dann kann mir wieder bewusst werden, *welches* Ziel ich gerade verfolge.

Kleine Babys zeigen bereits durch ihre Wertungen, durch ihr Schreien und Quengeln, welche Zielerreichung sie blockiert fühlen. Gleichzeitig können wir daran ablesen, welches Ziel sie verfolgen, welchen Wunsch sie haben und auf welche Weise wir ihnen helfen können.

**Hinter jeder Wertung steckt ein Ziel. Hinter jedem Konflikt stecken mehrere Ziele, die sich gerade gegenseitig behindern.** (Ich fasse im Weiteren die Begriffe „Ziel, Plan, Wunsch, Bedürfnis, Sehnsucht, Absicht, Richtung, Bestreben, Anliegen etc." in dem Begriff „Wunsch" zusammen.)

Wollen wir nun Wertungen und Konflikte verändern, dann geht es nicht darum, sich um die Wertung zu kümmern, die Wertung zu bekämpfen, zu unterdrücken oder den Konflikt zu vermeiden. Viel besser funktioniert es, wenn wir den direkten Weg über die dahinterstehenden Wünsche nehmen!

Wir können die Änderung einer Wertung über die Änderung unserer eigenen Wünsche regeln. **Der Änderungsdrehknopf oder der „Regler" sind unsere Wünsche.** Drehen wir an unseren Wünschen und machen sie stärker oder schwächer, dann können wir gleichzeitig damit unsere Wertungen, Konflikte, Druckgefühle, Stress und viele andere Unstimmigkeitsgefühle verändern – stärker oder schwächer machen. Denn sie sind alle eine *Reaktion* auf unsere Wünsche. Unstimmigkeitsgefühle sind eine „natürliche Folge" unserer Wünsche, die wir gerade in uns tragen.

Wir können Wünsche nicht nur in der Stärke variieren, sondern wir können bei manchen Wünschen auch auf den Drehknopf drücken und sie dadurch ganz ausstellen (= den Wunsch komplett aufgeben, verzichten, nachgeben). Dann verschwinden sofort auch alle zu diesem Wunsch gehörenden Wertungen, Verletzungen und Konflikte.

Ganz logisch: Haben wir *keinen* Wunsch nach Nähe, dann kann uns niemand einen Verlustschmerz zufügen. Hat ein Kind *keinen* Wunsch, am Computer zu spielen, dann nützt auch kein Computerverbot, um das Kind zu bestrafen, denn das wäre dem Kind egal. Haben wir *keinen* Wunsch nach Freiheit, dann kann uns kein Gefängnis bestrafen. Hat ein Fußballspieler auf dem Platz *kein* Ziel mehr, den Ball in das gegnerische Tor zu befördern, dann wird er dafür nicht mehr kämpfen und wird auch nicht mehr vom Gegner bekämpft. Nur sein Trainer und seine Mitspieler bekämpfen ihn, weil er nicht mehr dem gemeinsamen Ziel zur Verfügung steht. Ist ihm dies auch noch egal, dann kann er glücklich auf dem Rasen sitzen und die Sonne genießen, die gerade auf das Fußballfeld scheint.

Im Buddhismus wird empfohlen, seine Anhaftungen aufzulösen. Leid entsteht durch Anhaftung. Je stärker wir an einem Ziel anhaften, je größer der Wunsch ist, das Ziel unbedingt zu erreichen, desto größer sind auch unser Leid und unsere Bewertungen, wenn wir Hindernisse oder Störungen erleben. Lösen wir die Anhaftung auf, dann können sich freie, gelöste Gefühle breitmachen.

Das ist genau das, was ich hier beschreibe. Regeln wir einen Wunsch herunter, dann verringern wir unsere Anhaftung an ein Ziel bzw. wir geben das Ziel ganz auf. In diesem Moment verändert sich auch automatisch unsere Bewertung. Ein ganz logischer Zusammenhang.

Wenn sich ein Wunsch nicht herunter- oder heraufregeln lässt, dann steckt dahinter ein stärkerer Wunsch (in Form eines Widerstandes), der uns im Moment noch nicht bewusst ist. Wir können danach suchen, welcher Wunsch von uns es *nicht* möchte, dass wir den ersten Wunsch verändern. Ist uns der dahinterstehende Wunsch bewusst geworden, können wir neu probieren, ob *dieser* sich verändern lässt und ob wir das überhaupt wollen.

Natürlich gibt es auch Wünsche, die wir nicht ausschalten können oder wollen, z. B. der Wunsch, am Leben zu bleiben. Liegt unserer Wertung ein Überlebenswunsch zugrunde und wird uns dieser Wunsch bewusst, dann können wir klarer damit umgehen, ihn vielleicht sogar heraufregeln und absichtlich stärker machen. Wir „kämpfen" um unser Leben.

Noch einmal:

**Hinter *jedem* Unstimmigkeitsgefühl steckt *immer* ein eigener unerfüllter Wunsch, der das Unstimmigkeitsgefühl aufrechterhält und steuert.**

Erleben wir also im Kontakt mit unserem Umfeld eine Unstimmigkeit, dann können wir nach unserem dahinterstehenden Wunsch suchen und ihn uns wieder bewusst machen. Anschließend entscheiden wir neu, ob und wie wir den Drehknopf verändern: schwächer oder noch stärker? Wir können auch einen neuen und besser funktionierenden Wunsch entfalten und dadurch eine bessere Verbindung in unserem Gehirn herstellen.

So können wir immer tiefer in uns nach unbewussten Wünschen forschen, die uns und unsere Bewertungen steuern. Je mehr Wünsche uns bewusst geworden sind, umso besser kennen wir uns selbst, umso klarer werden wir mit uns und umso flexibler können wir unsere Wünsche regeln.

Die komplette Kettenreaktion ist: Durch die Bewusstwerdung eines eigenen Wunsches und durch seine Änderung ändern sich automatisch auch unser Gefühl von Unstimmigkeit, unsere Wertungen und damit der Zustand unseres gesamten Gehirns und Körpers. Alles passt sich dem neuen Wunsch an.

Beispiele: Hätte ich mir als Kind sehnlichst gewünscht, dass die Hexe unter dem Bett meine Füße zärtlich anfasst, weil ich endlich mal erleben will, wie mich eine Hexe berührt, dann hätte ich damit schon meinen Blick auf die Hexe geändert. Ich sehe sie nicht mehr als gefährlich an. Außerdem wäre ich ganz dicht vor dem Bett stehen geblieben und hätte darauf gewartet, dass sie mich berührt. Wenn es dann nicht geschehen wäre, wäre ich ganz traurig geworden (= ich muss von der Wunscherfüllung Abschied nehmen). Und auf meine Trauer reagiert mein gesamter Körper komplett anders als auf die Angst, dass die Hexe meine Füße festhält.

Unsere Wünsche als Erwachsene, dass unsere Eltern uns endlich einmal verstehen und anerkennen, führen immer wieder zu Verlustschmerz und Enttäuschung, wenn unsere Eltern an ihren Verhaltensmustern und Sichtweisen festhalten und sich nicht ändern. Viele Menschen halten ihren Wunsch aufrecht, dass die Eltern doch endlich einmal verstehen. Oder dass andere Menschen in „Elternrollen" (Chef, Partner, ältere Geschwister, beste Freunde, Prominente etc.) Verständnis und Anerkennung zeigen.

In vielen Selbsthilfemethoden wird vorgeschlagen, die Eltern so zu achten, wie sie sind. Warum? Weil man dabei den *eigenen* Wunsch nach Veränderung aufgibt. Wenn man jemanden so achtet, wie er ist, dreht man gleichzeitig seinen Wunsch herunter, dass der andere irgendetwas versteht und dadurch anders und verständnisvoller auf uns reagiert. Ist dieser Wunsch heruntergedreht, dann sind wir auch weniger enttäuscht und weniger verletzt, wenn der andere uns wieder einmal nicht versteht. Indem wir einen Menschen so annehmen, wie er ist, und unseren Wunsch nach Anerkennung herunterdrehen, *geht es uns selbst besser.*

Wenn wir statt des Wunsches nach Anerkennung sogar einen neuen Wunsch in uns einpflanzen, nämlich den Wunsch, rechtzeitig vorhersehen zu können, wann der andere wieder einmal nichts anerkennt, könnte eine erfolgreiche Vorhersage zu Freudegefühlen in uns führen.

Unterschiedliche Wünsche führen zu komplett unterschiedlichen Bewertungen und Reaktionen. Experimentieren Sie damit. Dabei geht es nicht darum, Wünsche für immer loszulassen, sondern sie nur in ihrer Stärke zu variieren oder für eine gewisse Zeit komplett auszustellen. Später – zu einem passenden Zeitpunkt – können Sie ihn ja wieder anstellen.

Im Jahr 2007 durfte ich einen Bestseller veröffentlichen, der im Jahr 2008 über sechs Monate in der Focus-Bestsellerliste vertreten war. Sein Titel: „Ich stehe nicht mehr zur Verfügung – Wie Sie sich von belastenden Gefühlen befreien und Beziehungen völlig neu erleben".

Viele Menschen empfinden bei dem Satz „Ich stehe nicht mehr zur Verfügung" eine innere Befreiung. Warum? Weil die Entscheidung, für etwas nicht mehr zur Verfügung zu stehen, automatisch einen bestimmten Wunschknopf herunterregelt und alle damit verbundenen Unstimmigkeitsgefühle sofort zum Verschwinden bringt.

Solange man einem anderen Menschen zur Verfügung steht, ist man mit seinem Ziel verbunden. Dementsprechend fühlt man auch die damit zusammenhängenden Un-/Stimmigkeiten. Dabei hat man die Zielerreichung nicht wirklich in der Hand. Fühlt sich die Verbindung unstimmig an, dann fühlt man sich teilweise machtlos, was im schlimmsten Fall zu Burn-out führen kann. Fühlt sich die Verbindung aber stimmig an, dann erlebt man Stärkung, Flow und Freude. Löst man sich von dem Ziel des anderen, steht nicht mehr für dieses Ziel zur Verfügung, stellt also den Wunschknopf komplett aus, dann verschwinden auch die dazugehörigen Gefühle. War die Verbindung unangenehm, dann bleibt ein Erleichterungsgefühl übrig. War sie angenehm, dann fühlt man Verlust und/oder Dankbarkeit.

*Jacqueline*:

Als mir Olaf von dem Drehknopf erzählte, mit dem man Wünsche hinauf- oder herunterregeln kann, hatte ich danach eine sehr unruhige Nacht. Ich hatte tagsüber mitten in Verhandlungen mit einer Fluggesellschaft gesteckt, die mir einen nicht unerheblichen Betrag zurückerstatten sollte. Als ich mir nun nachts vorstellte, was ich denn noch tun könne, um das Geld zurückzubekommen, fühlte ich sehr viel Stress und Wut in mir. Doch jedes Mal, wenn ich mir vorstellte, den Wunsch loszulassen, fühlte ich mich ausgeglichen. Es gab nur ‚entweder – oder'. Mein Schalter war nicht stufenlos regelbar – es gab nur ‚ein' oder ‚aus'. War der Schalter eingeschaltet, fühlte ich mich mit meinem Stress und Ärger wie ein Rottweiler, der die Fluggesellschaft anknurrte und anbellte. War der Schalter ausgeschaltet, fühlte ich mich wie ein Baby – völlig hilflos. Ich fühlte keinen Impuls mehr, mich überhaupt noch um das Geld zu kümmern.

Ich überlegte, wie es für mich optimal wäre und mir fiel Folgendes ein: Ich würde gerne den Wunsch mit Hilfe des Schalters fast ganz herunterregeln, aber dennoch Spaß und Freude daran haben zu erforschen, ob es noch Mittel und Wege gibt, zu meinem Recht und somit zu meinem Geld zu kommen. In meiner Phantasie erschien daraufhin eine in Bändern eingewickelte Gestalt, die wie eine Mumie aussah. Als ich mich in diese ‚Mumie' einfühlte, wusste ich sofort, was sie darstellte: meinen kreativen Anteil. Genau! Das wäre des Rätsels Lösung: ohne Druck und innere Erwartungen – also den Wunschschalter fast heruntergeregelt – mit diesem kreativen Anteil zu erforschen, ob es mir gelingen würde, das mir rechtmäßig zustehende Geld zurückzubekommen.

Doch leider waren diesem kreativen Anteil die Hände und auch alles andere gebunden. Als ich mir versuchte vorzustellen, wie die ‚Mumie' einen Finger aus den Bändern hervorstreckt, kam eine Hand aus dem Nichts und schlug auf den Finger ein, so dass die ‚Mumie' die Finger schnell wieder unter die Bänder steckte. In dieser Nacht kam ich mit meinem inneren Bild nicht weiter: Ich fühlte mich weiterhin als Rottweiler, wenn ich das Ziel verfolgte, das Geld zurückzubekommen. Ich fühlte mich wie ein hilfloses Baby, wenn ich ganz von dem Wunsch losließ, und sah die Mumie neben mir stehen – meinen kreativen Anteil, der nicht handeln konnte.

Dennoch war ich morgens sehr dankbar, dass mir aufgrund der Probleme mit der Fluggesellschaft dieses Thema bewusst werden durfte. Denn diese drei ‚Gefährten' (Rottweiler, Mumie und Baby) begleiten mich schon fast mein ganzes Leben lang. Sicher waren alle drei in der Form zu irgendeiner Zeit in meinem Leben sinnvoll gewesen und haben mir sehr geholfen, denn sonst hätte mein Gehirn diese Anteile nicht entwickelt. Doch inzwischen hatten sich meine Ziele verändert, so dass ich mir nun wünschte, diese drei Gefährten auch verändern zu können. Dabei ging es mir natürlich hauptsächlich um die Befreiung und Belebung der ‚Mumie'.

Allein durch die Bewusstwerdung dieses Themas hatte ich die Idee und auch die Energie, mich beim Luftfahrt-Bundesamt über meine Rechte zu erkundigen und bekam prompt eine für mich sehr positive Antwort. Kurzerhand schrieb ich eine sehr klare E-Mail an die Fluggesellschaft und fühlte mich dabei ziemlich entspannt.

Olaf schlug mir zur Lösung meines Problems vor, in meiner Fantasie die ‚universellen Eltern' als Unterstützung hinter die Mumie zu stellen. Vielleicht können sie meinem eingewickelten kreativen Anteil einen lösenden Rahmen bieten, in dem er sich befreien kann.

Zur Erklärung: Die ‚universellen Eltern' sind bei unseren Workshops (‚Freie Systemische Aufstellungen') ein Werkzeug und wie folgt definiert: Die universelle Mutter und der universelle Vater stellen jene Eltern-Energie dar, die frei von allen problematischen Anteilen ist. Sie bestehen aus der reinen Elternliebe, die in allen Eltern vorhanden aber leider oft durch Traumata und unverarbeitete Schmerzen verschüttet ist.

Wenn ich mir jetzt vorstelle, dass die universellen Eltern hinter meinem Mumien-Anteil stehen und ich mich in die Mumie einfühle, dann kommt ganz viel Schmerz in mir hoch. Der Schmerz ist so heftig, dass die Mumie in sich zusammensackt und auf dem Boden zusammengekauert liegen bleibt. Bei mir selbst fließen die Tränen des Schmerzes. Während ich noch im Gefühl der Mumie bleibe und weine, verändern sich die Bilder in meinem Gehirn wie von selbst. Die Bänder, die aus meinem kreativen Anteil eine Mumie gemacht haben, lösen sich ein bisschen und bilden nun eine Art Kokon, in dem mein kreativer Anteil sich frei bewegen kann.

Das erste, was der kreative Anteil macht: Er berührt alle seine in der Kindheit verletzten Teile. Er berührt seine Finger, auf die geschlagen wurde – die Pobacken, auf die geschlagen wurde – die Wangen, auf die geschlagen wurde – den Hinterkopf, auf den geschlagen wurde – und er berührt zum Schluss mit beiden Händen sein Herz, das so oft verletzt worden ist. So sitzt der kreative Anteil im Schneidersitz in dem Kokon und weint – so wie ich jetzt hier auch weine, während ich mir das vorstelle und aufschreibe. Ich frage mich, warum der Kokon im Kontakt mit den liebevollen, universellen Eltern noch notwendig ist. Die Antwort erscheint sofort wie von selbst in meinem Gehirn: Du hast noch Angst, dich so zu zeigen, wie du wirklich bist – mit all deinem Leid – mit all deiner Kreativität. Die Bänder, der Kokon sind ein Zeichen deiner Angst und deines Schmerzes.

Wenn ich mir jetzt vorstelle, dass die Bänder auf den Boden fallen und die universellen Eltern mich liebevoll anschauen, dann kommen noch mehr Tränen…

Nachdem ich nun so lange geweint habe, bis alle Tränen versiegt sind, kann ich mir vorstellen, mich als kreativer Anteil von den universellen Eltern umarmen zu lassen. In meiner Fantasie hole ich noch die anderen Anteile dazu: den Rottweiler und das Baby. Doch auch diese Anteile haben sich inzwischen verändert. Der Rottweiler ist zu einem Schmusehund geworden und das Baby zu einer erwachsenen Frau.

In meinem Problem mit der Fluggesellschaft fühle ich mich nun vollkommen entspannt.

Anmerkung später: Es hat sich ergeben, dass ein befreundeter Anwalt erfolgreich Klage eingereicht und die Fluggesellschaft das Geld zuzüglich Zinsen überwiesen hat. Im ‚Universum' hat sich eine adäquate Hilfe für mich aufgetan.

*Olaf*:

Jacqueline und ich ergänzen in dieser Spiegel-Ebene eine vierte These:

1. Wir Menschen schauen permanent in den Spiegel.
2. Wir haben die volle Verantwortung dafür, *wie* wir auf ein Verletzungsgefühl schauen und *wie* wir damit umgehen.
3. Wir sind unseren Wünschen entsprechend aktiv, beobachten Stimmigkeiten oder Unstimmigkeiten und ziehen Konsequenzen aus unserem Gefühl.
4. **Wir beeinflussen unsere Gefühle, indem wir uns unsere dahinterstehenden Wünsche bewusst machen und anschließend herauf- oder herunterregeln**.

## So funktionieren wir

Ich habe das Bedürfnis, Ihnen an dieser Stelle einmal eine Übersicht aufzuschreiben, wie wir Menschen uns selbst neu wahrnehmen können:

- Unser Gehirn projiziert permanent. Wir schauen ständig in den Spiegel. Alles, was wir erleben, ist diese Projektion, ist unser kraftvolles Gehirn.
- Jeden Moment, in dem wir uns gut fühlen, genießen wir und stärken dabei das, was gerade passiert und was wir tun.
- Erleben wir eine Unstimmigkeit (Schmerz, Abwertung, Verletzung, Unsicherheit, Ungleichgewicht), dann spiegelt es uns einen *eigenen* bestehen-

den Wunsch, der gerade von unserer aktuellen Projektion nicht erfüllt wird. Wir empfinden eine Unstimmigkeit zwischen **Wunsch** und der **Projektion** unserer Realität.

- Um ein besseres Gleichgewicht (= Stimmigkeit) zu erreichen, fragen wir uns, in welche Richtung ein besseres Gleichgewicht zu finden ist, und suchen überall nach dem besseren Gleichgewicht.

  Die Suche danach funktioniert nach einem einfachen Prinzip:

  a) Wir ändern aktiv etwas an unserem **Wunsch** (machen ihn stärker oder schwächer – oder ändern den Inhalt des Wunsches).

  b) Und/oder wir ändern aktiv etwas an/mit unserem Körper oder an/mit unserem Umfeld, so dass von außen neue Signale für eine neue **Projektion** in unser Gehirn kommen.

  c) Und/oder wir hinterfragen ganz direkt unsere **Projektion** (Kann ich mir sicher sein, dass es wahr ist?) und suchen nach einer stimmigeren.

  Wir beobachten: Was ist auf welche Weise änderbar?

  Dann bewerten wir das neue Verhältnis zwischen unserem **Wunsch** und unserer **Projektion**: stimmiger oder unstimmiger? Wir ziehen unsere Schlüsse daraus und werden neu aktiv.

  Woher wissen wir, was eine besser funktionierende Projektion ist? Die neue Projektion fühlt sich für uns stimmiger an, weil das Ungleichgewichtsgefühl weniger wird, weil sich der Wunsch nach Gleichgewicht im Kontakt mit unserem Umfeld verringert. Wir fühlen „zufriedener".

Das ist alles. In dieser einfachen Zusammenfassung sind unserer Sichtweise nach all unsere Prozesse enthalten. So arbeiten wir als Mensch, so arbeiten unsere intelligenten Körperzellen, so arbeitet unser Gehirn, so arbeitet jedes einzelne Neuron.

Alles wird durch Wünsche nach stimmigeren Gleichgewichten gelenkt.

*Jacqueline:*

Ich kann das mit der Zufriedenheit bzw. Unzufriedenheit bestätigen. Lange Jahre habe ich mich sehr unzufrieden gefühlt. Als junge Erwachsene habe ich versucht, mir meine materiellen Träume zu erfüllen, um mich zufriedener zu fühlen. Doch das hat nicht geklappt. Meine ganz tiefe Unzufriedenheit blieb bestehen.

Erst als ich anfing, mehr und mehr auf mein inneres Stimmigkeitsgefühl zu hören bzw. es zu erfühlen und danach aktiv zu werden, fühlte ich immer häufiger Zufriedenheit in mir.

Es war nicht immer ganz einfach, auf mein eigenes Stimmigkeitsgefühl zu hören und danach zu handeln. Denn diese innere Umstellung bedeutete, dass ich nach außen auf meine Umwelt anders wirkte und andere Menschen zunächst große Probleme mit der ‚neuen' Jacqueline hatten. Ich war mit meinem eigenen Stimmigkeitsgefühl nicht mehr in einer Wellenlänge zu den anderen. Und das konfrontierte diejenigen mit ihren eigenen Unstimmigkeitsgefühlen, was natürlich nicht jedem gefällt.

## Wo wirken welche Wünsche?

*Olaf:*

Zusätzlich zu dem, was ich im letzten Abschnitt zusammengefasst habe, habe ich für mich noch einen „Kern" herausgearbeitet:

Wenn ich mich nur noch darauf konzentriere, mir selbst ganz ehrlich bewusst zu werden, wo welche Wünsche wirken, habe ich damit *den gesamten Prozess* abgedeckt.

Schon alleine die Bewusstwerdung von Wünschen führt zu einer Änderung (Regelung) der Wünsche, denn mir wird sofort klar, ob ich diesen Wunsch noch weiter verfolgen möchte oder nicht, ob er momentan noch angemessen ist oder nicht. Sollte mir das nicht sofort klar werden, dann steckt dahinter ein weiterer Wunsch, der mir noch nicht bewusst ist. Also suche ich weiter nach dem dahinterstehenden, tieferen Wunsch.

Manchmal kann mir ein tief wirkender Wunsch nur bewusst werden, wenn ich vorher einen inneren oder äußeren „Rahmen" gefunden habe, in dem dieser Wunsch bewusst werden darf.

Wird mir ein Wunsch nicht bewusst, kann es daran liegen, dass mir der passende Rahmen fehlt. Entweder kann mir mein Umfeld nicht das Verständnis geben, was ich gerade benötige, oder ich habe gerade nicht so viel Zeit oder mir fehlt eine passende Erkenntnis, durch die ich diesen unbewussten Wunsch verstehen und einsortieren könnte.

Manchmal lautet also der aktuell wirkende Wunsch: „Suche zuerst nach dem von dir gewünschten und für dich stimmigen Rahmen, in dem dir dann weitere tiefe Wünsche bewusst werden können."

Mir persönlich hilft es ab und zu, mir meine „universellen Eltern" vorzustellen, wie sie mich unterstützen. Zur Erinnerung unsere Definition: Die „universellen Eltern" können alles das geben, was Eltern ihrem Kind geben, wenn sie *nicht* mit eigenen Problemen zu kämpfen hätten. Liebe, Zugehörigkeit, Verständnis, Zutrauen und die Freiheit, über sich selbst hinauswachsen zu dürfen. „Universelle Eltern" sind „vollkommen erlöste Eltern".

In Familienaufstellungen, in denen die Teilnehmer*innen ihre universellen Eltern als Stellvertreter*innen dazustellen, erleben wir immer wieder, dass die Stellvertreter*innen der „normalen Eltern" Erleichterung fühlen. Sie freuen sich darüber, dass ihr Kind von den universellen Eltern nun endlich das bekommt, was sie ihrem Kind gerne gegeben hätten, es aber aufgrund eigener emotionaler Blockaden nicht geben konnten. Eltern gönnen ihrem Kind meistens die Anwesenheit der universellen Eltern aus ganzem Herzen.

Habe ich viel Zeit, dann schaffe ich es, mit Hilfe der in meinem Gehirn projizierten universellen Eltern ganz tiefe Wünsche in mir wieder bewusst werden zu lassen.

Wenn ich meine Realitätsabbildungen im Gehirn optimieren möchte, geht es nicht nur darum, meine *eigenen* Wünsche wieder bewusst zu machen. Es geht genauso darum herauszufinden, welche unbewussten Wünsche *mein Umfeld* hat, welche Kräfte in meinem Umfeld wirken. Nicht nur an der Oberfläche, sondern auch tiefer. Je mehr ich die aktuell wirkenden Wünsche meines Umfeldes (an)erkennen kann, desto mehr „verstehe" ich die Zusammenhänge und desto weniger kämpfe ich gegen Windmühlen. Desto intensiver befinde ich mich mit meinem Umfeld „in Resonanz".

Beispielsweise meine ich, „verstanden" zu haben, warum manche Menschen von anderen Menschen nicht gerne durchschaut werden. Sie haben es sehr schwer, sich selbst bewusst zu werden, was sie aus eigenen ungelösten Schmerzen heraus anderen Menschen angetan haben. Aus diesem Grund versuchen sie permanent, sich nach außen möglichst anders darzustellen, als sie eigentlich tief in ihrem verletzten inneren Kern sind. Es ist letztendlich ein Schutz vor sich selbst. Nach außen wirkt es wie eine Distanz oder Künstlichkeit oder Unstimmigkeit.

Ich bin vor einiger Zeit wieder einmal besonders liebevoll auf Jacqueline zugegangen, die gerade eine große Distanz in sich fühlte, und wir haben einen schönen Moment miteinander erlebt. Anschließend ist Jacqueline ganz heftig in Tränen ausgebrochen und ich habe sie gefragt, was sie beschäftigt. Sie erzählte mir, dass durch diesen schönen Moment und durch ihre Öffnung ein Schmerz aufgetaucht ist.

*Jacqueline:*

Es gibt zurzeit noch einen Anteil in mir, der die Angewohnheit hat, jedes bisschen Glück in mir wieder zu zerstören oder erst gar nicht zuzulassen. Als ich in der eben von Olaf angesprochenen Situation wieder einmal einen glücklichen Augenblick erlebte, kamen mir plötzlich die Tränen. Dies war nicht ungewöhnlich – ich erlebe dies seit Jahren. All die Jahre wusste ich nie, warum ich immer so weinte. Doch heute kamen innere Bilder:

Als meine Kinder noch klein waren, hatte ich sie geschlagen, wenn sie sich meiner Meinung nach nicht ordentlich verhalten haben.

Wie kann ich jetzt glücklich sein, wie kann ich mein Glück zulassen, wenn ich doch meinen Kindern solch grausame Dinge angetan habe?! Ich habe das Gefühl, dass ich das Glück gar nicht verdient habe!

Diese Bilder sah ich nun vor mir – wie ich auf ihre kleinen, zarten Popos schlug. Sofort schossen mir die Tränen in die Augen: „Wie hatte ich nur so etwas tun können? – Das ist unentschuldbar! – Wann werde ich mir das jemals verzeihen können?“ Immer und immer wieder sah ich mich meine damals noch kleinen Kinder schlagen – immer die gleichen Szenen und bei jedem Bild kamen heftige Schmerzen in mir hoch, die sich in intensiven Tränenausbrüchen ergossen.

Der Schmerz, den ich fühlte, war kaum auszuhalten. Und obwohl ich es kaum ertrug, wiederholte ich permanent die Bilder und weinte und weinte.

Als der Schmerz aber unerträglich wurde, sagte ich schluchzend: „Ich brauche Hilfe. Ich halte das nicht mehr aus. Der Schmerz ist einfach zu heftig.“

Olaf sagte nur einen Satz: „Erinnere dich an die Botschaft aus dem Jenseits: *Du bist immer geliebt!*“[8]. Dieser Satz setzte die Selbstreflexion bei mir in Gang. Ich fühlte mich in die damaligen Situationen ein und nahm wahr, dass ich damals einen unglaublich heftigen Schmerz hatte. Ich war zu der Zeit nicht

---

[8] siehe das Buch von Eben Alexander: „Blick in die Ewigkeit“

in der Lage, mit ihm umzugehen, so dass ich ihn nur durch das Schlagen meiner Kinder etwas erleichtern konnte. Doch diese Gedanken erleichterten mich in der Gegenwart nicht. Dann stellte ich mir vor, dass die gegenwärtige Jacqueline zurück in die Vergangenheit reist und die damalige Jacqueline vom Schlagen der Kinder abhält, indem sie sie in den Arm nimmt. Bei dieser Situation sank die damalige Jacqueline ohnmächtig zu Boden und verfiel in eine Starre, die ich bei Traumatisierungen sehr gut kannte.

Ich war so verzweifelt über meine Taten und fühlte mich hilflos. Das war einfach nie wieder gut zu machen – so war mein Gefühl.

Ich fragte Olaf: „Was kann ich tun, um das jemals wieder gut zu machen?“

Olaf antwortete: „Ich glaube, das einzige, das sich Kinder wünschen, ist, dass die Eltern die emotionale Ursache, die hinter ihrem Schlagen und Bestrafen steckt, in sich selbst erlösen. Dann können die Kinder fühlen, dass die Eltern sich verändert und gelöst haben. Wenn die Eltern frei sind, kann sich auch das Kind wieder frei fühlen.“

Das bedeutete, dass ich den Schmerz, den ich damals als unerträglich empfand, verarbeiten musste. Und da war ich gerade mittendrin ...

Ja, ich kann Olafs Idee gut nachvollziehen. Denn wenn ich selbst einmal für Olaf oder auch für andere in schmerzhaften Situationen zur Verfügung gestanden habe und diese Menschen anschließend etwas lösen oder etwas erkennen konnten, dann hatte ich nie das Gefühl, dass alles umsonst gewesen war. Sondern ich freute mich über die Lösung und hatte im Nachhinein immer das Gefühl, dass ich gerne zur Verfügung gestanden habe, egal wie schwer dies auch auszuhalten war.

Ich habe also über die damalige Situation sehr lange geweint und damit eine „Zwiebelschale“ dieses schmerzvollen Themas lösen können.

Inzwischen ist mir tief in meinem Herzen klar, dass die einzige Wiedergutmachung, die Eltern ihren Kindern anbieten können, tatsächlich die ist: den tiefen Schmerz vollständig zu verarbeiten, der als Ursache dafür gesorgt hat, dass sie ihre Kinder geschlagen haben. Die dahinterstehende Kriegstrance komplett auflösen. Das Mitgefühl, das die Eltern in ihrer eigenen Kindheit verschüttet haben, wieder vollständig befreien. So wie ich es getan habe: Mein Tätersein erkennen, anschauen, sehen, fühlen, den Schmerz ausweinen und dabei wieder intensiv mit meinem Kind mitfühlen.

Denn es nützt einem Kind wenig, wenn die Eltern ihre Taten ausgleichen oder „Es tut mir leid“ sagen, das Kind aber gleichzeitig immer wieder fühlen muss, dass so eine Verletzung jederzeit wieder passieren könnte. Haben die Eltern ihr Problem gelöst bzw. den Schmerz verarbeitet, dann kann sich ein Kind wieder frei fühlen. Es fühlt, dass die Eltern so etwas nie wieder machen würden und jetzt besser mit dem Gegenüber mitfühlen können, empathischer sind – und auch mehr Glück in ihrem eigenen Leben zulassen können.

*Olaf:*

Es tut sehr weh, sich selbst bewusst zu machen, was man anderen Menschen angetan hat, auch wenn es scheinbar „zu Recht“ passiert sein sollte. Deswegen haben viele Menschen den Wunsch, den Kontakt zu dieser Ehrlichkeit in sich selbst zu vermeiden – und wirken dadurch auf ihr Umfeld in gewisser Weise unstimmig.

Wenn ich mich frage: „Welcher Wunsch wirkt gerade in meinem Umfeld?“, dann vermute ich in vielen Fällen genau diesen Vermeidungswunsch. Er könnte hinter dem (für mich unechten) Verhalten anderer Menschen stecken.

Fazit:

**Es geht für mich im Kern immer darum, mir meiner eigenen Wünsche und der Wünsche im Außen bewusst zu werden.**

Je bewusster mir alle Wünsche sind, desto klarer wird mir alles, desto besser verstehe ich und desto leichter fallen mir meine Entscheidungen. Dort, wo es wieder schwerer wird, sind mir bestimmte Wünsche noch nicht bewusst.

Ich habe nun einen Zettel an meiner Pinnwand hängen, der so aussieht:

**Bewusst sein:**
**Wo wirken**
**welche Wünsche?**

## Die große Falle: Schuldzuweisung

*Olaf:*

Dieser gesamte Erforschungs- und Entwicklungsprozess in uns, über den wir die ganze Zeit in diesem Kapitel reden, läuft aber nur, wenn eine bestimmte Bedingung erfüllt ist. Ansonsten tut sich nichts. Diese Bedingung lautet:

Wir *müssen* davon ausgehen, dass wir ständig in den Spiegel schauen. Genau dann beziehen wir eine erfahrene Unstimmigkeit nämlich auf uns selbst, auf unsere Realitätsabbildung und auf unseren dahinterstehenden Wunsch. Dadurch wird unser Such- und Entwicklungsprozess angeregt. Er dient uns dafür, die erfahrene Situation genau zu erforschen. Wir machen uns die wirkenden Wünsche bewusst, lernen erfolgreich aus der Situation und gestalten unsere Wünsche und Realitätsabbildungen stimmiger.

Solange wir aber davon ausgehen, dass die Ursache einer Unstimmigkeit *im Außen* bei einem anderen Menschen liegt, sich diese Ursache im Moment nicht verändern lässt und wir gleichzeitig auf eine Änderung im Außen warten, bleibt unser Prozess inaktiv. ***Nichts in uns sucht nach einem besseren Gleichgewicht. Alles wartet auf die Änderung im Außen.*** Zusätzlich fühlen wir uns vom Außen abhängig und sind unzufrieden, wenn das Außen nicht so reagiert, wie wir es wünschen oder erwarten.

In diesem Warte-Ungleichgewicht verharrt unser Gehirn und führt dort, wo wir warten, keine Aktualisierungen mehr durch. Unser dahinterstehender Wunsch und unsere Realitätsabbildung bleiben in dem Zustand erhalten, in dem sie zu dem Zeitpunkt der Unstimmigkeitserfahrung waren. Denn der Wunsch und die Realitätsabbildung haben die Information: Sie sind richtig so, wie sie sind. Nur das Außen ist verkehrt und muss sich ändern. Also: Warten, bis das Außen sich verändert hat.

Vielleicht denken einige Leser*innen, dass man doch das Außen manchmal überzeugen kann, sich zu verändern.

Der Fall, dass wir aktiv andere Menschen zu einer Änderung anregen, ist darin enthalten, dass wir in uns selbst aktiv nach einer Änderung suchen. Nämlich in unserem eigenen Verhalten. Wir bewegen uns selbst, indem wir mit den anderen Menschen interagieren, Vorschläge machen oder sogar erfolgreich gegen sie kämpfen. Auf diese Weise können wir letztendlich in unserer Realität Änderungen erfahren. Hier ist der Prozess in uns aktiv.

Er stagniert nur, wenn wir das Außen als unveränderbar empfinden, keinen Weg mehr sehen, etwas daran ändern zu können, und gleichzeitig darauf warten, dass sich im Außen etwas von selbst ändert. Wir denken, dass sich etwas im Außen ändern *muss*, sonst würde sich nichts tun.

Das ist meistens gegeben, wenn wir an vergangene Situationen denken und immer noch Angst vor ihnen haben. Diese Situationen sind vorbei, wir haben aber immer noch Angst, dass sie sich genau so wiederholen. Da sie aber vorbei sind und sich auch nicht wiederholen, können wir aktiv an der Situation nichts ändern. Wir müssen warten, dass sie sich wiederholt. Gleichzeitig ändert sich die Situation nicht in unserer Erinnerung.

Auch wenn wir vollkommen der Überzeugung sind, dass sich unser gegenwärtiges Umfeld ändern muss, wir aber gleichzeitig das Gefühl haben, dass sich dieses Umfeld nicht ändern wird, stellt sich in uns alles auf „Standby“. Manchmal fühlt sich das wie eine Ohnmacht an.

**Das Warten auf eine Änderung im momentan unveränderbaren Außen führt zum Stillstand unseres inneren Wachstumsprozesses.**

Deswegen blockieren unsere Schuldzuweisungen an (vergangene) Situationen oder an andere (uneinsichtige) Menschen unsere eigene, innere Weiterentwicklung. Damit blockieren wir auch die komplette Verarbeitung und Integration von schmerzvollen Erfahrungen, die wir durch diese Situationen oder diese Menschen erleben mussten.

Jede Verantwortungsabgabe beendet einen Lernprozess in uns und jede Verantwortungsübernahme lässt uns weiter lernen und nach immer besseren Gleichgewichten in unseren Realitätsabbildungen suchen.

Unsere Empfehlung ist daher immer wieder: Übernehmen Sie bei Problemgefühlen radikal die Verantwortung für Ihren Umgang mit Ihrem Problem und für Ihre Lösung. Sie können *immer* eine besser funktionierende Realitätsabbildung in sich selbst finden.

Im umgekehrten Fall, wenn ein anderer Mensch ein Problem hat, dann stehen Sie ihm gerne als Helfer zur Verfügung. Erkennen Sie aber dabei, dass er für den Umgang mit seinem Problem und für eine Lösung innerhalb seiner Realitätsabbildung letztendlich selbst verantwortlich ist.

Wenn jemand Ihnen eine Verantwortung für sein Problem zuweist (Ihnen eine Schuld gibt), dann wissen Sie: Derjenige, der das Problem wahrnimmt (in seinem eigenen Gehirn abbildet!), ist für den Umgang mit seinem Problem als auch für seine Lösung letzten Endes immer eigenverantwortlich. Sie können ihm nur Ihr Mitgefühl, Verständnis und Lösungsvorschläge „anbieten" – aber Ihr Mitgefühl annehmen, Ihre Vorschläge umsetzen und sie als Lösung empfinden, muss der andere mit seinem Gehirn und Körper ganz selbstständig.

Vor einiger Zeit wurde mir folgender Zusammenhang klar:

Mit jeder schmerzvollen Strafe, die wir von unseren Eltern erhalten haben, war *immer* eine Verantwortungsabgabe, eine Schuldzuweisung verknüpft. *Keiner* von uns hat es jemals erlebt, dass er bestraft wurde und seine Eltern ihn dabei angeschrien haben: „Ich bestrafe dich jetzt zwar, aber du hast in Wirklichkeit gerade nichts damit zu tun! Ich muss gerade nur mal meinen Bestrafungsdrang ausleben! Tut mir leid, dass du mir dafür zur Verfügung stehen musst!!"

So etwas gab´s nicht. Logisch.

Eine Strafe bedeutete *immer*: „DU bist gerade daran schuld, dass ich dich bestrafe! Denn DU hast etwas falsch gemacht!"

Dementsprechend ist in unserem Gehirn der Schmerz einer Strafsituation *immer* mit Schuldzuweisung vernetzt. Denken wir an diesen Schmerz, dann denken wir gleichzeitig an Schuld. Dazu kommt eine ganz wichtige weitere Verknüpfung. Wir haben von unseren Eltern diese Schuldzuweisung gelernt und denken: „Meine Eltern haben mich bestraft *und sind schuld* an meinem Straf-Schmerz. *Sie* haben ihn mir zugefügt."

Das ist *ebenso* eine Schuldzuweisung – in die umgekehrte Richtung. Genau aus diesem Grund sind solche Situationen so schwer zu verarbeiten. Sie sind in uns mit einer Schuldzuweisung verknüpft. Das wiederum bedeutet, dass hier unser innerer Wachstumsprozess **still steht!** Unsere Projektion der Welt kann sich nicht weiterentwickeln. Ab dem Zeitpunkt der Bestrafung projizieren wir überall in unser Umfeld die Möglichkeit hinein, wieder bestraft zu werden, wenn wir wieder etwas falsch machen. Wir fühlen uns nicht mehr frei. Unsere Begeisterung für das Leben nimmt immer mehr ab. Wir werden immer weniger kreativ.

Auf der einen Seite ist die schmerzvolle Schuldzuweisung eine sehr wirkungsvolle Erziehungsmethode. Genau deshalb wird sie noch heute verbreitet angewendet. Denn meistens reduziert das Kind tatsächlich sein „schlechtes"

Verhalten oder entwickelt zumindest ein entsprechend schlechtes Gewissen. Auf der anderen Seite wird dadurch aber das Entwicklungspotenzial des Kindes blockiert.

Das Kind blockiert seinen Zugang zu seinem Stimmigkeitsgefühl und damit seine Fähigkeit, die innere Realitätsabbildung zu verfeinern. Stattdessen lernt es, auf das Stimmigkeitsgefühl anderer Menschen zu hören und ihnen Vorrang zu geben. Das Kind hört auf andere, anstatt selbst zu denken, zu fühlen und dem eigenen Stimmigkeitsgefühl zu vertrauen (Psychologisch: Abhängige Persönlichkeitsstörung).

Auf uns Erwachsene übertragen: Haben wir Sichtweisen und Überzeugungen, die Verantwortungsabgabe und Schuldzuweisungen enthalten, dann blockieren wir dabei unseren Reifungsprozess.

Sagen Sie sich: „Das ist mein kraftvolles Gehirn!" Übernehmen Sie radikal die Verantwortung für Ihre aktuelle Realitätsabbildung und suchen Sie nach einer besser funktionierenden (siehe Kapitel V).

Es ist kein Wunder, dass viele Lebenshilfemethoden sich darauf konzentrieren, zuallererst die vorhandenen Schuldzuweisungen in einem Menschen abzubauen. Lebenshilferatgeber sind überschwemmt mit Tipps, sein Umfeld anzuerkennen, wie es ist, es zu achten, es nicht mehr abzuwerten, dem Umfeld zu vergeben, Vergebungsrituale durchzuführen, dem Umfeld keine Verantwortung mehr zu übertragen, sondern die Änderungspotenziale wieder vollkommen in sich selbst zu entdecken, sein Leben selbst in die Hand zu nehmen, eigenverantwortlich und autonom zu handeln etc.

All diese Empfehlungen wollen nur eines: die Schuldzuweisungen in einem Menschen abbauen, damit der Schmerz, der damals mit der Strafe zusammen erlebt wurde, frei zum Vorschein kommen und verarbeitet werden kann. Solange man anderen Menschen die Schuld für diesen Schmerz zuweist, kann man diesen Schmerz nicht verarbeiten. Das gilt auch für Situationen, in denen man sich selbst eine Schuld zuweist und sich schuldig fühlt – so ähnlich, wie Jacqueline ihren Kindern gegenüber. Erst wenn man den Schmerz in seiner reinen Form ohne jegliche Schuldzuweisung zulassen kann, kann er wieder fließen („Es hat so wehgetan, als ich damals bestraft wurde..." oder „Es tut so weh, was ich damals getan habe ..."). Dadurch können sich die dahinterstehenden Wünsche und Realitätsabbildungen in bessere Gleichgewichte bewegen.

Durch den emotionalen Verarbeitungsprozess lösen sich die dunklen Wolken über dem eigenen Stimmigkeitsgefühl allmählich auf und das Gehirn kann sich wieder stimmigere Realitätsabbildungen erschaffen. Das ist der Grund, warum bei Versöhnungen häufig Tränen fließen.

Ich habe in diesem Zusammenhang überlegt, wozu Schuldzuweisungen überhaupt gut sind. Meine Antwort: Sie sind ein ganz wichtiger Schutz! Wenn wir jemand anderem eine Schuld an unserem Schmerz geben, müssen wir den Schmerz nicht so stark selbst fühlen. Vor allem müssen wir nicht in einen intensiven (schmerzvollen) Verarbeitungsprozess einsteigen.

*Jacqueline:*

Mein Sohn war im Alter zwischen 9 und 11 Jahren oft sehr widerspenstig, trotzig und wütend. Ich habe mich in diesen Situationen sehr hilflos und klein gefühlt und habe ihn dafür verantwortlich gemacht, dass ich mich so schlecht fühle (= Schuldzuweisung). Ich wusste, dass Schläge nicht die Lösung herbeiführen würden, die ich mir wünschte. Aber die Situation unverändert zu lassen, wollte ich auch nicht. Also begann ich, sein Verhalten als Spiegel für mich selbst umzudeuten.

Als er wieder einmal wütend in sein Zimmer rannte, schob ich meine Schuldzuweisungen beiseite, setzte mich im Flur vor seine verschlossene Tür und hörte ihm zu, wie er in seinem Zimmer herumwütete und mir böse war. Was mir mein Sohn dadurch spiegelte, wurde mir sehr schnell bewusst: Ich selbst habe so herumgewütet, wenn meine Eltern mit mir geschimpft und mich bestraft haben. Und es tat mir unglaublich weh, ihn nun so erleben zu müssen. Als meine Erinnerung auftauchte, wie mich früher mein Vater wütend geschlagen hatte, zog ich mich in mein Schlafzimmer zurück und weinte über eine halbe Stunde lang meinen Schmerz darüber aus.

Der Kontakt zu diesem alten Schmerz war nur möglich geworden, weil ich die Schuldzuweisungen gegenüber meinem Sohn beiseite geschoben und meinem Schmerz dadurch Raum gegeben hatte.

Später erhielt ich noch eine weitere Erkenntnis und durchlebte einen weiteren heftigen emotionalen Lösungsprozess zu diesem Thema. Seitdem ist mein Sohn wutfrei und muss mir dieses Thema nicht mehr spiegeln.

*Olaf:*

Je weniger Schuldzuweisungen vorhanden sind, desto stärker fühlen wir den Schmerz in uns selbst und desto mehr drängelt uns unser Gefühl in einen Verarbeitungsprozess. Ich vermute, dass deshalb Vergebungsrituale und Happy Ends so oft von Tränen begleitet sind.

Lassen Sie sich die Zeit, die Sie brauchen. Lösen Sie Ihre Schuldzuweisungen Schritt für Schritt auf, Zwiebelschale für Zwiebelschale, vergeben Sie anderen Menschen ihr Verhalten, oder besser noch: erkennen (projizieren) Sie das, was passiert ist, als schlimme „Naturkatastrophe“ und kümmern sich nun allein um Ihre Wunde, damit sie optimal heilen kann – und das alles natürlich nur, wenn Sie es auch wollen.

Unser abschließendes Angebot lautet:

**Suchen Sie nach neuen stimmigen Projektionen (Sichtweisen, Überzeugungen), in denen immer weniger Schuldzuweisungen vorkommen. Das lässt Sie in allen Bereichen innerlich oder äußerlich mehr fließen.**

**Nehmen Sie dabei Ihr subjektives *Stimmigkeitsgefühl* als alleinigen Maßstab.**

Welche Realitätsprojektionen am Ende dabei herauskommen können, haben Sie bereits in der zweiten Spiegel-Ebene erfahren, als wir Ihnen drei Umgangsmöglichkeiten ohne Schuldzuweisungen vorgeschlagen hatten (Seite 42):

1. Wir kümmern uns so um unsere Wunde, dass sie optimal heilen darf. Wir lernen so aus der erlebten **Naturkatastrophe**, dass wir uns in Zukunft besser vor einer Verletzung schützen oder wir unser Leben angenehmer gestalten können.
2. Können wir eine unangenehme Situation oder **Naturkatastrophe** nicht verhindern, dann schützen wir uns davor, so gut es geht, und halten es so lange aus, wie die Situation andauert. Anschließend genießen wir wieder die Sonne.
3. Wenn wir einen Verlust erleben, dann lassen wir unsere dazugehörigen Abschiedsgefühle fließen. Wir verabschieden uns intensiv und lange oder in sich wiederholenden Phasen, bis wir ohne Schmerzgefühle an den Verlust denken können und wissen: Dieser Verlust gehört jetzt zu meinem Leben dazu.

Die früheren Bestrafungen von den Eltern gehören zu Punkt 1: Wir kümmern uns so um unsere seelischen Verletzungen, dass sie optimal heilen können. Und wir lernen daraus.

Beispielsweise können wir lernen, welche tiefen Wünsche bei unseren Eltern gewirkt hatten und möglicherweise noch heute wirken. Und welches unsere eigenen Wünsche waren.

## Wie wir Schuldzuweisungen auflösen

Als **Spiel** bieten wir Ihnen folgendes an:

Machen Sie sich im Alltag bewusst, wo Sie eindeutig die Schuld an einer Situation bei Ihrem Umfeld sehen.

Beispiele: Ihre Kinder haben vergessen, nach dem Mittag ihr gebrauchtes Geschirr wegzuräumen. Ihr Partner hat seinen Schlüssel vergessen, kommt zurück und klingelt an der Tür, während Sie gerade Ihr wichtiges Telefonat unterbrechen und ihm die Tür öffnen müssen. Ihr Partner kommt wesentlich später nach Hause als vereinbart – ohne Sie zu benachrichtigen, während Sie sich Sorgen gemacht haben und ihn per Handy nicht erreichen konnten. Ihr Nachbar hat Ihr Auto zugeparkt, so dass Sie kaum aus der Parklücke kommen. Die Müllabfuhr hat nicht darauf geachtet, ob die Tonne auch wirklich leer ist. Sie steht noch halbvoll vor dem Haus. Der Paketbote hat nicht einmal bei Ihnen an der Tür geklingelt, ob Sie überhaupt da sind, sondern hat einfach nur eine Paketkarte in Ihren Briefkasten geworfen – und nun müssen Sie das Paket bei der Station selbst abholen, obwohl Sie den ganzen Tag zu Hause waren. Sie wollen eine Firma anrufen und eine Beschwerde äußern, dabei werden Sie in einer Telefon-Warteschleife über mehrere Minuten festgehalten und müssen dafür auch noch Gebühren bezahlen. Nach fünf Minuten sagt eine automatische Stimme, dass leider alle Plätze belegt sind und Sie bitte später noch einmal anrufen sollen. Danach wird die Verbindung gekappt.

Finden Sie eigene Beispiele, worüber Sie sich persönlich ärgern?

Es gibt vieles, wo etwas schiefläuft und Sie sind in keiner Weise dafür verantwortlich, sondern es liegt ganz offensichtlich am Fehlverhalten anderer Menschen.

Wenn Sie sich über nichts ärgern, gratulieren wir Ihnen. Dann haben Sie es geschafft, alles als **Naturkatastrophe** zu sehen, es nicht persönlich zu nehmen, gelassen damit umzugehen, eventuell über Verlorenes zu trauern und optimal daraus zu lernen, um für das nächste Mal besser vorbereitet zu sein. Ihr innerer Entwicklungsprozess ist in vollem Gange – Sie sind im Fluss.

Wenn Sie aber in irgendeiner Situation Ärger fühlen und sich dadurch selbst blockieren, empfehlen wir Ihnen folgendes:

1. Sagen Sie sich: „Das ist mein kraftvolles Gehirn."
2. Fragen Sie sich: „Ich gebe meinem Umfeld eine Schuld an dem, was ich gerade erleben muss. Was bleibt in mir übrig, wenn ich diese Schuld streiche? Was fühle ich, wenn ich meinen Wunsch – der andere soll etwas einsehen, etwas tun oder sich ändern – komplett herunterregle? Wie fühle ich mich ohne meine Schuldzuweisung?" Falls als Antwort traurige Gefühle auftauchen, dann können Sie diese nun ausleben, wenn Sie möchten. Dies wäre eine Verarbeitung von ungelösten Gefühlen.
3. Falls Sie nicht einfach so diese Schuldzuweisung streichen können, sagen Sie sich: „Es ist wie eine Naturkatastrophe. Es hat nichts mit mir persönlich zu tun. Außerdem habe ich es nicht vorausfühlen können, dass das passiert, und habe es daher auch nicht verhindern können."
4. Fragen Sie sich: „Welcher Wunsch steckt hinter meinem Ärger? An welchem Wunsch halte ich gerade fest? Kann ich ihn herunterregeln?"
5. Wenn Sie diesen Wunsch nicht herunterregeln können, dann fragen Sie sich: „Was würde denn passieren, wenn ich meinen Widerstand übergehe und diesen Wunsch trotzdem herunterregle?" Dadurch könnte der Wunsch *dahinter* bewusst werden, der für den Widerstand verantwortlich ist. Können oder wollen Sie *diesen* Wunsch herunterregeln? Oder was entscheiden Sie, nachdem er Ihnen bewusst geworden ist?
6. Suchen Sie so lange nach den dahinterstehenden Wünschen, bis Sie den Wunsch gefunden haben, der Ihnen die Zusammenhänge Ihres Ärgers komplett bewusst macht. Vielleicht können Sie ihn nun herunterregeln oder einen anderen Weg wählen, der Ihre Schuldzuweisung und Ihren Ärger komplett aufzulösen vermag.
7. Wenn dies alles nicht funktioniert und der Ärger nicht geringer geworden ist, dann steht vielleicht etwas anderes an. Dann ist vielleicht der dahinterstehende Wunsch nur zu regeln, wenn der Ärger angenommen wird: Leben

Sie Ihren Ärger aus. Drücken Sie sich den Menschen gegenüber aus, über die Sie sich ärgern, oder erzählen Sie jemand anderem Ihren Ärger oder schreiben es auf – und beobachten sich. Was wird Ihnen über sich selbst bewusst, wenn Sie Ihrem Ärger Luft machen?

Diese letzte Variante empfehlen wir nur, wenn Sie sich gleichzeitig bewusst selbst beobachten und Erkenntnisse über sich selbst gewinnen können. Sollten Sie einfach nur Ihren Ärger ausleben, um Ihre Gefühle rauszulassen, weil Sie sich dazu berechtigt fühlen und den anderen bestrafen wollen, dann hat das nicht unbedingt positive Folgen. Der amerikanische Herzspezialist Williams Redford soll herausgefunden haben und schreibt in seinem Buch *Anger Kills* darüber, dass sich durch das einfache Rauslassen von Wut die Lebenserwartung eines Menschen verringert. Wer seiner Wut einfach nur Luft macht, erleichtert sich vielleicht kurzzeitig, erledigt sie aber nicht wirklich. Durch den starken Gefühlsausbruch steigert sich die Wut sogar noch. Man schadet sich selbst und anderen, ohne wirklich etwas an der Wut zu verändern. Besser scheint es zu sein, den Ärger im Ausdruck zu bremsen, das Gefühl des Ärgers aber genau zu beobachten und zu untersuchen – und letztendlich konstruktiv damit umzugehen, indem man sich den Wunsch dahinter bewusst macht und rauf- oder runterregelt. Das empfehlen wir.

Buddha soll gesagt haben:

*An seinem Ärger festzuhalten ist genauso wie eine glühende Kohle in die Hand zu nehmen, um sie nach jemandem zu werfen. Du bist derjenige, der sich verbrennt.*

Machen Sie sich bewusst, welcher tiefe unbewusste Wunsch oder Schmerz für Ihren Ärger verantwortlich ist und lösen Sie diesen.

*Jacqueline:*

Meine Tochter konnte aufgrund einer plötzlichen Erkrankung nicht an der Studienfahrt nach Berlin teilnehmen. Damals waren wir bei einer Ärztin, die uns mitteilte, dass sie gleich alles detailliert in ihr Patientensystem einträgt. Sie vermutete, dass von der Reiserücktrittsversicherung sicherlich noch ein Formular kommt, das dann exakt ausgefüllt werden muss.

Vor einer Woche habe ich nun bei meiner Hausärztin dieses Formular abgegeben, damit die Ärztin die notierten Daten einträgt und es unterschreibt. Man teilte mir mit, dass ich in vier Tagen einmal nachfragen könne, ob es ausgefüllt und unterschrieben für mich abholbereit vorliegt. Da war ich schon etwas erstaunt und sagte der Sprechstundenhilfe, dass das Formular ganz schnell ausgefüllt ist und ich dachte, dass ich es gleich wieder mitnehmen könne – wie bei einem Rezept. Als ich aber heute nach sieben Tagen wieder anrief, war noch nichts gemacht und man sagte mir, dass meine Tochter vielleicht nochmals vorstellig werden müsse – ich solle doch nachmittags wieder anrufen. Völlig überrascht legte ich erst einmal auf.

Doch nach wenigen Minuten stieg unglaublicher Ärger in mir hoch: Wie kann es sein, dass man für eine Unterschrift und dem Eintrag von drei Daten über eine Woche benötigt und ich jetzt auch noch auf den Nachmittag vertröstet werde?! – *(Kommentar:) Mein großer Ärger zeigte, dass ich der Ärztin und Sprechstundenhilfe innerlich Schuldzuweisungen machte und ich mich in einer Problemtrance befand.* – Ich rief nochmals dort an und betonte, dass ich dieses Formular heute noch ausgefüllt abholen werde und dass meine Tochter auf keinen Fall dafür mehr vorstellig werden wird, weil ich das für unnötig halte, da alles in ihrem System gespeichert ist. Außerdem fragte ich die Sprechstundenhilfe, wie es denn sein kann, dass man für so eine kleine Dienstleistung über eine Woche benötigt. Daraufhin erklärte man mir, dass die Ärztin private Probleme habe (der Schwiegervater lag im Sterben) und dass sie deshalb wenig Zeit hätte. Man bat mich, dafür Verständnis zu haben.

Das machte mich so richtig wütend und ich wurde laut. *ICH* solle Verständnis für private Dinge der Ärztin haben? Wieso hat denn hier keiner Verständnis für meinen Wunsch, das Formular unterschrieben zu bekommen? Wer hat denn Verständnis für meine *privaten* Probleme? Außerdem bin ich hier die Kundin und *ICH* soll Rücksicht auf die Dienstleisterin (Ärztin) nehmen? Das ist doch verdrehte Welt! – *Meine Problemtrance wurde durch die Reaktion der Sprechstundenhilfe noch verstärkt und Gefühle kamen in mir hoch, die nichts mit der Sprechstundenhilfe bzw. mit der Gegenwart zu tun hatten. Doch wenn man sich in einer Problemtrance befindet, dann merkt man das oft nicht. Und so löste das Verhalten der Sprechstundenhilfe immer mehr Gefühle in mir aus. Sie war hier ganz klar Auslöser und nicht Ursache für meine Gefühle.*

Die Sprechstundenhilfe forderte mich wie ein kleines Kind auf, mit ihr in einem normalen Ton zu reden. Auch diese Art des Umganges mit mir empfand ich als äußerst unpassend und zeigte mir, dass hier absolut kein Verständnis für meine Lage vorhanden ist.

Ich sagte, dass es mir sch… egal ist, ob die Ärztin Probleme hat oder nicht. Wenn ich arbeite und private Probleme habe, verlange ich von meinen Patient*innen auch nicht, dass sie auf mich Rücksicht nehmen, sondern bin ganz für sie da – private Probleme hin oder her. Ich war stinksauer.

Hier wurden die Fehler auf mich abgewälzt, die ich nicht zu verantworten hatte. *Ich* sollte Geduld haben. *Ich* durfte nicht ärgerlich sein, dass die Sprechstundenhilfe es eine Woche lang versäumt hatte, die Ärztin daran zu erinnern, das Formular auszufüllen. *Ich* sollte Verständnis haben für die privaten Probleme der Ärztin, die mich gar nichts angehen.

Doch *ich* war die Kundin und die Ärztin ist die Dienstleisterin – das wird so oft vergessen. *Ich* werde wie ein Kind behandelt, indem man mir sagt, dass ich normal reden soll, statt sich zu fragen, wieso ich mich so aufrege.

Ich forderte die Sprechstundenhilfe auf, mich anzurufen, wenn sie abklären konnte, wann das Formular endlich für mich abholbereit vorliegt. Als ich aufgelegt hatte, brach ich zitternd in Tränen aus und reflektierte alle meine Gefühle während des Gesprächs:

Ich fühlte die **Abhängigkeit** von der Ärztin, die mir das Formular unterschreiben musste, sonst zahlt die Versicherung nicht. Und diese Abhängigkeit tat mir sehr weh. Ich war abhängig davon, dass andere etwas für mich tun. Ich fühlte mich ohnmächtig, klein und schwach. Ich hatte keine Ahnung, wie ich die Ärztin dazu bringen könnte, ihren Job zu tun! Mir waren die Hände gebunden. Ich hatte nicht die Macht, die Ärztin zu zwingen – machtlos – **ohnmächtig**. Woher kannte ich das? Was war daran mein Spiegel?

Ganz klar: von meinen Eltern! Kinder sind abhängig von ihren Eltern. Sie wollen beschützt und versorgt werden und alle Bedürfnisse befriedigt bekommen, die sie wachsen und reifen lassen. In dem Augenblick nach dem Telefonat hatte ich auf einmal das Gefühl, dass diese Abhängigkeit bei mir als Kind ganz oft verletzt worden war. Ich sah meine ganze Kindheit plötzlich als völlig furchtbar an. – *Natürlich war das nicht so gewesen. Es gab nur einige Situationen, in denen ich nicht beschützt und in meinen Fehlern und Lernprozessen nicht begleitet wurde. Durch Bestrafung, Ohrfeigen und Schläge ist die Abhängigkeit hin und wieder durch meine Eltern verletzt worden. Dazu kam, dass meine Eltern mich aufgrund ihrer damaligen verzwickten Lage in der ehemaligen DDR in eine Kinderkrippe (Kindertagesstätte) geben mussten, in der ich leider sehr vernachlässigt wurde. Dort erlebte ich so gut wie gar keine Liebe und verständnisvolle Nähe, sondern hauptsächlich*

*Strenge und Reglementierung. Aber es gab auch viele schöne Momente in meiner Kindheit und meine Eltern legten all ihre Kraft darein, dass es mir unter den gegebenen Umständen so gut wie möglich gehen konnte. Doch nun befand ich mich in der ausgelösten Problemtrance und hatte keinen Zugang mehr zu dem Schönen. Ausgelöst durch das Verhalten der Sprechstundenhilfe kamen nun die Gefühle aller schmerzvollen Situationen in meiner Kindheit auf einmal in mir hoch und erzeugten in mir dieses Schreckensszenario. Meiner Erfahrung nach ist es manchmal auch nicht sinnvoll in diesen Momenten, an die schönen Dinge zu denken. Denn es könnte das vollständige Fließen und somit das vollständige Erlösen der schmerzvollen Gefühle verhindern.*

Bei diesen komprimierten Erinnerungen kamen heftige Schmerzen in mir hoch und ich weinte bitterlich und zitterte am ganzen Körper. Als dieser erste Schmerz abebbte, wurde mir die **Rangfolgenverwechslung** bewusst. Als Kundin, Klientin, Patientin stehe ich in der Rangfolge ganz oben. Jede Dienstleisterin dient mir und sollte meinen Wünschen dienlich sein – sonst ist sie keine Dienstleisterin. Es gab einmal eine Sendung im Fernsehen, in der ein Sternekoch andere Restaurants und Hotels beriet, wie sie ihren Betrieb wieder zum Erfolg bringen können. Er stellte dem Personal die Frage: „Wer ist die wichtigste Person im Unternehmen?" und alle antworteten: „Die Chefin!" Und genau darin lag das Problem des Unternehmens! Der Sternekoch verneinte die Antwort und sagte: „Nein, es ist die/der Kund*in!"

Und genau das hatte ich jetzt in dem Telefonat auch erlebt: Die wichtigste Person war die Ärztin – nicht ich. Denn es ging der Sprechstundenhilfe nicht darum, Verständnis für mich zu haben und z. B. zu sagen: „Oh ja, Frau Jacobsen, ich kann verstehen, dass sie das Formular brauchen. Wir hatten etwas Probleme hier in der Praxis, tut uns leid. Ich werde versuchen, es heute noch für Sie zu erledigen." Sondern *ich* sollte Verständnis für die privaten Probleme der Ärztin haben, und somit wurde ich mindestens an die zweite Position verfrachtet. Was war hier mein Spiegel?

Ja, auch das kam mir sehr bekannt vor. Denn als Kind musste ich oft für die verzwickte Lage und Probleme meiner Eltern Verständnis haben. Dadurch waren zeitweise die Rangfolgen vertauscht und ich konnte mich nicht frei wie ein „sorgloses und rundum behütetes" kleines Kind fühlen.

Auch über diesen Schmerz weinte ich sehr lange.

Es gab noch eine weitere Resonanz zwischen der Sprechstundenhilfe und mir: Das **‚Nicht-nachgeben-können'**. Sie konnte nicht zugeben, dass die Praxis einen Fehler gemacht hatte, weil das Formular immer noch nicht ausgefüllt war. Sondern Sie hatte die Erwartung, dass ich Geduld haben solle. Wo war hier mein Spiegel?

Lange Jahre habe ich von meinem Vater niemals einen Satz wie: „Es tut mir leid, ich habe einen Fehler gemacht" gehört. Das hat als Kind immer sehr wehgetan. Und auch über diesen Schmerz konnte ich nun nochmals richtig weinen. Wobei ich fairerweise anmerken möchte, dass das „Es-tut-mir-leid" dieses Jahr tatsächlich von meinem Vater gekommen ist – in Form einer Antwort auf einen Brief von mir. Wir verstehen uns heute gut miteinander.

Mir selbst fällt es auch sehr schwer, „Es tut mir leid" zu sagen, wenn ich im Schmerz bin. Hinterher kann ich es – aber *in* der Situation (noch) nicht – so wie die Sprechstundenhilfe eben auch nicht.

Interessant an der Situation war, dass ich *wusste*, dass ich ärgerlich bin – dass ich *wusste*, dass es eigentlich nicht gut ist, jetzt dort anzurufen – ich *wusste*, dass es sich nicht gut für die Sprechstundenhilfe anfühlen wird, wenn ich in dieser Stimmung mit ihr rede. Aber ich wollte unbedingt anrufen – nicht, um die Sprechstundenhilfe nieder zu machen, sondern ein Gefühl drängte mich dahin und das hatte nur mit mir zu tun. Ich war mir bewusst, dass etwas in *mir* nicht stimmte.

Die heftige, emotionale Reaktion von mir auf das Verhalten der Sprechstundenhilfe hat bei mir gleich mehrere alte, nicht verarbeitete Schmerzen hochgeholt. Die Heftigkeit zeigte sich in dem großen Ärger, den ich in mir fühlte.

Während ich diesen Text hier schreibe, kommt der Anruf, dass ich das Formular abholen kann. Nun steigt noch ein weiterer Schmerz in mir hoch. Mag sein, dass ich hier nur projiziere – ich weiß es nicht. Auf jeden Fall habe ich jetzt das Gefühl: „Warum bekommen manche Menschen ihren Hintern erst hoch und machen ihren Job, wenn man ihnen eins auf's Dach gibt oder mit unangenehmen Folgen droht?"

Mag sein, dass die Sprechstundenhilfe auch aktiv geworden wäre, wenn ich einfach klar und entschieden, aber freundlich gesagt hätte, dass ich das Formular unbedingt heute brauche. Aber ich bleibe einmal bei dem Bild, dass sie den heftigen Ärger von mir brauchte, um ‚in die Puschen' zu kommen. Denn dieses Bild hilft mir gerade, noch einen Schmerz in mir hochzuholen. Denn auch hier gibt es wieder einen Spiegel für mich:

Ich erinnere mich an manche Situationen in meiner Kindheit, in denen meine Grenzen und Bedürfnisse nicht gehört wurden, wenn ich sie „normal" kommuniziert habe. Meine Eltern reagierten nicht sofort. Womöglich weil sie sich auf andere Aufgaben konzentriert hatten oder meine Grenzen so nicht akzeptieren wollten. Erst wenn ich geschrien oder sie provoziert habe, erfolgte eine Reaktion.

Ähnlich ist es derzeit mit unserem Vermieter. Er reagiert und repariert Schäden am Haus erst, wenn wir mit Mietminderung und Klage drohen.

Fazit: Es tut mir so weh, wenn Menschen erst auf Schmerz reagieren, statt auf die normale, freundliche (wenn auch klare) Kommunikation. Das ist für mich immer wieder sehr schade, denn eigentlich möchte ich mit jedem Menschen ein liebevolles und offenes Verhältnis haben. Aber da viele Menschen noch in ihren nicht verarbeiteten Traumata stecken - so wie ich auch - , ist das natürlich nicht jedes Mal möglich. Dann rutscht man in diese Spiegelrollen, die sich nicht gut anfühlen, weder auf meiner Seite noch auf der Seite der Sprechstundenhilfe.

Im Nachhinein kann ich nur sagen: Es war gut, dass ich da angerufen habe. Es war gut, dass die Sprechstundenhilfe so auf mich reagiert hat. Denn das hat gleich mehrere tiefe Schmerzschichten von mir an die Oberfläche gebracht, die ich nun verarbeiten konnte. „Vielen Dank, liebe Sprechstundenhilfe, dass Sie mir für diesen Lösungsprozess zur Verfügung gestanden haben! Ich konnte Ihr Verhalten erfolgreich als Spiegel für meine eigenen, nicht verarbeiteten Schmerzen nutzen und die Schmerzen lösen."

Die Essenz:

1. Zuallererst habe ich mein Gefühl ernst genommen und dabei alle Aspekte für mich im Verstand abgewogen.

   Es gab den Gedanken: „Eigentlich ist es nicht gut, wenn du jetzt so wütend nochmals in der Praxis anrufst."

   Es gab die Wut.

   Es gab den Drang, dort nochmals anzurufen.

   Der Drang war sehr stark und dominierte alles andere.

2. Ich rief bei der Sprechstundenhilfe nochmals an, um gleichzeitig zu beobachten und zu reflektieren, was mich so sehr aus der Fassung bringt – was mich so wütend macht. Dieses Ziel bescherte mir eine besondere Aufmerksamkeit und die Möglichkeit, das Telefonat im Nachhinein für mich lösend zu nutzen.
3. Nach dem Telefonat ließ ich zunächst einmal meinen Gefühlen freien Lauf: Ich zitterte und weinte.
4. Als ich wieder einigermaßen klar denken konnte, ging ich das Telefonat nochmals in Gedanken durch. Dabei suchte ich nach den Situationen, die die heftigsten Gefühlsreaktionen in mir hervorgebracht haben. Diese Situationen nutzte ich als Spiegel und versuchte sie, ‚auf den Punkt' zu bringen. Man kann dieses tun, indem man das Erlebte aufschreibt und dabei nach Worten und Formulierungen sucht, die mit dem eigenen Stimmigkeitsgefühl absolut übereinstimmen. Oder man erzählt das Erlebte einem lieben, aufmerksam zuhörenden Menschen, der einem Zeit zum Nachdenken und Formulieren lässt.

   **Dabei ist es völlig egal, ob es ‚wirklich' so war!! Es ist egal, ob das Formulierte der Realität entspricht.**

   Am allerwichtigsten ist es, möglichst genau an den Problemzustand anzudocken, den das Gehirn hergestellt hat. Dies geschieht durch Formulierungen und Schilderungen des Erlebten gemäß dem eigenen Stimmigkeitsgefühl. Ich habe mir also eine innere Realität erschaffen, die möglichst genau an meine alte Problemprojektion angedockt hat. Dabei kommen häufig die verdrängten Gefühle in Fluss, was bereits ein Teil der Lösung darstellt.
5. Anhand der formulierten inneren Realität der Gegenwart ging ich dann auf die Suche nach Situationen aus meiner Vergangenheit. „Wo und wann habe ich mich schon einmal so gefühlt? Woher kenne ich das?" … und bin in meiner Kindheit bei meinen Eltern gelandet.
6. Entweder bringt allein die Erinnerung an die vergangenen Situationen den Schmerz bzw. die Gefühle ins Fließen oder man stellt sich das gewünschte Happy End in der vergangenen Situation vor. Es bleibt dann nur noch, den Schmerz auszuweinen, bis man sowohl an die Vergangenheit als auch an die gegenwärtige Situation denken kann, ohne dass noch Schmerz zu fühlen ist.

Ich mache das dann so, dass ich mir entweder die Situationen immer wieder vorstelle oder sie nochmals erzähle, wenn mir jemand geduldig zuhört.

7. Ich habe nach jedem Lösungsprozess in meinem Gefühl ‚nachgeschaut', ob noch Wut oder eine Schuldzuweisung gegenüber der Sprechstundenhilfe da ist oder nicht. Wenn ja, dann habe ich das Ganze nochmals ab Punkt 4 wiederholt – bis mein Gefühl mir ‚sagte': „So, jetzt fühle ich mich ausgeglichen, sowohl meiner Vergangenheit gegenüber als auch mit der gegenwärtigen Situation". Ich wiederholte den Prozess so lange, bis ich mich dankbar für die erlebte Situation fühlen konnte.

*Olaf:*

Wir sehen, dass das Ausleben von Ärger auch einen konstruktiven Verlauf nehmen kann. Achten Sie immer auf Ihr Stimmigkeitsgefühl. Was ist nach Ihrem Gefühl jetzt angemessen:

– Ihre Schuldzuweisung komplett zu streichen und die Verantwortung für den nachträglichen Umgang mit der Situation bei sich selbst zu sehen, um optimal aus ihr zu lernen und daran weiterzureifen?
– Ihre Schuldzuweisung komplett zu streichen, damit allein der verarbeitbare Schmerz übrigbleibt?
– Ihre Wünsche, die hinter Ihrer Schuldzuweisung stecken, genauer zu erforschen?
– Ihre Schuldzuweisung auszuleben, um dadurch die entstehende Situation als Spiegel zu nutzen und genauer zu erforschen?

Prüfen Sie, was sich von Situation zu Situation für Sie stimmig anfühlt.

Wenn dieses eben ausführlich beschriebene Spiel für Sie zu komplex ist und Sie lieber etwas kurzes Knackiges tun wollen, dann führen Sie folgendes Spiel durch:

**Wessen Wünsche sind schuld?**

Sagen Sie sich ab sofort in der ersten Stunde ganz oft folgende Sätze vor. In der zweiten Stunde nur noch alle zehn Minuten (vielleicht können Sie sich einen Wecker oder ein Handy-Signal einstellen), dann nur noch jede Stunde und am nächsten Tag alle zwei Stunden:

„Wenn ich ein Problem habe, sind *meine* Wünsche schuld.

Wenn ein anderer Mensch ein Problem hat, sind *seine* Wünsche schuld.

Habe ich ein Problem damit, dass ein anderer Mensch ein Problem hat, sind *meine* Wünsche schuld."

Viel Erfolg!

Wollen wir jetzt noch tiefer in uns forschen, dann öffnet sich für uns eine fantastische Welt. Wenn das gesamte Universum auf seiner tiefsten Ebene nur aus Wünschen nach Gleichgewicht besteht, wenn also „das Wünschende" das Basis-Prinzip des Universums ist, dann bedeutet das automatisch, dass wir durch Wünsche alle miteinander verbunden sind. Wünsche sind unsere gemeinsame Basis. Deshalb ist im Universum eine „spukhafte Fernwirkung" möglich. „Resonanz" und „Synchronisation" sind nichts anderes als die Folge von sich erfüllenden Wünschen nach Gleichgewicht.

Hier beginnt unsere geniale vierte Spiegel-Ebene.

## Die Essenz des dritten Kapitels

*Jacqueline:*

**Das Stimmigkeitsgefühl als ständiger Wegweiser**

1. Aktivsein: Wir sind unseren Wünschen entsprechend aktiv.
2. Beobachten: Wir beobachten die hereinkommenden Signale und Veränderungen aufgrund unserer Aktivität.
3. Bewerten: Wir überprüfen und bewerten diese hereinkommenden Signale und vergleichen sie mit unseren Wünschen. Werden die Wünsche größer oder kleiner? Unzufriedener oder zufriedener? Unstimmig oder stimmig?
4. Schlussfolgern: Aufgrund unserer Bewertung mit Hilfe unseres Stimmigkeitsgefühls ziehen wir unsere Konsequenzen und beginnen erneut mit Punkt 1 – werden also wieder aktiv.

Dieser Kreislauf ist für unseren gesamten Wachstumsprozess verantwortlich – geistig wie körperlich.

Der einzige Maßstab dabei ist unser ***persönliches subjektives Stimmigkeitsgefühl***. Solange es sich gut anfühlt, genießen und stärken wir das, was wir gerade tun. Fühlt es sich nicht mehr gut an, dann suchen wir nach einem besseren Gleichgewicht.

Unser Stimmigkeitsgefühl entspricht aber nicht der ‚wahren' Realität, da wir diese gar nicht wahrnehmen können. Wir können immer nur genau wissen, was sich *für uns selbst* stimmig anfühlt. Die klare Unterscheidung zwischen ‚Stimmigkeit' und ‚wirkliche Realität' verhindert Dogmatismus und objektiven Machtanspruch.

Wir schauen permanent in den Spiegel, bilden unsere innere Realität von uns selbst und unserer Umwelt ab und fällen Entscheidungen nur mit Hilfe unseres persönlichen Stimmigkeitsgefühls. Es ist die Basis für unsere *subjektive* Realitäts-Bildung in unserem Gehirn.

**Unsere Wünsche als Veränderungsregler**

Wünsche (Ziele, Absichten, Gewohnheiten etc.) versetzen uns in die Lage, Bewertungen in uns zu fühlen. Wird ein Wunsch größer, dann passiert gerade etwas Unstimmiges (mehr Unzufriedenheit). Wird ein Wunsch kleiner oder verschwindet, dann passiert gerade etwas Stimmiges (Zufriedenheit). Somit ist die Existenz von Wertungen völlig normal. Ist ein Wunsch erfüllt oder aufgegeben (zielloser Zustand), dann verschwinden auch die Wertungen.

Umgekehrt: Hinter jedem Unstimmigkeitsgefühl steckt grundsätzlich ein Wunsch. Erleben wir eine Wertung, dann können wir erforschen, welcher Wunsch dieser Wertung zugrunde liegt. Anschließend können wir diesen Wunsch herauf- oder herunterregeln und auf diese Weise die Wertung verändern.

Ist ein Wunsch nicht regelbar, dann steckt dahinter noch ein stärkerer Wunsch.

Fühlen wir einen Konflikt – ob innerlich oder äußerlich, dann behindern sich gerade zwei oder mehrere Wünsche gegenseitig in ihrer Erfüllung.

**Wo wirken welche Wünsche?** Je bewusster uns unsere eigenen Wünsche und die Wünsche unseres Umfeldes sind, desto klarer und leichter können wir Entscheidungen treffen.

**Schuldzuweisungen blockieren unseren Entwicklungsprozess**

Solange wir davon ausgehen, dass wir permanent in den Spiegel schauen, beziehen wir eine Unstimmigkeit auf die Projektionsleistung *unseres* Gehirns und auf *unsere* dahinterstehenden Wünsche. Dadurch wird unser Entwicklungsprozess angeregt. Gehen wir aber davon aus, dass die Ursache einer Unstimmigkeit im Umfeld liegt, sich diese Ursache nicht verändern lässt und wir auf eine Änderung im Außen warten, bleibt unser Entwicklungsprozess inaktiv. ***Nichts in uns sucht nach einem besseren Gleichgewicht. Alles wartet auf die Änderung im Außen.***

Somit beendet jede Schuldzuweisung und jede Verantwortungsabgabe an das Umfeld den eigenen Lern- und Lösungsprozess – die eigene Weiterentwicklung.

**Empfehlung**:

Fühlen Sie ein Problem und wollen es lösen, dann übernehmen Sie die volle Verantwortung dafür und für dessen Lösung.

Hat jemand anderes ein Problem, dann sehen Sie die Verantwortung vollkommen bei ihm und erkennen, dass Sie sein Problem nicht lösen können. Sie können ihm zwar gerne helfend zur Verfügung stehen, Lösungsmöglichkeiten anbieten und ihn liebevoll und verständnisvoll begleiten. Aber für den Umgang mit seinem Problem und für eine Lösung innerhalb seiner Realitätsabbildung ist er letztendlich selbst verantwortlich.

**Woher kommen überhaupt Schuldzuweisungen?**

Jede Strafe, Bestrafung und jeder Vorwurf beinhalten „Schmerz plus Schuldzuweisung". Ein Schmerz, der mit einer Schuldzuweisung kombiniert ist, ist nur schwer verarbeitbar, weil man auf eine Änderung im Außen wartet. Deshalb empfehlen wir, zuerst die Schuldzuweisungen aufzulösen, um anschließend das Thema verarbeiten zu können. Dieses ermöglicht meist einen besseren Zugang zu dem eigenen Stimmigkeitsgefühl und somit zu stimmigeren Realitätsabbildungen im Gehirn.

# IV

## Die vierte Spiegel-Ebene:

## **Verbundenheit**

*Olaf*:

Bisher nutzen die meisten Menschen nur ihre sechs Sinne, um in ihrem Gehirn eine sich möglichst stimmig anfühlende Realitätsabbildung herzustellen (Sehen, Hören, Riechen, Fühlen, Schmecken, Gleichgewichtssinn). Es gibt aber eine weitere Möglichkeit, seine Realitätsabbildung noch stimmiger zu gestalten.

Mit Hilfe unserer Stimmigkeitsgefühle?

Nein, nicht direkt. Sondern mit Hilfe unserer Wünsche, die hinter den Stimmigkeitsgefühlen stecken.

Die Beobachtung unserer eigenen Wünsche hilft uns, unsere Realitätsabbildung noch stimmiger auszufeilen. An unseren Wünschen können wir manchmal ablesen, in welchem energetischen Umfeld wir uns befinden.

Wie das?

Wir sind offensichtlich auf merkwürdige Weise *in* unseren Wünschen mit unserem Umfeld verbunden.

Um das genauer zu erklären, möchte ich ein bisschen weiter ausholen.

## Spukhafte Fernwirkungen überall

Es gibt „seltsame“ Phänomene, die immer wieder von Menschen berichtet werden und die Jacqueline und ich teilweise selbst so erleben. Da wir wissen, dass wir nur projizieren, können wir nicht wirklich behaupten, dass alles so „ist“. Aber die Menschen, die davon berichten, und wir selbst erleben es immer wieder so – in unseren eigenen Realitätsabbildungen.

**Phänomen 1:**

Zwei sich nahestehende Personen (beispielsweise ein Paar) wurden von Neurowissenschaftlern in großer Entfernung voneinander jeder in einen Faradayschen Käfig gesetzt. So ein Käfig schirmt elektromagnetische Wellen ab. Bei beiden Personen wurden gleichzeitig die Gehirnaktivitäten gemessen. Während man bei der einen Person plötzliche Lichtblitze in die Augen strahlte, reagierte nicht nur das Gehirn dieser Person, sondern gleichzeitig auch das Gehirn der anderen entfernten Person, die von den Lichtblitzen „eigentlich“ nichts mitbekommen konnte.

Dieses Experiment funktioniert am besten mit Menschen, die sich aufeinander eingestimmt haben, also ähnliche Wünsche miteinander haben. **Ähnliche Wünsche führen zu verstärkter Resonanz und zeigen eine Verbundenheit dieser Menschen.** Sie erleben dementsprechend ein gewisses Gleichgewicht, eine Synchronizität.

Das Experiment wurde mehrfach erfolgreich wiederholt.

Jacqueline und ich haben diese Verbundenheit beispielsweise erlebt, als ich nach einer längeren Reise mit dem Auto auf dem Heimweg war und den Wunsch verspürte, ihr eine SMS zu schicken mit dem Hinweis, in welcher Region ich mich gerade befinde. Als ich meine SMS abschickte, erhielt ich zeitgleich eine SMS von ihr mit dem Inhalt: „Wo bist du gerade?“

*Jacqueline:*

Auf schmerzvolle Weise haben wir die Verbundenheit wie folgt erlebt:

Mitte Juni 2009 fühlte ich plötzlich beim Wäscheaufhängen eine große Übelkeit und Panik in mir. Ich wusste sofort, dass es mit Olaf zu tun hatte und versuchte, ihn auf dem Handy zu erreichen. Er war in Berlin auf Autorentournee und ich war in Karlsruhe. Am Telefon erzählte mir Olaf nach langem Zögern schließlich, dass er gerade einen Abschiedsbrief an mich schreibt, um die Beziehung endgültig zu beenden.

**Phänomen 2:**

*Olaf:*

Haustiere können erspüren, wann Herrchen oder Frauchen entscheiden, nach Hause zu fahren. Der britische Naturwissenschaftler Rupert Sheldrake schreibt darüber in seinem Buch *Der siebte Sinn der Tiere*. Auch im Internet können Sie viele Berichte nachlesen. In dem Moment, in dem Frauchen sich nach dem Einkaufen ins Auto setzt, um nach Hause zu fahren, hat der Hund zu Hause (von der Oma beobachtet) das Bedürfnis, von seinem Schlafplatz aufzustehen und sich wartend vor die Tür zu setzen. **Es scheint eine Verbundenheit zur Bezugsperson zu existieren.** Resonanz.

**Phänomen 3:**

Wenn Fische einzeln einer Gefahr entgegen schwimmen, entscheiden Sie sich wesentlich langsamer dafür, dieser Gefahr auszuweichen. Schwimmen sie aber im Schwarm, dann ist ihre Entscheidungsgeschwindigkeit um ein Vielfaches höher. Die Reaktionsgeschwindigkeit der Fische innerhalb des Schwarms ist fast synchron, so dass ein sich ausbreitendes Kommando von Fisch zu Fisch ausgeschlossen ist. Die Fische müssen auf andere Weise Kontakt untereinander haben und genau in sich spüren, in welche Richtung sie gemeinsam ausweichen. **Durch gemeinsame Wünsche?** Resonanz? Man nennt dieses Schwarmverhalten bei Tieren „Schwarmintelligenz".

**Phänomen 4:**

Der in Frankfurt lebende Heiler Christos Drossinakis wurde am 26. November 2004 auf den Basler Psi-Tagen öffentlich im Beisein eines Fernsehsenders und unter Aufsicht von Ärzten und Wissenschaftlern getestet. Er sollte bei fünf Personen hellsichtig diagnostizieren, welche Krankheiten sie haben. Diese fünf Personen kannte er nicht und er bekam sie auch nicht zu sehen. Man gab ihm lediglich fünf verschlossene Umschläge, in denen jeweils das Foto einer Person als auch ihr Vorname stand. Drossinakis bestand darauf, dass diese Umschläge verschlossen bleiben. Sie sollten einfach nur einzeln vor ihm auf dem Tisch liegen – ohne dass er sie berühren würde.

Er konzentrierte sich intensiv auf sich selbst, beobachtete seine aufsteigenden Gedanken und inneren Bilder in Bezug zu dem jeweiligen Umschlag und schaffte es, die Krankheiten von allen Personen korrekt zu diagnostizieren. Er konnte sogar zusätzliche Zusammenhänge ans Licht bringen, die im Nachhinein bestätigt wurden. **Steckt dahinter eine besondere universelle Verbundenheit?**

Drossinakis steht immer wieder wissenschaftlichen Tests zur Verfügung und beweist dabei erstaunliche Möglichkeiten.

**Phänomen 5:**

Es gibt sehr viele Bücher aus mehreren Jahrhunderten, in denen Menschen über Nahtoderfahrungen berichten. Eine Nahtoderfahrung kann in folgenden Situationen geschehen: bei Herzstillstand, bei Koma durch Gehirnschädigung, während einer Vollnarkose, aber auch bei einer existenziellen Krise, während einer Meditation, einem Spaziergang oder bei Todesangst.

Die Berichte über Nahtoderfahrungen ähneln sich in folgenden Punkten:

- Keiner hat das Gefühl, diese Erfahrung wirklich vollständig und stimmig in Worte fassen zu können. Sie ist in gewisser Weise unaussprechlich.
- Man erlebt, dass man seinen Körper verlässt. Das Bewusstsein des Menschen kann den Körper von außen (meistens von oben) wahrnehmen, kann Wände durchdringen und kann mitbekommen, was andere Menschen in anderen Räumen miteinander reden oder was sie denken und wie es ihnen geht (Hier stellt sich die Frage, ob der Kapitän im Gehirn *doch* das Gehirn verlassen kann!?).
- Diese außerkörperliche Erfahrung fühlt sich „realer" an als der lebendige Zustand als Mensch. Man sieht und hört wesentlich klarer.
- Wenn das Bewusstsein weiter nach „oben" zieht (oft durch einen Tunnel in ein Licht hinein), dann kommt man in einen Bereich, in dem eine allumfassende Liebe, tiefer Friede und vollkommene Akzeptanz zu fühlen sind. Man fühlt sich allumfassend geliebt und liebt selbst allumfassend.
- Man begegnet verstorbenen Familienmitgliedern, manchmal auch welchen, die man im realen Leben noch nicht kannte. Erst wenn man nach der Nahtoderfahrung Forschungen anstellt, kommt z. B. zum Vorschein, dass es ein außereheliches Geschwister gab, das bereits verstorben ist.

- Man hat das Gefühl, einen Teil des Lebens, der noch vor einem liegt, zu überblicken. Später, wenn man wieder „aufgewacht“ ist und sein Leben weiterlebt, kann man diese zukünftigen Geschehnisse wie auf einer Liste nacheinander abhaken. In der Nahtoderfahrung hatte man bereits Informationen darüber erhalten, dass es so kommen würde.
- Man hat in diesem jenseitigen Bereich das Gefühl, dass alles seinen Sinn und seinen Zusammenhang im Leben hat. **Alles ist miteinander verbunden.** Man ist immer geliebt und man kann nichts „falsch“ machen. Alles gehört dazu.
- Man erlebt eine bewusste Rückkehr in den (eventuell kranken) Körper. Nach dieser Rückkehr ist man zunächst tief enttäuscht, dass einem so etwas Herrliches wieder genommen wurde.
- Später, nachdem man eine solche Erfahrung allmählich in sein Leben integrieren konnte, resultieren daraus eine größere Gelassenheit, ein tiefer Friede und keine Angst mehr vor dem Tod.

*Jacqueline:*

Als ich 23 Jahre alt war, habe ich an Kursen für Autogenes Training teilgenommen. Während einer Meditationsübung bekam ich das Gefühl, dass ich aus meinem Körper heraustrete und an die Decke schwebe. Von dort aus habe ich meinen Körper und alle anderen Körper der Teilnehmerinnen unten auf dem Boden liegen sehen. Hier ‚oben’ fühlte ich mich sehr frei und ausgeglichen. Als durch die Trainerin das Ende der Meditation eingeleitet wurde, kehrte ich allmählich wieder in meinen Körper zurück.

**Phänomen 6:**

*Olaf:*

Die von mir begründeten und von uns organisierten „Freien Systemischen Aufstellungen“ sind eine Art „Rollenspiel“. Jemand, der es noch nie erlebt hat, würde es zunächst wie ein „improvisiertes Theaterspiel“ empfinden. Die Teilnehmer*innen, die sich teilweise untereinander nicht kennen, fühlen sich ohne eine besondere Konzentration und ohne ein Ritual in verdeckte[9] Rollen ein. Sie

[9] „verdeckt“ bedeutet, dass den Rollenspieler*innen der Name und der Inhalt einer Rolle nicht mitgeteilt werden.

stehen einfach für diese Rolle zur Verfügung, konzentrieren sich auf sich selbst und folgen spontan ihren Wünschen, Gefühlen und Impulsen, die während des Rollenspiels wie von selbst auftauchen.

Ein leitender Teilnehmer weist für seine Aufstellung den Rollenspieler*innen in seiner Vorstellung die Rollen zu. Wenn er beispielsweise ein Problem mit seiner Frau und seinem Sohn hat und dies „aufstellen" möchte, sucht er Rollenspieler*innen aus, die seine Frau, seinen Sohn und auch ihn selbst stellvertreten. Dann beginnen diese drei Teilnehmer*innen mit dem intuitiven Rollenspiel. Immer wieder bestätigt der leitende Teilnehmer währenddessen, dass die Kommunikation unter den Rollenspielern zu einem hohen Grad mit den wirklichen Personen übereinstimmt. So, wie es sich in „seinem" Rollenspiel entwickelt, kennt der leitende Teilnehmer die Situation aus seinem Alltag.

Übernimmt jemand eine Rolle und stellt sich den Wünschen und Vorstellungen eines anderen Menschen zur Verfügung, dann *„wird"* er meistens zu der Rolle, die von diesem anderen Menschen auf ihn projiziert wird. Die auftauchenden Wünsche, Gefühle und Impulse des Rollenspielers werden über irgendeine Ebene vom leitenden Teilnehmer beeinflusst, auch wenn dieser von Anfang an nur still am Rand sitzt und das Rollenspiel beobachtet. **Resonanz. Verbundenheit.**

Manche Teilnehmer*innen berichten ein paar Wochen nach ihrer Aufstellung, dass die alltägliche Situation sich tatsächlich genauso weiterentwickelt hat, wie es im Verlauf der Aufstellung abzulesen war.[10]

All diese Phänomene lassen sich objektiv weder als „wahr" noch als „falsch" einstufen. Denn wir wissen ja: Jeder Mensch projiziert seine Realität in sich selbst. Sowohl diejenigen, die solche Phänomene erlebt zu haben meinen, erzählen aus ihrer Realitätsabbildung heraus, als auch die Menschen, die solche Berichte als „Humbug" einstufen, reden aus ihrer Realitätsabbildung heraus. Es ist nicht objektiv entscheidbar, was Wirklichkeit ist und was nicht.

Wir Autor*innenen empfinden es jedoch für uns persönlich als stimmig, diese Berichte und auch die Erfahrungen, die wir mit solchen Phänomenen selbst machen, in unsere innere Realitätsabbildung mit aufzunehmen. Wir fragen uns,

---

[10] Wer so etwas noch nie erlebt hat und es wahrnehmen und erforschen möchte, kann hier ausführliche Informationen darüber finden: www.freie-systemische-aufstellungen.academy.

wie das alles möglichst stimmig zusammenpasst und vielleicht auch ein bisschen erklärbar ist.

Dabei wollen wir immer alles und jeden als „dazugehörig" integrieren. Selbst diejenigen, die an solchen Sichtweisen Kritik üben und solche Phänomene als Humbug einstufen. Deshalb schauen wir, wie intensiv sich Kritiker*innen wirklich mit der Materie auseinandergesetzt und sie selbst erforscht haben. Wir beobachten: Äußert jemand konstruktive Kritik, die er durch seine eigene Forschung entwickelt hat und die unsere Realitätsabbildung konstruktiv erweitern kann, oder versucht sich jemand hier einfach nur gegen (aus seiner Sicht) „esoterischen Quatsch" zu schützen?

Auch letzteres gehört natürlich dazu und ist aus unserer Sicht verständlich. Denn das, was wir in unseren Freien Systemischen Aufstellungen wöchentlich erleben, ist für Menschen, die sich noch nie damit auseinandergesetzt haben, garantiert ziemlich „unheimlich".

Warum haben wir nun die Informationen über all diese Phänomene für Sie aufgezählt? Was hat das damit zu tun, dass wir Menschen nicht nur mit Hilfe unserer sechs Sinne unsere Realitätsabbildung verfeinern können, sondern auch mit Hilfe unserer Wünsche?

Um das zu beantworten, möchte ich noch einen weiteren Aspekt erläutern:

## Wir können die Verbundenheit nicht direkt wahrnehmen

*Olaf:*

Wenn wir solche Phänomene als „existent" einstufen und nicht nur als „reine Realitätseinbildung einiger Menschen ohne Bezug zur Wirklichkeit", dann fragen wir uns, wie so etwas überhaupt funktionieren kann. Wie können zwei sich kennende Menschen in ihren Gehirnen gleichzeitig auf einen Lichtblitz reagieren, obwohl nur einer von beiden diesen Lichtblitz wirklich wahrgenommen hat? Wie können sich bei den Freien Systemischen Aufstellungen ganz normale Teilnehmer*innen ohne Training immer wieder stimmig in Rollen einfühlen, die sie überhaupt nicht kennen und deren Informationen auch nicht durch körperliche Botschaften auf unbewusster Ebene übermittelt worden sind?

In der Quantenphysik wird von Nichtlokalität gesprochen, wenn bestimmte Ereignisse sich über die Entfernung unmittelbar auf andere Ereignisse auswirken. Menschen sprechen seit Jahrhunderten davon, dass alles auf irgendeiner Ebene **miteinander verbunden ist**. Wir Autor*innen glauben auch daran. Wie wir bereits geschrieben haben, sind wir davon überzeugt, dass das gesamte Universum auf seiner tiefsten Ebene aus Wünschen nach Gleichgewicht besteht. Wenn also „das Wünschende" das Basis-Prinzip des Universums ist, dann bedeutet das automatisch, dass wir durch Wünsche (Kräfte) alle miteinander verbunden sind.

Anders könnte man solche Phänomene zurzeit gar nicht erklären als mit einer tiefen Allverbundenheit.

*Ein Mensch ist Teil des Ganzen, das wir ‚Universum' nennen; ein von Zeit und Raum begrenzter Teil. Er erfährt sich selbst, seine Gedanken und Gefühle als vom Rest getrennt – eine Art optischer Täuschung seines Bewusstseins.*

Albert Einstein

Aber warum erleben wir diese optische Täuschung und nehmen es nicht wirklich wahr, dass wir alle miteinander verbunden sind? Warum nehmen wir immer nur wahr, dass sich alles voneinander unterscheidet und getrennt ist? Warum können wir nur durch solche seltsamen Phänomene Rückschlüsse auf eine Verbundenheit ziehen und die Verbundenheit nicht direkt wahrnehmen? Warum können kritische Menschen erfolgreich behaupten, dass solche Phänomene auf der reinen Ein-Bildungs-Kraft menschlicher Gehirne beruhen und eine tiefe Allverbundenheit in Wirklichkeit nicht existiert?

Dazu habe ich eine Erklärung:

Wussten Sie, dass wir in unserem Gehirn tatsächlich nur „Unterschiede" wahrnehmen können? Alles, was sich zu uns in einem perfekten Gleichgewicht befindet, können wir nicht wahrnehmen, denn es unterscheidet sich nicht von uns. Nur das, was sich von uns unterscheidet und dadurch scheinbar von uns „getrennt" ist, ist für uns wahrnehmbar.

Stellen Sie sich einen Chor mit mehreren Sängerinnen und Sängern vor. Alle singen über längere Zeit exakt den gleichen Ton auf dem Vokal „u" – und Sie singen mit. Es wird für Sie garantiert sehr schwer sein, die einzelnen Stimmen der anderen Sängerinnen und Sänger herauszuhören. Wenn dann auch noch alle in der gleichen Lautstärke und der gleichen Stimmfärbung singen und Sie halten sich zusätzlich noch ein Ohr zu (um die räumliche Unterscheidungsfähigkeit auszuschalten), werden Sie keine Unterschiede mehr wahrnehmen. Sie hören nur noch einen einzigen Ton.

Wenn aber jeder einen anderen Ton und in einer anderen Vokalfärbung singt, können Sie die Stimmen voneinander unterscheiden. Sie können herausbekommen, wer welchen Ton singt. Es lässt sich „wahrnehmen".

Wenn alles in der Welt die gleiche Farbe als auch die gleiche Helligkeit dieser Farbe hätte (also keinerlei Schattenspiel), könnten Sie die einzelnen Dinge in der Welt mit Ihren Augen nicht mehr unterscheiden. Sie würden nur diese einzige Farbe wahrnehmen. Am besten können Sie sich das vorstellen, wenn wir die Farbe Schwarz wählen. Hat alles die Farbe Schwarz, dann fühlt es sich für Sie so an, als ob alles dunkel ist und Sie „nichts" sehen können.

Wenn aber alles unterschiedliche Farbnuancen und Helligkeitsabstufungen hat, können Sie die Welt um sich herum in allen Einzelheiten gut wahrnehmen.

Schauen wir wieder auf die Kapitänin in unserem Gehirn, die sich aus den verschiedenen Messgeräten und unterschiedlichen Daten eine innere Realität zusammenbastelt, die sie immer wieder aufgrund von neuen hereinkommenden Daten überprüft, plastisch korrigiert und stimmiger gestaltet. Stellen Sie sich vor, sie würde permanent die gleichen Daten bekommen. Kein Messgerät unterscheidet sich von einem anderen, kein Zeiger bewegt sich, sondern alle Zeiger bleiben auf einer einzigen Anzeige stehen. Dann kann sich die Kapitänin nur noch eine Einheits-Realität ausrechnen. Ihre Unterscheidungsfähigkeit verschwindet. Es ist keine Wahrnehmung von Unterschieden mehr möglich. Alles ist gleich. Wie könnte man eine solche Einheits-Realität nennen? „Nichts" oder „Leere".

*Jacqueline:*

Ich habe mal nachts im Garten eine Gießkanne mit Wasser gefüllt. Damit das Wasser nicht überläuft, habe ich meine Finger ca. 3 cm in die obere Öffnung der Kanne gesteckt, um das Wasser zu erfühlen, wenn es diesen oberen Bereich erreicht. Die Kanne ist trotzdem übergelaufen, denn das Wasser hatte exakt die gleiche Temperatur wie mein Finger, so dass ich das Wasser nicht wahrnehmen konnte, als es meinen Finger erreicht hatte. Seitdem bewege ich den Finger immer etwas, dann kann ich es fühlen.

Einige von Ihnen haben bestimmt auch schon erlebt, eine Flüssigkeit aus einem Becher zu trinken, die die gleiche Temperatur hat wie Ihre Lippen. Beispielsweise ein leicht abgekühlter lauwarmer Tee. Hier besteht die Tendenz, dass wir nicht mehr fühlen können, wann der Tee rechts und links an unseren Lippen vorbeifließt und an unseren Mundwinkeln außen herunterläuft. Wir kippen die Teetasse zu stark und kleckern, weil wir nicht mehr rechtzeitig spüren können, wann der lauwarme Tee überläuft.

Bei besonders heißem Tee als auch bei sehr kaltem Eis fühlen wir den extremen Unterschied in Form von Schmerz, wenn wir damit in Kontakt kommen.

*Olaf:*

Wir können nur Wünsche wahrnehmen, wenn sie sich von anderen Wünschen unterscheiden. Dort, wo Wünsche sich gleichen, sind sie nicht mehr unterscheidbar und verschmelzen zu einem gemeinsamen Wunsch. Wir nehmen nur noch einen Wunsch wahr.

Wenn sich Wünsche aber unterscheiden, können wir sie auch wieder getrennt wahrnehmen. Je stärker die Unterschiede der Wünsche sind, desto stärker nehmen wir auch ihre Differenz wahr, ihre Spannung. Bei sehr extrem unterschiedlichen Wünschen spüren wir Schmerz.

*Jacqueline:*

Ich erzählte vorhin von meinem Panikgefühl, als Olaf in Berlin an einem Abschiedsbrief arbeitete. Hier wurden durch Olafs Trennungswunsch die unterschiedlichen Wünsche besonders deutlich: Olaf will die Beziehung beenden – ich nicht. Großer Schmerz auf meiner Seite. Wobei Olaf *vorher* innerhalb der Beziehung Schmerz fühlte, bevor er sich entschied, die Beziehung zu beenden. Denn er nahm *innerhalb* der Beziehung nach seinem Gefühl viel zu unterschiedliche Wünsche wahr.

Trotzdem waren und sind wir auf einer anderen Ebene intensiv miteinander verbunden. Ich konnte den großen Unterschied zwischen uns über eine große Entfernung hinweg in meinem Herzen spüren. Außerdem steckte hinter Olafs Impuls, die Beziehung zu beenden, ein noch viel größerer, uns beiden unbewusster „universeller“ Wunsch: mir zu helfen, meine alten ungelösten Schmerzen an die Oberfläche zu bringen, um sie verarbeiten zu können. Auf dieser Ebene hatten wir letztendlich den gleichen unbewussten Wunsch.

Durch das Weggehen und durch die Beendigung der Beziehung wurde ich mit einem heftigen Verlustschmerz aus meiner Kindheit konfrontiert, den ich intensiv verarbeiten konnte. Durch diese Verarbeitung über viele Monate wurde ich offener und fühlte immer weniger Verlustängste, was sich auch auf unsere Beziehung auswirkte. Ich wurde etwas gelassener, wir nahmen wieder Kontakt auf und unsere Auseinandersetzungen wurden immer seltener. Das Ergebnis kennen Sie ja: Wir haben geheiratet.

Doch mein Prozess hat kein Ende. Während ich Ihnen dieses Beispiel aufschreibe, breche ich in Tränen aus. Ich fühle einen ganz heftigen, emotionalen Schmerz in mir – und bin total überrascht. Die Situation ist doch vorbei! – Warum weine ich jetzt immer noch darüber? Ich kann mich gar nicht mehr beruhigen. Ich fühle ganz viel emotionalen Schmerz, Übelkeit und ganz heftige Unterleibsschmerzen. Auch wenn ich im Moment nicht weiß, warum ich weine – ich lasse den Tränen einfach freien Lauf und weine bis die Tränen versiegt sind …

… Langsam merke ich, wie durch das Aufschreiben und das Weinen eine weitere tiefe Verschlossenheit in mir aufbricht, sich ein emotionaler Phantomschmerz in mir auflöst und ich mich noch mehr öffnen darf.

Ein weiteres Beispiel: Olaf und ich haben beschlossen, nach Köln umzuziehen, wenn meine beiden Kinder ihr Abitur erfolgreich hinter sich gebracht haben. Für mich war klar, dass wir uns ein eigenes kleines Haus kaufen. Ich war schon als Kind immer gerne draußen – im Garten, in der Natur und fühle mich in Wohnungen ohne Garten wie eingesperrt. Auch bei dem Gedanken, einem Vermieter und seinen ungelösten Themen zur Verfügung stehen zu müssen, fühlte ich mich unwohl.

Doch meine Klarheit wurde erschüttert, als Olaf mir seine Klarheit mitteilte. Er wollte sich unserer gegenwärtigen finanziellen Lage anpassen, wollte keine Schulden machen, keinen Druck mehr haben und in Köln zunächst in eine kleine Mietwohnung ziehen, bis es uns finanziell besser gehen würde.

In dem Moment wurde mir der Unterschied unserer Wünsche bewusst und ich fühlte einen großen Schmerz. Erst als wir beide klären konnten, dass wir auch ein günstiges Haus mieten können und darauf achten, einen freundlichen Vermieter zu bekommen (= gleiche Wünsche), beruhigte sich mein Schmerz. Wir fühlten wieder mehr unsere Verbundenheit.

*Olaf:*

Was bedeutet eigentlich eine Verbundenheit? Jetzt wird´s philosophisch. Verbunden ist man, wenn man sich miteinander in einer Form von „Gleichgewicht“ befindet, eine Form von Resonanz erlebt. Man reagiert aufeinander und miteinander. Wenn nun alles mit allem verbunden ist, stellt dies ein „absolutes Gleichgewicht“ dar, eine unmittelbare Resonanz von allem. Manche sprechen auch von der „Einheit“ – im Gegensatz zur Dualität. Diese Einheit ist die *Basis von allem*. Das bedeutet, dass sich in dieser Basis alles gleicht. Sonst wäre es keine Basis *von allem*.

Weil es in dieser Basis keine Unterscheidungen gibt, können wir sie auch nicht wahrnehmen – und damit auch nicht „erfahren“! Jeder, der meint, eine „Einheitserfahrung“ gemacht zu haben, hat etwas Schönes erlebt, aber keine „Einheitserfahrung“. Man kann nur eine *„relative* Einheitserfahrung“ machen, indem man mit etwas anderem verschmilzt. Aber das hat nichts mit *der* Einheit zu tun, die die *Basis von allem* darstellt.

In der absoluten Einheit leben wir sowieso *permanent* und *immer gleich*, ohne Pause. Wir befinden uns *permanent* und *immer gleich* in ihr und können uns niemals außerhalb von ihr aufhalten. Die von uns erlebte Dualität ist *ein Teil* der Einheit und nicht der Gegenpol, wie manche Autor*innen behaupten. Derjenige, der meint, dass wir Menschen uns aus dieser Einheit entfernt hätten, spricht von einer begrenzten Einheit, einer Teil-Einheit. Er spricht nicht von der Basis-Einheit, die wirklich *alles* umfasst.

Jacqueline und ich sagen, dass diese Einheit „das Wünschende“ ist, eine „Basis-Kraft“. Weil diese Basis-Kraft allem zugrunde liegt, können wir die Wirkung von unterschiedlichen Kräften nur *spüren* oder *messen*. Aber niemand hat bisher direkt einer Kraft die Hand geschüttelt oder einen Wunsch gesehen oder gehört. Wir sehen, hören oder spüren immer nur die *Auswirkung* einer Kraft. Nie die Kraft an sich. Und das hat seinen Grund:

Je mehr wir uns in unserer Forschung unserer eigenen Basis annähern, stoßen wir immer nur auf eines: Leere. Denn wenn wir unsere Aufmerksamkeit auf unsere Basis lenken, schauen wir auf das, mit dem wir uns sowieso *in einem perfekten Gleichgewicht* befinden. Und im Gleichgewicht verschwindet ja unsere Unterscheidungsfähigkeit. Wir können also auf der Basis-Ebene keine Unterscheidung zu uns selbst mehr wahrnehmen.

Was für den Beobachter seiner eigenen Basis übrig bleibt, ist der Eindruck eines „Nichts". Das, was wir als „Leere" bezeichnen, ist die „Nicht-Wahrnehmung der Basis". Im „Nichts" nehmen wir das Grundmaterial für alles Existierende wahr: „das Wünschende".

Egal, ob wir Menschen in unserer wissenschaftlichen Forschung nach dem kleinsten Teilchen im Universum suchen, aus dem alles besteht (mit Hilfe von Werkzeugen, die aus eben diesen kleinsten Teilchen bestehen!), oder ob wir uns auf unsere seelische Basis tief in uns selbst konzentrieren (mit Hilfe von Gedanken und Gefühlen, die aus dieser seelischen Basis bestehen!) – wir stoßen immer nur auf eines: auf den leeren Raum. Wir stoßen auf die Nicht-Wahrnehmung, die wir als „Leere" empfinden. Wenn Bewusstsein Bewusstsein beobachtet, nimmt es „nichts" wahr.

Wir können also unsere Basis nie erforschen, wahrnehmen und beweisen.

***Im absoluten Gleichgewicht verschwindet jede Wahrnehmung und stellt sich für uns als Leere dar.***

Umgekehrt wissen wir jetzt: Wenn wir „nichts" oder „Leere" oder einen „leeren Raum" wahrnehmen, haben wir gerade unsere Aufmerksamkeit auf diese Basis gelenkt, auf unsere All-Verbundenheit.

Über diese Basis, über diese Leere, über „das Wünschende", über die Kraft unserer Wünsche nach Gleichgewicht, nach Stimmigkeit, nach Resonanz, sind wir mit dem Ganzen verbunden. Hier ist unsere tiefe Verbundenheit in allem verwurzelt. In manchen „spukhaften Fernwirkungen" tritt die Auswirkung dieser Allverbundenheit für uns Menschen zutage.

Deshalb listen wir nun als fünften Punkt auf:

1. Wir Menschen schauen permanent in den Spiegel.
2. Wir haben die volle Verantwortung dafür, *wie* wir auf ein Verletzungsgefühl schauen und *wie* wir damit umgehen.
3. Wir sind unseren Wünschen entsprechend aktiv, beobachten Stimmigkeiten oder Unstimmigkeiten und ziehen Konsequenzen aus unserem Gefühl.
4. Wir beeinflussen unsere Gefühle, indem wir uns unsere dahinterstehenden Wünsche bewusst machen und anschließend herauf- oder herunterregeln.
5. **Auf einer tiefen, nicht wahrnehmbaren Ebene ist alles mit allem verbunden.**

Nun habe ich aber immer noch nicht beantwortet, warum wir unsere Realitätsabbildung mit Hilfe unserer *Wünsche* noch stimmiger gestalten können. Ich habe bisher nur unsere Sichtweise erklärt, dass alles mit allem verbunden ist und dass wir diese Verbundenheit niemals direkt wahrnehmen können.

Ich habe erklärt, dass wir nur die *Auswirkungen* von Verbundenheit erleben, nie die Verbundenheit an sich. Wir erleben auch nur die *Auswirkung* einer Kraft oder eines Wunsches, nie die Kraft oder den Wunsch an sich.

Dass unsere Wünsche aufgrund dieser Verbundenheit in direktem Zusammenhang zu unserem Umfeld stehen und wir sie deshalb nutzen können, um Rückschlüsse auf unser Umfeld zu ziehen, erkläre ich jetzt:

## Unser Umfeld beeinflusst unsere Wünsche

*Olaf:*

Japanischen Forschern um Yoshiki Sasai ist es vor ein paar Jahren gelungen, aus embryonalen Mäuse-Stammzellen einen Augenbecher mit mehrschichtiger Netzhaut zu züchten. Stammzellen sind als Vorläufer sämtlicher Körperzellen in der Lage, sich zu *allen* Gewebetypen zu entwickeln.

Die Forscher haben eine bestimmte Nährlösung hergestellt, die entsprechende Informationen für die Bildung eines Augenbechers enthielt. Die in dieser Nährlösung frei schwimmenden einzelnen Stammzellen klumpten sich zusammen und bildeten allmählich einen Augenbecher – den Informationen ihres Umfelds entsprechend. Die Umgebung hat bestimmt, zu welcher Form die Stammzellen heranwachsen.[11]

Andere Wissenschaftler vermuten ebenso, dass sich ausgewachsene Körperzellen ihren Aufgaben in der jeweiligen Gewebe-Umgebung anpassen. Die physische und energetische Umgebung bestimmt die Zellausrichtung. Der Zellbiologe Bruce Lipton schreibt in seinem Buch *Intelligente Zellen*: „In jeder einzelnen Zelle werden die Mechanismen des Lebens von der Wahrnehmung ihrer Umgebung in Gang gesetzt, und nicht durch ihre Gene."

Die Pflanzen reagieren im Herbst auf die Kälte im Umfeld und ziehen sich zurück. Im Frühling wird es wieder wärmer und die Pflanzen reagieren aber-

[11] „Gehirn und Geist", Ausgabe 5/2013, S. 74 ff.

mals darauf. Die Sonne beeinflusst die Bäume und regt sie an, Blätter und Blüten aus ihren Knospen zu entwickeln. Blumen sprießen aus dem Boden. Das Gras beginnt wieder zu wachsen.

Es gibt wissenschaftliche Experimente mit Pflanzen, die an hochempfindliche Messgeräte angeschlossen wurden. Cleve Backster entdeckte, dass Pflanzen auf positive oder negative Absichten eines Menschen in ihrer Umgebung reagieren. Beispielsweise näherte er sich einer Pflanze mit der Absicht, eines ihrer Blätter mit Hilfe eines Streichholzes zu verbrennen. Bereits als er dies in Gedanken plante, schlug das Messgerät an der Pflanze heftig aus und beruhigte sich erst wieder, als er das Streichholz auspustete und den Versuch beendete.[12]

Anita Moorjani aus Hong Kong erzählt in ihrem Buch *Heilung im Licht* von ihrer Krebserkrankung. Als sie sich eine Zeit zur Erholung in Indien aufhielt, durfte sie erleben, dass der Krebs sich etwas zurückbildete und es ihr besser ging. Das Umfeld dort tat ihr sehr gut und sie fühlte sich in der Ayurvedischen Klinik sehr wohl. Zurück in Hong Kong wurde der Krebs wieder schlimmer.

Bei den Freien Systemischen Aufstellungen werden die Impulse der Rollenspieler*innen (Stellvertreter*innen) von dem beobachtenden Umfeld, also von der aufstellenden Person beeinflusst. Ich spielte einmal eine seltsame Rolle, ohne dass ich wusste, welche Rolle ich übernommen hatte. Die aufstellende Person stellte sich nur in Gedanken vor, welche andere Person aus ihrem Leben ich für sie darstellen sollte. Durch ihre Vorstellung gab sie mir einen Rahmen, dem ich mich zur Verfügung stellte und der mich beeinflusste.

Sobald ich die Rolle zu spielen begann und meinen spontan auftauchenden Wünschen und Handlungsimpulsen folgte, musste ich mich mit einer verkrampften Körperhaltung auf den Boden legen. Dort konnte ich nicht gemütlich liegen, sondern spannte ständig meine Arme und Beine an, während ich mich wunderte, was ich hier tue. Die aufstellende Person schien aber nicht überrascht zu sein. Nach der Aufstellung teilte sie mit, welche Rolle sie mir gegeben hatte. Es war ein Freund gewesen, der an Multiple Sklerose litt. Die Krankheit machte sich bei ihm so bemerkbar, dass Lähmungserscheinungen an Armen und Beinen auftraten.

---

[12] Lynne McTaggart: „Intention – Mit Gedankenkraft die Welt verändern“, S. 76

*Jacqueline:*

Bei der Körpertherapie hnc (human neuro cybrainetics), die ich als Heilpraktikerin anbiete, arbeite ich u. a. mit dem kinesiologischen Muskeltest. Dabei werden verschiedene Muskeln (z. B. Arm- oder Beinmuskeln) benutzt, um unterschiedliche Kreisläufe im Körper zu testen. Ich kann z. B. testen, ob ein Wirbel noch an seiner richtigen Stelle steht oder ob es eine Fehlstellung gibt, die einen Bandscheibenvorfall verursacht hat. Reagiert der Muskel beim Testen schwach, dann liegt eine Fehlstellung vor und ich kann mittels meiner Therapie dem Körper Impulse geben, um den Wirbel zu korrigieren. Das Interessante ist aber, dass der Muskel abermals schwach testen kann, wenn ich den gerade korrigierten Wirbel nochmals in Relation zu dem erlebten Unfall teste. Dabei spreche ich laut aus oder denke einfach während ich den Wirbel berühre und den Muskel teste: „Test in Relation zu dem Autounfall." Ist der Wirbel tatsächlich durch den Autounfall in eine Fehlstellung gerutscht, wird der Muskeltest abermals schwach ausfallen. Der fremde Körper, mit dessen Muskeln ich seine Körperkreisläufe teste, reagiert dabei einfach auf meine Gedanken oder Worte – sprich: auf meine Wünsche.

Eines der für mich faszinierendsten Beispiele für gegenseitige Beeinflussung erlebte eine Lehrerin einer Privatschule vor einigen Jahren. Sie kam zu mir in die Beratung, weil sie jeden Morgen zehn Minuten benötigt, bis die Klasse ruhig ist und sie mit dem Unterricht beginnen kann. Sie hatte schon alles versucht: die Klasse anbrüllen, schweigend vor der Klasse warten etc. Immer blieb es bei den zehn Minuten. In der Beratung stellte sich nun heraus, dass die Lehrerin den starken Wunsch hatte, dass sie von den Schüler*innen Aufmerksamkeit bekommt. Da mir bewusst war, dass sich die Schüler*innen wahrscheinlich in Resonanz zu ihr befinden, erklärte ich ihr Folgendes:

„Wenn Sie den Wunsch haben, dass die Schüler*innen Ihnen Aufmerksamkeit schenken, dann fühlen die Schüler*innen in ihrem Gefühl ‚Ich möchte Aufmerksamkeit'. Die Schüler*innen erspüren zwar Ihren Wunsch als Resonanzgefühl in sich selbst, identifizieren dies aber als einen eigenen Wunsch! – Deshalb mache ich Ihnen den Vorschlag: Schenken Sie den Kindern Ihre Aufmerksamkeit, dann werden die Kinder zu Ihnen in Resonanz gehen und Ihnen Aufmerksamkeit schenken." Ich hatte die Idee, dass die Lehrerin sich nach dem Betreten des Klassenzimmers vor die Klasse stellt und still in Gedanken jeden einzelnen Schüler begrüßt: „Lieber Peter, schön, dass du da bist. – Liebe Susanne, guten Morgen, schön, dass du da bist." usw.

Die Lehrerin probierte dies aus und nach einer Woche rief sie mich an und berichtete begeistert, dass die Klasse seitdem jeden Morgen sehr schnell ruhig wird.

Fazit: Die Schüler*innen hatten sich höchstwahrscheinlich durch die beiden Wünsche der Lehrerin beeinflussen lassen. Zunächst reagierten sie auf den Wunsch ‚Aufmerksamkeit haben wollen' und dann auf den Wunsch ‚Aufmerksamkeit schenken'.

*Olaf:*

Wenn ich diese Beispiele jetzt auf alles übertrage, dann bedeutet es:

Überall, auf allen möglichen Ebenen, gibt es Wünsche (Kräfte), die sich aufgrund der Allverbundenheit gegenseitig beeinflussen. An unseren Wünschen können wir beispielsweise ablesen, ***in welchem Umfeld wir uns befinden*** oder mit welchem Teil unseres Umfeldes wir intensiver verbunden sind als mit anderen Teilen. Sowohl unsere Wünsche werden von den Wünschen unseres Umfeldes beeinflusst, als auch wir beeinflussen mit unseren Wünschen die Wünsche unseres Umfeldes.

Konkret bedeutet das: Wünsche sind unsere Basis und steuern unsere Gefühle, unsere Aktivitäten als auch unsere Bewertungen (Stimmigkeitsgefühle). Deshalb können wir uns fragen:

**Im Kontakt mit welchem Umfeld werde ich zu welchem Menschen?**

Wenn wir unsere Gefühle, Aktivitäten und Bewertungen beobachten, können wir Rückschlüsse auf unsere zugrundeliegenden Wünsche ziehen. Unsere Wünsche wiederum befinden sich in tiefer Verbindung mit unserem Umfeld. Wenn wir also die zugrundeliegenden Wünsche in uns gefunden haben, können wir daraus Rückschlüsse auf die Ausstrahlung unseres Umfeldes ziehen, mit dem wir in Verbindung stehen.

Wir müssen aber nicht immer den Weg nehmen, unsere Wünsche zu untersuchen und sie uns bewusst zu machen. Wir können auch ganz direkt aus unseren spontanen Gefühlen und Verhaltensweisen Rückschlüsse auf die Ausstrahlung unseres Umfeldes ziehen. Deshalb ergänzen wir unsere Realitätsabbildungen in unserem Gehirn durch einen *siebten Sinn:* **die Beobachtung von uns selbst**.

***Zu was für einem Menschen werde ich gerade?***
***In welcher „Rolle" fühle ich mich?***

Fühle ich mich frei, offen und liebevoll, dann könnte es sein, dass ich mich mit einem Umfeld verbunden habe, das ebenso eine freie, offene und liebevolle Ausstrahlung hat.

Fühle ich mich gestresst, klein oder ausgeschlossen, dann könnte es sein, dass ähnliche Dynamiken in meinem aktuell mit mir verbundenen Umfeld vorhanden sind. Auch wenn ich es mit meinen bisherigen sechs Sinnen nicht wahrnehmen kann.

Fühle ich mich bedürftig, könnte es sein, dass sich mein Umfeld auf einer versteckten Ebene ebenso bedürftig fühlt.

Fühle ich mich verwirrt, könnte mein mit mir verbundenes Umfeld ebenso verwirrende Anteile enthalten.

Habe ich den Wunsch, mich dominant zu verhalten, könnte mein mit mir verbundenes Umfeld eventuell einen Wunsch nach so einer Dominanz haben, den ich gerade erfülle.

Fühle ich mich ebenbürtig und kraftvoll, könnte ich mich mit einem kraftvollen Umfeld verbunden haben, das alles so anerkennt, wie es ist.

Natürlich müssen wir vorsichtig mit Behauptungen sein und unsere Rückschlüsse testen. Es könnte genauso gut sein, dass wir uns irren und eine Unstimmigkeitserfahrung machen, wenn wir anderen Menschen unsere Interpretationen mitteilen. Schließlich *projizieren* wir in unserem Gehirn die Realität. Wir schauen permanent in den Spiegel. Vielleicht wirken auch Wünsche in uns, die momentan mit unserem Umfeld wenig oder gar nichts zu tun haben? Oder wir ziehen falsche Schlüsse? Deshalb können wir uns nicht auf einer Sichtweise oder Deutung ausruhen, sondern müssen unsere Realitätsabbildung überprüfen, korrigieren und stimmiger gestalten. Dies tun wir, indem wir weiter unser Umfeld und uns selbst beobachten und nach sich wiederholenden Mustern Ausschau halten, die letztendlich unser Bild bestätigen.

Es bleibt immer die Frage offen:

**Wo wirken welche Wünsche?**

Unser siebter Sinn – die Beobachtung unserer eigenen Gefühle, Gedanken, Aktivitäten und Bewertungen – hilft Jacqueline und mir oft, in jeder Situation noch stimmiger zu beantworten, wo welche Wünsche wirken. Wir schließen diesen siebten Sinn in unsere Gesamtbeobachtung mit ein. Wenn wir mit berücksichtigen, wie wir uns in einer Situation verhalten, fühlen, wie wir bewerten, welche Wünsche wir haben, wie wir denken oder welche inneren Bilder uns kommen, dann erhalten wir bisweilen überraschend neue Erkenntnisse über unser Umfeld. Sie fühlen sich stimmiger an als alles zuvor und wir erfahren viele Bestätigungen.

Noch einmal: Die Umgebung, mit der wir uns verbinden, beeinflusst mehr oder weniger unsere „Form“, unsere Wünsche und was sich aus unseren Wünschen für Gefühle und Verhaltensimpulse entwickeln. Also können wir aus unseren Gefühlen und Verhaltensimpulsen eventuell auch einige Rückschlüsse auf unsere Umgebung ziehen.

Vorsicht! Das ist *keine* Verantwortungsabgabe oder Schuldzuweisung an das Umfeld in dem Sinne: „Du bist schuld daran, wie ich mich verhalte!“ Wie Sie in Kapitel II bereits gelesen haben: Wir sind immer selbst dafür verantwortlich, wie wir mit Impulsen umgehen wollen, die *möglicherweise* vom Umfeld ausgelöst worden sind. Bezogen auf den *Umgang* mit etwas sind wir immer eigenverantwortlich. Dieser siebte Sinn „Selbst-Beobachtung“ ist lediglich eine *mögliche Ergänzung* unserer bisherigen sechs Sinne.

Übrigens können wir genauso gut umgekehrt beobachten: Wie verhalten sich andere Menschen im Kontakt mit uns? Dort, wo wir ihre „Umgebung“ darstellen und sie uns zur Verfügung stehen? Beispielsweise unsere Kinder? Oder unsere Angestellten? Welche Gefühle und Verhaltensimpulse haben sie innerhalb des Rahmens, den wir ihnen bieten? Was können wir aus ihrem Verhalten für Rückschlüsse auf unseren Rahmen oder unsere Ausstrahlung ziehen? **Mit solchen Fragen nutzen wir die Menschen um uns herum gezielt als Spiegel für uns selbst.**

*Jacqueline:*

Erste praktische Beispiele:

Als mein Sohn ca. zwei Monate alt war, hat er jeden Abend geweint. Er war satt und wollte nichts mehr trinken, er hatte eine trockene Windel und hatte auch keine Bauchschmerzen. Ich wusste einfach nicht, was mit ihm los war. Er weinte und ich versuchte es mit Herumtragen und mit Wiegen – nichts konnte das Kind beruhigen. Nach zwei Stunden war ich verzweifelt und war völlig k.o. Ich legte mich mit dem Kind auf dem Bauch ins Bett und weinte einfach mit. Innerhalb von 10 Minuten waren wir beide eingeschlafen.

Was war passiert?

Ein Baby fühlt den ungelösten Schmerz seines Umfeldes. Da es meistens noch ganz im Fluss der Gefühle ist, drückt es den Schmerz, den es vom Umfeld wahrnimmt, einfach durch Weinen aus. Weint das Umfeld diesen Schmerz selbst aus, dann wird er verarbeitet, kann verschwinden und auch das Baby muss ihn nicht mehr fühlen und nicht mehr ausdrücken.

Meine Freundin hatte eine sehr schwere Geburt mit Komplikationen, die in einem Notkaiserschnitt endete. Es ist für alle gut ausgegangen. Doch Mutter und Kind hatten einige Schocks hinter sich. Als ich sie wenige Wochen nach der Geburt besuchte und Mutter wie Kind mit Hilfe meiner Körpertherapie hnc entstresste, erzählte mir meine Freundin, dass ihr Sohn sehr häufig weine. Obwohl er todmüde war, konnte er einfach nicht in den Schlaf finden. Während der Behandlung ihres Sohnes geschah dann genau das. Er weinte und ließ sich nicht beruhigen. Als ich meine Freundin beobachtete, sah ich, dass sie gegen ihre Tränen ankämpfte. Daraufhin fragte ich sie: „Was fühlst du gerade?" – „Es tut mir so weh, dass er so leiden muss. Ich bin so hilflos, weil ich ihm nicht helfen kann."

Ich bat sie, ihren Tränen freien Lauf zu lassen. Eine Mutter muss nicht immer stark sein und die Tränen unterdrücken, sondern sie sollte authentisch sein. Dann muss das Kind nicht die Tränen weinen, die sie unterdrückt. Augenblicklich fing sie ganz heftig an zu weinen und all die fürchterlichen Erinnerungen an die Geburt kamen hoch. Sie weinte darüber ausgiebig mit ihrem Sohn in ihrem Arm. Dieser beruhigte sich sehr schnell und schlief dann ganz friedlich. Seit diesem Tag konnte ihr Sohn viel leichter in den Schlaf finden.

Die gleiche Erfahrung durfte eine Frau machen, die zu meinem Vortrag „Kinder beHERZt begleiten" gekommen war. Im Anschluss an diesen Vortrag gebe ich dafür Raum, dass eine Person aus dem Publikum eine Aufstellung für sich und ihr(e) Kind(er) machen darf. Auch diese Frau hatte das Problem, dass ihr Kind (zwei Monate alt) abends stundenlang weinte und sie es durch nichts beruhigen konnte. Ich fragte sie, wie es ihr damit ging und sie antwortete, dass sie am liebsten mitweinen würde, doch das ginge ja nicht. Denn eine Mutter müsse ja stark sein.

Ich erklärte ihr, dass ihr Kind all die Tränen weint, die sie unterdrückt und nicht weint. Ihr Kind ist in Resonanz mit ihr und fühlt alle ihre Gefühle – auch ihren Schmerz. Und da Kinder Gefühle meist noch ganz frei ausdrücken, weint ihr Kind ihren Schmerz aus. Sie kann ihrem Kind helfen, indem sie selbst ihre Gefühle zulässt und ihren Schmerz ausweint. Ich teilte ihr auch mit, dass eine Mutter nicht immer stark sein muss – sie darf auch einmal Schwäche zeigen und sie erlaubt damit ihrem Kind, dass es sich auch einmal (problemlos) schwach fühlen darf. Mit diesen Worten ging die Frau nach Hause. Nach 14 Tagen kam die Mutter der Frau (Großmutter des Babys) zu einem Workshop von mir und berichtete, dass sich ihre Tochter seit dem Vortragsabend in einem heftigen Prozess befindet. Sie weint sehr viel und ihr Baby ist tiefenentspannt.

Die Babys können als Spiegel für die Eltern gesehen werden. Die Eltern geben dem Baby einen Rahmen und beeinflussen es. Das Baby drückt teilweise auch diejenigen Gefühle der Eltern aus, die die Eltern in sich ausschließen und als ‚nicht dazugehörig' bewerten.

*Olaf:*

Unsere sechste These lautet demnach:

1. Wir Menschen schauen permanent in den Spiegel.
2. Wir haben die volle Verantwortung dafür, *wie* wir auf ein Verletzungsgefühl schauen und *wie* wir damit umgehen.
3. Wir sind unseren Wünschen entsprechend aktiv, beobachten Stimmigkeiten oder Unstimmigkeiten und ziehen Konsequenzen aus unserem Gefühl.
4. Wir beeinflussen unsere Gefühle, indem wir uns unsere dahinterstehenden Wünsche bewusst machen und anschließend herauf- oder herunterregeln.
5. Auf einer tiefen, nicht wahrnehmbaren Ebene ist alles mit allem verbunden.
6. **Der siebte Sinn des Menschen:**
   a. **Wir beobachten unsere eigenen Wünsche und Verhaltensweisen und ziehen daraus Rückschlüsse auf den Rahmen unseres Umfeldes, mit dem wir uns verbunden haben.**
   b. **Umgekehrt beobachten wir unser Umfeld und ziehen Rückschlüsse auf unseren eigenen Rahmen, den wir selbst anbieten.**

## Wie wir Rückschlüsse auf unser Umfeld ziehen können

*Olaf:*

Damit keine Verwechslungen passieren, möchte ich erwähnen: In diesem Abschnitt formulieren wir Autor*innen immer noch Zusammenhänge, wie wir unser Umfeld möglichst stimmig in unserem Gehirn abbilden können, wie wir unsere Realitätsabbildungen verfeinern können. Wir formulieren noch nicht, wie wir unser Umfeld als Spiegel für uns selbst einsetzen. Im Moment schauen wir noch darauf, was unser eigenes Verhalten uns über unser Umfeld verrät, mit dem wir gerade in Kontakt stehen.

Wie dann unser Umfeld ein Spiegel für uns selbst darstellen kann, zeigen wir im fünften Kapitel. Trotzdem stellen Sie sich bitte schon einmal darauf ein: Beides gehört irgendwie zusammen ...

Es folgen nun 11 verschiedene Möglichkeiten, welche Rückschlüsse wir aus unseren Gefühlen und unserem Verhalten auf unser Umfeld ziehen können:

1. ***Bin ich jetzt gerade so, wie mein Umfeld ist?***

Der einfachste Maßstab, den ich einsetzen kann, um Rückschlüsse aus meinem Verhalten auf mein Umfeld zu ziehen, ist das „Spiegelgesetz", das die meisten Ratgeber formulieren: ***Gleiches zieht Gleiches an. Wie innen, so außen. Wie außen, so innen. Resonanz.***

Mein Umfeld gibt mir einen Rahmen, an den ich mich unbewusst mit meinen Gefühlen und meinem Verhalten teilweise anpasse.

> ***Ein Teil von mir denkt, fühlt oder verhält sich möglicherweise genau so, wie mein Umfeld es gerade tut.***

Beispiele:

Ich habe schlechte Laune. Das könnte daran liegen, dass ich mit meinem Umfeld, das gerade ebenso schlechte Laune hat, mitfühle.

Ich habe gute Laune, weil vielleicht mein Umfeld gute Laune hat.

Ich fühle mich gerade besonders vorsichtig, weil ich mich in Resonanz zu meinem Umfeld befinde, das gerade eine Vorsicht in sich hat.

Ich verhalte mich gerade besonders rücksichtslos, also könnte mein Umfeld eine Form von Rücksichtslosigkeit ausstrahlen.

Ich fühle mich gerade ängstlich, also könnte mein Umfeld ängstlich sein.

Ich fühle mich gestresst, also könnte mein Umfeld gestresst sein.

Ich fühle mich besonders ausgeglichen, also könnte mein Umfeld gerade eine Ausgeglichenheit leben.

Ich fühle mich gerade erleuchtet, also könnte sich mein Umfeld in einem Erleuchtungszustand befinden.

Zu diesem letzten Beispiel: Genau das ist der Grund, warum viele Menschen Erleuchtete aufsuchen und sich gerne in ihrem Umfeld aufhalten. Sie fühlen sich im Kontakt mit demjenigen tendenziell auch erleuchtet.

*Jacqueline:*

Vor vielen Jahren, als meine Kinder noch in der Grundschule waren, wachte ich eines Morgens auf und es ging mir sehr schlecht. Ich quälte mich trotzdem aus dem Bett, um meine Kinder zu wecken und ihnen Frühstück und Vesper für die Schule zu machen. Als ich meinen Sohn weckte, stöhnte dieser: „Oh, mir geht es so schlecht. Ich mag nicht aufstehen!“ Es waren genau die Worte, die ich zehn Minuten zuvor selbst gedacht hatte. Mein Sohn hatte gut und lange geschlafen – eigentlich müsste er wirklich fit sein. Mir fiel in dem Moment ein, dass Kinder ja in Resonanz zu ihren Eltern schwingen und dass er vielleicht einfach nur mich und mein Gefühl in sich selbst wahrnahm. Ich sagte zu ihm: „Du, das was du da fühlst, das sind *meine* Gefühle: *Mir* geht es heute nicht gut. Das hat mit dir gar nichts zu tun!“ Dann ging ich wieder aus seinem Zimmer.

Fünf Minuten später hörte ich ihn pfeifend ins Bad gehen.

Wenn es einem anderen Menschen bewusst wird, dass er mir gerade mit seinen Gefühlen zur Verfügung steht oder einfach nur mich wahrnimmt, dann kann er – wenn es für ihn stimmig ist – von den Resonanzgefühlen loslassen und muss nicht weiter zur Verfügung stehen.

Als ich vor einigen Jahren sonntags aufstand, weil ich Workshop hatte, fühlte ich bereits schon zu diesem Zeitpunkt heftige Kopfschmerzen. Später im Workshop erzählte dann eine Frau, dass sie Kopfschmerzen habe, seit sie in den Raum gekommen sei. Als ich ihr dann erzählte, dass sie wahrscheinlich meine Kopfschmerzen wahrnehme, verschwanden ihre augenblicklich.

Das Gleiche – nur umgekehrt – habe ich selbst auch öfters erlebt. Ich spürte die Kopfschmerzen anderer Menschen, denen ich mich zur Verfügung gestellt hatte. Ich kenne diese Resonanzgefühle seit meiner Reiki-Ausbildung. Bereits damals und auch heute noch als Heilpraktikerin mache ich mir diese Resonanzgefühle manchmal zunutze. Wenn ich während der Behandlung einer Klientin in mir selbst plötzlich ‚neue' Beschwerden fühle, frage ich die Klientin, ob sie Probleme in dem Bereich hat, den ich bei mir gerade als problematisch wahrnehme. Meistens ist es ein ‚Volltreffer'.

Ich fasse noch einmal allgemein formuliert zusammen:

Eine Teilnehmerin fühlte Kopfschmerzen, weil sie den Kopfschmerz der Rahmen gebenden Seminarleiterin „wahrgenommen" hat. Mein Sohn fühlte keine Energie, weil ich als seine Rahmen gebende Mutter keine Energie hatte. Er spürte unbewusst meinen Zustand und es spiegelte sich in seinem eigenen Verhalten wider. Eine Heilpraktikerin kann im optimalen Fall manche Beschwerden ihrer Klienten eins zu eins in sich selbst erspüren, wenn sie sich dem Klienten und seinem Leid zur Verfügung stellt und sich damit seinem Leid-Rahmen unterordnet.

*Olaf:*

Meine Cousine erzählte mir einmal, dass ihre Kinder immer genau dann unruhig seien, wenn sie sich als Mutter selbst unruhig fühlt. Gerade die Momente, in denen sie Stress fühle und eigentlich mehr Ruhe bräuchte, seien von unruhigen und gestressten Kindern begleitet.

Die Kinder erspüren ihr Rahmen gebendes Umfeld und drücken es in ihrem eigenen Verhalten aus. Wenn die Kinder das Bewusstsein dafür hätten, könnten sie also aus ihren eigenen Gefühlen und Verhaltensimpulsen Rückschlüsse auf den Gemütszustand ihrer Eltern ziehen.

Wichtig! Überprüfen Sie Ihre Schlussfolgerung und Vermutungen mit Ihren anderen sechs Sinnen. Beobachten Sie genau, was der andere tut oder was er sagt und ob Sie eine Parallele zu Ihrer Schlussfolgerung entdecken. Wenn Ihre übrigen Sinne dies aber nicht bestätigen, würde ich als nächstes nachfragen, wie es dem anderen gerade geht, bevor Sie Ihre Vermutung in eine Behauptung verwandeln. Erforschen Sie die Situation immer mit *allen* Sinnen, um eine möglichst exakte Realitätsabbildung in sich herstellen zu können und schlimmere Missverständnisse zu vermeiden. Forschen Sie immer in *alle* Richtungen.

## 2. *Lebe ich ein momentan nicht gelebtes Verhaltensmuster vom Umfeld aus?*

Habe ich beim Suchen nach Übereinstimmungen und beim Nachfragen keine Bestätigung für meine Vermutung über mein Umfeld erhalten, dann könnte auch folgender Fall eingetreten sein:

> ***Ein Teil von mir denkt, fühlt oder verhält sich möglicherweise gerade genau so, wie mein Umfeld es an meiner Stelle tun würde.***

Da es sich aber nicht an meiner Stelle befindet, fühlt und verhält es sich im Moment auch nicht so und kann mir dementsprechend auch keine *direkte* Bestätigung liefern. Trotzdem ist dieses Verhaltensmuster oder Gefühl in meinem Umfeld als Möglichkeit oder Fähigkeit „gespeichert" und liefert mir den Rahmen für mein Verhalten.

Beispiele:

Eine Teamleiterin verhält sich gegenüber ihrem Team strenger als sie es „eigentlich" tun würde. Sie möchte viel lieber locker mit ihrem Team umgehen und fragt sich, warum sie sich so verhält. Als sie ihren eigenen Chef bewusst beobachtet, wie er mit seinen Angestellten umgeht, erkennt sie eine ähnliche Strenge, wie sie es lebt. Ihre Strenge entspricht der Strenge des Chefs. Auch wenn er mal gute Laune hat und nicht streng wirkt, hat sie immer das Gefühl, unter seiner Beobachtung mit ihrem Team streng umgehen zu müssen. Sie geht so mit ihrem Team um, wie ihr Chef es an ihrer Stelle tun würde.

Ein Jugendlicher hat vor seinem Abitur extreme Prüfungsangst, obwohl er in seinem sonstigen Leben kaum Ängste zeigt. Bei näherer Untersuchung wird klar, dass seine Eltern (sein Rahmen gebendes Umfeld) in Prüfungssituationen auch extreme Ängste haben. Der Vater ist damals beim Abitur im ersten Anlauf durchgefallen. Der Sohn fühlt sich so, wie sich der Vater an seiner Stelle gefühlt hatte.

Als ich noch Jugendlicher war, habe ich mich im Kontakt mit fremden Menschen oft äußerst gehemmt gefühlt. Später habe ich von meinen Eltern Geschichten aus ihrer Jugend erzählt bekommen, aus denen ich schließen konnte, dass sie sich damals auch sehr gehemmt gefühlt haben mussten. Ich habe mich so gefühlt, wie sich meine Eltern gefühlt hatten.

Beim Studium hatte ich einen Klavierlehrer, der bei eigenen Konzerten unter starkem Lampenfieber litt, so dass er seine Karriere als Solo-Pianist aufgeben musste. Stattdessen unterrichtete er nun an der Musikhochschule. Bei meiner Abschlussprüfung unter seiner Begleitung litt ich unter mehr Lampenfieber, als ich es bis dorthin von mir kannte. Ich fühlte mich so, wie mein Lehrer sich an meiner Stelle gefühlt hätte.

Immer wenn Yvonne mit ihrer Tochter ihre Verwandten besuchte, erlebte sie, wie sie sich selbst etwas distanzierter gegenüber ihrer Tochter verhielt, als zu Hause, wenn sie miteinander allein waren. Bei näherer Betrachtung zeigte sich, dass die Verwandten auch distanzierter mit Kindern umgingen, als Yvonne es „eigentlich" tun würde. Yvonne verhielt sich so, wie sich die Verwandten an ihrer Stelle verhalten würden.

Ich habe einmal in einer Freien Systemischen Aufstellung die Rolle eines aufstellenden Teilnehmers eingenommen und mich im Laufe dieser Aufstellung plötzlich absolut befreit und harmonisch gefühlt. Ich fühlte eine „harmonische Leere", fast „erleuchtet". Nach der Aufstellung berichtete mir der Teilnehmer, dass er sich zwar im Moment nicht so fühlt, aber dass er früher bei intensiven Meditationen schon öfter solche Befreiungserfahrungen erlebt hatte und es ihn nicht wundert, dass ich in seiner Rolle so fühlen würde. Ich fühlte mich in der Aufstellung so, wie sich der Aufsteller aufgrund seiner bisherigen Erfahrungen an meiner Stelle fühlen könnte, momentan aber nicht so fühlte.

Ich glaube, in unserer Gesellschaft beobachtet zu haben, dass ein Trainer (Fußball, Volleyball, Handball etc.) seine Mannschaft leichter zum Gewinn einer Weltmeisterschaft führen kann, wenn er in seiner Laufbahn als Sportler selbst Weltmeister geworden war und diese Erfahrung in sich trägt. Seine Mannschaft verhält sich so, wie sich ihr Trainer früher an ihrer Stelle als aktiver Sportler verhalten hat: Er wurde Weltmeister.

Wenn Sie also Ihr Umfeld erforschen, indem Sie sich selbst beobachten, und haben keine *direkte* Resonanz gefunden (Gleiches zieht Gleiches an), dann fragen Sie Ihr Umfeld: Wie würde derjenige sich fühlen/verhalten, wenn er in Ihrer Situation wäre? Kennt er Ihr Gefühl/Verhalten aus seinem eigenen Leben? Durch diese Fragen könnten Sie vielleicht eine Bestätigung dafür erhalten, dass Sie sich in Resonanz zu einem Verhaltensmuster des anderen befinden, welches er gegenwärtig aber weder selbst fühlt noch ausagiert.

### 3. *Drücke ich ein verstecktes Verhaltensmuster vom Umfeld aus?*

Es besteht die Möglichkeit, dass ein Mensch sich im Laufe seines Lebens auf eine bestimmte Weise trainiert hat. Er hat es beispielsweise unbewusst geübt, sein Unsicherheitsgefühl mit einem selbstsicheren Verhalten zu überspielen (Maske), um die Unsicherheit nicht zuzugeben. Das könnte der Grund sein, warum wir oft gegenüber stark dominant auftretenden Menschen ein Unsicherheitsgefühl in uns wahrnehmen.

***Ein Teil von mir fühlt sich möglicherweise gerade genau so, wie mein Umfeld sich fühlt, es aber nicht zugeben möchte, sondern es hinter einem anderen entgegengesetzten Verhalten versteckt.***

Beispiele:

Meine Mutter hatte damals die Tendenz, sehr laut und aggressiv mit uns Kindern zu schimpfen, wenn sie sich ohnmächtig fühlte. Aber anstatt dass ich ebenso aggressiv wurde, laut gegen sie zu schimpfen begann und mich damit ihrer Energie anpasste, fühlte ich mich eher ohnmächtig. Ich befand mich nicht in Resonanz zu dem, was sie ausdrückte, sondern zu ihrem versteckten Grundgefühl. Ich fühlte ihre Ohnmacht und dachte, es sei meine.

*Jacqueline:*

Olaf und ich hatten einmal einen Vermieter, der auf den ersten Blick ziemlich harte und strenge Briefe und E-Mails schickte, wenn es einen Konflikt zwischen uns gab. Ich fühlte mich beim Lesen und im Kontakt mit ihm dann oft ausgeliefert, abhängig, klein und schwach – und vor allem hilflos. Erst als ich durch den Mieterverein mehr Informationen über meine Rechte erhielt, konnte ich entdecken, wie viele ‚leere' Worte in diesen Briefen steckten. Als der Vermieter dann wegen anstehender Reparaturen ins Haus kam, konnte ich seine Hilflosigkeit, seine Unsicherheit und sein ‚Sich-klein-fühlen' mit meinen anderen Sinnen bewusst beobachten. Er versteckte dieses hinter einer Maske aus Überlegenheit. Seit mir dies bewusst war, konnte ich mich im Kontakt mit ihm entspannter fühlen.

Ein weiteres Beispiel aus meiner Praxis: Ein erwachsener Sohn kam in die Praxis, weil er extrem schmerzempfindlich war und sich von der Mutter darin nicht verstanden fühlte. Die Mutter wunderte sich, warum der Sohn so schmerzempfindlich war. Auch über ihren Mann, den Vater des Kindes, wunderte sie sich, denn er stöhnte bei Krankheit mehr, als sein empfundenes Leid es ihrer Meinung nach rechtfertigen würde. Möglicherweise standen Vater und Sohn mit ihrer Schmerzempfindlichkeit der Mutter zur Verfügung. Sie hielt Schmerzen aus und überspielte es mit den Worten: „Ja, ist nicht so schlimm." Wenn sie selbst Schmerzen erlebte, konnte sie fast nie darüber weinen. Wenn aber andere in ihrer Gegenwart litten, hatte sie einen klaren Kopf und wenig Empathie. Dieser klare Kopf hatte einerseits den Vorteil, dass sie schnell handeln konnte. Sie konnte z. B. einen Verletzten blitzschnell versorgen, weil sie in der Lage war, klare Gedanken zu fassen. Andererseits fehlte dem Sohn bei der Mutter aber häufig das Tröstende, das Mitfühlende, das Verständnisvolle. Wenn die Mutter nicht immer die „Starke" spielen müsste, würden vielleicht Vater und Sohn auch nicht mehr so extrem den Gegenpol spiegeln: die Schmerzempfindlichkeit.

Zu diesem Punkt Nr. 3 passen auch die bereits erwähnten Beispiele, dass ein Baby die versteckte, nicht gelebte Trauer der Mutter fühlt und ausdrückt. Die Mutter scheint nach außen hin „stark" zu wirken, fühlt aber in Wirklichkeit intensive Traurigkeit. Das Baby lebt die Traurigkeit aus.

### 4. *Lebe ich ein vom Umfeld bekämpftes Verhaltensmuster?*

*Olaf:*

Eine Steigerung zum vorigen Punkt ist die folgende Möglichkeit:

Oft kommt es vor, dass Menschen eine Aversion, eine starke Abwehr gegen etwas entwickelt haben, die sie permanent mit sich herumtragen, es aber irgendwann nicht mehr merken („permanent" = Gleichgewicht = Wahrnehmung verschwindet). Diese permanent vorhandene Abwehr wird ihnen erst wieder bewusst, wenn sich ein anderer Mensch so zu verhalten beginnt, wie sie es eigentlich tief in ihrem Herzen ablehnen. Hier ist ihnen etwas *zu viel, was sie nicht wollen*.

Im Kontakt mit solchen Menschen könnte man unbewusst in eine Rolle hineinrutschen, die genau das darstellt, was für diese Menschen zu viel ist und wogegen sie sich demnach immer wieder wehren.

***Ein Teil von mir verhält sich möglicherweise gerade genau so, wie mein Umfeld es überhaupt nicht möchte und es mit extrem starker Abwehr scharf verurteilt.***

Die Abwehr eines anderen Menschen könnte mich unbewusst drängeln, eine bestimmte Rolle zu übernehmen, um seine Abwehr zu triggern und wieder bewusst werden zu lassen. Dadurch könnte die Abwehr vom anderen neu hinterfragt und vielleicht sogar erlöst und in eine neue Klarheit transformiert werden (wenn der andere offen dafür ist).

Wenn ich mich auf eine bestimmte Weise verhalten habe (wobei ich mich oft frage, was ich hier eigentlich tue) und mein Gegenüber reagiert mit heftiger Abwehr darauf, dann weiß ich nachträglich, warum ich mich wohl so verhalten habe: Die heftige emotionale Abwehr des anderen ist für mich immer wieder eine Bestätigung dafür, dass mein Verhalten diese Abwehr an die Oberfläche holen und bewusst werden lassen wollte – entweder mir selbst oder dem anderen oder uns beiden. Im gelösten Zustand müsste sich der andere nicht heftig und emotional wehren, weil er klar und selbstsicher eine Grenze setzen kann.

Ein Beispiel dafür könnte im Jahr 2009 mein Impuls gewesen sein, mich von Jacqueline zu trennen. Ihre damals sehr stark ausgeprägte Verlustangst führte zu vielen unstimmigen Realitätsprojektionen, in denen sie sich verlassen fühlte, aber in „Wirklichkeit" gar nicht verlassen wurde. Sie hatte eine emotional sehr starke Abwehr gegen jeglichen scheinbaren Verlust und gegen jegliche scheinbare Distanz innerhalb der Beziehung. Mein Impuls, mich zu trennen, entsprach dann genau dem, was Jacqueline absolut nicht ertragen konnte: Sie konnte mich nicht gehen lassen.

Das soll nicht bedeuten, dass ein Verlust im gelösten Zustand nicht weh tun sollte. Doch Jacquelines Angst vor Verlustschmerz war unangemessen stark, wesentlich stärker als „normal". Das ist die subjektive Einschätzung von uns beiden. Es waren viele unverarbeitete Verlustschmerzen aus ihrer Vergangenheit daran gekoppelt, viele Phantomschmerzen, die sie dann in der Trennungsphase Schritt für Schritt verarbeiten und dadurch auflösen konnte.

Kurz: Durch einen Impuls in mir, mich von jemandem zurückzuziehen, könnte ich die Vermutung anstellen, dass er möglicherweise eine unangemessen starke Verlustangst hat. Das würde sich darin bestätigen, dass er sich durch meinen Rückzug ganz besonders verletzt fühlt – anstatt meinen Wunsch nach Rückzug anzuerkennen und mich liebevoll gehen lassen zu können.

Natürlich müsste ich das wieder einmal mit allen Sinnen überprüfen. Denn wenn ich mich zurückziehe und der andere kann mich liebevoll gehen lassen (zwar mit Tränen in den Augen aber ohne Abwehr), dann hat er wohl eher *keinen* ungelösten alten Verlustschmerz. Mein Rückzugswunsch ist dann allein meiner und von außen wahrscheinlich unbeeinflusst.

*Jacqueline:*

Als Olaf mir mitteilte, dass er allein nach Köln zieht, fühlte ich den Schmerz, ‚einen lieben Menschen kennengelernt zu haben und ihn wieder loslassen zu müssen'. Genau das hatte ich als Kind mehrfach erlebt:

1. Gleich nach der Geburt nahmen mich die Ärzte in der DDR meiner Mutter für drei Tage weg. Das war damals so üblich. Aus der Geborgenheit der Gebärmutter kam ich in die Kälte des Kinderbettchens im Krankenhaus.
2. Es gab in dem Haus meiner Großeltern, in dem meine Eltern zur Zeit meiner Geburt noch lebten, teilweise emotionale Distanzen. Meine Großmutter empfahl meiner Mutter, mich abzustillen und nachts durchschreien zu lassen, damit bald Ruhe einkehrt. So wurde ich immer wieder „verlassen". Neben dieser Distanz gab es meinen Vater, der mich einfach im Ehebett schlafen ließ. Das verbinde ich mit viel Wärme und Liebe.
3. Sechs Monate nach meiner Geburt wurde mein Vater von der Stasi verhaftet, weil er sich als Student 1968 für einen Sozialismus mit menschlichem Antlitz (Prager Frühling) eingesetzt hatte. Seine Verhaftung war ein großer Verlust für mich, der nun wieder aufgetaucht war, als Olaf ging.

Kinder sind große Meister darin, durch ihr spontanes Verhalten sämtliche Schwächen, Abwehrgefühle und unverarbeitete Schmerzen bei den Eltern zum Vorschein zu bringen. Sie spüren, was die Eltern noch nicht integrieren können, und agieren genau das aus. Hier ein Beispiel von meinen Kindern:

In meiner eigenen Kindheit hatten meine Eltern einige Erwartungen an mich, was sich für mich nicht gut anfühlte. Daher entwickelte ich später als Erwachsene eine Abwehr gegen die Erwartungen anderer. Es war sogar noch schlimmer: Ich projizierte in die ‚normalen Wünsche' anderer Menschen Erwartungen. Später erlebte ich in einem Telefonat mit meiner Mutter, dass sie sich genauso verhielt. Sie deutete einen Wunsch von mir als Erwartung und konnte nicht sehen, dass ich sie ganz frei gab, den Wunsch zu erfüllen oder nicht. Ich brauchte einige Zeit und Erklärungen, bis sie meinen Wunsch als reinen Wunsch erkennen konnte.

Meine eigenen Kinder spürten natürlich meine Abwehr gegen Erwartungen und hatten dementsprechend extrem viele Wünsche an mich, so dass ich mit meiner Abwehr konfrontiert wurde. Es gelang mir eine ganze Weile, ihre Wünsche zu erfüllen. Doch irgendwann wurde es mir zu viel und meine Abwehr drückte sich in Form von Grenzsetzungen aus.

Besonders in der Trotzphase und in der viel beklagten Pubertät – wenn die Kinder anfangen, eigene Wege zu gehen – provozieren die Kinder die Schwächen, Abwehrgefühle und unverarbeiteten Schmerzen der Eltern. Wie heftig die Trotzphasen und die Pubertät ausfallen, liegt nicht an den Kindern, sondern an den Rahmen gebenden Eltern. Können die Eltern die Provokationen der Kinder als Spiegel für sich selbst anerkennen und lösend nutzen, gestalten sich diese Phasen viel entspannter – für beide Seiten. Der gelöste Zustand ist eingetreten, wenn die Eltern mit dem Verhalten der Kinder gelassen, klar und fair umgehen können, ohne noch mit eigenen unerlösten Themen konfrontiert zu sein.

### 5. *Vermeide ich gerade das vom Umfeld bekämpfte Verhaltensmuster?*

*Olaf:*

Natürlich besteht auch die Möglichkeit, umgekehrt zu reagieren. Besonders wenn die Gefahr besteht, dass mein Gegenüber mich aggressiv bestraft. Wenn ein Teil in mir gerade *keine* Abwehr eines anderen Menschen auslösen möchte, wenn ich also *keinen* Kampf und *keine* Strafe triggern möchte, dann vermeide ich genau das Verhalten, das den anderen auf die Palme bringt.

> ***Ein Teil von mir verhält sich möglicherweise gerade so, dass ich in meinem Umfeld möglichst keine Abwehr und keine scharfe Verurteilung auslöse.***

Anhand meines spontanen, vermeidenden Verhaltens kann ich Rückschlüsse darauf ziehen, was mein Umfeld möglicherweise *nicht* möchte oder wodurch es in ein Ungleichgewicht geraten würde.

… Als ich hier bei der Arbeit an dem Buch zu diesem Punkt gelangte und mich ausführlicher damit beschäftigen und nach Beispielen suchen wollte, fühlte ich, erst einmal eine Pause einlegen zu wollen. Ich machte den Computer aus und entspannte mich. Dabei fiel mir auf, dass ich selten eine Pause brauche. Ich kann oft stundenlang durchschreiben. Warum *jetzt*?

Beim Nachfühlen wurde mir bewusst, dass ich mich wohl in Resonanz zum Thema befand: Vermeidung. Ich vermied, weiter an dem Buch zu arbeiten.

Aber das Buch konnte doch nicht böse auf mich werden?

Ich fühlte noch tiefer und noch „ehrlicher" in mich hinein – und mir wurde bewusst, dass dieser Punkt einen meiner stärksten Verhaltensmuster in meinem Leben repräsentiert. Ein großer Teil von mir versucht immer zu erspüren, wo andere Menschen eine starke Abwehr haben, um möglichst zu vermeiden, ihre Wut oder gar ihre Kriegstrance auszulösen. Nur wenn es mir selbst mit der Vermeidung ganz schlecht geht, bleibt mir nichts anderes übrig, als notgedrungen die Kriegstrance des anderen auszulösen.

Beim weiteren Nachdenken kam ich zu dem Ergebnis, dass dies wohl nicht nur mir so gehen würde. Unsere gesamte Gesellschaft baut in weiten Teilen auf Vermeidungsverhalten und Rechtfertigungen auf. Ein Vermeidungsverhalten hat zum Ziel, beim Gegenüber möglichst keine Härte, Wut oder gar Bestrafungsimpulse zu wecken. Rechtfertigungen haben zum Ziel, etwas bereits Getriggertes durch Erklärungen möglichst wieder beschwichtigen zu können.

Das ist eindeutig ein Thema, an das viele unerlöste Traumata gekoppelt sind. Viele Menschen sind durch die strenge Erziehung ihrer Eltern blockiert und leben noch heute ein vermeidendes Verhaltensmuster, das sie in ihrer Kindheit gelernt haben, obwohl sie es in der Gegenwart nicht mehr unbedingt brauchen.

Deshalb ist auch hier natürlich immer wieder die Frage: Fühle ich gerade tatsächlich, dass der andere gegenwärtig wütend werden würde, wenn ich etwas Bestimmtes tue? Oder fühle ich gerade emotionale Phantomschmerzen? *Projiziert* mein Gehirn vielleicht in mein Umfeld, dass es reizbar ist? Oder ist hier *tatsächlich* das Potenzial einer Kriegstrance beim anderen vorhanden? Was projiziere ich und was erspüre ich wirklich?

Um das genauer zu erforschen, müsste ich mir erlauben etwas zu tun, wodurch ich glaube, mein Umfeld wütend zu machen (**Aktivität**). Und dann **beobachten**, was passiert, und meine Schlüsse (**Bewertung**) daraus ziehen.

*Jacqueline:*

Dieser fünfte Punkt entspricht dem ‚Brave-Tochter-Syndrom'. Allerdings gibt es natürlich nicht nur ‚brave' Töchter und Frauen, sondern auch ‚brave' Söhne und Männer.

Manche Kinder lernen, sich möglichst so zu verhalten, dass es ihren Eltern gut geht und dass möglichst kein Stress bei den Eltern ausgelöst wird. Dabei unterdrücken die Kinder ganz viele Impulse in sich, bis dahin, dass sie keine Impulse mehr haben. So ein Verhalten kann für das Kind eine wichtige Kompetenz sein, denn man kann dadurch oft der Strenge und den heftigen Strafen der Eltern entgehen.

Wird ein solches Kind erwachsen, dann lebt es dieses Muster weiter und kann beobachten, dass es sich durch diese Hemmungen viel Freude im Leben nimmt und viele schöne Erlebnisse verpasst.

Ein Beispiel aus einer Beratung: Eine Frau kam zu mir, weil sie sich in einem Zwiespalt befand: Ihre Kinder waren im Kindergartenalter und liebten es, auf der Holztreppe mit einem selbst gebastelten Flaschenzug zu spielen. Zwei- oder dreimal verbot sie dieses kreative Spiel, wenn ihr Ehemann zu Hause war. Sie befürchtete, dass er sich dadurch genervt fühlen und dann Ärger machen würde. Sie erzählte mir, dass sie sehr darunter litt, dass die Kinder nicht frei spielen konnten.

In der Beratung wurde ihr dann bewusst, dass sie den Konflikt mit ihrem Mann vermied. Das Spiel der Kinder zu hemmen war einfacher. Sie erkannte ihre eigene Vermeidungsstrategie, die ihre Kinder ausbaden mussten und entschied sich, ab sofort nichts mehr dagegen zu tun, wenn die Kinder wieder ihren Flaschenzug in der Anwesenheit des Vaters installieren wollten. Wie sich ein paar Tage später herausstellte, zeigte sich durch das Spielen der Kinder auf der Treppe tatsächlich ein Genervtgefühl bei ihrem Mann. Daraufhin konnte sie sich gezielt mit ihrem Mann auseinandersetzen.

Wir haben oft die große Sorge, dass der andere uns extrem missversteht und sich aus seinem Missverständnis dann ein Verhalten entwickelt, das uns wiederum weh tut. Wir müssen immer wieder erforschen, ob wir hier unsere Angst auf den anderen projizieren oder ob wir richtig erspüren.

Meine Kinder fuhren früher mit dem Bobby-Car den gefliesten Wohnungsflur entlang, so dass es richtig Krach machte. Aus Sorge, dass gleich meine

Nachbarn aus der unteren Wohnung vor unserer Tür stehen, verbot ich das Spiel. Irgendwann überprüfte ich mutig meine Vermutung und fragte nach. Es stellte sich heraus, dass es nur eine Projektion war. Denn die Decke war so gut isoliert, dass meine Nachbarn nichts hörten.

*Olaf:*

Dieser Wunsch, nicht mit bösartigen Ungleichgewichten im Außen konfrontiert zu werden, ist bei uns Menschen sehr oft der Grund dafür, warum wir lügen. Warum wir unser Stimmigkeitsgefühl in uns unterdrücken. Warum wir uns unehrlich und unecht verhalten.

Entweder können wir daran ablesen, dass wir selbst noch ein Trauma haben und in einer Problemtrance stecken, emotionale Phantomschmerzen haben und etwas Negatives auf unser Umfeld projizieren. Oder wir können daran ablesen, dass wir hier tatsächlich etwas erspüren und uns durch unehrliches Verhalten vor der Kriegstrance unseres Umfeldes schützen. Durch ***Aktivität – Beobachtung – Bewertung*** müssen wir das immer wieder genauer erforschen.

„Wie geht es dir?" – „Gut! *(Ich sage lieber nicht, dass es mir schlecht geht, denn sonst müsste ich dem anderen etwas erklären, was er sowieso nicht versteht…)*"

Das ist das klassische Beispiel dafür, dass wir möglicherweise gerade unser Umfeld wahrnehmen können. Gehen wir einmal davon aus, dass wir selbst kein Trauma haben und nichts Negatives in den anderen projizieren. In dem Fall können wir an unserem Verhalten ablesen, dass der andere uns gerade nicht verstehen würde. Deswegen erzählen wir auch nichts über uns.

Denn wenn wir jemandem begegnen, der uns verstehen würde und Zeit hätte, dann würden wir nach seiner Frage, wie es uns geht, gleich lossprudeln und ihm unser Herz ausschütten. Anhand unseres sprudelnden Verhaltens können wir ablesen: Der andere ist verständnisvoll und offen.

Viele von uns kennen das: Bestimmten Menschen können wir leichter und fließender von uns erzählen. Anderen Menschen gegenüber fällt es uns schwerer. Wir vermeiden lieber das Auslösen von Missverständnissen beim anderen und halten uns daher zurück.

*Jacqueline:*

Ich war als Kind, Jugendliche und auch als junge Frau sehr fröhlich und lachte viel. Wenn ich heute an diese Zeit denke, dann wird mir klar, dass ich damals gleichzeitig oft das Gefühl hatte, dass mein Umfeld für Sorgen nicht offen war. Entweder wollte man meine Sorgen nicht hören, weil es belasten würde, oder man war völlig überfordert und konnte mir nicht wirklich tröstend und verständnisvoll die Hand halten. Oder man wertete das, was ich empfand, als „ist doch nicht schlimm“ ab. So eine Reaktion meines Umfeldes tat mir natürlich sehr weh. Dann verhielt ich mich doch lieber ‚künstlich‘ fröhlich, wodurch ich mich aber leider selbst verletzte, weil ich den schmerzvollen Teil von mir verleugnete.

**6. *Fühle ich mich gerade frei, weil mein Umfeld sich frei fühlt?***

*Olaf:*

Wenn ich weder eine Abwehr beim anderen triggere noch versuche, seine Abwehr zu vermeiden, sondern mich ganz frei fühle und verhalte und auch der andere ganz frei zu sein scheint, dann ist das für mich ein Zeichen dafür, dass der andere wahrscheinlich keine Abwehr hat.

***Ich verhalte mich gerade frei. Der andere auch. Gleichgewicht. Ob gegenseitige Beeinflussung stattfindet oder nicht, spielt dabei keine Rolle mehr. Wir fühlen uns miteinander wohl.***

*Jacqueline:*

In allen Augenblicken, in denen Sie sich fröhlich und gelassen fühlen und auch Ihr Umfeld genauso wie Sie reagiert, sind Sie und Ihr Umfeld gerade frei. Ich kenne das im Kontakt mit meinen Kindern – beim Spielen, Toben und Wandern. Ich kann dann wahrnehmen, dass einfach jeder glücklich und zufrieden ist und dies auch ganz offen ausdrückt. Olaf und ich kennen das aus unserer Ehe. Und wir kennen es im Kontakt mit einigen langjährigen Teilnehmer*innen unserer Workshops ‚Freie Systemische Aufstellungen‘. Mit ihnen darf einfach alles sein: Lachen, Weinen, Sorgen, Oberflächliches, Tiefes, Gehen und Bleiben – alles gehört dazu: liebevoll und verständnisvoll.

### 7. *Lebe ich einen Wunsch aus, der aus meinem Umfeld kommt?*

*Olaf:*

Es gibt auch den Gegenpol: Menschen haben keine Abwehr, sondern eine Sehnsucht. Für sie ist nicht etwas zu viel, sondern *etwas zu wenig*. Sie sehnen sich nach jemandem oder nach etwas Bestimmtem und halten daran fest. In diesem Fall könnte es sein, dass ich mit meinem Verhalten automatisch und unbewusst ihre Sehnsucht erfülle und mich ihrem Wunsch zur Verfügung stelle. Ein Teil von mir fühlt sich verpflichtet, dem Umfeld liebevoll zur Verfügung zu stehen und meine eigenen Wünsche hintanzustellen.

> ***Ein Teil von mir verhält sich möglicherweise gerade so, wie mein Umfeld es sich sehnlichst wünscht.***

*Jacqueline:*

Als ich ungefähr 18 Jahre alt war, habe ich ziemlich oft das ganze Haus gesaugt und gewischt, obwohl ich es nicht hätte machen müssen. Meine Mutter war ja den ganzen Tag zu Hause. Ich wusste aber, dass meine Mutter sich darüber freuen würde. Ich glaube, dass meine Mutter sich damals (vielleicht unbewusst?) gewünscht hat, dass ihr auch einmal jemand hilft. Meine Beobachtungen zeigten mir, dass sie sich ab und zu gegenüber meinem Vater beschwerte, dass sie im Haushalt alles alleine machen müsse. Mag sein, dass dies noch ein alter Wunsch aus ihrer Kindheit gewesen ist. Denn als sie Jugendliche war, hat sie selbst den Haushalt ‚geschmissen', damit es keinen Ärger gab, wenn ihre Mutter von der Arbeit nach Hause kam. Wie schön wäre es für sie gewesen, wenn sie damals Hilfe gehabt hätte. Und diesen wohl unbewusst immer noch vorhandenen Wunsch habe ich ihr dann später möglicherweise erfüllt.

Umgekehrt hatte ich als Kind und Jugendliche oft den Wunsch, dass mein Vater mich versteht und mich liebevoll und verständnisvoll behandelt, statt zu strafen. Und diesem Wunsch von mir hat Olaf dann jahrelang zur Verfügung gestanden.

*Olaf:*

Als Kind war ich immer bestrebt, meiner Mutter zu beweisen, dass ich „mitdenken" konnte. Immer wenn sie uns zum Essen rief, rannte ich in die Küche zum

Küchenschrank, um sofort den Tisch zu decken. Als ich in der Küche auftauchte, nahm mir meine Mutter den Wind aus den Segeln, indem sie mich bat: „Könntest du mal bitte den Tisch decken?“

Ihre Sorge, dass andere nicht von selbst darauf kommen, was sie sich wünscht, war größer als ihre Fähigkeit, ihr Umfeld genauer zu beobachten. Und ich beobachtete an mir, dass es mein Bestreben war, ihre Sorge zum Verschwinden zu bringen, indem ich ihr so optimal wie möglich ihren Wunsch erfüllte.

Während meines Musikstudiums war ich Chorleiter von zwei Gesangvereinen. Wer Gesangvereine kennt, der weiß, dass jede Gelegenheit genutzt wird, um eine Feier auszurichten oder an der Feier eines befreundeten Gesangvereins teilzunehmen. Das Durchschnittsalter der Sängerinnen und Sänger lag bei ca. 65 Jahren. Die netten Sängerinnen waren fleißige Kuchenbäckerinnen und mussten natürlich ihrem Dirigenten immer wieder ein Stück anbieten. Um ihnen eine Freude zu machen, aß ich so viel, wie mir möglich war, was mir nicht immer guttat. Und wenn ich nicht mehr konnte, wurden mir weitere Kuchenstücke für später eingepackt. Anhand meines zustimmenden und annehmenden Verhaltens konnte ich Rückschlüsse auf die starken, fürsorglichen Wünsche meiner Sängerinnen ziehen.

### 8. *Vermeide ich den momentanen Wunsch vom Umfeld?*

Hier könnte ebenso – genau wie bei Nr. 5 – eine umgekehrte Reaktion möglich sein: Unbewusst erfülle ich die Sehnsucht des anderen nicht. Dadurch wird seine Verletzung zum Vorschein geholt. Der Sinn eines solchen Verhaltens könnte sein, das dem anderen bewusst wird, wo er noch ein Defizit hat.

> ***Ein Teil von mir vermeidet es möglicherweise, sich so zu verhalten, wie mein Umfeld es sich sehnlichst wünscht.***

Eine alleinerziehende Klientin von mir beschwerte sich während der Beratung darüber, dass ihre jugendlichen Kinder ihr nicht bei der Küchenarbeit helfen würden. Sie würde es immer wieder ansprechen, dass die Kinder ihr benutztes Geschirr doch selbst wegräumen sollten. Und wenn die Kinder die Küche durch eigene Kochversuche verschmutzt hatten, dann sollten sie anschließend die Küche auch wieder in ihren sauberen Urzustand versetzen. Doch immer wieder ignorierten die Kinder die Wünsche der Mutter. Sie hatten keine Lust, die entsprechenden Handgriffe durchzuführen, und ließen immer mal wieder ihr verschmutztes Geschirr in der Küche stehen.

Ich fragte die Klientin, warum sie diesen Wunsch an die Kinder fühlt. Antwort: Sie habe keine Lust, immer alles allein machen zu müssen.

Die Kinder erfüllten der Mutter ihren Wunsch nicht. Schaut man eine Ebene tiefer, dann könnte man auch entdecken, dass sich hier Punkt 1 erfüllt. Hinter dem Wunsch der Mutter steckte ihr Unlustgefühl. Die Kinder fühlten die gleiche Unlust, die Küche aufzuräumen, wie sie die Mutter ab und zu in sich fühlte, wenn sie daran dachte: „Immer muss ich alles allein machen." Aufgrund dieser Unlust-Haltung schaffte sie es nicht, den Kindern eine Freude an der Küchenarbeit zu vermitteln.

Sicherlich kennt jeder eine bestimmte „Sorte" von Menschen. Diese kommen sehr fröhlich und freudig auf uns zu und beginnen einfach ein Gespräch, ohne überhaupt zu schauen, ob wir dafür offen sind. Irgendetwas in uns reagiert in dem Moment mit Abwehr darauf, anstatt fröhlich mit einzustimmen. Der andere hat einfach „rücksichtslos" angefangen, auf uns einzureden. Wir spüren in uns, dass wir den Wunsch des anderen nicht erfüllen wollen. Der Rückschluss auf unser Umfeld könnte sein: Der andere hat Wünsche, die er erfüllt haben möchte, ohne dass er sich selbst fragt, ob das Gegenüber überhaupt offen dafür ist. Ihm fehlt eine gewisse Empathie. Und so reagiert ein Teil in uns mit einer Grenze, um dem anderen etwas bewusst zu machen, was ihm wohl gerade nicht so bewusst ist: „Schau mal, du überschreitest gerade meine Grenze. Und da du das nicht wahrnimmst, zeige ich sie dir verstärkt."

Eine Bestätigung dafür erhalten wir möglicherweise dadurch, dass der andere auf unsere Grenze mit einem Problemgefühl reagiert, anstatt uns loslassen zu können und unsere Grenze zu respektieren und anzunehmen. Es kommt die ungelöste Verletzung des anderen zum Vorschein.

*Jacqueline:*

Ich habe mir – als meine Kinder noch kleiner waren – gewünscht, dass wir eine harmonische Familie sind. Doch leider haben die Kinder oft gestritten, der eine hat den anderen geärgert. Hier haben mir meine Kinder auf keinen Fall meinen Wunsch nach einer harmonischen Familie erfüllt, sondern mir einen eigenen

Schmerz aus meiner Kindheit gespiegelt und getriggert, den ich mir Stück für Stück anschauen und lösen konnte.

**9. *Verhalte ich mich gerade so, weil mein Umfeld es gewohnt ist?***

*Olaf:*

Es könnte sich auch ganz anders gestalten, wenn dem anderen zwar etwas fehlt, er es aber nie als „Sehnsucht" bezeichnen würde. Beispielsweise ist er als Kind viel geschlagen worden und hat sich im Laufe der Zeit daran gewöhnt. Das Geschlagen-Werden wurde zu einem Bestandteil seines Lebens. Dann könnte es sein, dass ich seine Gewöhnung unbewusst spüre, dazu eine Resonanz eingehe und Aggressionen ihm gegenüber zu fühlen beginne. Ein Leben ohne Aggressionen wäre für ihn sehr „ungewohnt", so dass sich ein unbewusster Teil in ihm danach „sehnt", es auch weiterhin zu erleben. Vielleicht sehnt er sich auch danach, weil dies die einzige – wenn auch schmerzvolle – Nähe war, die er als Kind kennengelernt hat. Immer wenn er als Erwachsener Nähe braucht, provoziert er beim anderen Aggressionen, um die gewohnte (schmerzvolle) Nähe zu erhalten. Eine liebevolle Nähe würde ihn zu sehr mit seinem eigenen unerlösten Schmerz konfrontieren.

***Ein Teil von mir verhält sich möglicherweise gerade so, wie mein Umfeld es gewohnt ist.***

Das hört sich zwar seltsam an, kann aber leicht mit einem anderen Beispiel erklärt werden: Wer sich lange auf einem schwankenden Schiff aufgehalten und sich an das Schwanken gewöhnt hat, könnte am ersten Tag an Land sich unwohl fühlen und nachts schlecht schlafen, weil das Schwanken fehlt. Ein Teil in ihm sehnt sich nach dem gewohnten Schwanken.

Ein Baby war es im Bauch der Mutter immer gewohnt, dass sich alles bewegt (die permanente Atmung der Mutter, der Herzschlag etc.). Deswegen beruhigt es sich nach der Geburt oft, wenn man es schaukelt. Wenn wir beim Halten eines Babys uns selbst beobachten, wie wir das Kind automatisch schaukelnd bewegen, ist so ein Fall eingetreten: Wir verhalten uns so, wie unser Umfeld (Baby) es gewohnt ist.

Auf seltsame Weise könnte es auf einen Menschen, der Aggressionen seines Umfeldes gewohnt ist, beruhigend wirken, wenn ein anderer Mensch sich ab und zu aggressiv ihm gegenüber verhält – auch wenn er oberflächlich unter den Aggressionen leidet. Und so rutschen wir im Kontakt mit ihm gefühlsmäßig in eine „Rolle“ und fühlen uns ihm gegenüber aggressiv. Ob wir die Rolle auch übernehmen und die Aggression ausleben, liegt übrigens allein in unserer Verantwortung.

Ich selbst kenne es eher aus einer harmloseren Situation, nämlich als Klavierlehrer. Während meines Musikstudiums verdiente ich mir nicht nur meine Brötchen als Dirigent, sondern auch als Gesangs- und Klavierlehrer. Manchen jungen Schülern gegenüber fühlte ich mich strenger als ich eigentlich sein wollte. Als ich dann später beim Schülervorspiel die Eltern genauer kennenlernte, wurde mir bewusst, dass ich mich im Unterricht so ähnlich verhielt, wie die entsprechenden Eltern „gestrickt“ waren.

*Jacqueline:*
Olaf und ich haben eine ganz liebe Freundin. Am Anfang, als wir vor vielen Jahren etwas zu dritt unternahmen, wunderten sich Olaf und ich öfters, dass wir (Olaf und ich) uns so distanziert zueinander fühlten oder uns sogar stritten. Irgendwann kam Olaf einmal auf die Idee, dass wir unserer Freundin einen Rahmen bieten würden, den sie von ihren distanzierten Eltern gewohnt war. Als uns dies bewusst wurde, hörten die ‚komischen' Gefühle im Kontakt mit der Freundin auf und liebevolle Gefühle machten sich breit.

Auf der anderen Seite hatte diese Freundin ebenfalls manchmal „seltsame“ Gefühle, wenn wir uns zu dritt getroffen hatten. Nach dem Treffen sagte sie sich den Satz: „Ich stehe dafür nicht weiter zur Verfügung“, wodurch es ihr besser ging. Das bedeutet: Auch sie stand unseren Gewöhnungen teilweise zur Verfügung.

Ein anderes Beispiel: Ich hatte einmal mit einem Mann zu tun, dessen E-Mails mich immer wieder aggressiv machten. Ich hatte jedes Mal das Gefühl „ich könnte ihm eine reinhauen“. Eines Tages durfte ich seiner Mutter begegnen und sie zeigte sich sehr aggressiv mir gegenüber. Danach war mir klar, warum ich diese aggressiven Gefühle ihm gegenüber hatte: Er war es von seiner Mutter so gewohnt. Eine verdeckte Aufstellung zur Klärung meiner eigenen Gefühle bestätigte meine Vermutung. Auch meine Stellvertreterin fühlte die Aggressionen gegenüber dem Stellvertreter dieses Mannes. Und als ich eine Stellvertreterin für seine Mutter hinter ihn stellte, verschwanden bei meiner Stellvertreterin die unangenehmen Gefühle und stattdessen zeigte sich Mitgefühl für den Mann.

**10. *Vermeide ich das Gewohnte des Umfeldes?***

*Olaf:*

Auch hier könnte ich umgekehrt reagieren. Unbewusst verhalte ich mich genau entgegengesetzt der Gewöhnung meines Umfeldes. Beispielsweise bin ich dem anderen gegenüber besonders freundlich, obwohl er es gewohnt ist, dass man ihn aggressiv oder streng behandelt.

***Ein Teil von mir vermeidet es möglicherweise, sich so zu verhalten, wie mein Umfeld es gewohnt ist.***

*Jacqueline:*

Wenn ich mich früher als Kind trotzig oder verschlossen verhalten habe, war ich es gewohnt, dass meine Eltern vorwurfsvoll auf mich reagierten. Wenn ich mich in der Ehe mit Olaf in einer Problemtrance befinde, mich verschlossen verhalte, Olaf aber nicht vorwurfsvoll auf mich reagiert, sondern liebevoll bleibt, bin ich manchmal völlig verdutzt. Dabei unterstelle ich ihm, dass er es nicht ernst meint. In meinem Gehirn hat es sich anscheinend eingebrannt, dass ‚man' bei Verschlossenheit auf eine ganz bestimmte Art reagieren muss. Reagiert Olaf nicht so, dann bringt er mich völlig aus dem Konzept – was ja auch gut ist. Denn dadurch kann ich mich allmählich an ein neues und stimmigeres Konzept gewöhnen und meine Realitätsprojektion ändern.

**11. *Lebe ich innerhalb der Potenzialentfaltungsvision meines Umfeldes?***

*Olaf:*

Was ist denn eine „Potenzialentfaltungsvision"?!?

Diese Vision ist vorhanden, wenn z. B. Eltern ihr Kind mit viel Offenheit und Zutrauen betrachten und dabei das Gefühl / die Vision haben, dass es sein Leben sehr gut meistern wird. Sie räumen dem Kind emotional einen großen Freiraum ein, sich und sein Umfeld intensiv zu erforschen, fleißig konstruktiv und eigenständig daraus zu lernen und sein Potenzial auf eigene Weise zu entfalten. Und das alles ganz unabhängig davon, welche Fähigkeiten oder Leistungen das Kind gegenwärtig zeigt. Diese Vision ist auch vorhanden, wenn Lehrer*innen auf diese positive Weise auf ihre Schüler*innen schauen – oder Seminarleiter*innen auf ihre Teilnehmer*innen.

***Ich fühle mich komplett dazugehörig, fühle mich unterstützt und habe Spaß und Freude daran, über den Weg von Versuch und Irrtum zu reifen, mein gesamtes Potenzial zu entfalten und über mich selbst hinauszuwachsen.***

Wenn ich mich so im Kontakt mit meinem Umfeld fühlen kann, ohne noch das Gefühl von irgendwelchen „Grenzen“ zu haben, dann habe ich ein geniales Umfeld.

Kinder können auf diese Weise ihr Potenzial optimal entfalten, wenn Eltern ihnen einen Rahmen mit dieser inneren, zuversichtlichen Haltung bieten.

Angestellte einer Firma können sich dazugehörig und unterstützt fühlen, wenn die Rahmen gebende Chefin so offen und zuversichtlich auf ihre Angestellten schaut.

Teilnehmer*innen eines Seminars können sich auf diese Weise intensiv willkommen, dazugehörig und unterstützt fühlen, wenn die Rahmen gebende Seminarleiterin so offen, liebevoll und verständnisvoll auf ihre Teilnehmer*innen schaut.

Für unsere Freien Systemischen Aufstellungen haben wir u. a. auch aus diesem Grund Spielregeln erstellt, die den Teilnehmer*innen einen solchen Rahmen möglichst zur Verfügung stellen:

1. Alles darf dazugehören.
2. Jede aufstellende Person darf *frei* und eigenverantwortlich mit ihrer Aufstellung (mit ihrem Spiegel) experimentieren, so wie sie es wünscht. Sie darf auch die Grenzen setzen, die sie selbst benötigt. Sie darf *frei* über alles, was mit ihrer Aufstellung zu tun hat, bestimmen.
3. Die gesamte Gruppe und die Organisatorin beobachten die aufstellende Person und ihre Aufstellung wohlwollend und unterstützend und stehen ihr hilfreich zur Verfügung, wenn sie es wünscht. Dabei dürfen sie auch frei und eigenverantwortlich entscheiden, inwieweit sie der aufstellenden Person für ihre Aufstellung zur Verfügung stehen wollen.

Wer sich im Kontakt mit seinem Umfeld sofort dazugehörig, frei und energievoll fühlt, um sein gesamtes Potenzial zu entfalten, der kann den Rückschluss ziehen, dass die Rahmen gebenden Menschen eine offene, wohlwollende und unterstützende innere Haltung haben.

Diese elf Punkte der Selbstreflexion verwenden wir dazu, unseren Blick auf unser Umfeld zu schärfen, also unsere Realitätsabbildung noch mehr zu verfeinern. Wir beobachten unsere Gedanken, Gefühle und unser Verhalten gegenüber anderen Menschen, ziehen unsere Schlüsse daraus und überprüfen sie.

Egal, was ich bei mir wahrnehme – ich sehe immer einen übergeordneten Sinn dahinter. Ich ziehe aus meinem Verhalten, meinen Gefühlen und den Informationen, die mir meine übrigen Sinne ins Gehirn schicken, Rückschlüsse auf mein Umfeld. Mein Ziel dabei ist es, mein Umfeld möglichst stimmig in mir selbst darzustellen, zu projizieren, abzubilden, damit ich mich mit dieser Realitätsabbildung so wohl wie möglich fühle. Mein Ziel ist, mein Menschen- und Weltbild so stimmig weiterzuentwickeln, dass es mir gut damit geht. Dabei ist es mir wichtig, möglichst alles integrieren zu können. Sobald ich etwas erlebe, das ein Gefühl von Unstimmigkeit in mir auslöst, werde ich aktiv und bewege mich in eine neue Richtung. Ich suche danach, meine Realitätsabbildung mit Hilfe dieser erfahrenen Unstimmigkeit noch mehr zu verfeinern und diese Unstimmigkeit letztendlich so zu integrieren, dass sich ein neues stimmiges Gesamtbild ergibt. Das Überprüfen meiner Hypothesen über mein Umfeld gehört genauso dazu.

Einfach ausgedrückt: Bei jedem Problem, das ich in mir und um mich herum empfinde, versuche ich, das Problem genauestens zu verstehen. Ich versuche, eine Erkenntnis darüber zu gewinnen, so dass sich das Problem in eine alles integrierende Lösung verwandelt. Gleichzeitig habe ich dazugelernt und meinen Erfahrungsschatz erweitert.

Wir haben mit diesen elf Punkten natürlich nur eine kleine Auswahl an Reaktionsmöglichkeiten auf unser Umfeld aufgezählt. Es gibt unendlich viele Möglichkeiten, wie wir uns im Kontakt mit unserem Umfeld verhalten. Allerdings können wir alle Möglichkeiten in drei Hauptkategorien einteilen:

A) Unser Umfeld ist frei, offen, konstruktiv, unterstützend, fröhlich und hat Freude am Leben. Alles darf dazugehören und hat seinen Platz und seinen Sinn. In diesem Rahmen fühlen wir uns frei und energievoll.

B) Es existiert im Umfeld der Wunsch, an schmerzvermeidenden Mustern festzuhalten, um unverarbeitete Schmerzen aus vergangenen Situationen auch weiterhin erfolgreich vermeiden zu können. In diesem Rahmen legen wir tendenziell vermeidende, gehemmte oder gestresste Verhaltensmuster an den Tag.

C) Es existiert im Umfeld eine gewisse Offenheit, sich zu verändern, an sich zu arbeiten, sich eventuell sogar seinen unverarbeiteten Schmerzen zu stellen, sich mit ihnen zu konfrontieren, sie bewusst werden zu lassen und sie nachträglich zu verarbeiten. In diesem Rahmen legen wir tendenziell provozierende oder wunscherfüllende Verhaltensmuster an den Tag. Entweder erleben wir uns, wie wir unser Umfeld provozieren, damit es dazulernen kann, oder wir unterstützen unser Umfeld in seinen Wünschen nach Veränderung und stehen zur Verfügung.

Auf welche Weise wir aber freie, vermeidende, provozierende oder wunscherfüllende Verhaltensweisen ausdrücken, ist individuell sehr unterschiedlich. Es hängt sowohl von unserem eigenen Charakter, von eigenen Wünschen und von eigenen unverarbeiteten Themen als auch von den unverarbeiteten Themen unseres Umfeldes ab. Dies ist so vielschichtig, dass wir es nicht in einem Buch kategorisieren können. Man kann es immer nur von Situation zu Situation neu erforschen.

In unseren freien Aufstellungsworkshops erleben wir permanent, wie unterschiedlich sich jedes Thema mit Hilfe von Stellvertreter*innen darstellt und wie unterschiedlich und individuell die Lösungen sind. Genauso unterschiedlich stellen sich auch die gegenseitigen Beeinflussungen im Alltag dar. Entscheidend ist, dass wir uns bewusst sind, dass permanent gegenseitige Beeinflussungen stattfinden. Es ist nur die Frage, wie beeinflusst wird und wer gerade wen beeinflusst. Wer ist das Rahmen gebende Umfeld und wer steht diesem Rahmen zur Verfügung? Um das genauer zu klären und zu untersuchen, besitzen wir unseren inneren Forscher: **den eigenen Wünschen entsprechend innerlich oder äußerlich aktiv sein – die Folgen beobachten – entscheiden, ob es sich nun stimmiger oder unstimmiger anfühlt – Rückschlüsse ziehen – neu aktiv sein** (siehe Kapitel III).

## Wer beeinflusst eigentlich wen?

*Olaf:*

Im letzten Abschnitt haben wir ausführlich dargestellt, wie wir durch unseren siebten Sinn (Selbstbeobachtung) Rückschlüsse auf unser Umfeld ziehen können, um unsere Realitätsabbildung noch stimmiger zu gestalten.

Wir sollten dabei nicht vergessen, dass wir immer noch als Kapitän in unserem Gehirn sitzen. Auch wenn uns jetzt dieser siebte Sinn bewusst ist, stellt er doch nur eine einfache Ergänzung zu unseren anderen sechs Sinnen dar. Alle sieben Sinne schicken uns Signale ins Gehirn. Doch was unser Kapitän daraus für eine Realitätsabbildung bastelt, liegt einzig und allein an unserem individuellen Stimmigkeitsgefühl. Unser Stimmigkeitsgefühl ist das, was uns lenkt und Entscheidungen fällen lässt und unsere Realitäts-Bildung steuert. Ob jedoch die Realitätsabbildung in unserem Gehirn der wirklichen Realität um uns herum entspricht, werden wir nie beurteilen können. Es genügt, wenn wir uns darauf konzentrieren, nach stimmigeren Realitätsabbildungen zu suchen, wenn wir wieder einmal erleben, dass sich irgendetwas unstimmig anfühlt.

Wenn wir uns nun die Frage stellen, wer eigentlich wen beeinflusst und woran man das zuverlässig ablesen könnte, dann lautet auch hier unsere Antwort: Das können wir nie endgültig entscheiden. Wir können nur Vermutungen anstellen.

Ich habe vorhin von dem Beispiel erzählt, dass ich als Stellvertreter in einer Aufstellung auf dem Boden liegend Arme und Beine verkrampfen musste. Ich stand der aufstellenden Person zur Verfügung und sie projizierte in mich die Rolle eines Freundes, der an Multiple Sklerose erkrankt war. In diesem Fall ist es eindeutig: Ich wurde vom Umfeld beeinflusst.

Oder stand mir die aufstellende Person mit ihrem Thema zur Verfügung, weil ich als Autor diese Erfahrung machen sollte? Um sie später in diesem Buch verwenden zu können? Hat ein Anteil in mir den unbewussten Wunsch nach so einer Situation gehabt und das „weise Universum" oder „das Wünschende" hat die Dinge so gefügt, damit ich das erleben durfte? Hat mein unbewusster Wunsch die aufstellende Person beeinflusst, sie zu mir in den Workshop „gezogen" und sie mich als Stellvertreter auswählen lassen?

Sie sehen, man könnte den Spieß auch umdrehen und die Gesamtsituation umgekehrt beschreiben.

Und wenn beides *gleichzeitig* eine Rolle gespielt hat? Dann könnte man es so formulieren: Die aufstellende Person hat mir für den unbewussten Wunsch zur Verfügung gestanden, dass ich diese Erfahrung machen möchte. *Gleichzeitig* habe ich der aufstellenden Person zur Verfügung gestanden, damit sie sich mit Hilfe von Stellvertreter*innen ihr Thema anschauen kann.

Immer wieder erleben wir in den Aufstellungen, dass Teilnehmer*innen sich einerseits der Rahmen gebenden aufstellenden Person zur Verfügung stellen, sich von ihr beeinflussen lassen und als Rollenspieler*in der aufstellenden Person hilfreich etwas spiegeln.

Andererseits machen die Teilnehmer*innen in den Rollen *gleichzeitig* sehr interessante Erfahrungen. Sie entdecken manchmal eine eigene Thematik wieder und erleben, dass ihnen dieses Rollenspiel auch selbst weiterhilft. Sowohl der aufstellenden Person als auch den Teilnehmer*innen in den Stellvertreterrollen wird geholfen. Wer steht also wem zur Verfügung? In so einem Fall würde ich sagen: Man steht sich *gleichzeitig* gegenseitig zur Verfügung.

Im Extremfall könnte es sogar vorkommen, dass die aufstellende Person überhaupt nichts mit ihrer eigenen Aufstellung anfangen kann. Doch die Stellvertreter*innen sind dankbar, die Aufstellung am eigenen Leib miterlebt zu haben. Es hat ihnen intensiv bei eigenen Themen und Fragen weitergeholfen. In diesem Fall könnte man fast behaupten, dass die aufstellende Person den rollenspielenden Teilnehmer*innen zur Verfügung stand.

Hängt etwa die Antwort auf die Frage, wer wem zur Verfügung steht und wer wen beeinflusst hat, davon ab, wer sich hinterher besser fühlt? Wessen Wunsch erfüllt wird und wessen Wunsch nicht?

Ich erzählte von dem Beispiel, dass ich den älteren Sängerinnen in meinem Chor dafür zur Verfügung stand, dass sie mir Kuchen schenken konnten. Sie fühlten sich glücklich darüber, ihrem Dirigenten scheinbar einen Gefallen getan zu haben. Ich selbst fand es nur teilweise schön und hatte dann doch ziemlich mit dem Kuchen zu kämpfen …

Wer stand wem zur Verfügung?

Dadurch, dass ich über die vielen Kuchenstücke nicht so sehr erfreut war, würde ich subjektiv behaupten: Ich stand den Wünschen und Vorstellungen meiner Sängerinnen zur Verfügung. Sie sahen in mir einen jungen Dirigenten, der aus Höflichkeit den Kuchen ablehnt, ihn aber „eigentlich“ über alles liebt. Er würde sich nur nicht trauen, das zuzugeben. Dieser von mir vermuteten Realitätsabbildung in den Gehirnen meiner Sängerinnen stand ich zur Verfügung.

Wenn ich aber großen Hunger gehabt hätte und über den Kuchen glücklich gewesen wäre, dann hätte ich die Situation sicherlich anders beurteilt: Ich wäre äußerst dankbar gewesen, dass meine Sängerinnen mir für meine Sehnsucht nach Kuchen zur Verfügung standen. Beide Seiten hätten durch diese Situation gewonnen. Man nennt das auch eine „Win-win-Situation“.

So gesehen könnten wir sagen: Wenn wir helfen, dass sich der Wunsch eines anderen Menschen erfüllt aber keiner *unserer* Wünsche, dann neigen wir dazu zu sagen, dass wir dem Wunsch des anderen zur Verfügung stehen.

Sind wir an einer Win-win-Situation beteiligt, durch die sich sowohl der Wunsch eines anderen als auch ein eigener Wunsch erfüllt, dann betrachten wir es so, dass sich unsere Wünsche gegenseitig beeinflussen. Wir stehen uns *gleichzeitig* gegenseitig erfolgreich zur Verfügung.

Erleben wir eine Situation, durch die sich nur unser Wunsch erfüllt, und andere helfen uns, ohne dass sich auch bei ihnen ein Wunsch erfüllt, dann stehen sie uns zur Verfügung und lassen sich durch unseren Wunsch beeinflussen. Sie selbst haben nichts davon.

Manchmal schätzen wir eine *zukünftige* Situation so ein: Jemand fragt uns, ob wir ihm helfen würden, und wir spüren, dass wir selbst davon nichts hätten. In diesem Fall haben wir schon von Anfang an das starke Gefühl, uns vom Wunsch des anderen beeinflussen zu lassen, ohne irgendwie mitbestimmen zu können. Hier fehlt uns oft die Energie oder Motivation.

Würden wir eine Situation aber so einschätzen, dass wir auch selbst etwas davon haben, dann helfen wir mit mehr Energie und Motivation. Hinterher hätten wir das Gefühl einer Win-win-Situation.

Und wenn wir eine Situation so einschätzen, dass sie uns unsere sehnlichsten Wünsche erfüllt, sind wir hochmotiviert und haben dabei das Gefühl, dass die Situation nur durch unsere eigenen Wünsche beeinflusst wird.

**Letztendlich geht es also nicht darum zu schauen, wer eigentlich wen beeinflusst, sondern *wessen Wünsche gerade erfüllt werden.***

Das ist eine hochinteressante Schlussfolgerung! Wie Sie sich erinnern, können wir unsere Wünsche hoch- und herunterregeln. Dabei ändern wir gleichzeitig unser entsprechendes Stimmigkeitsgefühl, unsere Bewertung. *Zusätzlich* ändern wir dadurch auch unsere Einschätzung, wer in welcher Situation wen beeinflusst, wer also wem zur Verfügung steht! Wie das?

Stellen Sie sich einen Menschen vor, der sich über den Zustand beklagt, dass man „immer" anderen Menschen zur Verfügung stehen muss. Die anderen Menschen „sind so blöd und können ihre Probleme nicht selbst lösen". Er hat „keinen Bock" dazu, ihnen immer helfen zu müssen oder deren Probleme auszuhalten. Oft fühlt er sich sogar durch jemanden oder durch einen Umstand *gezwungen*, anderen zur Verfügung stehen zu *müssen*. Er sieht dabei keinen Ausweg.

Bei dieser Sichtweise vermutet dieser Mensch die Schuldigen im Außen. Er wehrt sich innerlich gegen die Verantwortlichen. Doch wir wissen: In Wirklichkeit werden seine Gefühle durch seine eigenen Wünsche und seine Realitätsabbildungen beeinflusst. Wie?

Er kann sich in seiner Realitätsabbildung momentan *nicht* vorstellen, dass sich irgendeiner seiner Wünsche erfüllen würde, während er anderen zur Verfügung steht. Oder er fühlt gerade *ganz andere Wünsche*, die er viel lieber verfolgen würde, als anderen zur Verfügung zu stehen. Er projiziert möglicherweise mit einer veralteten Realitätsabbildung aus seiner Kindheit Folgendes auf die Gegenwart: *Wenn ich zur Verfügung stehe, würde sich keiner meiner eigenen Wünsche erfüllen. Ich würde einzig und allein nur für die Erfüllung der Wünsche anderer Menschen zur Verfügung stehen, ohne dass ich selbst etwas davon habe.*

Menschen, die in ihrer Kindheit immer wieder den Wünschen der Eltern zur Verfügung stehen mussten, ohne dass sie selbst etwas davon hatten, neigen dazu, als Erwachsene auch weiterhin diese gewohnte Realitätsabbildung zu verwenden. Sie haben beim Zur-Verfügung-Stehen grundsätzlich Unlustgefühle, Energielosigkeit, Burn-out.

Wenn dieser oben angesprochene Mensch seine Wünsche und damit seine Realitätsabbildung ändern würde, könnte er dadurch seine **Abwehr gegen das Zur-Verfügung-Stehen auflösen** und in eine energievolle Motivation verwandeln.

Drei Schritte könnten zu einer Weiterentwicklung seiner gewohnten Realitätsabbildung führen:

1. Weil er früher immer den Eltern zur Verfügung stand, hat er möglicherweise den Kontakt zu seinen eigenen Wünschen verloren. Er hat eine Abwehr gegen das Zur-Verfügung-Stehen aufgebaut und lebt in der Gegenwart immer noch diese Abwehr. Daher wäre der erste Schritt für seine Veränderung, sich seiner ganz eigenen Wünsche wieder bewusst zu werden: „Was will ich eigentlich wirklich?"
2. Wenn der Kontakt zu den eigenen Wünschen vorhanden ist, könnte einem bewusst werden, dass man bisher das Muster gelebt hat, die Wünsche anderer ***über*** die eigenen Wünsche zu stellen. Dieses Muster ist die eigentliche Ursache für die Abwehr. Denn wenn man sowieso seine eigenen Wünsche an erster Stelle stehen hätte, bräuchte man keine Abwehr gegen die fremden Wünsche. Hier wäre der Schritt für eine Weiterentwicklung, innerlich die Rangfolge zu ändern und die eigenen Wünsche ***über*** die fremden Wünsche zu stellen. Damit erlaubt man sich, eventuell die fremden Wünsche nicht zu erfüllen, und die Abwehr gegen fremde Wünsche löst sich auf.
3. Wenn er nun mit dieser neuen Rangfolge (seine eigenen Wünsche stehen an erster Stelle) auf eine Situation schaut, in dem ihm scheinbar nichts anderes übrig bleibt, als anderen zur Verfügung zu stehen, ist der dritte Schritt möglich. Er konzentriert sich auf die Frage: „Welche eigenen Wünsche könnten mir durch diese Situation eventuell erfüllt werden?" Findet er darauf eine Antwort, dann ist die energievolle Motivation da.

Aus diesen Erkenntnissen heraus gebe ich Ihnen eine Empfehlung:

Finden Sie eine Realitätsabbildung in Ihrem Gehirn, mit der Sie immer wieder auf Ihr Leben und auf Ihr Umfeld schauen, als ob Ihnen in *jeder* Situation ganz wichtige Wünsche erfüllt werden. Wünsche, durch die Sie optimal in Ihrem persönlichen Reifungsprozess unterstützt werden. Oder *suchen* Sie nach bereits vorhandenen unbewussten Wünschen in Ihnen, die Sie in diese Situation geführt haben und dadurch erfüllt werden wollen.

Konzentrieren Sie sich auf die Frage, *wie* Sie durch das Erlebte unterstützt werden und welche Kompetenz sich dadurch in Ihnen entfaltet. Angefangen bei der Kompetenz, ganz klar entscheiden zu können, was Sie *nicht mehr* möchten, bis hin zur Kompetenz, ihre Realitätsabbildungen immer so gestalten zu können, dass Sie sich in einem kraftvollen, genialen und lebenserfüllenden Reifungsprozess fühlen.

Vielleicht haben Sie Freude an folgendem Spiel:

Entwickeln Sie bei jeder Situation – auch bei allen unangenehmen Situationen und bei Situationen, in denen Sie anderen Menschen zur Verfügung stehen müssen – das Gefühl: **„Irgendetwas Geniales werde ich hier lernen können. Ich möchte herausbekommen, was!"**

Die Situationen, in die Ihr Gehirn projiziert, dass Sie gerade ungewollt anderen Menschen oder anderen Mächten zur Verfügung stehen müssen und dabei intensiv von außen beeinflusst werden, können Sie mit diesem Spiel in Situationen verwandeln, **in denen Sie einen großen Gewinn für sich selbst erkennen.** Es bleibt nur noch die Frage, *was* für ein Gewinn!

**„Irgendetwas Geniales werde ich hier lernen können. Ich möchte herausbekommen, was!"**

Übertragen wir das auf die gegenseitige Beeinflussung:

Wenn wir uns die Frage stellen, wer gerade wen beeinflusst oder wer gerade wem zur Verfügung steht, dann können wir uns „eigentlich" wieder auf die grundsätzliche Frage konzentrieren: Wo wirken welche Wünsche?

Die Frage, wer gerade wen beeinflusst, würde ich generell beantworten mit: **Wir beeinflussen uns immer gegenseitig.**

**Alles beeinflusst alles, weil alles mit allem in Verbindung steht. Dabei kann sich alles und jeder *gleichzeitig* weiterentwickeln.**

Ich finde diese Sichtweise der permanenten gegenseitigen Beeinflussung noch viel günstiger als die Sichtweise, dass an einer bestimmten Stelle ein Einfluss von A auf B stattfindet. Was entsteht nämlich, wenn man diese zweitgenannte Sichtweise annimmt? Schuldzuweisungen! A ist schuld daran, wie B sich fühlen muss, weil ja A einen Einfluss auf B ausübt. Erinnern Sie sich: Bei einer Schuldzuweisung bleibt immer ein Wachstumsprozess stecken und wartet auf eine Änderung im Außen (in diesem Fall bei B).

Man kann aber die Sichtweise wählen, dass alles mit allem verbunden ist und sich permanent *gegenseitig* beeinflusst und dass man voneinander lernen kann. In dem Fall gibt es nicht nur einen Einfluss von A zu B, sondern immer auch *gleichzeitig* einen Einfluss von B zu A. Die Schuldzuweisungen heben sich gegenseitig auf, denn beide Seiten haben gleichzeitig Schuld. Beide beeinflussen sich gegenseitig. Beide haben sich auf irgendeiner Ebene durch bestimmte Wünsche gegenseitig angezogen, so dass nun diese Situation entstehen durfte. Aus dieser Situation dürfen *alle Beteiligten* intensiv lernen, wenn sie es wollen. **Grundsätzlich können wir also *alle* Situationen im Leben als reine Win-win-Situationen umdeuten!**

Wenn mein Nachbar in seinem Keller eine Überschwemmung hat, dringend Hilfe braucht und ich habe gerade Zeit, dann stehe ich ihm gerne zur Verfügung. Dazu gehe ich zu ihm hinüber und frage ihn, was ich tun soll. Er gibt mir ausführliche Anweisungen.

Wer beeinflusst hier wen? Mein Nachbar beeinflusst mich, indem er mir Anweisungen gibt, die ich dann ausführe. Ich beeinflusse meinen Nachbarn, indem ich zu ihm gehe und ihm die Frage stelle, was ich tun soll. In dem Moment steht er mir für meine Frage zur Verfügung und beantwortet sie. Würde ich nicht zuhören und wieder weggehen, dann würde er auch aufhören zu reden. Mein Zuhören lässt also meinen Nachbarn reden. Außerdem kann es sehr gut sein, dass ich durch die Katastrophe bei meinem Nachbarn **etwas Geniales dazulernen könnte – bleibt nur noch die Frage: was?**

Wir beeinflussen uns immer gegenseitig. Nehmen und Geben ist gleich. Schenke ich einem Menschen einen Zehn-Euro-Schein, dann schenkt er mir sein Annehmen dieses Scheins. Wenn er den Schein nicht nehmen würde, könnte ich ihm den Schein auch nicht schenken.

Letztendlich bleibt wieder einmal die Frage nach den Wünschen übrig. Es geht nicht darum, wer wen beeinflusst, sondern wo welche Wünsche wirken.

Trotzdem ist die Frage „Wo kommt ein Einfluss her?“ sehr sinnvoll: Um unsere Realitätsabbildung im Gehirn verfeinern zu können, müssen wir natürlich wissen, *woher* ein bestimmter Einfluss kommt.

Wie sollen wir uns beispielsweise erfolgreich schützen, wenn wir als Kapitän in unserem Gehirn nicht beantworten können, ob wir von außen verletzt werden oder einen Phantomschmerz erleben, den wir gerade nur in unserem Gehirn projizieren?

Wenn wir die Hand auf eine Herdplatte legen und Schmerz fühlen, müssten wir wissen, ob die Herdplatte wirklich heiß ist oder ob wir uns das nur einbilden. Vielleicht hat uns jemand hypnotisiert und unserem Unbewussten den Befehl gegeben: „Immer, wenn du eine Herdplatte anfasst, hast du das Gefühl, sie wäre heiß.“

Wo kommt der Einfluss für diesen Schmerz her? Von außen oder von uns selbst? Wer beeinflusst gerade wen? Die Herdplatte uns oder wir unsere Wahrnehmung von der Herdplatte?

Wenn wir uns in eine Situation mit anderen Menschen begeben, müssten wir wissen, wo ein unangenehmer Einfluss gerade herkommt. Von außen oder von uns selbst? Wer beeinflusst gerade wen? Die anderen Menschen mit ihren „blöden" Wünschen uns? Oder wir mit unserer Projektion die anderen Menschen? Sollen wir aus dem Kontakt herausgehen oder sollen wir bleiben und unsere Realitätsprojektion verbessern?

Wenn man als Stellvertreter*in in einer Aufstellung für eine Rolle zur Verfügung steht und man fühlt einen Schmerz in seinem Herzen, ist es der Schmerz der Rolle oder der eigene? Geht es darum, einfach nur aus der Rolle zu gehen, damit es einem besser geht? Oder geht es darum, sich direkt um sein eigenes Herz zu kümmern, weil gerade ein Herzinfarkt passiert?

Wenn wir also danach suchen, wer gerade wen beeinflusst, suchen wir auf einer tieferen Ebene „eigentlich" danach: „Wo und wie finde ich jetzt mein besseres Gleichgewicht?"

Es geht nicht mehr um Schuldzuweisungen oder Verantwortungsabgabe, sondern es geht einzig und allein um die Frage: *Wo und wie kann ich meinen momentan aktiven Wunsch optimal erfüllen? In mir oder außerhalb von mir?*

Und wenn ein Wunsch gerade nicht erfüllbar scheint, dann kann ich mir auch sagen:

**„Irgendein anderer Wunsch von mir wird hier erfüllt. Ich möchte herausbekommen, welcher!"**

Wie können wir so etwas herausbekommen? Wie können wir klären, wo das bessere Gleichgewicht für uns zu finden ist bzw. welches Gleichgewicht wir gerade erreichen?

Ganz einfach: Durch Bewegung!

Durch **Aktivität – Beobachtung – Bewertung**.

Wir ziehen unsere Hand von der Herdplatte und beobachten, ob der Schmerz aufhört. Wir gehen aus der Rolle, stehen nicht weiter zur Verfügung und beobachten, ob der Herzschmerz verschwindet. Wir bewegen uns in eine bestimmte Richtung und beobachten, ob sich etwas verändert. Wir ändern unsere Sichtweise, unsere Realitätsabbildung, und beobachten, ob es uns mit einer neuen Deutung, Interpretation, Sichtweise, Erklärung besser geht. Wir testen die Gesamtsituation, indem wir zuerst etwas vermuten, dann etwas versuchen und dann beobachten, ob wir uns irren oder eine Bestätigung erfahren.

a) Wir vermuten, wir wären von **außen** beeinflusst worden. Dann versuchen wir, uns diesem Einfluss nicht weiter zur Verfügung zu stellen. Wir distanzieren uns räumlich und beobachten die Wirkung: „Wie geht es mir jetzt?“ Besser oder schlechter oder keine Änderung?
b) Wir vermuten, es läge an unserer unstimmigen Realitätsabbildung **in unserem Gehirn**, an einem noch unverarbeiteten Schmerz, einem Phantomschmerz, an einem Irrtum in uns, der uns selbst beeinflusst, an einem Wunsch, an dem wir noch festhalten. Was wäre dann die Hilfe? Wir verändern aktiv etwas in unserem Inneren (z. B. Wunsch herunterregeln) und beobachten, wie die Wirkung ist. Besser oder schlechter oder keine Änderung?

Was es leider nicht gibt: Wir Autor*innen können hier keine *objektiven* Maßstäbe benennen, mit deren Hilfe Sie in dem Moment eines Ungleichgewichtes *sofort und zuverlässig* identifizieren können, was genau die Ursache dieses Ungleichgewichtes ist.

Ihnen bleibt als Kapitänin im Gehirn nichts anderes übrig, als die Ursache für starke schmerzvolle Signale ***selbst blitzschnell zu erforschen***. Aus Ihrer Forschung errechnen Sie sich die Ursache. Dabei werten Sie aus den sieben Sinnen so viele Messdaten wie möglich aus. Sie ziehen subjektive Schlüsse und stellen eine angenehmere Realitätsabbildung her. Diese können Sie weiterhin hinterfragen und immer stimmiger gestalten.

Auch einen *individuellen* Maßstab – ganz persönlich für Sie – können wir Autor*innen Ihnen nicht bieten. Ihr eigenes ***Stimmigkeitsgefühl*** ist der einzige Maßstab, den Sie haben. Wir können Sie aber in Ihrer Suche unterstützen und Ihnen Techniken zur Verfügung stellen, mit denen Sie sich bewusst machen können, wo möglicherweise gerade welche Wünsche wirken. Diese Techniken finden Sie alle im nächsten Kapitel.

## Die Essenz des vierten Kapitels

*Jacqueline:*

Auf einer tiefen, nicht wahrnehmbaren Ebene ist alles mit allem verbunden.

Der siebte Sinn des Menschen:

a) Wir beobachten unsere eigenen Wünsche und Verhaltensweisen und ziehen daraus Rückschlüsse auf den Rahmen unseres Umfeldes, mit dem wir uns verbunden haben.

b) Umgekehrt beobachten wir unser Umfeld und ziehen Rückschlüsse auf unseren eigenen Rahmen, den wir selbst anbieten.

Unsere Wünsche, Gefühle und Verhaltensimpulse bieten uns weitere Möglichkeiten, unsere Realitätsabbildung noch stimmiger zu gestalten. Wir können uns beobachten: „In welchem Umfeld werde ich zu welchem Menschen?“ An uns selbst können wir manchmal ablesen, in welchem Umfeld wir uns befinden. Gleichzeitig bleiben wir für unser Verhalten immer eigenverantwortlich.

Dort, wo wir umgekehrt ein „Umfeld“ für andere Menschen darstellen, reagieren diese auf uns und den Rahmen, den wir bieten – z. B. Kinder, Angestellte etc. Somit können wir das Verhalten anderer Menschen um uns herum als Spiegel für uns selbst nutzen.

Unsere Reaktionsmöglichkeiten auf unser Umfeld kann man in drei Hauptkategorien einteilen:

A) Unser Umfeld ist frei, offen, konstruktiv, unterstützend, fröhlich und hat Freude am Leben. Alles darf dazugehören und hat seinen Platz und seinen Sinn. In diesem Rahmen fühlen wir uns frei und energievoll.

B) Es existiert im Umfeld der Wunsch, an schmerzvermeidenden Mustern festzuhalten, um unverarbeitete Schmerzen aus vergangenen Situationen auch weiterhin erfolgreich vermeiden zu können. In diesem Rahmen legen wir tendenziell vermeidende, gehemmte oder gestresste Verhaltensmuster an den Tag.

C) Es existiert im Umfeld eine gewisse Offenheit, sich zu verändern, an sich zu arbeiten, sich eventuell sogar seinen unverarbeiteten Schmerzen zu stellen, sich mit ihnen zu konfrontieren, sie bewusst werden zu lassen und sie nachträglich zu verarbeiten. In diesem Rahmen legen wir tendenziell provozierende oder wunscherfüllende Verhaltensmuster an den Tag. Entweder erleben wir uns, wie wir unser Umfeld provozieren, damit es dazulernen kann, oder wir unterstützen unser Umfeld in seinen Wünschen nach Veränderung und stehen zur Verfügung.

Letztendlich geht es nicht darum zu schauen, wer eigentlich wen beeinflusst, sondern wessen Wünsche gerade erfüllt werden. Denn wer danach forscht, wer wen beeinflusst, sucht in Wirklichkeit für sich selbst ein besseres Gleichgewicht.

Das Entscheidende ist, dass wir uns bewusst bleiben: Es finden immer **gegenseitige Beeinflussungen** statt. Alle Beteiligten können **gleichzeitig** aus jeder Situation dazulernen – wenn sie es wollen.

Unser besseres Gleichgewicht können wir durch Bewegungen erreichen: **Aktivität – Beobachtung – Bewertung.**

Wir testen die Gesamtsituation, indem wir zuerst etwas vermuten, dann etwas versuchen und dann beobachten, ob wir uns irren oder eine Bestätigung erfahren.

a) Wir vermuten, wir wären von **außen** beeinflusst worden. Dann versuchen wir, uns diesem Einfluss nicht weiter zur Verfügung zu stellen. Wir distanziere uns räumlich und beobachten die Wirkung: „Wie geht es mir jetzt?“ Besser oder schlechter oder keine Änderung?

b) Wir vermuten, es läge an unserer unstimmigen Realitätsabbildung **in unserem Gehirn**, an einem noch unverarbeiteten Schmerz, einem Phantomschmerz, an einem Irrtum in uns, der uns selbst beeinflusst, an einem Wunsch, an dem wir noch festhalten. Was wäre dann die Hilfe? Wir verändern aktiv etwas in unserem Inneren und beobachten, wie die Wirkung ist. Besser oder schlechter oder keine Änderung?

Der einzige Maßstab, der uns bei der Bewertung helfen kann, ist unser eigenes ***Stimmigkeitsgefühl***.

Durch die Haltung: „**Irgendetwas Geniales werde ich hier lernen können. Ich möchte herausbekommen, was!**“ können wir jede Situation unseres Lebens in eine Win-win-Situation umdeuten und uns dadurch optimal motivieren.

Diese Haltung können wir ergänzen mit der Potenzialentfaltungs-Haltung: **„Irgendetwas Geniales wird mein Gegenüber in dieser Situation lernen können. Jetzt oder später. Ich vertraue, dass ihm das weise Universum zur Seite steht. Und wenn ich selbst unterstützen soll / kann, dann stehe ich gerne zur Verfügung und bekomme rechtzeitig die inneren oder äußeren Signale für meine Hilfe.“**

# V

## Unser Spiel mit dem lebendigen Spiegel

*Olaf*:

Lebendige Spiegel helfen uns, uns selbst anzuschauen und etwas über uns be-*wusst* zu machen. Es gibt teilweise unbewusste Strukturen in uns: Glaubenssätze, Sichtweisen, Überzeugungen, Verhaltensmuster, Erwartungen, Menschenbilder, Selbstbilder etc. Diese können wir mit Hilfe eines lebendigen Spiegels genauer anschauen und weiterentwickeln. Vielleicht können wir eine blockierende Wirkung einer Struktur sogar auflösen, weil wir den zugrundeliegenden Wunsch dieser Struktur erkennen und dann erfüllen oder loslassen konnten.

Spiegel helfen uns, unser bisheriges *Wissen* über uns selbst zu erweitern und uns damit besser und leichter zu verändern.

Unsere Fragen sind immer: Was hilft mir weiter? Welches Wissen unterstützt mich? Welche Erkenntnis tut mir gut? Welche Realitätsabbildung stellt für mich ein stimmiges Gleichgewicht dar und gibt mir ein stimmiges Gefühl?

In diesem Kapitel werden wir Ihnen viele unterschiedliche Sichtweisen und Techniken mit dem lebendigen Spiegel vorstellen. Wir werden Ihnen neues *Wissen* schenken und Ihnen Angebote machen, wie Sie mit Hilfe Ihres Be-*wusst*-seins Ihren Erfahrungsschatz erweitern können. Und Sie entscheiden, was Ihnen wirklich weiterhilft und Stimmigkeitsgefühle auslöst. Sie entscheiden, was für Sie eine Unterstützung auf Ihrem Weg zu einem umfassenderen *Wissen* sein kann.

Die Sprache, die wir dabei verwenden, ist Ihnen nun geläufig, da Sie die ersten vier Kapitel gelesen haben und Ihnen be-*wusst* ist, wovon wir hier reden.

Was bedeutet eigentlich Be-*wusst*-sein?

In dem Begriff *Bewusstsein* ist der Begriff *Wissen* enthalten. Daher beginne ich zunächst damit, wie ich den Begriff *Wissen* erkläre.

Ich habe für mich im Jahr 2001 für beide Begriffe mit Hilfe meines universellen Grundgesetzes „Jedes Element hat den Wunsch nach Gleichgewicht" eine einfache Erklärung gefunden.

„Wie viel sind drei mal drei?"

„Neun."

„Welchen Vornamen hat der amerikanische Schauspieler Clooney?"

„George."

Stellt uns jemand eine Frage und wir können diese Frage so beantworten, dass der andere mit „Stimmt!" reagiert, dann haben wir etwas ge-*wusst*. Wenn wir in einem bestimmten Fachbereich viele Fragen beantworten können, dann haben wir dort ein breitgefächertes *Wissen*.

Was ist das stimmige Beantworten einer Frage? Eine Übereinstimmung mit dem Fragensteller. Ein Gleichgewicht. Eine Resonanz. Eine Stimmigkeit.

Allgemein formuliert kann man sagen: „Wissen" ist die *Fähigkeit*, zu etwas Bestimmtem ein Gleichgewicht (eine Stimmigkeit) herstellen zu können.

Wenn ich einen Menschen sehe und weiß, wie er heißt, dann konnte mein Gehirn ein Gleichgewicht zu dem Namen dieses Menschen herstellen. Aufgrund der Impulse in meinem Gehirn wird mein Mund aktiv und formuliert den Namen: „Du bist George." Der andere reagiert mit: „Stimmt, so heiße ich."

Um mir nun den Begriff „Bewusstsein" zu erklären, habe ich das deutsche Wort auseinandergenommen: Be-*wusst*-sein. Wortwörtlich genommen bedeutet es, dass jemandem Wissen gegeben wurde. Er wurde mit Wissen be - schenkt, er wurde be - wusst. Ein Mensch ist in dem Moment mit etwas be-wusst (beschenkt) worden, in welchem er eine Erkenntnis erlebt. Eine Erkenntnis ist das Erlangen von Kenntnis, von Wissen. Man erkennt etwas Neues und hat dadurch in sich selbst eine neue Fähigkeit für das Herstellen eines Gleichgewichts erlangt = Wissen. Oder man erkennt etwas Altes wieder, was man schon einmal gesehen hat. Dadurch reaktiviert man sein altes Wissen.

Bewusst-„sein“ heißt also nichts anderes, als ständig Erkenntnisse zu haben, im Erkenntnis-Prozess zu „sein“.

**Be-wusst-sein = Im-Erkenntnis-Prozess-sein**

In jedem Bruchteil einer Sekunde nehmen wir ein Ungleichgewicht wahr, ordnen es ein, erkennen es, erreichen ein neues Gleichgewicht, nehmen ein neues Ungleichgewicht wahr, ordnen es ein, erkennen es, ...

Dieser Prozess ist das Bewusstsein. Ein Bewegungs-Zustand. Überall, wo dieser Prozess stattfindet, ist Bewusstsein.

Schauen wir uns diesen Prozess genauer an, so ist er nichts anderes als das ständige Erreichen neuer Gleichgewichte, also der ständige Wandel eines Elementes. Und da jedes Element den Wunsch nach Gleichgewicht hat und sich ständig bewegt, neue Gleichgewichte erreicht und sich bei Wunscherfüllung verändert, ist auch jedes Element im Erkenntnis-Prozess und damit im Bewusstsein.

**Bewusstsein existiert überall. Alles *ist* Bewusstsein.** Es gibt nichts Bewusstloses außer dem absoluten Gleichgewicht, das sich nie verändert: Der *ständige* Wandel. Durch den überall vorhandenen ständigen Wandel ist überall Bewusstsein – nur dem ständigen Wandel selbst können wir kein Bewusstsein zuschreiben.

*Innerhalb* dieses ständigen Wandels gibt es immer wieder Strukturen, die sich auf *ähnliche Weise* wiederholen. So entsteht Materie, so entsteht der Mensch, so entstehen abrufbare Fähigkeiten, so entsteht Wissen. Wenn sich Wünsche nicht sofort erfüllen können, sondern eine Weile auf ihre Erfüllung warten müssen, wiederholen sie sich auf eine bestimmte Weise und bilden dadurch Strukturen. Sobald alle Wünsche in einer Struktur erfüllt worden sind, löst sich diese Struktur auf und es bilden sich darauf aufbauend neue Wünsche, die nach dem nächsten besseren Gleichgewicht streben. Es entsteht eine neue Struktur.[13]

---

[13] siehe auch mein Buch „Die Vollkommenheit des Universums“

Wir wünschen Ihnen, dass dieses letzte, große Kapitel Ihnen dabei helfen kann, sich eigener Strukturen be-*wusst* zu werden, um sie in bessere Gleichgewichte weiterentwickeln zu können.

## Ich fühle mich wie ein „weises freies Kind"

*Olaf:*

Bisher haben wir uns hauptsächlich darum gekümmert, wie wir unsere Realitätsabbildung im Gehirn stimmiger gestalten können.

Bevor wir uns in diesem Buch darum kümmern, wie wir unser Umfeld als lebendigen Spiegel einsetzen, ist nun der Zeitpunkt gekommen, erst einmal zu klären, wohin die Reise gehen soll. Wozu brauchen wir einen „lebendigen Spiegel im Menschen"? Was ist unser Ziel dabei?

Das Wissen, im Leben permanent in den Spiegel zu schauen und permanent seine Realitätsabbildungen im Gehirn wahrzunehmen, hilft uns. Wir können den momentanen Zustand unserer Wünsche, Projektionen, Gefühle, Verhaltensmuster, Überzeugungsmuster, Menschenbilder, Weltbilder etc. bewusster wahrnehmen. Der Spiegel unterstützt unser Be-*wusst*-sein über uns selbst, was *jetzt* gerade ist. Im nächsten Schritt suchen wir nach einem besseren und angenehmeren Gleichgewicht. Anschließend überprüfen wir mit Hilfe des permanenten Selbst-Spiegels, ob wir unser Ziel erreicht haben.

Allerdings: Nicht jeder möchte das gleiche Ziel erreichen. Nicht jeder möchte ein meditierender Buddhist, ein Heiliger oder Erleuchteter werden. Nicht jeder möchte Frieden mit allen Menschen und mit der gesamten Welt schließen. Mancher hat Freude daran, optimal andere Menschen besiegen zu können, wie z. B. Sportler und Spieler. Mancher liebt aufregende Abenteuer und schmerzvolle Herausforderungen.

Mein persönliches Ziel ist beispielsweise, meinen bereits erreichten Zustand eines „weisen freien Kindes" weiter auszubauen.

Was meine ich genau mit dieser Bezeichnung?

**„Kind"**: Je mehr ungelöste Themen ich in mir klärte, desto näher kam ich wieder meinem Gefühl, das ich schon als kleines Kind hatte. Damals war ich noch fähig, mich in mein Spiel zu versenken, „eins mit meinem Spielzeug" zu sein. Später – im Laufe meiner Kindheit – begannen mich die belastenden Themen meines Umfeldes in vielen Bereichen zu hemmen. Heute fühle ich mich nach meinen Klärungs- und Lösungsprozessen wieder wie ein freies Kind, das sich voller Freude tief in sein Spiel versenken kann und geniale, tief erfüllende Lebensspiele spielt.

Zwischen damals und heute gibt es nur einen kleinen Unterschied: Als Kind war ich auf eine sichere, geborgene Umgebung angewiesen. Ich war abhängig von dem Rahmen, den mir meine Eltern geboten haben. Als erwachsenes freies Kind kann ich mir den Rahmen, von dem ich mich abhängig mache, jederzeit frei wählen.

Allerdings ist dieser Unterschied für mich in der Gegenwart nicht zu fühlen. Ich fühle mich einfach nur wie ein älter gewordenes freies Kind, da mein gegenwärtiges Gefühl mit dem damaligen freien Gefühl wieder übereinstimmt – soweit ich mich erinnern kann. Der Körper wird älter, mein Gefühl für mich selbst aber nicht. Deswegen benutze ich den Begriff „Kind“.

**„weise“**: Im Laufe meines Lebens habe ich viel dazugelernt und für mich viele Dinge klären können und Sichtweisen entwickelt, die sich immer stimmiger und nach meinem Gefühl immer „weiser“ anfühlen. Ob mein Gefühl von „weise“ den Maßstäben anderer Menschen standhält, die ein anderes Bild von „weise“ haben, weiß ich natürlich nicht.

**„frei“**: Da ich als Kind von meinem direkten Umfeld abhängig war und es nicht frei wählen konnte, war ich dementsprechend von den Begrenzungen dieses Umfeldes abhängig. Ich musste diesen zur Verfügung stehen. Viele Begrenzungen haben Geborgenheit vermittelt, einige waren auch mit Schmerz verknüpft, und so hatte ich kein wirkliches Gefühl von „frei“.

Heute habe ich mich auf emotionaler Ebene von diesen Begrenzungen befreit. Ich bin auf materieller Ebene von allen möglichen Begrenzungen und Formen abhängig, um leben zu können. Dabei fühle ich mich aber frei in der Wahl. Und dort, wo ich nicht die Wahl habe – z. B. brauche ich einen Körper, um als Mensch leben zu können –, kann ich der Begrenzung / der Form zustimmen und fühle mich *innerhalb* der Form frei. Ich schaue immer wieder begeistert: „Alles gehört dazu. Irgendetwas kann ich innerhalb dieser Begrenzung neu lernen oder trainieren. Ich möchte herausbekommen, was!“

Im zweiten Kapitel schrieb ich über mein Gefühl, dass ich als **weises freies Kind** im fließenden Reifungsprozess „angekommen" bin. Zurzeit spiele ich damit, Wege zu finden, mein erreichtes Ziel mit anderen Menschen optimal zu teilen. Dabei stellen diese anderen Menschen natürlich wieder einen Spiegel für mich dar und zeigen mir, wo ich mein Ziel des Teilens erreicht habe, wo noch nicht, was mir dazu fehlt und was ich noch verbessern könnte.

Im übertragenen Sinne suche ich als weises freies Kind nach anderen weisen freien Kindern, um gemeinsam weise freie Spiele zu spielen, in denen wir das Gefühl haben, im fließenden Reifungsprozess angekommen zu sein. Wir haben alle das Gefühl, dass jeder dazugehört und dass wir gemeinsam über uns selbst hinauswachsen können und immer weiser und freier werden. Zu dieser Weisheit gehört beispielsweise, auf höchster Ebene alles als dazugehörig und miteinander verbunden sehen zu können.

Gefunden habe ich dies in unseren Freien Systemischen Aufstellungen (kurz: Freies Aufstellen). Hier machen wir genau das. Und es fühlt sich immer wieder toll an. Schon kurz nachdem ich damals vor über zehn Jahren anfing, diese freien Workshops zu entwickeln und anzubieten, wusste eine Seite in mir ganz klar: „Das werde ich bis ans Ende meines Lebens machen. Angekommen."

Beim Freien Aufstellen „spielen" wir innerhalb bestimmter Regeln gemeinsam weise freie Rollenspiele – lauter lebendige Spiegelungsmöglichkeiten. Wir lassen uns gegenseitig in unseren Wünschen beeinflussen, damit sich jemand darin spiegeln kann. Bei der gemeinsamen Suche nach besseren Gleichgewichten fühlen wir uns alle dazugehörig, reifen gemeinsam daran und wachsen über uns selbst hinaus. Das Freie Aufstellen ist für uns und viele andere ein optimales, äußerst angenehmes Reifungsfeld. Eine Teilnehmerin nennt es liebevoll „Freies Spielen".

Im Folgenden schreibe ich Ihnen noch einmal auf, was ich vorne im zweiten Kapitel schon über meinen gegenwärtigen Zustand als weises freies Kind schrieb, zur Erinnerung und als Angebot. Vielleicht haben Sie dieses Ziel ja auch?

Als „weises freies Kind" fühle ich mich frei, über mein Leben eigenverantwortlich zu bestimmen. Ich fühle mich nicht mehr von außen beschränkt oder gelenkt, sondern selbstständig, autonom und authentisch. Ich fühle mich spielerisch frei und kreativ und ich fühle mich durch meine vielen Lebenserfahrungen und Erkenntnisse klar im Umgang mit meinem Umfeld. Gleichzeitig bin ich mir meines permanenten Reifungsprozesses bewusst und habe Freude daran, lebendige Spiegel zu verwenden, um mit ihrer Hilfe Probleme zu lösen als auch neue Fähigkeiten und neues Wissen dazuzulernen. Als weises freies Kind wachse ich spielerisch ständig über mich selbst hinaus. Alles, was mir begegnet, unterstützt mich darin, weiter zu reifen und zu wachsen und Bereiche, die ich bisher noch nicht kannte oder bisher noch nicht integrieren konnte, auf eine neue Weise kennenzulernen und in mein Leben zu integrieren. In Zukunft kann ich das Erfahrene und Integrierte als „Fähigkeit" oder „Wissen" einsetzen, um wieder ins nächste bessere Gleichgewicht zu gelangen.

Ich bin in meinem fließenden Reifungsprozess „angekommen".

*Jacqueline:*

Ich strebe genauso das Ziel eines weisen freien Kindes an. Allerdings bin ich in einigen Bereichen noch nicht angekommen. Es gibt noch Dinge, die mir Stress bereiten, mich stören oder mit denen ich einfach nicht leicht umgehen kann. Hierbei ist mir der „lebendige Spiegel" im Alltag eine sehr große Hilfe:

Ich bin aktiv, beobachte mich dabei und bewerte mein Gefühl. Fühle ich mich ausgeglichen oder gestresst? Und wenn ein Problem auftaucht, mit dem ich nicht umgehen kann und bei dem ich selbst auch keine Lösung finde, dann nutze ich mein Umfeld gezielt als Spiegel und stelle das Thema auf – entweder in einem Workshop oder mit Hilfe einer Aufstellung in der Fantasie zu zweit mit Olaf. Die zuletzt genannte Technik beschreiben wir ab Seite 251.

Auf diese Art und Weise integriere ich immer mehr Anteile von mir. Somit kann ich auch immer mehr Anteile anderer Menschen als dazugehörig betrachten, mit ihnen umgehen und mich Schritt für Schritt mit meinem Umfeld entspannter und gelassener fühlen.

## Wie wir unser Umfeld optimal als Spiegel für uns selbst nutzen

*Olaf:*

Endlich. Jetzt kommen wir zu dem Thema, auf das Sie vielleicht schon lange gewartet haben - vielleicht aber auch nicht. Das wissen wir Autor*innen ja nicht wirklich. Wir projizieren die Leser*innen nur in uns selbst. Wir sprechen mit den Leser*innen, die wir in unserem Gehirn selbst herstellen und die es in dieser Form wahrscheinlich nicht gibt …

Das Thema lautet: „Wie nutze ich mein Umfeld als lebendigen Spiegel für mich selbst, um optimal meine Ziele zu erreichen und mir meine Wünsche zu erfüllen?“

An dieser Stelle begrüßen wir auch diejenigen, die dieses Buch neu in der Hand halten, im Inhaltsverzeichnis geblättert haben und sich für diesen Abschnitt interessieren. Sie sind sich bewusst, dass Sie gerade etwas lesen, ohne zu wissen, was wir in den vier Kapiteln vorher behandelt haben!?

Wir begrüßen außerdem noch diejenigen, die bereits im Buch zu lesen begonnen haben, aber aus Ungeduld einiges übersprungen haben und zu diesem Abschnitt gelangt sind.

Den neuen Leser*innen möchten Jacqueline und ich mitteilen, dass Sie sich möglicherweise eine Überraschung verderben, wenn Sie hier weiterlesen. Die anderen Leser*innen, die das Buch schrittweise von vorne bis hierher gelesen haben, werden möglicherweise gleich ein interessantes Aha-Erlebnis erfahren dürfen. Die anderen Leser*innen nehmen sich diese Überraschung, wenn sie diesen Abschnitt schon *vorher* gelesen haben.

Wir empfehlen Ihnen: Lesen Sie das Buch schrittweise und mit Geduld von vorne durch, bevor Sie hier weiterlesen. Es gibt aber auch noch die Alternative, nur die Essenzen am Ende der jeweiligen Kapitel konzentriert durchzulesen. Anschließend kommen Sie wieder hierher zurück.

Doch nun zu unserem Thema:

Wie nutze ich mein Umfeld optimal als Spiegel für mich selbst?

Das ist in diesem Abschnitt die entscheidende Frage.

Unsere Antwort: Gar nicht.

Jetzt würde ich gerne Ihr Gesicht sehen …

Ach…, ich stelle mir einfach in meiner Realitätsabbildung im Gehirn vor, dass Sie gerade doch ziemlich verdutzt geguckt haben.

Aber nicht enttäuscht sein! Die Erklärung unserer Antwort „Gar nicht“ folgt auf dem Fuße …

Bei der Arbeit an diesem Buch haben Jacqueline und ich uns natürlich auch mit Literatur zum Thema „Spiegelgesetz“ und „Resonanz“ auseinandergesetzt. Die gängigen Aussagen in diesen Büchern sind:

- „Was in uns ist, ist auch außerhalb. Was außerhalb von uns ist, ist auch in uns.“
- „Sobald unsere Gedanken und Vorstellungen von negativen Inhalten geprägt sind, wird das Leben nicht zögern, diese für uns zu verwirklichen.“
  (Maria Nussbaumer)

- „Jeder deiner geistigen Inhalte (ich fasse sie gerne noch einmal zusammen: Gedanken, Urteile, Verbote, Überzeugungen, Glaubenssätze) hat die Tendenz, sich in deinem Leben zu verwirklichen.“
- „Bitte vergiss nie, dass sich deine unbewussten Gedankenstrukturen auf gleiche Weise verwirklichen und eine Form hervorbringen wie deine bewussten Gedanken.“
- „Jede Situation in meiner äußeren, sichtbaren Umgebung spiegelt immer nur, was innen ist – in meiner geistigen Welt.“
- „…Das bedeutet, dass DU deine seelisch-geistige Verfassung selbst ordnen kannst, indem du die unerfreulichen Spiegelbilder in deinem Leben als
  - deine eigenen Schöpfungen anerkennst,
  - dich bei ihnen bedankst,
  - dann ein klares ‚Nein, das gehört nicht mehr zu mir‘ aussprichst
  - und damit deine ganz persönliche Entschlüsselung einleitest.“

  (Christa Kössner)

- „Unser Innenleben bestimmt, welche Wellen wir in die Welt senden, und damit, was uns die Welt reflektiert. Alles, was wir im Außen wahrnehmen, steht in direktem Bezug zu unserem Inneren, ist ein Spiegelbild unseres Wesens.“

- „Ein Glaubenssatz ist eine selbsterfüllende Prophezeiung.“

  (Kranawetter / Beermann)

- „Alles, was von außen auf uns zukommt, stammt aus uns selbst ... so beschrieben griechische Philosophen das Spiegelgesetz.“
- „Wie außen sichtbar an meinem Körper, so innen vorhanden in meiner Geisteshaltung. Wenn sich also an meinem Körper ein bestimmtes Symptom breitmacht, so ist das ein Spiegelbild meines Denkens und Glaubens.“
- „In meiner Krankheit muss (!) ich jene Eigenschaften und Verhaltensweisen ausleben, die ich ansonsten leidenschaftlich verneine.“

  (Kössner / Leeb / Senger)

- „In meinem Gegenüber erkenne ich mich. Der andere dient mir als Spiegel. Ich kann im anderen immer nur *meine* Einstellungen oder Überzeugungen sehen.“

  (Silvia Beyer)

- „Man spricht vom Pferd als Spiegel des Menschen. Das ist richtig. Alles, was wir aussenden, kommt in irgendeiner Form zu uns zurück, Negatives und glücklicherweise auch Positives. Dafür braucht man aber nicht unbedingt ein Pferd. Auch andere Menschen können uns spiegeln – manchmal sogar noch besser, weil sie uns das, was wir aussenden, in unserer Muttersprache spiegeln. Da brauchen wir nicht mehr viel zu interpretieren.“

  (Ina Ruschinski)

- „Das Gesetz der Spiegelung besagt, dass alles, was du im Außen siehst und erlebst, die Widerspiegelung deiner bewussten und unbewussten Gedanken und Emotionen sowie deines Verhaltens ist.“
- „Dem Gesetz der Spiegelung zufolge kann uns jedoch nichts im Außen begegnen, was wir nicht aus einem Teil von uns heraus selbst erschaffen haben.“

  (Thea Wachtendorf)

- „Alles, was in unserem Leben passiert, hat mit unseren bewussten oder unbewussten Gedanken und Überzeugungen zu tun. Ganz nach dem Prinzip von Ursache und Wirkung. Somit ist der Verursacher jeglicher Situation der ‚leidtragende' Mensch selbst."

  (Irene & Thomas Frei)

- „Untersuchungen zeigen sogar, dass wir mit unseren Überzeugungen nicht nur unser eigenes Leben beeinflussen, sondern das unseres gesamten Umfeldes. Mit unserer Gedankenkraft und unseren Gefühlen haben wir die Möglichkeit, all die Veränderungen in unserem Leben vorzunehmen, die wir uns so sehr wünschen."
- „Die neuesten wissenschaftlichen Erkenntnisse beweisen jedenfalls zweifelsfrei, dass wir durch unsere Gedanken, Gefühle und Überzeugungen zu allem in der Lage sind. Denn gerade unsere emotional untermauerten und gespeicherten Überzeugungen sind es, die ein gewaltiges Resonanzfeld aufbauen. Und alles – alles auf dieser Welt –, was mit diesem Resonanzfeld schwingen könnte, wird von dieser Schwingung ergriffen und kann gar nicht anders, als mitzuschwingen."

  (Pierre Franckh)

Vieles, was diese Autoren schreiben, empfinden Jacqueline und ich auch so. Wir haben *zusätzlich* das subjektive Gefühl: Es fehlt einiges, um das Spiegelgesetz noch stimmiger zu interpretieren. Wir sehen: Das sind die Realitätsabbildungen verschiedener Autoren, die alle etwas Ähnliches sagen. Auch wenn sie sich auf „zweifelsfreie" Beweise (gibt´s so etwas?) wissenschaftlicher Erkenntnisse beziehen, formulieren sie es nur aus ihrer subjektiven Realitätsabbildung heraus. Sie knüpfen daran subjektive Sichtweisen und Schlussfolgerungen auf subjektive Weise. Genauso wie auch Jacqueline und ich sagen, dass der Inhalt dieses persönlichen Mega-Briefes an Sie, den Sie gerade in Händen halten, ein Produkt unserer subjektiven Realitätsabbildungen ist.

Es gibt individuelle Berichte vieler Menschen, denen durch dieses Spiegelgesetz / Resonanzgesetz geholfen werden konnte. Ihnen ging es mit den Realitätsabbildungen der oben zitierten Autoren besser. Ihr Leben fühlt sich für sie stimmiger an, seitdem sie sich mit Hilfe des Spiegelgesetzes mit sich selbst auseinandersetzen. Darüber freuen wir Autor*innen uns sehr.

Wir empfehlen Ihnen, sich *zusätzlich* bewusst zu sein, dass das, was die übrigen Spiegelgesetz-Autoren schreiben und wovon viele Leser*innen begeistert schwärmen, nicht *die* Wahrheit oder *die* Wirklichkeit sein muss. Es sind immer Aussagen, die aus individuellen Realitätsabbildungen heraus getroffen wurden. Alles ist hinterfragbar und damit auch ***verbesserbar***. Es wäre äußerst schade, wenn wir dieses ***Potenzial zur Verbesserung*** nicht nutzen, denn: **Alles können wir für uns selbst *noch stimmiger* gestalten als es momentan schon ist.**

Dies schreiben wir Autor*innen aus unserer eigenen Realitätsabbildung heraus.

Und was wäre unserer Meinung nach Wahrheit und Wirklichkeit?

Wissen wir nicht.

Wir wissen nur, welche Realitätsabbildung sich für uns selbst zurzeit *noch stimmiger* anfühlt. Mehr nicht. Was sich jenseits unserer Realitätsabbildung in der „wirklichen" Realität und damit auch in den Gehirnen anderer Menschen abspielt, wissen wir nicht – zumindest nicht genau.

Diese Haltung lässt uns frei bleiben, uns immer die Realitätsabbildung auszusuchen, die sich momentan *für uns* am stimmigsten anfühlt. Wir bleiben flexibel. Wir bleiben im Fluss.

Ich möchte einige Punkte anführen, die vielleicht ein bisschen zum Nachdenken anregen:

Eine Frau, die sich in Belgien meinen Vortrag zu meinem Buch „Ich stehe nicht mehr zur Verfügung" angehört hatte, kam hinterher zu mir und hatte eine Frage. Sie würde permanent die Befürchtung in sich spüren, an Krebs zu erkranken. Dadurch, dass bekannte Autor*innen sagen, dass sich innere Überzeugungen realisieren würden, hätte sie jetzt noch mehr Angst. Sie kann nicht aufhören, an Krebs zu denken, und daher müsse es doch jetzt automatisch dazu führen, dass sie an Krebs erkranken würde! Hilfe!

Als ich ihr mitteilte, dass sie sich diesen objektiv klingenden Behauptungen von Autor*innen nicht unbedingt zur Verfügung stellen müsse, sondern immer die freie Wahl habe und auch auf die Menschen schauen dürfe, bei denen dieses Spiegelgesetz nicht eintritt, fühlte sie sich erleichtert.

Ich selbst hatte viele Jahre intensive Angst vor Speiseröhrenkrebs, weil ich aufgrund eines Zwerchfellbruchs an einer Refluxösophagitis leide (deswegen auch meine Schwierigkeiten mit den vielen Kuchenstücken meiner Sängerinnen). Doch dieser Krebs tauchte einfach nicht auf – bis ich irgendwann mit Hilfe einer Aufstellung diese Angst lösen durfte.

Als ich neun Jahre alt war, starb mein sechs Jahre älterer Bruder, mit dem ich oft im Streit gelegen hatte. Wenn ich damals schon von dem Spiegelgesetz gehört hätte, dann hätte ich mir als Kind gesagt: „Ich muss schuld am Tod meines Bruders sein!"

Ein weiterer Gedanke: Bedeutet dieses Spiegelgesetz, dass alle Opfer eines Erdbebens in der Zeit vor dem Erdbeben die unbewusste Überzeugung gehabt haben, dass sie in nächster Zeit Opfer eines Erdbebens werden? Haben sich die Japaner in Fukushima alle gleichzeitig unbewusst gewünscht, dass ihre Kernkraftwerke von einem Erdbeben und einem Tsunami zerstört werden sollen?

Ich will das Spiegelgesetz nicht grundsätzlich in Frage stellen. Ich möchte nur auf die Lücken und Unstimmigkeiten hinweisen, wenn man das Spiegelgesetz so formuliert, wie wir es oben zitiert haben. Es gibt noch viel mehr logische Zusammenhänge, in denen solche Formulierungen unstimmig erscheinen.

Was ich beispielsweise ebenso als unstimmig empfinde, sind Behauptungen darüber, dass auch unsere *unbewussten* Gedanken für das verantwortlich seien, was wir in unser Leben ziehen. Gerade weil diese Gedanken *un*bewusst sind, kann man das wunderbar behaupten und dadurch andere Menschen konfrontieren. Denn niemand kann es überprüfen, solange diese Gedanken unbewusst bleiben. Niemand kann das Unbewusste oder gar das kollektive Unbewusste komplett ausschütten und nachschauen, was alles drin ist. Daher kann man immer frei und selbstbewusst behaupten, dass da etwas im Unbewussten lauert und negativ wirken würde.

So eine Behauptung kann keiner mit seinem eigenen Stimmigkeitsgefühl widerlegen – man kann sie nur glauben oder nicht glauben. Denn wenn man argumentiert, es gäbe *kein* Ungleichgewicht im eigenen Unbewussten, kann der andere immer das Gegenargument bringen: „Logisch, dass du das sagst. Es ist dir ja auch unbewusst!" Eine Patt-Situation.

Ich denke: Solange wir Menschen nicht einmal exakt und objektiv herausbekommen können, wie die Realität „wirklich" ist, kann auch keiner wissen, was in dieser Realität wirklich wirkt. Wir können nicht wissen, wer wen beeinflusst. Wir können nicht wissen, welcher bewusste Gedanke sich *allein durch das*

*Drandenken* in unserem Umfeld realisiert, und schon gar nicht, welcher *un*bewusste Gedanke sich überträgt. Vielleicht ist eine Übertragung möglich, das will ich nicht ausschließen, aber wir *wissen es einfach* ***nicht genau***.

Wir Menschen haben nur das *stimmige Gefühl*, *als ob* wir die Realität ziemlich exakt wahrnehmen *würden*. Und wir haben ab und zu den *stimmigen Eindruck, als ob* sich etwas aus unserem Inneren im Umfeld widerspiegelt. Mehr nicht! Erinnern Sie sich an die klare Unterscheidung: Ein ***Stimmigkeitsgefühl*** hat nichts damit zu tun, wie exakt wir die Realität wirklich wahrnehmen können. Das sind definitiv zwei Paar Schuhe! (Seite 83)

Ich sehe eine weitere Unstimmigkeit: Wenn unser Umfeld ein Spiegel für unsere bewussten und unbewussten Überzeugungen und Gedanken sein soll, dann schauen wir das Umfeld an und sagen uns: „Mein Umfeld ist so, weil ich es so ausgestrahlt habe. Mein Umfeld spiegelt mich und mein Unbewusstes – eins zu eins." Auf diese Weise knüpfen viele Menschen ihr Selbstwertgefühl an das, was ihnen im Umfeld begegnet. Das bedeutet letztendlich: Bei dieser Sichtweise ist ***das Umfeld der Maßstab*** dafür, wie man über sich selbst *urteilt*.

Wenn andere Menschen mich schlecht behandeln, würde das nach dieser Theorie *automatisch* bedeuten, dass ich mich bewusst oder unbewusst selbst schlecht behandle und deshalb die schlechte Behandlung der anderen Menschen in mein Leben gezogen habe. Wenn ich im Außen ein Chaos miterlebe, würde das *automatisch* bedeuten, dass ich ein Chaos in mir drin hätte. Wenn sich ein Mensch in meiner Gegenwart schlecht fühlt, würde das *automatisch* bedeuten, dass unbewusste Gedanken in mir diese Situation angezogen haben und nun diesen anderen Menschen schlecht fühlen lassen. Im Extremfall könnte sogar jemand behaupten: „Mir geht es nicht gut, weil du mir keinen guten Rahmen bietest!" – und ich würde es glauben, zumindest teilweise!

Weisen wir unserem Umfeld diesen Maßstab zu, dann geben wir unseren eigenen Maßstab auf und geben unserem Umfeld gleichzeitig eine große Macht über uns. Hier sehen Jacqueline und ich die Gefahr einer Verantwortungsabgabe – obwohl viele Autor*innen bei der Auslegung des Spiegelgesetzes genau das vermeiden möchten. Wir geben unserem Umfeld die Verantwortung dafür, uns zu demonstrieren, wie wir „wirklich" sind. Unser Umfeld hat dadurch ein machtvolles „Spiegel-Monopol" von uns erhalten.

Ich möchte daran erinnern, dass es bei einem Blick in den Spiegel nicht nur darauf ankommt, worauf wir unseren Blick lenken, sondern auch, *in was für einen Spiegel* wir schauen. Wie Sie wissen, gibt es auch Spiegel, die uns *verzerrt* widerspiegeln oder kaputt sind und *gar nichts* spiegeln. Außerdem spielt auch unsere Interpretation eines Spiegelbildes eine wichtige Rolle. Sie erinnern sich: *Was* beobachten wir? *Wie* beobachten wir es? Und *wie gehen* wir mit dem Beobachteten *um*?

Wenn also andere Menschen mich schlecht behandeln, dann *kann* es zwar bedeuten, dass ich mich selbst schlecht behandle, *muss* es aber nicht. Wenn ich im Außen ein Chaos miterlebe, dann *kann* es zwar bedeuten, dass ich auch ein Chaos in mir drin habe, *muss* aber nicht sein. Wir Menschen sind immer frei, mit Hilfe unseres Stimmigkeitsgefühls zu entscheiden, welcher Zusammenhang für uns tatsächlich stimmig ist und welcher nicht. Wir haben die Wahl.

Ich habe immer noch nicht erklärt, warum Jacqueline und ich die Frage: „Wie können wir unser Umfeld optimal als Spiegel nutzen?“ mit „Gar nicht!“ beantworten. Das kommt jetzt:

Eigentlich ist es ganz einfach. Schauen wir noch einmal auf unsere (subjektive) These: „Wir können niemals aus unserem Gehirn aussteigen und die Realität *direkt* wahrnehmen.“

Nehmen wir diese These ernst, dann bedeutet das automatisch, dass wir die Realität auch niemals *direkt* als Spiegel für uns selbst einsetzen können. Denn:

**Wie sollen wir einen Spiegel benutzen, wenn wir ihn nicht einmal *direkt* sehen können?**

Das ist der alles entscheidende Punkt!

Stellen Sie sich vor, dass Ihre Augen nicht mehr scharf sehen. Ohne Brille nehmen Sie alles nur noch verschwommen wahr.

Jetzt stellen Sie sich ohne Brille vor einen Spiegel im Bad oder im Hausflur und sagen: „Oh, ich sehe heute aber verschwommen aus. Wenn ich aus dem Haus gehe, merken alle Menschen, wie verschwommen ich bin. Was kann ich tun, damit mein Gesicht nicht mehr so verschwommen ist? Ich muss es irgendwie schaffen, mein Gesicht wieder klarer zu bekommen. Vielleicht hilft dabei eine Gesichtsmassage. Oder ich gehe zu einem Modellierer …“

Sie merken: Das fühlt sich irgendwie unstimmig an, oder? Sie kommen auf ein ähnlich unstimmiges und verschwommenes Ergebnis, wenn Sie pauschal davon ausgehen: „Alles, was ich im Außen wahrnehme und was mir begegnet, spiegelt mein Inneres wieder."

In Wirklichkeit müssten Sie erkennen, dass Ihre Augen nicht gut sehen. Und solange Ihre Augen nicht gut sehen, macht es auch keinen Sinn, im Außen in einen Spiegel schauen zu wollen. **Aber es macht Sinn, sich um Ihre Augen zu kümmern und den Blick zu klären.**

Wenn wir nicht wissen, wie klar wir eigentlich die Realität um uns herum wahrnehmen, dann macht es keinen Sinn, diese Realität als Spiegel einzusetzen. Stattdessen macht es Sinn, unsere Realitätsabbildung in unserem Gehirn als Spiegel zu nutzen. **Es macht Sinn, sich um unsere Realitätsabbildung zu kümmern und sie immer weiter zu klären.**

Der **einzige** (!) Maßstab, der uns bei dieser Klärung hilft, ist unser eigenes subjektives ***Stimmigkeitsgefühl*** – und nicht unser Umfeld.

Noch einmal auf den Punkt gebracht: Wenn wir permanent in den Spiegel schauen, weil wir die Projektion unseres Gehirns wahrnehmen, dann stellt nicht unser Umfeld einen Spiegel dar, sondern unsere Projektion!

**Das, was wir in unser Umfeld projizieren, spiegelt uns.**

**Darin, wie wir unser Umfeld in uns abbilden, können wir uns spiegeln.**

**Es kann für uns einen Spiegel darstellen, wie wir das, was wir von unserem Umfeld wahrzunehmen meinen, bewerten, wie wir darüber denken, was wir dazu fühlen und wie wir damit umgehen.**

Aber wie unser Umfeld „wirklich" ist, können wir niemals wissen, da wir es nicht direkt wahrnehmen können. Daher können wir auch nie unser Umfeld *direkt* als Spiegel nutzen. Immer nur *schwammig indirekt* – über unsere unvollständige und unperfekte Realitätsabbildung.

Ich kann mir vorstellen, dass inzwischen einige Leser*innen etwas verwirrt fühlen, denn wie soll man denn nun mit dem Spiegel im Umfeld umgehen? Welche Schlussfolgerung kann man aus diesem neuen Be-*wusst*-sein ziehen?

Unsere Schlussfolgerung ist: Wir sollten uns permanent be-*wusst* bleiben, dass all unsere Deutungen, Bewertungen und Interpretationen, die wir über unser Umfeld entwickeln, „unscharf" sind und auch immer wieder anders ausfallen könnten. Es gibt keine „Eins-zu-eins-Übertragung". Die Aussage „Wie innen, so außen" ist äußerst *relativ* und hängt immer von der subjektiven Sichtweise des Betrachters ab.

Erinnern Sie sich an den Vollmond. Wir Menschen sehen immer noch eine Scheibe. Aber wir haben diese Scheibe an das *Wissen* geknüpft, dass der Mond eine Kugel ist. Genauso empfehle ich Ihnen, Ihr Alltagsbewusstsein mit folgendem *Wissen* zu verknüpfen:

1. Alles, was Sie im Alltag wahrnehmen, ist Ihr kraftvolles Gehirn, das auf einer tiefen Ebene mit allem in Verbindung steht.
2. Alles, was Sie in Ihrem Umfeld als Feedback oder als Spiegel für sich nutzen, ist Ihre eigene wandelbare Realitätsabbildung. Deswegen ist alles *immer unterschiedlich interpretierbar* und könnte auch ganz anders und vor allem **noch stimmiger** (!) sein, als Sie es gerade denken und fühlen.
3. Wenn Sie im Alltag ein Ziel verfolgen oder ein Problem haben, dann schauen Sie darauf, was Ihnen *jetzt* gerade weiterhilft und was sich *für Sie persönlich* stimmig anfühlt. Nur das zählt.

Auf diese Weise bleiben Sie immer offen für weitere und noch stimmigere Möglichkeiten, Sie bleiben autonom und Sie bleiben im Fluss.

Ich formuliere die Frage, wie wir unser Umfeld als Spiegel einsetzen können, anders. Nach meinem Stimmigkeitsgefühl lautet die Frage nun:

**Wie können wir *unsere eigene Realitätsabbildung* optimal als Spiegel für uns einsetzen?**

Die Antworten darauf haben Sie bereits in den ersten vier Kapiteln gelesen. Wenn Sie die Sichtweisen von Jacqueline und mir aus diesen Kapiteln übernommen haben, spielen Sie bereits fleißig mit dem lebendigen Spiegel. Sie können eigenverantwortlich und selbstständig erkennen, wo Sie noch etwas Unangenehmes in ihr Umfeld projizieren und sich dadurch selbst Probleme erschaffen. Dann suchen Sie danach, wie Sie das Problem für sich so lösen können, dass Sie eine stimmigere Sichtweise entwickeln und sich mit ihrer Realitätsabbildung wohler, weiser und freier fühlen.

**Jede Unstimmigkeit in Ihrem Gefühl nutzen Sie für sich selbst *als Spiegel* und suchen aktiv nach einer Verbesserung in Ihrer Realitätsabbildung.**

Jetzt wird auch klar, dass die ersten vier Kapitel nicht nur eine Vorbereitung darauf waren, den lebendigen Spiegel im fünften Kapitel kennenzulernen. Sondern Sie haben „den lebendigen Spiegel im Menschen“ bereits zu nutzen begonnen – allein schon durch die Sichtweise am Anfang des Buches, dass wir Menschen permanent in den Spiegel schauen. Und da wir alles im Buch auf dieser Sichtweise aufgebaut haben, haben Sie nichts anderes gemacht, als permanent über den lebendigen Spiegel im Menschen zu lesen. Es gibt dem kaum noch etwas hinzuzufügen.

Ein paar leckere Bonbons haben wir aber schon noch aufbewahrt. Diese lesen Sie jetzt im Rest unseres langen subjektiven Briefes an Sie.

Zusammenfassung dieses Abschnitts:

**Wir empfehlen Ihnen, Ihre ganz persönliche, subjektive Realitätsabbildung zusammen mit Ihrem Stimmigkeitsgefühl als *einzigen* Spiegel und Maßstab für sich selbst anzuerkennen.**

Ich ändere in unserer Sammlung Punkt 6 und füge gleichzeitig Punkt 7 hinzu:

1. Wir Menschen schauen permanent in den Spiegel.
2. Wir haben die volle Verantwortung dafür, *wie* wir auf ein Verletzungsgefühl schauen und *wie* wir damit umgehen.
3. Wir sind unseren Wünschen entsprechend aktiv, beobachten Stimmigkeiten oder Unstimmigkeiten und ziehen Konsequenzen aus unserem Gefühl.
4. Wir beeinflussen unsere Gefühle, indem wir uns unsere dahinterstehenden Wünsche bewusst machen und anschließend herauf- oder herunterregeln.
5. Auf einer tiefen, nicht wahrnehmbaren Ebene ist alles mit allem verbunden.
6. Der siebte Sinn des Menschen:
   a. Wir beobachten unsere eigenen Wünsche und Verhaltensweisen **und stellen Vermutungen über den Rahmen unseres Umfeldes an,** mit dem wir uns verbunden haben.
   b. Umgekehrt beobachten wir unser Umfeld **(indirekt mit Hilfe unseres Gehirns) und stellen Vermutungen über unseren eigenen Rahmen an,** den wir selbst anbieten.
7. **Der lebendige Spiegel im Menschen: Wir schauen auf unsere innere Realitätsabbildung und fragen uns: „Wo können wir unser *Wissen* noch erweitern? Wo können wir noch stimmigere Sichtweisen / Erkenntnisse über uns und unser Umfeld finden?“**

## Was hilft „wirk“ lich?

*Olaf:*

Diese Frage „Was hilft?“ ist die einzige Frage, die wir Autor*innen generell ansetzen, wenn wir bestimmte Ziele verfolgen. Es geht uns weniger darum, was Wahrheit oder was Wirklichkeit ist oder wovon wir überzeugt sind oder was wir glauben, was richtig wäre. Es geht nur noch darum, aktiv auszuprobieren, was wirklich hilft, entweder ein bestimmtes Ziel zu erreichen oder ein Problem zu lösen. Kurz: Was hilft wirklich, um in das nächst bessere Gleichgewicht zu gelangen?

Wenn wir etwas gefunden haben, was uns hilft, sind wir uns gleichzeitig *bewusst*, dass es keine *allgemeingültige* Wahrheit darstellt. Es ist immer hinterfragbar. Keine Fee unter dem Bett, mit der man sich gut fühlt, und keine universellen Eltern, die einen verständnisvollen, tief lösenden Rahmen bieten, müssen real sein, um hilfreich zu wirken. Es liegt einzig und allein an der Wirksamkeit unserer eigenen Realitätsabbildung in unserem kraftvollen Gehirn. Ist unsere innere Realität für uns wirksam und hilfreich? Wenn nicht: Was fehlt oder was ist zu viel?

Beim Freien Aufstellen erleben wir öfter, dass jemand sein Problem auf geniale Weise lösen kann. Wenn wir dann aber diese Lösung auf eine andere Teilnehmerin mit einem ähnlichen Problem übertragen wollen, müssen wir feststellen: Der anderen Person hilft es nicht. Sie benötigt zu diesem Zeitpunkt eine andere für sie ganz individuelle Lösung. Logisch: Jeder hat seine ganz eigene Realitätsabbildung, die ihren ganz eigenen Entwicklungsprozess hat. Es gibt keine allgemeingültigen Lösungen für alle. Es gibt immer wieder einige „Ausnahme-Menschen“, bei denen eine scheinbar „allgemeingültige“ Lösung kontraproduktiv wirkt.

*Jacqueline:*

Mir fällt der Satz ein: „Wer heilt, hat Recht.“ Diesen Satz kann man mindestens auf zwei Weisen verstehen:

1. Wer heilt, hat grundsätzlich Recht und das gilt für alle.
2. Wer heilt, hat Recht, was diesen einen Menschen betrifft.

Ich selbst finde den zweiten Satz stimmiger. Denn ich weiß als Therapeutin von vornherein nie, was bei dem einen Klienten hilft und was nicht. Jeder Mensch ist ein Individuum, und so sind auch die Heilmethoden ganz individuell.

Wenn also ein Klient einen Wunsch hat, dann suche ich danach, was hilft, damit ich ihm optimal bei der Wunscherfüllung dienlich sein kann.

Wenn ein Baby schreit, dann suchen wir Menschen danach, was hilft, damit es sich wieder glücklich fühlen kann.

Was hilft, um vermehrt Kund*innen in unser Leben zu ziehen?

Wenn unser Partner ein Ziel verfolgt und wir wollen ihm helfen, dann suchen wir danach, was ihm hilft, sein Ziel zu erreichen.

Wenn wir ein Problem haben, dann suchen wir danach, was uns selbst effektiv weiterhilft und das Problem zum Verschwinden bringt.

Wenn unsere Chefin unzufrieden ist, dann suchen wir (meistens) danach, was hilft, damit sie wieder zufrieden ist. Mein damaliger Chef kam oft schlecht gelaunt zur Arbeit. Als ich ihm dann eine Tasse Kaffee mit etwas Kaffeesahne, zwei Stückchen Zucker und einem Keks in sein Büro brachte, sagte er einmal zu mir: „Du bist viel zu teuer, um mir den Kaffee zu bringen. Das kann doch die Sekretärin machen." Da sie dies aber nicht tat, antwortete ich ihm: „Ich brauche höchstens drei Minuten, um dir den Kaffee zu bringen. Das ist es mir wert, weil ich dann den ganzen Tag einen glücklichen Chef habe!" Daraufhin lächelte er verschmitzt über das ganze Gesicht.

***Was hilft?***

Das ist der oberste Maßstab.

*Olaf:*

Wir Autor*innen gehen davon aus, dass es keine objektiven „Wahrheiten" gibt. Wenn es natürlich bei einem bestimmten Problem helfen sollte, nach einer scheinbar objektiven Wahrheit zu suchen, dann machen wir das. Wenn es hilft, unsere Überzeugungen oder Behauptungen mitzuteilen, dann machen wir auch das. Wenn es hilft, dass wir äußern, woran wir glauben und was wir für richtig halten, dann tun wir das. Wenn es hilft, von der Sichtweise auszugehen, dass wir unser Umfeld doch *direkt* als Spiegel für uns selbst einsetzen können, dann ist auch das in Ordnung.

Nichts ist ausgeschlossen. Nur in der *Rangfolge*, auf welche Frage wir uns bei der Weiterentwicklung anderer Menschen oder bei unserer eigenen Entwicklung konzentrieren, steht die Frage „Was hilft wirklich?" an oberster Stelle – und nicht die Frage: „Was ist Wirklichkeit?" oder „Was ist Wahrheit?" Die Frage nach der Wirklichkeit spielt natürlich eine wichtige Rolle in unserem Leben – aber sie spielt nicht die erste Geige.

Angenommen wir würden die Frage „Was hilft?“ kaum beachten. Wir würden einem anderen Menschen helfen wollen und ihn mit all unseren gut gemeinten Ideen überlasten, überfordern, überschwemmen, ohne dass sich dabei sein Gesichtsausdruck aufhellt und er mitteilt: „O ja, das hilft mir jetzt weiter!“ – dann verschwenden wir unsere Energie. Zusätzlich könnte es sein, dass der andere sich sogar unseren Hilfsimpulsen gegenüber verschließt und keine Lust mehr hat, weiter mit uns zu suchen.

Allerdings könnte das Verschwenden von Energie auch seinen Sinn haben. Wir könnten in dieser Situation vielleicht **irgendetwas Geniales dazulernen. Die Frage ist nur, was?** Vielleicht lernen wir, was wir in Zukunft *nicht mehr* tun wollen?

*Jacqueline:*

In einem meiner Seminare, in denen man zu zweit zusammenarbeitet, hat eine Teilnehmerin für einen anderen Teilnehmer eine Energiearbeit bezüglich eines konkreten Themas durchgeführt, ohne ihn vorher gefragt zu haben, ob er dieses Thema behandelt haben möchte. Dieser fühlte sich zunehmend unwohl und fragte sie schließlich, welches Thema sie denn gerade bearbeitet. Sie erzählte ihm davon, woraufhin er sich von ihr übergangen fühlte. Sie hatte eine empfindliche Grenze von ihm überschritten. Über eine halbe Stunde konnte er nicht mehr mit ihr zusammenarbeiten. Ich setzte mich zu den beiden und wir sprachen über das Geschehene. Dabei betonte ich, wie wichtig es für viele Menschen sei, die Möglichkeit zu haben, für sich selbst zu entscheiden, wobei ihm geholfen wird und wobei nicht. Die Teilnehmerin sah das ein und nach einer Weile konnten sie wieder zusammenarbeiten.

Was hilft wirklich? Wenn wir für uns selbst nach Lösungen suchen und immer wieder ähnliche Wege gehen, die aber nicht zum Ziel führen, dann fördern wir unser Burn-out-Gefühl. Wir erkennen nicht an, dass diese Wege uns gerade *wirklich nicht* helfen. Wenn wir als Kind immer wieder dazu gezwungen waren, einen bestimmten Weg einzuschlagen, dann übertragen wir später unsere erlernte Realitätsabbildung im Gehirn auf unser neues Umfeld. Dabei erkennen wir oft zunächst nicht, dass das neue Umfeld ganz anders ist und der erlernte Weg in *diesem* neuen Kontext gar nicht mehr funktioniert.

Zu der Frage „Was hilft?“ gehört also auch immer die genaue Beobachtung: „Hilft es jetzt *wirklich* gerade, was ich hier tue? Ganz ehrlich?“ Und wenn unser eigenes Gefühl eine Unstimmigkeit mit der Antwort „Nein, hilft gerade nicht“ zum Vorschein bringt oder unser Gegenüber keine Reaktion oder vielleicht sogar einen Widerstand zeigt, sollten wir dann auch *loslassen können* und eventuell eine neue Aktion ausprobieren.

*„Wenn du immer das machst, was du immer gemacht hast, wirst du immer das bekommen, was du immer bekommen hast.“* (Abraham Lincoln)

*„Der Gipfel des Wahnsinns ist es, auf Veränderungen zu hoffen, ohne etwas zu verändern.“ (*Albert Einstein)

Was *jetzt* nicht hilft, muss nicht generell falsch sein. Vielleicht hilft es irgendwann später oder bei einem anderen Thema, aber eben nicht *jetzt*.

Manchmal meinen wir als erfahrene Aufstellungsbegleiter*innen, die Bedeutung der Aufstellung einer Teilnehmerin schon verstanden zu haben. Wir meinen zu wissen, was helfen könnte. Doch oft werden wir eines Besseren belehrt: Die Aufstellung entwickelt sich im weiteren Verlauf in eine ganz andere Richtung – den Wünschen der aufstellenden Person entsprechend.

Deshalb ist es uns beim Freien Aufstellen wichtig, dass die Begleiter*innen den Wünschen der aufstellenden Person immer Vorrang geben. Trotzdem könnte es sein, dass später der Hilfsimpuls oder die Idee einer Begleiterin doch noch ausprobiert wird – wenn es für die aufstellende Person stimmig ist.

Bei Kindern ist der Wunsch groß, Dinge selbst zu erkunden, zu erfahren und auszuprobieren. Dabei können die Hilfsimpulse der Erwachsenen sehr störend sein und die Kreativität des Kindes hemmen. Was hilft also dem Kind *wirklich*?

*Olaf:*

Wir empfehlen also: Setzen Sie bei Ihrer Suche und bei der Erforschung von Lösungen über die lange Liste an Fragen, die Sie möglicherweise haben werden, die Hauptfrage ganz oben drüber: **„Welche der Fragen und Aktivitäten helfen mir wirklich weiter?“**

Bei Ihren eigenen Problemen lassen Sie Ihr ***eigenes Stimmigkeitsgefühl*** dabei der Maßstab sein, was wirklich hilft. Und nicht die Stimmigkeitsgefühle der anderen, die Ihnen helfen wollen.

Und wenn Sie anderen Menschen bei deren Suche nach Lösungen helfen, dann lassen Sie ***deren Stimmigkeitsgefühl*** der Maßstab sein und stellen nicht Ihr eigenes Stimmigkeitsgefühl über das des anderen.

Neulich habe ich Jacqueline bei der Lösung eines Problems helfen wollen und gab Ihr einen Tipp. Sie reagierte mit dem Gefühl, dass sie damit nichts anfangen könne. Ich konnte nicht so leicht loslassen, denn mein Gefühl war doch so eindeutig. Ich hatte das Gefühl, dieser Tipp könnte Ihr helfen, wenn sie nur ein wenig genauer hinfühlen würde.

Es half ihr aber nicht. Erst nach einer Weile, nachdem ihr Widerstand schon stärker geworden war, konnte ich das akzeptieren und loslassen und anerkennen, dass mein Tipp gerade nicht hilft. Übrig blieb an mich selbst die Frage: „Was spiegelt mir das? Wofür wäre mein Tipp ‚eigentlich' die Lösung, wenn ich hier eine Lösung für etwas fühle? Vielleicht ein unbewusstes eigenes Thema, das ich in Jacquelines Thema projiziert hatte? Könnte ich meinen Tipp in irgendeinem Bereich auf mich selbst anwenden? Wo würde es mir selbst helfen?"

Dann erkannte ich: Es geht bei mir um mein tiefes Gefühl, das ich schon als Kind immer in allen möglichen Situationen gefühlt hatte: „Ich weiß, wie es richtig geht!"

Als Kind wollte ich immer dafür anerkannt werden, dass ich weiß, wie es richtig geht, z. B. wie man eine Zigarette richtig hält, wie man im Straßenverkehr richtig Fahrrad fährt etc. Doch kaum jemand hat mich beachtet oder mich dafür gewürdigt, dass ich es tatsächlich wusste. Dieser unbewusst wirkende Wunsch nach so einer Anerkennung, dass ich es doch weiß, hat mich bis vor kurzem noch „getrieben". Deshalb fiel es mir schwer, von meinen Hilfsimpulsen loszulassen, wenn sie anderen nicht geholfen haben.

Inzwischen kann ich besser loslassen. Und nun kann ich beim Helfen in Ruhe darauf schauen: Hilft es dem anderen gerade? Wenn nicht: loslassen oder eine andere Hilfe anbieten.

*Jacqueline:*

Als ich eine junge Frau war und meine ersten Erfahrungen mit Männern machte, suchte ich oft Rat bei meiner Mutter. Dabei habe ich einmal eine Beziehung zu einem jungen Mann beendet, aber danach sehr gelitten. Damals sagte meine Mutter zu mir: „Wenn es dir so weh tut, dass ihr nicht mehr zusammen seid, dann musst du ihn doch lieben.“ Ich übernahm diesen Glaubenssatz, passte mich an ihr Stimmigkeitsgefühl an und erneuerte die Beziehung. Dies tat ich fünf Mal. Es half mir einfach nicht. Ich litt im Kontakt mit dem Mann und ich litt ohne ihn.

Vor der sechsten Trennung wurde mir bewusst, dass ich einen großen Verlustschmerz in mir trug, der jedes Mal aufgeflammt ist, wenn ich die Beziehung beendet habe. Was letztendlich geholfen hat, war, die Trennung zuzulassen und den aufflammenden Verlustschmerz zu verarbeiten.

Inzwischen mache ich immer wieder die Erfahrung, dass sich ein Zwiespalt zeigt, wenn zwei sich widersprechende Wünsche existieren. In meinem Fall war es wie folgt: Ich hatte den Wunsch, die Beziehung zu diesem Mann zu beenden, weil ich *in* der Beziehung zu sehr litt. Doch es existierte noch ein zweiter Wunsch in mir: der Wunsch nach Nähe. Dieser Wunsch wurde nach der Trennung stärker, so dass ich unter einem großen Verlustschmerz litt.

Es hat mir nicht *geholfen*, dem Rat meiner Mutter zu folgen, denn ich litt ja *in* der Beziehung. Was mir aber wirklich geholfen hat, war die Verarbeitung des Verlustschmerzes *nach* der Trennung.

Ein zweites Beispiel: Ich erlebe es oft, dass Eltern natürlich gerne ihre eigenen Erfahrungen an Kinder weitergeben, damit diese nicht erst mühsam durch unangenehme Situationen durchgehen müssen. Dementsprechend hörte ich im Sommer nachmittags im Garten nebenan, wie die Mutter zu ihrer kleinen Tochter sagte: „Anna-Lisa, du musst die Wurzeln der Pflanzen gießen – nicht die Blätter.“ Das Kind reagierte auf solche Hinweise der Mutter oft mit Widerstand. Dabei kam mir der Satz in den Sinn: „Ziehen wir Kinder oder Pflanzen groß?“ Vielleicht würde das Kind die durchaus für einen Erwachsenen verständlichen Bedenken der Mutter besser verstehen, wenn es selbst die Erfahrung machen dürfte, dass eine Pflanze beim Begießen der Blätter austrocknet. Vielleicht hat die Mutter aber auch Unrecht und die Pflanze trocknet gar nicht aus?

Ich selbst habe mit meiner Mutter ein wunderschönes Beispiel erlebt. Wir hatten einen Kachelofen und dieser stand direkt neben der Tür meines Kinderzimmers. Meine Mutter hatte immer die Sorge, dass ich mich irgendwann einmal am Ofen verbrennen würde. Anstatt mir immer und immer wieder zu sagen, dass der Ofen heiß ist, nahm sie sich einfach Zeit für mich und sagte mir, dass sie mir etwas zeigen möchte. Sie nahm meine Hand und führte sie ganz langsam in Richtung des Ofens. Bald spürte ich selbst die Hitze und zog meine Hand zurück. Ich hatte nun *erfahren*, dass der Ofen heiß war und dass ich ihm besser nicht zu nahe kam.

Allerdings sind die Lösungen, die die Eltern für sich selbst erarbeitet haben, nicht immer zwangsläufig auch die Lösungen für die Kinder. Bei meinen Kindern dachte ich, dass sie leiden würden, wenn ich so oft zu den Aufstellungs-Veranstaltungen von Olaf gehen würde und nicht zu Hause bin. Dabei habe ich meine eigene Kindheit und mein eigenes Leid auf meine Kinder projiziert, denn ich habe damals darunter gelitten, dass meine Eltern öfter ohne mich unterwegs waren.

Bei meinen Kindern zeigte sich schließlich das Gegenteil: Durch die vielen Aufstellungen, die ich lösend für mich nutzen konnte, hat sich in mir viel entspannt. Ich konnte meinen Kindern somit einen viel angenehmeren und freieren Rahmen bieten und eine liebevollere und verständnisvollere Mutter sein als ohne meine Lösungsprozesse.

Die Frage lautet immer: „Was hilft *jetzt* gerade?“ Und das eigene Stimmigkeitsgefühl ist immer der Maßstab bei der Suche nach einer Antwort.

## Aus unserer Beobachtung des Umfeldes stellen wir Vermutungen über uns selbst an

*Jacqueline:*

Auch wenn Olaf geschrieben hat, dass wir unser Umfeld nicht *direkt* als Spiegel für uns selbst einsetzen können, werden wir im Rest des Buches doch einen Blick darauf werfen. Allerdings mit dem *Wissen* verknüpft, dass jede Deutung *immer unscharf* ist und auch immer wieder anders sein kann. In Wirklichkeit schauen wir auf unsere eigene unperfekte Realitätsabbildung. Die ersten Fragen sind: „Welcher Gedanke löst in mir etwas aus? Welcher Rückschluss auf mich oder welche Vermutung über mich hilft mir wirklich weiter? Welche Sichtweise fühlt sich stimmig an? Und gibt es vielleicht eine noch stimmigere Sichtweise?“

Bei den folgenden 11 Punkten gehe ich davon aus, dass ich meinem Umfeld eine Art ‚Rahmen' biete, dass ich also durch die universelle Verbundenheit auf irgendeiner Ebene mein Umfeld beeinflusse und das Umfeld auf mich reagiert. Auf diese Weise nutze ich Anregungen aus meinem Umfeld, um über mich selbst nachzudenken. Wie könnte eventuell das, was ich in meinem Umfeld wahrnehme, mit mir selbst zu tun haben? Und wie könnte ich durch lösende Erkenntnisse mein Potenzial besser entfalten? Dabei bleibt mein eigenes Stimmigkeitsgefühl immer der einzige Maßstab.

Mein Gefühl könnte mir auch die Antwort geben, dass sich gerade nichts Wichtiges in meinem Umfeld spiegelt. Alles gehört dazu, auch die Möglichkeit, dass das Umfeld nichts spiegelt. Und ganz oben, sozusagen als Überschrift, steht immer die Frage: „Was hilft *mir* wirklich weiter?“

Wer sich mit den Freien Systemischen Aufstellungen auskennt, kann die Ausführungen im Folgenden auch auf den Umgang mit seiner eigenen Aufstellung übertragen. Ersetzen Sie einfach das „Umfeld“ durch die „Aufstellung“. Also nicht „Was spiegelt mir mein Umfeld?“, sondern „Was spiegelt mir die Aufstellung?“.

### 1. *Spiegelt mein Umfeld, wie ich jetzt gerade bin? (Umfeld = Ich?)*

*oder: Spiegelt meine Aufstellung, wie ich jetzt gerade bin?*

Wenn wir durch unser Umfeld angeregt ein Problem fühlen oder im Zusammenhang mit unserem Umfeld ein Ziel haben, dann können wir uns diese Frage stellen:

> ***Denkt, fühlt oder verhält sich mein Umfeld eventuell gerade so, wie es mir selbst tief in meinem Inneren geht?***

Hilft uns diese Frage weiter?

Wenn uns nichts dazu einfällt oder die Frage nicht weiterhilft, dann ist es im Moment vielleicht auch nicht wichtig, das Verhalten des Umfeldes auf sich bezogen zu deuten. Auch eine Aufstellung kann manchmal nicht weiterhelfen und nichts aussagen.

Manchmal entdecken wir aber doch eine Parallele und können dadurch unser Umfeld als Spiegel nutzen. Wir haben das Gefühl, als ob unser Umfeld einen inneren Anteil von uns selbst widerspiegeln würde. Zu diesem Thema haben wir im Buch bereits viele Beispiele genannt:

Das weinende Baby, das die Trauer der Mutter widerspiegelt.

Mein Sohn, der morgens nicht aufstehen wollte, weil er mein Unwohlsein und meine Unlust fühlte.

Die sich streitenden Kinder, die die Spannungen der Eltern ausdrücken.

Die Kopfschmerzen der Teilnehmerin, die den Kopfschmerz der Seminarleitung widerspiegeln usw.

Ein weiteres interessantes Beispiel über meinen Sohn möchte ich Ihnen nicht vorenthalten: Olaf und ich besprachen vor einigen Jahren ein Thema am Telefon. In dem Gespräch versuchten wir, zwei sich widersprechende Meinungen unter einen Hut zu bekommen. Da kam mein Sohn ins Zimmer und zitierte spontan aus seinem Gefühl: „Dunkel war's der Mond schien helle, als ein Auto blitzeschnelle langsam um die Ecke fuhr …“ Sie kennen sicherlich das Gedicht, das aus Paradoxien besteht. In diesem Gedicht werden diese Widersprüche unter einen Hut gebracht. Mein Sohn spiegelte den gegenwärtigen Wunsch von uns, Widersprüche unter einen Hut zu bekommen.

*Olaf:*

Es muss bei dieser ersten Variante des Spiegelns noch nicht einmal sein, dass unser Umfeld aktiv auf uns reagiert. Es genügt schon einfach, mit seiner inneren Realitätsabbildung auf sein Umfeld zu schauen, eine Bewertung in sich zu fühlen und diese Bewertung als Spiegel zu nutzen.

Beispiel: Ich habe eine Indianerbüste auf meinem Nachttisch stehen. Das Gesicht des Indianers sieht neutral aus. Manchmal erscheint er mir traurig und manchmal fröhlich. Wenn ich seinen Blick als traurig empfinde und anschließend in mir selbst nach dieser Traurigkeit suche, werde ich meistens fündig. Ich sehe im Außen das, wie ich mich selbst gerade auf einer tendenziell eher unbewussten Ebene fühle. Wenn ich dann gezielt meine Aufmerksamkeit auf mein Inneres lenke, wird mir mein Gefühl bewusst.

Fazit: Ich bewerte mein Umfeld so, wie ich mich selbst gerade fühle. Meine Beurteilung des Indianergesichtsausdrucks spiegelt mir mein momentanes Gefühl, meine momentane Stimmung wider.

Diese Form der Resonanz, in der unser lebendiges Umfeld möglicherweise auf unsere gegenwärtige Ausstrahlung reagiert, enthält ein interessantes Potenzial:

Eine Mutter beklagte sich, dass ihr Kind sich immer dagegen wehrt, wenn die Haare gewaschen werden sollen. Die Mutter versuchte alle möglichen Tricks, doch der Widerstand des Kindes hörte nicht auf. Ich überlegte, ob dieser Widerstand vielleicht eine Resonanz war und schlug der Mutter Folgendes vor: „Bevor du das nächste Mal deinem Kind die Haare waschen willst, visualisiere intensiv, wie dir selbst deine Haare gewaschen werden und wie du selbst dieses Haarewaschen total genießt. Fühle selbst den Genuss des Haarewaschens. Mache es eine Weile, lebe diese Fantasie und genieße sie. Anschließend beobachte, wie dein Kind reagiert, wenn es wieder ans Haarewaschen geht. Hilft es?"

Eine Alternative wäre, sich für eine Zeit intensiv das Kind zu visualisieren, wie es sich gerne und mit viel Freude die Haare waschen lässt.

Kurz: Beeinflussen Sie Ihr Umfeld, indem Sie das gewünschte Verhalten oder das gewünschte Fühlen in sich selbst intensiv erleben. Vielleicht ist Ihr Umfeld offen für diesen Einfluss und stellt gerne eine Resonanz zu Ihnen her?

## 2. *Umfeld = momentan nicht gelebtes Verhaltensmuster von mir?*

*(Aufstellung = momentan nicht gelebtes Verhaltensmuster von mir?)*

***Lebt mein Umfeld gerade etwas aus, was ich an seiner Stelle auch so fühlen würde aber momentan nicht lebe?***

*Jacqueline:*

Wenn wir durch unser Umfeld angeregt ein Problem fühlen oder im Zusammenhang mit unserem Umfeld ein Ziel haben, dann können wir uns noch konkreter fragen:

*„Wie würde ich mich anstelle des anderen verhalten? Kann ich mich dort hineinversetzen und würde ich dann eine Übereinstimmung zu mir selbst wahrnehmen? Ganz ehrlich?"*

Es gab eine Zeit, da machte ich mir um meine Tochter Sorgen. Sie schien mir unglücklich und zurückgezogen zu sein. Ich fragte mich, ob ihr Verhalten irgendeine Person aus meiner Kindheit repräsentieren würde. Vielleicht spielte sie ja unabsichtlich eine ‚Rolle' mir gegenüber? Die Rolle meiner Mutter oder meines Vaters? Oder spielte sie eine andere Person für mich? Und wenn ja, welche?

Außer dieser Besorgnis hatte ich keine nennenswerten Problemgefühle. Ich wollte nur, dass sie sich besser fühlen konnte. Ich suchte danach, welche andere Person sie vertreten könnte, bis ich auf die Idee kam, mir vorzustellen, *wie sie* sich fühlt. Ich versetzte mich also in ihre Lage und fühlte mich ein. Das, was ich fühlte, kannte ich ziemlich genau: Es waren meine eigenen Gefühle, die ich als Kind oft fühlte. Sie repräsentierte mit ihrem Verhalten möglicherweise mich selbst als Kind – und keine andere Person.

Somit konnte ich dann Rückschlüsse auf mich selbst ziehen: Wenn meine Tochter sich vielleicht so fühlt, wie ich mich damals als Kind gefühlt hatte, dann könnte es sein, dass ich ihr einen ähnlichen Rahmen biete, wie ich ihn bei meinen Eltern erlebt hatte. Dieser Gedanke löste eine positive Änderung in meinem Verhalten gegenüber meinen Kindern aus. Ich beobachtete mich zunächst, *wie* ich mich verhielt, und verglich meine Beobachtung mit meinem Ziel, liebevoller mit meinen Kindern umzugehen. Dann überlegte ich mir, wie ich mein Ziel erreichen konnte. Manchmal war es ganz einfach, z. B. in einem anderen Tonfall zu sprechen, die Wünsche der Kinder zu verstehen und zu achten, auch wenn ich sie nicht unbedingt erfüllen konnte, oder Probleme liebevoll anzusprechen, anstatt zu meckern. Manchmal war es sehr schwer und ich ‚musste' erst mit Hilfe einer Aufstellung ein eigenes Thema klären oder einen alten Schmerz lösen. Mit all dem änderte ich etwas an dem Rahmen, den ich meinen Kindern bot.

Meinem Gefühl nach spiegelte mir meine Tochter meine eigenen Gefühle als Kind gegenüber meinen Eltern.

### 3. *Umfeld = verstecktes Verhaltensmuster von mir?*

*(Aufstellung = verstecktes Verhaltensmuster von mir?)*

> ***Zeigt mein Umfeld ein Gefühl oder Verhalten, das ich in mir selbst nicht zugeben möchte und lieber hinter einem entgegengesetzten Verhalten verstecke?***

Wir können uns konkreter fragen:

*„Wie würde ich mich fühlen, wenn ich mich genauso wie mein Umfeld verhalten würde? Gibt es da eine Seite in mir, die ich eventuell nicht zulassen mag und lieber verstecke? Was wäre, wenn ich es zulassen würde?“*

Als ich vor über zehn Jahren an den ersten Aufstellungsveranstaltungen bei Olaf teilnahm, gab es eine Teilnehmerin, durch die ich mich genervt gefühlt habe. Ich entwickelte im Kontakt zu ihr ein ablehnendes Verhalten.

Allerdings wusste ich, dass sie auch in Zukunft oft dabei sein würde, so dass ich ihr nicht ‚entkommen‘ konnte. Also nahm ich mir vor, sie und ihr Verhalten genauer zu beobachten. Was nervt mich an ihr so sehr? Und was hat das eventuell mit mir zu tun?

Bereits nach der nächsten Veranstaltung hatte ich Klarheit: Sie wirkte auf mich bedürftig, suchte nach liebevoller Nähe und ich musste mir eingestehen, dass der Gegenpol meines ablehnenden Verhaltens auch so war: bedürftig und nach liebevoller Nähe suchend. Als mir das klar wurde, verschwand mein Genervt-Gefühl und seitdem fühle ich mich ihr gegenüber sehr offen und liebevoll herzlich.

Die Teilnehmerin half mir, dass mir meine Ablehnung gegen eine bedürftige Suche nach Nähe bewusst werden durfte. Meine Realitätsabbildung von ihr war mir ein Spiegel.

*Olaf:*

Ich durfte einmal während eines von uns organisierten kostenlosen Aufstellungsworkshops selbst eine Aufstellung durchführen. Ich steckte in einem schwierigen Thema und wollte es mir von Stellvertreter*innen aus der Gruppe spiegeln lassen. Nachdem die Aufstellung bereits zehn Minuten auf schwerfällige Weise in Gange war (einige Stellvertreter*innen hatten sich energielos auf den Boden gelegt), stand plötzlich eine Teilnehmerin aus der beobachtenden Gruppe auf und stellte sich mit einem wütenden Gefühl eigenständig in meine Aufstellung (ich hatte solche Aktionen erlaubt). Sie begann zu schimpfen, wie unecht sich hier alle gerade verhalten würden. Keiner würde authentisch sein. Spontan schossen mir Tränen in die Augen. Eigentlich war ich überhaupt nicht wütend. Ich fühlte in meiner schwierigen Situation keinerlei Wut in mir. Aber diese Teilnehmerin formulierte Sätze, die mir tief aus meinem Herzen sprachen, und ich konnte dadurch einen inneren Schmerz verarbeiten, etwas innerlich loslassen und Raum geben für eine positive Weiterentwicklung in mir.

Sie spiegelte mir einen emotionalen Ausdruck, den ich möglicherweise in mir selbst nicht wirklich zugeben wollte und den ich immer hinter einem besonders freundlichen und liebevollen Verhalten versteckt hatte. Als es auf den Tisch kam, erlebte ich sofort eine Veränderung in mir.

### 4. *Umfeld = von mir bekämpftes Verhaltensmuster?*

*(Aufstellung = von mir bekämpftes Verhaltensmuster?)*

***Verhält sich mein Umfeld gerade, wie ich es überhaupt nicht möchte? Habe ich eine extrem starke Abwehr dagegen und verurteile es scharf?***

Wir können uns konkreter fragen:
*„Wie würde ich mich fühlen, wenn ich mich genauso wie mein Umfeld verhalte? Gibt es da eine Seite in mir, die ich eventuell absolut nicht mag und total ausschließe? Was wäre, wenn ich es zulassen würde?"*

Ich habe viele Jahre eine Abwehr dagegen gehabt, dass Menschen wütend schreien. Auch ich selbst wollte kein schimpfender, schreiender Mensch sein. Diese Abwehr entstand, weil ich es von meiner verzweifelten Mutter kannte, wenn sie keinen Ausweg mehr wusste. Sie schimpfte sehr laut und lange, während ich mich als Kind dabei ohnmächtig, schwach und ängstlich fühlte. Gegen diese Gefühle entwickelte ich eine Abwehr – und damit gleichzeitig auch gegen das Schimpfen und Schreien anderer Menschen.

Dann zog ich Jacqueline in mein Leben. Wir wurden ein Paar. Im Kontakt mit ihr konnte ich lernen, meine Abwehr aufzulösen. Immer wenn Jacqueline anfing, aus ihrem getriggerten Schmerz heraus wütend zu werden, spürte ich gleichzeitig zwar viel Stress, aber ich merkte auch, dass ihre Wut eigentlich nichts mit mir zu tun hat. Die ersten Jahre reagierte ich noch mit Beschwichtigungs- oder Erklärungsversuchen, was hier gerade für ein Missverständnis passiert war. Ich wollte sie möglichst schnell aus ihrer Problemtrance herausholen, damit das Schreien aufhört. Aber ganz allmählich konnte ich sie schreien und sich verschließen lassen. Meine Fähigkeit, sie in ihrem Schmerzausdruck zu begleiten, wuchs Schritt für Schritt.

Das ist viele Jahre her und fand vor unserer damaligen Trennung statt. Inzwischen haben wir uns beide weiterentwickelt. Sie ist nur noch selten in so einem Schmerz, der sie schimpfen lässt, und ich kann diesem Schimpfen fast immer zustimmen, wenn es wieder einmal passiert.

Gleichzeitig habe ich es geschafft, dem Schimpfen auch in mir selbst Raum zu geben. Ich habe die Realitätsabbildung in mir entwickelt, im Falle einer Resonanz mein eigenes Gefühl des Schimpfens und Schreiens vollkommen zuzulassen. Wie meine ich das? „Im Falle einer Resonanz"?

Wir Menschen stecken uns gegenseitig mit dem Gähnen an. Wenn ein Mensch gähnen muss, gähnt der andere oft mit. Wenn ein Mensch lacht, lachen andere mit. Wenn ein Mensch schreit, fühlen andere Menschen dabei Stress in sich – unterdrücken aber meistens den Impuls mitzuschreien. Nur bei einem spontanen Erschrecken, wenn jemand unerwartet laut erschrickt und schreit, schreien wir aus Reflex und Schreck manchmal mit.

Ich entschied mich irgendwann, die Sichtweise dieser Resonanz anzuerkennen und mit anderen Menschen mitzuschreien, wenn ich beim Zuhören Stress zu fühlen begann. Und wenn ich nur laut schreiend den anderen bitte: „Bitte SCHREI NICHT SO LAUT! Bitte rede **freundlicher!!**"

Der Höhepunkt war für mich eine Situation im Straßenverkehr. In meine Richtung war die Straße zweispurig und ich fuhr auf der rechten Spur etwas schneller als die Autos auf der linken Spur. Kurz bevor die zwei Spuren zu einer Spur zusammenführten, durfte ich noch rechts an einem Auto vorbeifahren, bevor dieses sich dann hinter mir einfädeln musste. Der andere hupte länger und war eindeutig sauer. Allerdings hatte ich weder etwas falsch gemacht noch gedrängelt. Ich bin regelkonform gefahren. Kurz überlegte ich, ob ich bei der nächsten roten Ampel aussteigen, zu ihm hingehen und ihm sagen solle, dass ich alles richtig gemacht habe. Doch ich ließ den Gedanken fallen. An der nächsten Ampel schlug jemand mit der Faust an mein Fahrerfenster. Der wütende Autofahrer stand neben meinem Auto und schrie mich durch die Scheibe an. Gleichzeitig fuhr mein Stresspegel rasant hoch. Ich ließ diese Energie zu, öffnete meine Tür und erlebte mich, wie ich aus ganzem Herzen zurückschrie, dass ich alles richtig gemacht habe. Ca. zehn Sekunden haben wir uns gegenseitig angeschrien. Dabei wiederholte ich meinen einzigen Satz immer wieder: „Ich habe absolut alles richtig gemacht!!" Dann hupte ein anderes Auto, er lief zu seinem Auto zurück, ich schloss meine Tür – ... und war glücklich! Obwohl mein Körper zitternd den Stress noch verarbeiten musste.

Ich hatte endlich mein eigenes Schreien einmal komplett zugelassen, ohne dabei verletzend zu werden. Genial!

Danach fühlte ich: Ab jetzt habe ich die Wahl. Das Mitschreien mit einem anderen Menschen zulassen oder entspannt bleiben und auf das Mitschreien verzichten. Danke, liebes Universum, für diese Chance!

### 5. *Umfeld = alles, außer das von mir bekämpfte Verhaltensmuster?*

*(Vermeidet meine Aufstellung, mir etwas zu zeigen?)*

***Verhält sich mein Umfeld gerade vermeidend, weil es meine Abwehr und scharfe Verurteilung spürt und sie lieber nicht auslösen möchte?***

*Jacqueline:*

Wundern wir uns manchmal, dass sich unser Umfeld irgendwie zurückhaltend verhält und bestimmte Dinge nicht tut oder vermeidet, dann können wir uns noch konkreter fragen:

*„Gibt es eine Seite in mir, gegen die ich mich selbst wehre und auf die ich mit heftiger Abwehr oder scharfen Verurteilungen reagieren würde? Wie würde ich mich fühlen, wenn der andere sich offen und frei verhielte?“*

So ein Vermeidungsthema haben wir vor Kurzem in unserem Aufstellungsworkshop erlebt: Eine Frau stellte auf, weil sie ständig eine innere Distanz zu ihrem Mann fühlt. Sie hält sich ihm gegenüber zurück – will das aber eigentlich gar nicht. Mit Hilfe der Aufstellung kam heraus, dass der Mann möglicherweise eine Abwehr gegen Nähe in sich hat, diese aber nicht zeigt. Seine Frau vermeidet die Nähe ihm zuliebe, indem sie auf Distanz bleibt. Denn immer, wenn die Stellvertreterin der Frau auf den Stellvertreter des Mannes zuging, bekam er massive Probleme und ging dann selbst auf Distanz oder wehrte sich dagegen.

Die Frau spiegelte dem Mann mit ihrem Gefühl und Verhalten seine Abwehr gegen die Nähe. Doch es wäre nur für ihn ein Spiegel, wenn er ihr Verhalten auch als einen Spiegel für sich empfinden würde. Wenn nicht, dann ist es kein Spiegel für den Mann. Dann gibt es noch eine andere Auslegungsmöglichkeit: Die Aufstellung *spiegelte der Frau*, dass sie sich von ihrem Umfeld (Mann) beeinflussen lässt und dem Mann dadurch möglicherweise einen Wunsch nach Distanz erfüllt (siehe in Kapitel IV, Nr. 7, Seite 166).

Ich erinnere mich noch genau, dass ich mich vor vielen Jahren einmal bei Olaf beschwert habe: „Du kuschelst so wenig mit mir.“ Daraufhin entschied er sich sofort, sein ganzes Lieb-hab-Gefühl mir gegenüber ständig auszuleben. Erst dann wurde mir bewusst, dass ich selbst eine Grenze in mir hatte. Ich habe seine vielen Lieb-hab-Impulse nämlich kaum ausgehalten. Heute weiß ich, dass seine Zurückhaltung mich vor dem Auftauchen eines tief vergrabenen Schmerzes geschützt hat.

Olaf spiegelte mir durch seine Kuschel-Vermeidung meine eigene Vermeidung eines ungelösten Schmerzes aus meiner Kindheit.

**6. *Umfeld fühlt frei = Ich fühle frei?***

> ***Verhalten wir uns beide wirklich gerade frei? Der andere auch? Gleichgewicht? Fühlen wir uns miteinander wohl? Wenn ja, dann darf/kann ich einfach genießen ...***

**7. *Umfeld = Wunsch von mir?***

> ***Verhält sich gerade mein Umfeld so, wie ich es mir auf irgendeiner Ebene wünsche? Wenn ja – liegt es an mir?***

*Jacqueline:*

Wenn wir durch unser Umfeld angeregt ein Problem fühlen, dann können wir uns noch konkreter fragen:

*„Gibt es in mir einen Wunsch auf einer anderen Ebene, den mir mein Umfeld mit seinem Verhalten gerade mir zuliebe erfüllt?“*

In den ersten Jahren in der Beziehung zu Olaf habe ich sehr gelitten. Und ich habe mich oft gefragt, warum Olaf sich so provozierend verhält. Immer wieder habe ich mich durch sein Verhalten oder durch das, was er sagte, verletzt gefühlt. Ich setzte mich dann mit meinen Verletzungen auseinander und konnte sie Schritt für Schritt lösen (Wie? Siehe ab Seite 237). Jedes Mal entdeckte ich dahinter einen alten unverarbeiteten Schmerz, den Olaf getriggert hatte. Mir wurde klar: Ich habe seit meiner Jugendzeit ***den starken Herzenswunsch, mich von meinen unverarbeiteten Schmerzen zu befreien***. Und für diesen übergeordneten Wunsch stand und steht mir Olaf mit ganzem Herzen zur Verfügung.

*Olaf:*

In meiner Anfangszeit als Klavierlehrer erlebte ich Schüler, die sich mir gegenüber schüchtern verhielten und alles machten, was ich ihnen sagte. Irgendwann dachte ich darüber nach und fragte mich, warum sich diese Schüler mir gegenüber nicht freier verhalten würden. Wirke ich so streng auf sie? Durch intensives Nachfühlen in mir selbst entlarvte ich tatsächlich einen eigenen strengen Anteil und den Wunsch dahinter, dass Schüler doch bitte das umsetzen sollen, was ich ihnen sage. Nachdem mir das klar geworden war, konnte ich mich mehr öffnen und auch die Schüler verhielten sich mir gegenüber offener und etwas selbstständiger.

Die Schüler spiegelten mir durch ihr besonders freundliches Verhalten den Wunsch wider, der hinter meinem strengen Anteil steckte.

### 8. *Umfeld = alles außer Wunsch von mir?*

> ***Vermeidet mein Umfeld, sich so zu verhalten, wie ich es mir wünsche? Wenn ja – liegt es an mir?***

*Jacqueline:*

Wenn wir ein Problem damit haben, dass unser Umfeld uns unsere Wünsche nicht erfüllt, können wir uns noch konkreter fragen:

*„Haben wir in uns eine vielleicht noch unbewusste Sehnsucht? Einen langersehnten Wunsch? Was genau fühlen wir, wenn dieser Wunsch bzw. diese Sehnsucht nicht erfüllt wird?“*

Fühlen wir einen Schmerz oder eine Traurigkeit, könnte es eventuell daran liegen, dass zu einer früheren Zeit ein sehnlichster Wunsch oder auch ein essentielles Bedürfnis nicht erfüllt wurde und wir damals über die Nicht-Erfüllung nicht vollständig trauern konnten.

Als Olaf Anfang 2009 nach Köln gezogen ist, hat er mir meinen Wunsch nach einem Zusammenleben nicht mehr erfüllt. Dies war sehr schmerzhaft für mich. In den ersten Monaten hatte ich eine unglaubliche Sehnsucht nach Nähe und ich habe mich gefragt: „Wieso habe ich eine Sehnsucht nach einem Mann, der sowieso gerade nicht mit mir zusammen sein will? Warum leide ich so sehr darunter?“ Ich brauchte nicht lange zu suchen, denn diese Sehnsucht nach Nähe war schon sehr alt. Ich kannte sie schon sehr lange. Als Kind musste ich 3 ½ Jahre auf meinen lieben Papi verzichten – ich war damals noch ein Baby, als er gehen musste. Diesen Verlust konnte ich damals nicht betrauern. Als Olaf dann nach Köln ging, wurde dieser Verlustschmerz wieder aktiviert. Er spiegelte mir meine schon lange unerfüllte Sehnsucht nach Nähe, indem er es zu vermeiden begann, mir diesen Wunsch nach Nähe zu erfüllen. Somit gab er mir die Gelegenheit, den unverarbeiteten Schmerz allmählich zu verarbeiten und zu erlösen.

### 9. *Umfeld = Gewöhnung von mir?*

> ***Verhält sich mein Umfeld gerade so, wie ich es gewohnt bin? Wenn ja – liegt es an mir?***

Manchmal wundern wir uns, warum sich unser Umfeld gerade auf eine bestimmte Weise uns gegenüber verhält. Wir wissen, dass sich unser Umfeld *eigentlich* auch anders verhalten könnte. Und wir wissen, dass es sich *eigentlich* auch schöner anfühlen würde, wenn unser Umfeld sich anders verhielte. In solchen Momenten können wir uns noch konkreter fragen:

*„Bin ich es gewohnt, so behandelt zu werden? Kenne ich das Verhalten meines Umfeldes aus einer früheren Zeit und habe ich eventuell lange damit gelebt?“*

Ich möchte Sie daran erinnern: Wenn Ihnen zu solchen konkreten Fragen keine Antworten einfallen oder Ihnen das Fragen nicht weiterhilft, dann ist es im Moment vielleicht auch nicht wichtig, dass Sie das Verhalten des Umfeldes auf sich bezogen deuten. Auch das gehört manchmal dazu ...

Ich musste vor vielen Jahren mit einer anderen Person per E-Mail wichtige Dinge regeln. Leider waren ihre E-Mails oft mit vielen Abwertungen mir gegenüber gespickt. Beim Lesen der E-Mails habe ich mich zuerst sehr geärgert und hätte der anderen Person am liebsten ‚den Kopf gewaschen'. Doch mir war klar, dass solch eine Reaktion nur zu mehr Kampf und nicht zur gewünschten Regelung der wichtigen Dinge geführt hätte. Also fing ich zunächst einmal an, mich zu beobachten. Welche Gefühle löst die E-Mail in mir aus? Meistens fühlte ich mich ungerecht behandelt, missverstanden, ausgeliefert, ohnmächtig, klein-gemacht. Alle diese Gefühle hatte ich auch in meiner Kindheit erlebt aber nicht verarbeitet. Deshalb fühlte es sich wieder sehr schmerzvoll an. Ich ließ den Schmerz zu und weinte und verarbeitete ihn. Ich las die E-Mails so oft, bis ich allen Schmerz ausgeweint hatte und ich mich beim Lesen ausgeglichen fühlen konnte. Erst dann antwortete ich darauf. Dabei fühlte ich mich dann sehr klar, verständnisvoll und sicher.

Mein Gegenüber spiegelte mir meine ungelösten Gefühle aus meiner Kindheit. Ich war es gewohnt, immer mal wieder so behandelt zu werden, allerdings war dies mit viel Schmerz verknüpft.

Eine junge Frau wundert sich, dass sie in der Universität immer wieder von ihren Kommilitonen geärgert wird. Es ist für sie nicht wirklich ein Problem. Doch einen netteren Umgang fände sie natürlich schöner. Die junge Frau kann sich nun fragen: „Woher kenne ich das? War es in meiner Kindheit vielleicht üblich, dass ich geärgert wurde?" Da fällt ihr ihr Bruder ein, der sie immer mal wieder neckte. Sie war diese ‚ärgernde' Kontaktaufnahme gewöhnt, weshalb ihre Mitstudenten auch auf diese Weise mit ihr Kontakt aufnahmen.

Die Studenten spiegelten ihre Gewöhnung an das Verhalten ihres Bruders.

*Olaf:*

Es gibt eine Teilnehmerin, die öfter zu unseren Workshops kommt und mit der ich mich sehr gut verstehe. Ab und zu taucht bei mir ein „neckendes" Verhalten auf. Sie reagiert mit: „Ach, das kenne ich von meinem Cousin, mit dem ich eine Zeit lang zusammen aufgewachsen bin. Der hat sich früher mir gegenüber auch immer so verhalten." Ich spiegelte in meinem Verhalten ihre Gewöhnung an das Verhalten ihres Cousins wider.

Sicherlich kennen Sie Sätze wie: „Du bist wie mein Vater!" oder „Du verhältst dich wie meine Mutter!" In solchen Momenten verhält sich die/der Partner*in genau so, wie man es aus seiner Kindheit gewohnt ist. Man kann es für sich als Spiegel nutzen: „Kann ich inzwischen klar damit umgehen oder habe ich noch eine ungelöste emotionale Abwehr dagegen?"

## 10. *Umfeld = alles außer Gewöhnung von mir?*

> ***Vermeidet es mein Umfeld, sich so zu verhalten, wie ich es gewohnt bin? Wenn ja – liegt es an mir?***

*Jacqueline:*

Wundern wir uns über das seltsam vermeidende Verhalten unseres Umfeldes, dann können wir uns noch konkreter fragen:

*„Verhält sich mein Gegenüber eventuell gezielt anders, als ich es selbst kenne und gewohnt bin? Habe ich Probleme damit, dass mein Umfeld sich anders verhält? Oder könnte es sein, dass ich Problemgefühle bekomme, wenn das Umfeld sich so verhalten würde, wie ich es gewohnt bin?"*

Ich kenne es aus meinem Elternhaus, dass Wünsche oder Bitten öfter als Forderungen formuliert werden – oder mit einem fordernden Tonfall verknüpft sind. Wenn dann diese Forderungen nach einer gewissen Struktur oder nach einem bestimmten Verhalten nicht erfüllt wurden, regten sich meine Eltern erst einmal auf. Meine Eltern, Geschwister und ich sind es also gewohnt, dass wir gewisse Erwartungen haben und auch Erwartungen von anderen zu spüren bekommen.

Obwohl ich mich nun schon so viele Jahre mit Lösungsprozessen beschäftige, passiert es mir immer wieder, dass ich ein Problem fühle, wenn Olaf einen Wunsch äußert. Ich projiziere innerhalb meines Gehirns eine Erwartung in seine Äußerung und bekomme dann immer ‚die Krise'. In solchen Situationen könnte ich mich fragen, ob Olaf sich vielleicht gerade *nicht* so verhält, wie ich es gewohnt bin. Leider komme ich oft nicht von selbst darauf. Erst wenn Olaf mit liebevoller ‚Engelszunge' mitteilt, dass er ‚nur' einen Wunsch hat und ich die freie Wahl habe, ob ich ihn erfüllen möchte oder nicht, fällt mir wieder ein, dass Olaf ja ‚ganz anders' ist.

Hätte Olaf sich so verhalten, wie ich es gewohnt bin – sprich: hätte er sich aufgeregt, wenn ich mich nicht so verhalte, wie er es sich wünscht, dann wäre ich mit ihm in das gewohnte Auseinandersetzungsmuster geraten, das ich aus meinem Elternhaus kenne.

Olafs Verhalten und meine verkehrte Deutung seines Verhaltens spiegeln mir meine unstimmige Realitätsabbildung wider. Die Unstimmigkeit wird mir bewusst und ich kann meine Sicht Schritt für Schritt verbessern. Durch das andere Verhalten von Olaf kann ich mich allmählich umgewöhnen.

In meiner Kinder- und Jugendzeit war es für mich sehr angenehm, krank zu sein. Ich wurde dann von meiner Familie sehr verwöhnt. Das habe ich immer genossen und auch als junge Frau immer wieder gerne ‚in Anspruch' genommen. Später lebte ich eine Weile mit einem Mann zusammen, der sich tendenziell zurückzog, wenn ich krank war. Ich war jedes Mal überrascht, dass er mich während einer Krankheit nicht ‚versorgen' wollte. Ich musste selbst aufstehen und mir einen Tee o.ä. machen.

Sein Verhalten in solchen Momenten spiegelte mir meine unerlöste Sehnsucht, von anderen versorgt zu werden. Der Mann vermied es auf einer unbewussten Ebene, mich bei Krankheit zu versorgen. Durch seine Vermeidung machte er mir einen ungelösten Schmerz bewusst. Er stand mir als Spiegel dafür zur Verfügung, dass es mich verletzte, wenn er sich nicht um mich kümmerte. Das „Sich-nicht-Kümmern" kannte ich schmerzlich aus meiner Kinderkrippen-Zeit.

### 11. *Umfeld = Potenzialentfaltungsvision von mir?*

***Fühlt sich mein Umfeld komplett dazugehörig, unterstützt und hat Spaß und Freude daran, über den Weg von Versuch und Irrtum zu reifen, sein gesamtes Potenzial zu entfalten und über sich selbst hinauszuwachsen? Wenn nicht – liegt es an mir?***

Wir können unser Umfeld beobachten und uns fragen, ob es sich glücklich fühlt und mit Spaß und Freude seinen Weg geht.

*„Darf mein Umfeld im Kontakt mit mir Fehler machen und daraus lernen? Oder fühle ich dabei selbst ein Problem? Muss ich vielleicht mein Umfeld kontrollieren, damit keine weiteren Fehler passieren? Oder fühle ich in mir irgendwelche Grenzen oder Blockaden, die die Potenzialentfaltung verhindern möchten?"*

Eltern können ihre Kinder beobachten und sich fragen: „Sind meine Kinder gerade glücklich? Verhalten sie sich offen und sind frei zu spielen und die Welt zu entdecken? Dürfen sie auch Misserfolge haben und spielerisch daraus lernen? Achten sie liebevoll Grenzen oder hinterfragen sie die Grenzen konstruktiv, ohne dabei Widerstand zu spiegeln?“

Wenn nicht: „Womit habe ich als Mutter oder Vater ein Problem? Wo fühle ich selbst eine Grenze, eine Blockade, Abwehr oder Widerstand? Warum?“

Arbeitgeber*innen oder Vorgesetzte können ihre Angestellten beobachten und sich fragen: „Macht es meinen Angestellten Spaß, für mich zu arbeiten? Verhalten sie sich offen und frei, sind sie kreativ und haben Freude daran, Problemlösungen ideenreich anzugehen?“ oder auch: „Fühlen sich meine Kund*innen wohl bei uns? Sind sie zufrieden mit unserer Arbeit? Dürfen sie konstruktive Kritik üben und wird dies als Weiterentwicklung des Unternehmens genutzt?“

Wenn nicht: „Wo habe ich als Arbeitgeber*in oder Vorgesetzte/r selbst eine Grenze oder Blockade? Kann ich selbst nicht kreativ sein oder habe ich eine Abwehr?“

Seminarleiter*innen, Trainer*innen im Sport und auf anderen Gebieten können ihre Teilnehmer*innen beobachten und sich fragen: „Fühlen sich meine Teilnehmer*innen wohl bei mir? Haben sie Spaß und Freude an dem, was ich sie lehre? Werde ich mit Freude und Begeisterung weiterempfohlen? Bin ich offen für Anregungen meiner Teilnehmer*innen?“

Wenn nicht: „Wo habe ich als Seminarleiter*in oder Trainer*in selbst eine Grenze, Blockade oder Abwehr?“

*Olaf:*

Diese elf Punkte sind Angebote, auf welche Weise Sie in Ihrem Umfeld oder in Ihrer Aufstellung „lesen“ können – als Spiegel für sich selbst. Sie können danach suchen, wie Sie Ihre Gefühle im Zusammenhang mit Ihrer äußeren Situation stimmig interpretieren.

Sicherlich werden Sie gemerkt haben, dass manche von uns aufgeführten Beispiele auch zu anderen Punkten passen. Alle Deutungen und Interpretationen sind immer hinterfragbar, änderbar und könnten auch anders ausfallen – für Sie noch stimmiger.

Ich erinnere Sie daran, dass Sie letztendlich Ihre eigene Realitätsabbildung Ihres kraftvollen Gehirns vor Augen haben. Dementsprechend hängt es von Ihnen ab, *wie* Sie Ihr Umfeld sehen. Der Beobachter beeinflusst das Beobachtete. Es kommt darauf an, *was* Sie anschauen, *wie* Sie es anschauen und *wie* Sie mit dem Beobachteten *umgehen*, wie Sie es interpretieren.

Die oberste und gleichzeitig letzte Frage ist immer: „Was hilft mir bei meinem Problem weiter? Welche Interpretation, welche Realitätsabbildung fühlt sich für mich persönlich richtig gut und stimmig an? Ganz ehrlich?"

## DIE VIER SZENEN

*Olaf:*

Oft ist es so, dass wir zwar für uns einen Spiegel erkennen, dann aber nicht wissen, wie wir damit umgehen sollen. Wir finden zwischen unserem Umfeld und uns selbst eine Entsprechung, sehen uns vom Umfeld scheinbar gespiegelt, fragen uns dann aber: „Und jetzt? Wie finde ich ein besseres Gleichgewicht?"

In diesem Abschnitt wollen wir Ihnen eine Lösungsmöglichkeit vorstellen, mit der Sie sich bei unterschiedlichsten Themen in ein besseres Gleichgewicht bewegen können: DIE VIER SZENEN. Diese Lösungsmöglichkeit ähnelt auf den ersten Blick der Aufforderung von Byron Katie („The Work") mit den Worten: „Kehr´ es um!" Wenn jemand beispielsweise der Überzeugung ist: „Der andere betrügt mich!", dann fordert Byron Katie dazu auf, diesen Satz umzukehren und nachzufühlen, ob diese Aussage in irgendeinem Bereich vielleicht auch umgekehrt stimmig sein könnte: „Ich betrüge den anderen!"

Ich habe diese Umkehrung strukturiert. Daraus sind **DIE VIER SZENEN** entstanden:

| | |
|---|---|
| Szene 1: | Ein anderer Mensch in der Beziehung zu mir. |
| Szene 2: | Ich in der Beziehung zu einem anderen Menschen. |
| Szene 3: | Ich beobachte einen Menschen A in der Beziehung zu Mensch B (oder B zu A; oder beides). |
| Szene 4: | Ich in der Beziehung zu mir selbst. |

Auf das Beispiel mit dem Betrügen übertragen:

Szene 1: Ein anderer Mensch betrügt mich.

Szene 2: Ich betrüge einen anderen Menschen.

Szene 3: Ich erlebe, wie Person A von Person B betrogen wird (oder umgekehrt).

Szene 4: Ich betrüge mich selbst.

Wenden wir auf diese vier Szenen unsere These an, dass wir Menschen permanent in den Spiegel schauen und letztendlich immer nur uns selbst wahrnehmen, dann können wir den interessanten Schluss daraus ziehen: **Die ersten drei Szenen sind in Wirklichkeit immer die vierte Szene.**

Alles passiert in unserem Gehirn. Wir erleben innerhalb unseres Gehirns immer nur uns in der Beziehung zu uns selbst. Wie in einem Traum, in dem alle geträumten Anteile nur wir selbst sein können.

Ich kann folgenden Zusammenhang bestätigen: Je zufriedener ich mit mir selbst bin, desto gelassener fühle ich mich. Diese Gelassenheit überträgt sich auf alle anderen drei Szenen.

1: Ich fühle mich gelassener, wenn jemand unangenehm mit mir umgeht.

2: Ich gehe gelassener mit anderen Menschen um.

3: Ich fühle gelassener, wenn ich beobachte, wie zwei Menschen sich gegenseitig schmerzvoll behandeln (was nicht heißt, dass mir das egal ist, was ich sehe, sondern nur, dass ich dabei gelassener fühle und den beiden gelassen und klar für eine Klärung zur Verfügung stehen könnte, wenn sie es wollten).

Auch bezüglich eines Lösungsprozesses kann ich dies bestätigen. Angenommen, ich habe in mir einen unerlösten Schmerz. Beispielsweise sehne ich mich nach einer Versöhnung mit einer früheren Partnerin. Solange ich diese Versöhnung nicht spüren kann, leide ich immer wieder, wenn ich an diese Partnerin denke.

1: Erlebe ich, wie diese Partnerin nun auf mich zukommt und sich mit mir versöhnt, dann bin ich tief berührt und mein Wunsch erfüllt sich. Ich erlebe ein Happy End.

2: Wenn diese Partnerin sich aber nicht versöhnen möchte, dann kann umgekehrt ich mich innerlich mit ihr versöhnen. Ich kann in meiner Vorstellung auf sie zugehen und sie so annehmen, wie sie ist. Ich kann ihr sagen, dass es mir leidtut, was ich ihr angetan habe. Ich kann ihr auch alle Situationen vergeben, in denen sie mich verletzt hat, und mit ihr Frieden schließen. Wenn mir das tief in meinem Herzen gelingt, dann bin ich auch tief berührt und mein Wunsch erfüllt sich ebenso.

3: Wenn ich in einem Spielfilm miterlebe, wie sich ein auf sehr ähnliche Weise zerstrittenes Paar versöhnt, dann fühle ich ebenso tief berührt. Oder ich darf miterleben, wie meine Eltern sich wieder versöhnen. Dies kann sich auf mein inneres Bild übertragen, das ich von meiner früheren Beziehung habe, und mein Wunsch erfüllt sich auch auf diese Weise.

4: Letztendlich kann ich mich in mir selbst mit dem Teil von mir versöhnen, mit dem ich noch in Spannung lebe. Ich stelle mir den Olaf-Anteil vor, der in gewisser Weise von der früheren Partnerin repräsentiert (oder gespiegelt) wurde, und versöhne mich mit ihm. Dies kann mich ebenso tief berühren und meinen Wunsch erfüllen.

Ein weiteres Beispiel: Lange Zeit lebte ich mit dem Wunsch, von anderen „höher stehenden und wissenden“ Menschen in meiner Arbeit anerkannt zu werden, so wie Prüfer den Prüfling anerkennen und ihm eine gute Note geben. Dabei hatte ich gleichzeitig kaum Zeit und Raum für andere Menschen, die wiederum von mir anerkannt und „gut benotet“ werden wollten. Das war in mir ein Zustand, der eine permanente Unzufriedenheit zur Folge hatte.

Doch irgendwann erkannte ich diesen Zusammenhang der vier Szenen. Mir wurde bewusst, dass alle Szenen ja eigentlich nur die vierte Szene sind: Meine Beziehung zu mir selbst. Dabei wurde mir auch bewusst, dass ich die ganze Zeit an einer einzigen Szene **festhielt** und die Erfüllung meines Wunsches unbedingt in *dieser ersten* Szene haben wollte. Ich wollte, dass andere Menschen auf mich zukommen und mich aufgrund meiner Leistungen in ihren Kreis aufnehmen und mich willkommen heißen. Ich wollte endlich zu den anderen „über mir Stehenden“ dazugehören dürfen.

Mir wurde klar, dass ich mir diesen Wunsch stattdessen auch in einer der anderen drei Szenen erfüllen könnte. Denn *alle* Szenen sind ja gleichzeitig die Szene 4. **Ich muss mir einen Wunsch also nicht nur in Szene 1 erfüllen, sondern kann es auch in einer der anderen Szenen erleben**:

2: Ich könnte selbst auf andere Menschen zugehen, ihnen genau auf diese Weise Anerkennung schenken, wie ich es mir wünschen würde, und sie in meinem Kreis willkommen heißen.

3: Ich könnte mir Filme oder eine Aufstellung oder andere Situationen anschauen, in denen Person A auf Person B zugeht, sie in ihren Leistungen würdigt und anerkennt und sie herzlich willkommen heißt.

4: Ich könnte auf mich selbst zugehen, mir selbst Anerkennung für meine Leistungen geben und mich selbst willkommen heißen.

Ja – und das tat ich dann auch. Ich erfüllte mir meinen sehnsüchtigen Wunsch in Szene 2 und Szene 4. Es berührte mich sehr tief. Seitdem fühle ich mich viel ruhiger, klarer und offener. Ich habe anderen Menschen gegenüber eine viel offenere und anerkennende Haltung und ich bin mir der Momente bewusster, in denen ich mich und meine Leistungen selbst anerkenne.

Die Energie, die ich früher in diese Sehnsucht und in diesen Wunsch nach Anerkennung gesteckt hatte, ist nun frei für Neues.

Viele Selbsthilferatgeber betonen die Szene 4: Liebe dich selbst, heirate dich selbst, besiege dich selbst, heile dich selbst, erkenne dich selbst, glaube an dich selbst etc.

Viele Menschen behaupten, dass man nur im Außen Liebe erfahren könne, wenn man sich *vorher* selbst lieben lernt. Sie behaupten, dass man immer *erst* mit sich selbst im Reinen sein müsse, damit diese Klarheit sich nach außen ausstrahlt und eine entsprechend positive Resonanz im Umfeld bewirkt.

Doch das ist *nicht* die Erfahrung von Jacqueline und mir! Wenn wir in einer der anderen Szenen ein Happy End erleben dürfen, kann es sich genauso positiv auf uns selbst auswirken! Denn alles, was wir erleben, ist ja sowieso „wir selbst“!

Es kann uns also genauso tief berühren, intensiv von jemandem geliebt zu werden oder einen anderen Menschen intensiv zu lieben oder mitzuerleben, wie Person A von Person B über alles geliebt wird. Wir können uns wieder dafür öffnen, uns selbst zu lieben, wenn wir einen anderen Menschen lieben lernen. Wir können wieder an uns selbst glauben, *nachdem* wir erleben durften, wie ein anderer Mensch an uns glaubt. Wir können selbst heilen, wenn wir miterleben dürfen, wie Person A von Person B geheilt wird usw.

Meine für mich revolutionäre Erkenntnis lautet: Es spielt für unser Gehirn keine Rolle, in *welcher* Szene es das Happy End erlebt, denn entscheidend ist allein, ***dass*** unser Gehirn ein Happy End erlebt und in sich selbst projizieren kann! Wenn es mindestens einmal ein bestimmtes Happy End erlebt hat, hat es in Zukunft immer die *Möglichkeit*, die *Kompetenz*, auf diese Erfahrung zurückzugreifen.

Wie wir dann aber letztendlich mit diesem Happy End, mit dieser Erfahrung umgehen und es hilfreich für uns selbst einsetzen können, hängt von unseren vielen Wünschen und auch von unseren unverarbeiteten Schmerzen (Problemtrancen) ab.

Wir empfehlen Ihnen an dieser Stelle wieder einmal ein dazu passendes **Spiel**:

Wenn Sie ein ganz bestimmtes Problem fühlen, dann schauen Sie, in welcher der vier Szenen Sie stecken geblieben sind, weil Sie *dort* auf eine Erfüllung warten. Machen Sie sich anschließend bewusst, dass Sie ja permanent innerhalb Ihres eigenen Gehirns in den Spiegel schauen und dass Ihre Realitätsabbildungen sich alle in Ihnen drin befinden. Demnach sind alle vier Szenen ***in*** Ihnen vorhanden. Suchen Sie nun nach einer anderen Szene, in der Sie sich Ihren Wunsch tatsächlich erfüllen können. Erfüllen Sie sich Ihren Wunsch in dieser anderen Szene – mit ganzem Herzen und genauso, wie Sie es sich immer gewünscht haben. Dadurch erhöht sich radikal die Chance, dass sich diese Erfüllung gefühlsmäßig auch auf alle anderen Szenen übertragen wird.

Mögliche Ausnahme: Es gibt einen Wunsch in Ihnen, der die Übertragung auf alle anderen Szenen aus einem bestimmten guten Grund verhindert. Dann müssten Sie sich auf die innere Suche nach diesem dahinterstehenden Wunsch machen, ihn sich selbst bewusst machen und schauen, ob er sich erfüllen oder herunterregeln oder aufgeben lässt.

Erweiterung dieses Spiels:

Visualisieren Sie Ihr gewünschtes Happy End direkt gleich in allen vier Szenen. Stellen Sie sich beispielsweise *intensiv* vor, wie ein anderer Mensch Sie liebt, wie Sie einen anderen Menschen lieben, wie Person A von Person B geliebt wird (und umgekehrt) und wie Sie sich selbst lieben.

Es könnte in diesen Fantasien auch eine Rolle spielen, wie jeweils der geliebte Mensch auf den liebenden Menschen reagiert. Deshalb empfehlen wir, dass Sie sich gleichzeitig vorstellen, wie die geliebte Person die intensive Liebe des anderen auch annimmt, sich tief berühren und lieben lässt – und diese Liebe in gleicher Weise erwidert, auf Augenhöhe.

Wenn bei einer der Szenen Tränen hochkommen, leben Sie sie aus.

Setzen Sie sich zum Ziel, sich wirklich alle vier Szenen gut vorstellen und sie *intensiv* fühlen zu können – in Ihrem Gehirn und in Ihrem Herzen. Und dann beobachten Sie, was sich dadurch in Ihren Gefühlen und in Ihrem Leben verändert – allein durch diese intensive und vollständige Visualisierung eines Happy Ends in allen vier Szenen!

Wenn diese Visualisierungen nicht auf Anhieb klappen, üben Sie sie mehrere Tage lang. Immer wieder. „Trainieren" Sie Ihr Gehirn auf dieses Happy End in allen vier Szenen hin, wie einen Muskel, der sich durch vermehrte Benutzung allmählich aufbaut.

Wenn selbst dann diese Visualisierungen nicht funktionieren, dann suchen Sie nach einem unverarbeiteten Schmerz, der Sie möglicherweise an einem Happy End hindert, weil er noch verarbeitet werden möchte.

Eine Frau bekommt das erste Mal ein Baby. Während sie sich liebevoll um ihr Baby kümmert, spürt sie, wie sich ihre Augen mit Tränen füllen. Sie wundert sich. Doch als sie die Tränen zulässt und zu weinen beginnt, kommen innere Bilder aus ihrer eigenen Kindheit. Ihr wird der tiefe Wunsch wieder bewusst, von ihren eigenen Eltern liebevoll behandelt zu werden. Denn das, an das sie sich heute noch erinnern kann, war alles andere als liebevoll. Es war oft schmerzvoll. Während sie ihr Kind liebevoll streichelte, weinte sie über den alten Schmerz aus ihrer eigenen Kindheit.

Was war bei der Mutter passiert? In dem Moment, in welchem Sie Ihr eigenes Kind liebevoll behandelt hat (Szene 2), hat sie sich selbst einen unbewussten Wunsch erfüllt, der immer noch in Szene 1 auf Erfüllung gewartet hatte: von den Eltern liebevoll behandelt zu werden. Diese Wunscherfüllung in Szene 2 hat die Mutter tief berührt und lösende Tränen zum Vorschein gebracht, so dass sie ihren unverarbeiteten Schmerz von damals, den sie in Szene 1 erlebte, nachträglich ausweinen und damit verarbeiten konnte.

Schon bei der Geburt eines Kindes und bei dem tiefen Liebesgefühl für dieses Kind können Tränen bei den Eltern auftauchen. Dies ist völlig normal und stellt vermutlich eine Wunscherfüllung eines unerfüllten Wunsches aus der eigenen Kindheit dar. Das lang ersehnte Happy End im eigenen Gefühl (in der eigenen Realitätsabbildung) ist endlich in einer anderen Szene möglich.

Wenn aber Menschen sich gegen das Auftauchen von unverarbeiteten Schmerzen wehren und solche Gefühle und Tränen als „kindisch" ausgrenzen, leben sie hauptsächlich eine Abwehr. Das könnte der Grund sein, warum manche Menschen es nicht über´s Herz bringen, ihr eigenes Kind besser zu behandeln, als sie selbst in ihrer Kindheit behandelt worden sind. Würden sie es tun, dann käme in ihnen ein unverarbeiteter Schmerz zum Vorschein und würde sich fließend zu verarbeiten beginnen. Doch diese Verarbeitung scheuen leider die meisten Menschen. Wir sind es in unserer Gesellschaft kaum gewohnt, solche Verarbeitungsprozesse zu durchleben.

Jacqueline und ich sind der Ansicht, dass genau hier die Ursache für so viele Probleme unserer Gesellschaft zu finden ist (siehe dazu auch mein Buch *„Die Kriegs-Trance und das Mitgefühl – Warum wir fast alle betroffen sind und wie wir daraus aufwachen*").

Eine andere Mutter erlebt, dass ihre Tochter sagt: „Du nervst mich!" Das tut der Mutter sehr weh. Wie kann sie nun damit umgehen?

Als erstes streicht sie jegliche Schuldzuweisung an die Tochter und ist ihr nicht böse, dass sie es gesagt hat – auch wenn es weh tut und unhöflich wirkt. Sie weiß: *„Wenn ich meiner Tochter eine Schuld zuweise, entwickle ich mich selbst nicht weiter.*" Als nächstes erinnert sie sich an die vier Szenen. In dieser Situation erlebt sie mit ihrer Tochter gerade die Szene 1: Eine Person im Außen verhält sich ihr gegenüber auf eine bestimmte Weise.

Jetzt überträgt sie es auf die anderen drei Szenen und fragt sich, ob sie das kennt:

Szene 2: Sie fühlt sich in irgendeinem Bereich von anderen Menschen genervt und würde am liebsten formulieren: „Du nervst!"

Szene 3: Es tut ihr weh, miterleben zu müssen, wenn ein Mensch A zu einem anderen Menschen B sagt, dass er nervt.

Szene 4: Sie ist von sich selbst genervt.

Sie überprüft ganz ehrlich alle diese Annahmen und stellt in ihrem Stimmigkeitsgefühl fest: Ja, sie kennt alle Bereiche in ihrem eigenen Leben.

Welches Happy End würde sie sich wünschen? Wie wäre für sie der gelöste Zustand? Gelöst wäre es, wenn ihre Tochter freundlich mitteilt, was sie als unangenehm empfindet und worüber sie sich stattdessen freuen würde, also welche Bitte sie an die Mutter hat.

In welcher Szene könnte die Mutter nun selbst für ein Happy End sorgen? Sie könnte sich in ihrem eigenen Verhalten umtrainieren und in Zukunft gegenüber anderen Menschen freundlich Grenzen setzen und Bitten äußern.

Ebenso könnte sie sich selbst gegenüber klarer sein. Sie könnte sich klarmachen, wo ihre Grenzen sind und welche Wünsche sie an sich selbst hat.

Wenn sie es schafft, ihr eigenes Verhalten auf diese Weise konsequent zu ändern, ist die Folge die, dass sie weniger darunter leidet, wenn ihre Tochter wieder einmal „Du nervst mich!“ ausruft. Die Mutter wird dabei dann gelassener fühlen und damit umgehen können.

… und vielleicht fühlt sich die Tochter von der Mutter dann auch gar nicht mehr genervt.

*Jacqueline:*

Ich erinnere mich noch sehr gut an den Tag, an dem ich das erste Mal den Film *Vom Winde verweht* geschaut habe. Ich war damals ca. 10 Jahre alt. Darin gibt es am Ende eine Szene, in der Scarlett O'Hara erkennt, dass sie Rhett Butler wirklich liebt und diese Erkenntnis für Rhett leider zu spät kommt und er sie verlässt. Ich fühlte beim Zuschauen einen großen Schmerz und hätte eigentlich heftig weinen können, wenn der entsprechende Rahmen dafür da gewesen wäre. Es war Szene 3: Wir beobachten einen Menschen A in der Beziehung zu Mensch B. Sie brachte mich in den Kontakt mit meinem Verlustschmerz in meiner frühesten Kindheit, als mein Vater dreieinhalb Jahre nicht da war. Allerdings konnte ich damals diese Filmerfahrung noch nicht lösend nutzen und meinen Schmerz noch nicht verarbeiten.

In einer Beziehung zu einem Mann habe ich sechs Mal die Partnerschaft beendet. Ich habe mir also unbewusst die Szene 2 (*„Ich in der Beziehung zu einem anderen Menschen“*) erschaffen, um nochmals an den Verlustschmerz zu kommen. Ich habe zwar damals viel geweint und somit einen kleinen Teil des Schmerzes verarbeitet, doch meine Schuldzuweisungen auf meiner Seite und ein unstimmiger Rahmen ‚verhinderten‘ eine vollständige Lösung.

Deshalb bescherte mir das Leben noch die Szene 1 („*Ein anderer Mensch in der Beziehung zu mir*“) als Olaf mich verlassen hat, ich heftigst mit meinem Verlustschmerz konfrontiert war und dadurch sehr viel verarbeiten konnte.

*Olaf:*

Kurzfassung für die Methode DIE VIER SZENEN:

Wenn wir durch unser Umfeld angeregt ein Problem fühlen, dann können wir als erstes jegliche Schuldzuweisung streichen und dadurch unseren eigenen Entwicklungsprozess ankurbeln. Anschließend erinnern wir uns an die vier Szenen.

Erleben wir etwas Unangenehmes im Außen (*Szene 1: „Ein anderer Mensch in der Beziehung zu uns“ oder Szene 3: „Wir beobachten A und B“*), dann können wir es auf die Szene 2 („*Wir in der Beziehung zu jemand anderem*“) oder Szene 4 („*Wir in der Beziehung zu uns selbst*“) übertragen. Wir können untersuchen, ob es diese unangenehmen Seiten auch in uns selbst gibt. Wir können uns fragen: Bin ich *eventuell* genauso? Wo? In welchem Bereich? Wenn ich das Verhalten meines Umfeldes auf mich übertrage, erkenne ich da irgendetwas wieder? Ganz ehrlich?

Hilft mir diese Übertragung bei meinem Problem weiter?

Wenn mir dazu nichts einfällt oder es nicht weiterhilft, hat das Verhalten meines Umfeldes vielleicht auch nichts mit mir zu tun. Auch das könnte sein und ist eine ganz wichtige Möglichkeit, die auf jeden Fall dazugehört.

Nicht alles *muss* hilfreich übertragbar sein.

Wenn wir aber eine Entsprechung finden, dann können wir wieder auf die vier Szenen zurückgreifen und uns als nächstes fragen: Was für ein Happy End wünsche ich mir, in welcher Szene könnte ich ein solches Happy End für mich herstellen und dadurch mein Problemgefühl lösen?

Hilft es vielleicht, in meinem Gehirn möglichst realitätsnah ein Happy End in allen vier Szenen zu visualisieren? Immer wieder?

Probieren Sie diese Technik auch, wenn Sie einfach nur ein Ziel verfolgen. Vielleicht wollen Sie aus ganzem Herzen erfolgreich, voller Freude und mit viel Begeisterung Ihren Job machen? Dann visualisieren Sie sich nicht nur, wie Sie sich im gewünschten Zustand verhalten, sondern integrieren Sie auch alle anderen Szenen in Ihrer Visualisierung:

**Szene 1:** Stellen Sie sich vor, wie ein anderer Mensch erfolgreich, voller Freude und mit viel Begeisterung seinen Job macht. Sie beobachten es und können seine Energie begeistert mitfühlen. Sie haben Lust, ihn anzuspornen so weiterzumachen.

**Szene 2:** Stellen Sie sich vor, wie Sie selbst erfolgreich, voller Freude und mit viel Begeisterung Ihren Job machen. Andere Menschen beobachten es, fühlen Ihre Energie begeistert mit und spornen Sie zusätzlich noch an.

**Szene 3:** Sie beobachten, wie ein Mensch A erfolgreich, voller Freude und mit viel Begeisterung seinen Job macht. Mensch B schaut auf Mensch A, ist von seiner Freude und Begeisterung ebenfalls begeistert und lässt sich anstecken.

**Szene 4:** Sie machen erfolgreich, voller Freude und mit viel Begeisterung Ihren Job und freuen sich selbst intensiv darüber.

Wenn Sie bei einer dieser vier Szenen eine Blockade fühlen sollten und es sich nicht oder nur schwer vorstellen können, dann suchen Sie nach dem unerfüllten Wunsch dahinter oder der früher erlebten schmerzhaften Erfahrung, die Ihr Gehirn im Moment noch damit verknüpft. Ändern Sie die Stärke des Wunsches (siehe Seite 98) oder verarbeiten Sie diese schmerzhafte Erfahrung (siehe den nächsten Abschnitt).

Es gibt kein Allheilmittel. Jacqueline und ich sind schon auf viele weitere geniale Ideen gekommen und haben sie in unseren Aufstellungsworkshops als Hilfen angeboten. Letztendlich haben wir aber immer festgestellt: Wenn sich ein Mensch aufgrund eines unverarbeiteten Schmerzes in einer Problemtrance befindet und selbst noch nicht an den Kern dieser Trance (an den zugrunde liegenden Hauptwunsch) gelangt ist, dann ist die Wirkung dieser Trance stärker als jeder wundervolle und klare Lösungsvorschlag.

Es bleibt immer die Frage:

Was hilft in der gegenwärtigen Situation ***wirklich***?

## Herzzerreißendes Weinen als höchst effektives Lösungswerkzeug

*Olaf:*

Können Sie sich daran erinnern, was ein Baby macht, wenn es von den Eltern aus Versehen verletzt wird? Die Eltern haben beispielsweise beim Hineinlegen in den Kinderwagen den Kopf des Babys am Rahmen des Kinderwagens gestoßen. Wenn dieser Stoß sehr heftig war, dann sieht man, wie sich anschließend das Gesicht des Babys verzerrt, sich dabei der Mund öffnet und es herzzerreißend anfängt zu schreien und zu weinen.

Können Sie sich vielleicht noch an Ihre *eigene* Kindheit erinnern – und daran, wie es Sie bei einer schmerzhaften Erfahrung einfach überwältigt hat, aus Ihnen herausgebrochen ist und Sie *wie von selbst* einfach angefangen haben zu schluchzen und zu weinen?

Bei fast allen Kindern können wir beobachten, dass sie sofort zu weinen beginnen, wenn sie sich verletzt haben oder wenn mit ihnen geschimpft wurde. Der Schock, der Schreck und der Schmerz werden dadurch sofort auf natürliche Weise ausgedrückt und im Gehirn sowie im Herzen verarbeitet. Die meisten Menschen denken, Weinen ist ein normaler Ausdruck des Schmerzes – und wenn das Weinen aufhört, hört auch der Schmerz auf. Doch nach unserer Erfahrung ist Weinen ein Ausdruck eines ***Verarbeitungsprozesses***! Und wenn das Weinen aufhört, hört auch der Verarbeitungsprozess auf!

Aus irgendeinem Grund benötigen wir Menschen so einen Verarbeitungsprozess. In der Tierwelt ist er kaum zu finden. Manche Tiere trauern bei einem Verlust, wie z. B. Elefanten oder Hunde. Aber ein lautes herzzerreißendes Schreien und tränenreiches Weinen scheint hauptsächlich uns Menschen vorbehalten zu sein. Die Neurowissenschaftler*innen haben leider noch nicht erforschen können, was da in unserem Gehirn passiert und warum wir so einen Verarbeitungsprozess brauchen. Aber in jeder Therapie oder Lebenshilfe können wir entdecken, dass die Tränen zu fließen beginnen, sobald sich ein schmerzvolles und blockierendes Thema lösen darf.

Wer diesen Verarbeitungsprozess im Laufe seiner Kindheit verlernt hat, wird höchstwahrscheinlich erleben, dass sich sein Leben auf unverarbeiteten Schockerlebnissen aufbaut, die darauf warten, nachträglich verarbeitet zu werden. Er wird ebenso erleben, dass in der Gegenwart oft emotionale Phantomschmerzen getriggert werden. Das Schicksal klopft immer wieder durch schmerzhafte Erlebnisse an die Tür, um den Verarbeitungsprozess eines alten, inzwischen gewohnten Schockzustandes wieder in Fluss zu bringen.

Die Erfahrungen von Jacqueline und mir sind, dass sich Schockzustände und unverarbeitete Schmerzen nicht durch „Abwarten und Aussitzen“ lösen. Hier heilt die Zeit keine Wunden. Stattdessen prägt die Zeit starre Verhaltensstrukturen und eingeschränkte Realitätsabbildungen innerhalb der Grenzen, die durch die inzwischen gewohnten Schockzustände vorgegeben werden.

Werden schreckliche oder schmerzhafte Erlebnisse nicht sofort emotional mit Hilfe von Tränen komplett verarbeitet, dann wirken sie sich permanent auf unser gegenwärtiges Leben aus. Wir merken es kaum, weil wir uns an einen Schock recht schnell gewöhnen. Wir halten es für „normal“, wenn wir nach einem Schockerlebnis vermehrt Angst davor haben, dass sich diese schreckliche Situation wiederholt, oder wenn wir ein Vermeidungsverhalten entwickeln, sobald uns etwas oder jemand (unbewusst?) an die schreckliche Situation erinnert.

Unverarbeitete Schmerzen wirken nach unserer Erfahrung blockierend und hemmend. Man entwickelt Ängste, Vermeidungen, Unsicherheiten, Schüchternheit oder auf der anderen Seite Abwehrverhalten, Kämpfe, Abwertungen und verletzendes Verhalten gegenüber anderen Menschen. Außerdem wird die dunkle Wolke um das eigene Stimmigkeitsgefühl herum immer größer, so dass es einem immer schwerer fällt, zu seinem tiefsten inneren Maßstab Kontakt zu halten und sich an sich selbst zu orientieren. Man verliert den Zugang zu seinem Mitgefühl für sich selbst und für andere Menschen. Eine Problemtrance oder Kriegstrance entsteht, in der man sein „echtes Mitgefühl“ ausgeblendet hat, weil es mit zu vielen unverarbeiteten Schmerzsituationen verknüpft ist.

Was ist ein „echtes Mitgefühl“? Es ist die Fähigkeit, einen anderen Menschen verstehen zu können – und zwar so, dass sich dieser andere Mensch auch verstanden fühlt. Mitgefühl ist nicht, dem anderen Sympathiegefühle oder Liebesgefühle überzustülpen. Es ist ein tiefes, klares Verständnis, das durch eine sehr gut funktionierende Realitätsabbildung im Gehirn möglich wird. Auch wenn Ihnen von anderen Menschen schlimme und schreckliche Schicksale erzählt werden, können Sie das Erzählte intensiv mitfühlen und nachvollziehen, ohne dabei selbst in ein Problemgefühl zu rutschen.

Ob Sie dieses Verständnis in sich befreien konnten und wieder Zugang zu ihrem eigenen tiefen Stimmigkeitsgefühl haben, können Sie daran erkennen, dass sich die *meisten* Menschen (natürlich nicht *alle*) immer wieder von Ihnen verstanden, anerkannt und sich bei Ihnen dazugehörig, geborgen und gleichzeitig frei fühlen.

Gerade gestern und heute Morgen durfte ich wieder einen intensiven Verarbeitungsprozess erleben: Ich bin bei der Arbeit an diesem Buch beim Abschnitt mit den elf Punkten („Aus unserer Beobachtung des Umfeldes stellen wir Vermutungen über uns selbst an") an eine Energielosigkeit in meinem Gefühl gestoßen. Das war schon bei den elf Punkten im letzten Kapitel so („Wie wir Rückschlüsse auf unser Umfeld ziehen können"). Die Aufgabe, die ich mir gestellt hatte, war, für jeden Punkt mindestens ein Beispiel zu finden. Doch mein Unlustgefühl war sehr groß. Mir war dieses Unlustgefühl schon lange bekannt. Ich kannte es bereits aus meinem Musikstudium. Interessanterweise taucht es nur in ganz bestimmten Situationen auf. Es gibt durchaus auch Situationen, in denen ich hochmotiviert arbeite oder übe oder lerne.

Gestern fragte ich mich das erste Mal, was denn da in mir wirkt. Ich nahm dieses mir bekannte und gewohnte Unlustgefühl gegenüber dem erwähnten Abschnitt als Spiegel für mich und fragte mich, was eigentlich dahintersteckt. Ich versuchte, mein Gefühl schriftlich in Worte zu fassen. Durch das Schreiben komme ich am besten an tiefere Themen heran. Dabei wurde mir bewusst, dass eine Art Unruhe oder Ungeduld zum Vorschein kommen würde, wenn ich mich überwinde, das zu tun, wozu ich eigentlich keine Energie habe. Diese Unruhe kannte ich von meinem Vater. Er wurde früher ungeduldig, wenn jemand etwas nicht so schnell „kapieren" konnte und ihn nicht verstand.

Diese Ungeduld im Kontakt mit Menschen, die etwas nicht verstehen können, fand ich auch in mir wieder. Deswegen hatte ich Schwierigkeiten, Beispiele zu suchen. Denn hier ging es darum, anderen Menschen, die möglicherweise etwas „nicht kapieren", ein nachvollziehbares Beispiel zur Verfügung stellen zu müssen. Ich schrieb in mein Tagebuch: „Wow, ich kann mir gar nicht vorstellen, dass sich dieses Thema mal tatsächlich verabschieden würde. Ich bin es schon so lange gewohnt! Ich kenne es nicht anders. Und es hat ganz extrem mein Leben beeinflusst. Das ist mir jetzt schon sehr bewusst. Da stecke ich in einer bestimmten Trance… und wenn ich jetzt an meine universellen Eltern denke, kommen Tränen … also ab ins Bett und heulen …"

So etwas funktioniert nur, wenn in der Gegenwart das Problemgefühl in mir aktiviert ist und ich Zeit dafür habe, es intensiv in mir nachzuspüren und genau zu verstehen. Dann können die Gefühle auch noch mehr an die Oberfläche kommen, damit ich sie nachträglich verarbeiten kann.

Im Bett durchlebte ich dann wirklich einen heftigen, emotionalen Prozess. Ich stellte mir vor, wie ich mit meinem Problemgefühl zu meinen universellen Eltern rannte, sie mich verständnisvoll in den Arm nahmen und ich mich bei ihnen „endlich“ ausweinen durfte.

Bei so einem Prozess kullern nicht nur ein paar Tränen, sondern er kann sehr anstrengend werden. Im Extremfall muss ich intensiv ins Kissen schreien, fühle einen großen Schmerz in der Brust, der ausgedrückt werden möchte, heule, schreie, weine und wiederhole dabei in meiner Fantasie immer die Bilder, die mich tief berühren, wie z. B. die verständnisvolle Umarmung meiner universellen Eltern.

Da mein Thema mit meinem Vater zu tun hatte, war es dieses Mal der universelle Vater, der mich umarmte. Ich lehnte an seiner Brust und konnte mich so richtig verstanden fühlen. Während sich mein Schmerz ausdrückte, fühlte ich mich dabei fast wieder wie ein schreiendes Baby. Dies mache ich bewusst so lange, bis die inneren Bilder keinen Schmerz mehr auslösen, bis sich meine Brust frei anfühlt und keine Tränen mehr fließen wollen – oder bis ich einfach nicht mehr kann und eine Pause brauche.

***Das*** ist nach Jacquelines und meiner Erfahrung unser „menschlicher“ und „natürlicher“ Verarbeitungsprozess.

Warum?

Weil nach diesem Prozess die entsprechenden Themen gelöst sind. Die Blockaden sind anschließend verschwunden. Komplett und nachhaltig. Der alte immer noch wirkende und uns über lange Jahre steuernde Schockzustand ist aufgelöst. Die Problemtrance ist bei diesem Thema verschwunden. Wir fühlen uns freier und wieder „normaler“ – so, wie früher als Kind, bevor die unverarbeiteten Schockerlebnisse zu wirken begannen und sich auf alle Lebensbereiche übertrugen.

Auch bei diesem Thema durfte ich es wieder erleben: Meine Energielosigkeit gegenüber bestimmten Abschnitten des Buches ist nach diesem Verarbeitungsprozess endlich verschwunden. Ich kann jetzt an allen Teilen des Buches mit gleicher Energie und Freude arbeiten, sie durchlesen, sie verbessern und verfeinern etc. Es taucht keine Unruhe, Ungeduld oder Lustlosigkeit mehr auf.

Und wenn Sie diesen Abschnitt hier lesen, dann ist es ein Zeichen dafür, dass diese bremsenden Gefühle auch bis zur Veröffentlichung dieses Buches nicht mehr aufgetaucht sind.

Nachdem ich das erste Mal eine Magenspiegelung erfahren musste, zog ich mich nach dem Arztbesuch bewusst zurück und weinte heftig über dieses unangenehme Erlebnis. Als die Tränen vorbei waren, fühlte ich, dass ich vor der nächsten Magenspiegelung keine Angst haben werde. Die Tränen halfen mir, dieses Schockerlebnis so zu verarbeiten, dass es mein Gehirn als eine „normale" Erfahrung abspeichern konnte.

*Jacqueline:*

Vor einiger Zeit waren Olaf und ich mit dem Auto von Karlsruhe nach München unterwegs. Bereits als ich morgens wach wurde, ging es mir emotional gesehen gar nicht gut. Ich hatte fürchterlich schlechte Laune und hatte zu nichts Lust. Und nun musste ich auch noch packen und wegfahren.

Zu meiner Erleichterung übernahm Olaf das Fahren. Doch leider gab es auf der eigentlich nicht allzu langen Strecke etliche Baustellen, so dass sich die Fahrtzeit verlängerte und Olaf nicht die gesamte Strecke alleine fahren konnte. Irgendwann nach Ulm war er so müde, dass ich doch fahren musste. Lustlos setzte ich mich an das Steuer. In meinem Kopf wurde der Widerstand nun noch größer. Nicht, dass ich nur fahren muss. Nein – ich musste auch noch mit einem mir fremden Auto zurechtkommen (ich war bis zu dem Zeitpunkt kaum mit Olafs Auto gefahren). Ich schimpfte darüber, dass die Lenkung so empfindlich reagierte und ich mich in den ewig langen Baustellen stark konzentrieren musste. Ich meckerte darüber, dass ich das Gefühl hatte, keinen Überblick zu haben. Ich traute den Seitenspiegeln nicht, die den toten Winkel anzeigten. Gleichzeitig aber fragte ich mich, warum ich heute so fühlte. Denn normalerweise mag ich es sehr gerne, fremde Autos zu probieren und fahre gerne und gut Auto.

Als ich gerade einen LKW überholte, kam plötzlich von hinten ein großes schwarzes Auto angeflitzt und machte Lichthupe. Ich erschrak so heftig, dass ich anfing zu schimpfen: „Mensch, ja! Du siehst doch, dass ich nicht wegfahren kann!" Da er so dicht auffuhr, dass ich seine Lichter nicht mehr sah, hatte ich entsetzlich Angst vor einem Unfall.

In dem Moment, in dem ich wieder auf die rechte Spur gewechselt hatte und die Gefahr in einem Affentempo davon gebraust war, musste ich dem Fahrer noch schimpfend einige Sätze hinterher schicken. Da sagte Olaf zu mir: „Ich glaube, es ist besser, wenn ich wieder fahre."

Wie ihm später bewusst wurde und er mir später erzählte, wurde ihm in dem Moment mein Schimpfen zu viel. Er konnte es nicht in Ruhe geschehen lassen, weil er den Wunsch nach mehr innerer Ruhe hatte. Er wollte in diesem Moment meinen Stress nicht „in Resonanz" mitfühlen müssen.

Jedenfalls verletzte mich seine Bemerkung in dem Moment sehr. Es entstand eine Diskussion darüber, dass ich es als normal empfinde, wenn ‚man' so erschreckt wird, dass ‚man' dem Schrecken auch Luft macht, so wie ich es getan hatte. Olaf war aber davon überzeugt, dass meine Reaktion keine ‚normale' Reaktion auf einen Schreck war, sondern ein nicht verarbeitetes Thema von mir aufzeigte, und wollte es mit mir klären.

Seine Fragen zu meinen Gefühlen in der Situation machten alles noch viel schlimmer und ich fühlte mich wieder einmal wie im Kreuzverhör mit meinem Vater. Ich fühlte mich klein, gedemütigt und vor allem unverstanden, statt liebevoll begleitet. Eine ‚normale', entspannte Reflexion über die Situation mit dem Raser war mit mir einfach nicht möglich. Der Widerstand in mir wurde immer größer: „Eigentlich wollte ich heute gar nicht Auto fahren, weil es mir sowieso schon nicht gut ging. Jetzt bin ich gefahren und nun ist es auch wieder nicht richtig, wie ich mich verhalte." Ich war sauer und verschloss mich immer mehr. Das Schlimme an dem Zustand war, dass ich selbst fühlte, dass etwas mit mir nicht stimmte. Doch ich kam aus dieser Problemtrance einfach nicht heraus. Gleichzeitig mochte ich mich selbst in diesem Zustand nicht.

Nichts, was Olaf versuchte, half mir. Ich war und blieb ungenießbar und mochte mich selbst nicht leiden.

Am nächsten Tag sollte unsere Veranstaltung beginnen und ich hatte keine Lust. Die erste Nacht in München war grauenvoll für mich gewesen. Ich hatte kaum geschlafen und war immer noch in der Distanz zu mir selbst gefangen. Ich mochte niemanden sehen und schon gar nicht anderen Menschen bei der Veranstaltung zur Verfügung stehen. So blieb ich im Bett und Olaf begann die Veranstaltung allein.

Als ich alleine im Zimmer war, fühlte ich mich geschützt. Keiner war da, der mich beobachtete – der mir unangenehme Fragen stellte – der mir helfen wollte und mir doch nicht helfen konnte, weil ich es nicht zuließ. Keiner, dem ich dafür zur Verfügung stehen musste, um ihm zu sagen, dass seine Hilfsimpulse nicht helfen.

Ich fühlte in mich hinein. Welche Gefühle konnte ich wahrnehmen? Trotz, Widerstand und ein großes ‚Nein' in mir drin. Ich erinnerte mich nochmals an die Situation mit dem drängelnden Raser auf der Autobahn, fühlte nochmals die Angst.

Fast automatisch und blitzschnell fragte ich mich: „Was war gestern auf der Autobahn passiert? Wie könnte ich das Problem in einem Satz zusammenfassen? Was war die Essenz der von mir erlebten Situation?" Dann fiel es mir wie Schuppen von den Augen und ich erkannte den Spiegel hinter allem:

Der drängelnde Raser tags zuvor hatte versucht, seinen Wunsch ‚auf Teufel komm raus' durchzusetzen und hatte mich damit sehr erschreckt und uns beide in Gefahr gebracht.

Die Grunddynamik ist also: Da hatte jemand einen Wunsch und den hat er einem anderen übergestülpt und den anderen dabei erschreckt, verletzt bzw. in Gefahr gebracht. Das kannte ich sehr gut! Endlich hatte ich die Entsprechung in meinem Leben gefunden. Ich hatte es als Kind in meinem Leben öfter so empfunden, dass mir meine Eltern bzw. andere Erwachsene ihre Wünsche übergestülpt haben und ich dann bestraft oder verletzt wurde, wenn ich den Wunsch des anderen nicht erfüllte.

Beispielsweise war es in meinem evangelischen Kindergarten in der DDR üblich, dass man zwischen Ankommen und Mittagspause einen Toilettengang für alle durchführte. Wer zwischen den gemeinsamen Toilettengängen auf die Toilette musste, wurde angemeckert. Der herrschende Wunsch war hier „der gemeinsame Toilettengang". Wenn dies nicht erfüllt wurde, war die Bestrafung das Anmeckern.

Dann durfte für das ‚kleine Geschäft' kein Toilettenpapier benutzt werden, weil damals in der DDR das Toilettenpapier sehr rar war. Also musste gespart werden (= Wunsch). Doch zu lange auf der Toilette durfte man auch nicht sitzen – und ging dann ein Tropfen auf die Toilettenbrille, musste man diesen mit der eigenen Hand abwischen (= Bestrafung). Bereits damals als Dreijährige fand ich das alles sehr demütigend und ungerecht.

Ich sehe es so: Wann immer ein Mensch (Kind) beschimpft oder geschlagen wird, steckt bei dem Schimpfenden ein Wunsch dahinter, dessen Erfüllung gerade mit Gewalt erzwungen wird.

Ich selbst habe mit meinem Meckern über den drängelnden Raser mit der gleichen Dynamik reagiert. Ich hatte den Wunsch, dass ich beim Überholen des LKW nicht gefährdet werde und der Raser rechtzeitig bremst und geduldig wartet, bis ich wieder auf die rechte Spur fahre. Diesen Wunsch habe ich dem Raser übergestülpt. Olaf hat mir seinen Wunsch nach Ruhe und Analyse des ungelösten Themas übergestülpt und ich habe ihm meinen Wunsch nach freiem Ausdruck meiner Gefühle übergestülpt.

Das alles wurde mir im Bett liegend in München bewusst.

Im Moment dieser Bewusstwerdung brach ich in Tränen aus und musste intensiv darüber weinen. Über eine halbe Stunde lang ließ ich meine Gefühle fließen und habe über den Schmerz der vielen, mit Gewalt erzwungenen Wunscherfüllungen in meiner Kindheit herzzerreißend geweint.

Danach ging es mir wesentlich besser. Die Distanz, die Unlust und der Widerstand waren weg. Verarbeitet. Ich war endlich wieder offen und liebevoll. Bei dem Gedanken an den Raser waren zwei Dinge in meinem Gefühl: Die Klarheit, dass ich so ein Verhalten nicht in Ordnung finde, und gleichzeitig eine Ausgeglichenheit. Kein Ärger, keine Empörung und kein Kampfgefühl mehr. So konnte ich nun endlich an der Veranstaltung teilnehmen.

Dieses Thema konnte ich sechs Monate später noch weiter ‚ausfeilen': Ich entschied mich auf einer neuen Reise, jeden Raser entweder sofort vorbei zu lassen, egal wie eng die Lücke zwischen den rechts fahrenden LKW ist, oder etwas schneller als sonst zu überholen. Was ich auf dieser Fahrt erlebt habe, war für mich unbeschreiblich schön: Die schlimmsten Raser und Drängler haben sich bei mir bedankt, als ich in die engen Lücken zwischen den LKW auswich. Dies berührte mich so tief, dass ich vor Freude in Tränen ausbrach.

*Olaf:*

Auf diese Weise verarbeiten Jacqueline und ich nachträglich unsere unverarbeiteten Schmerzerlebnisse. Wir fühlen eine Krise, nutzen sie als Spiegel für uns selbst und analysieren dieses Ungleichgewicht. Meistens analysieren wir so lange, bis uns der Zusammenhang bewusst wird, was in unserer Realitätsabbildung nicht so richtig „funktioniert". Oft ist es ein unverarbeiteter Schmerz, der darunterliegt.

Und nun schauen Sie sich einmal in unserer Gesellschaft um: Wer macht so etwas? Dass er sich regelmäßig bei auftauchenden Problemgefühlen um die dahintersteckenden Themen kümmert, den unverarbeiteten Schmerz auftauchen lässt und ihn durch heftiges Weinen und Schreien nachträglich komplett verarbeitet?

In der Intensität, wie ich es seit meinem vierundzwanzigsten Lebensjahr bei mir selbst erlebe, kenne ich es bisher hauptsächlich von Jacqueline. Auch bei einigen Teilnehmer*innen, die in unsere Workshops kommen und sich dort ihre ungelösten Themen anschauen, dürfen wir es miterleben. Wobei es einigen offensichtlich noch schwer fällt, sich innerhalb einer fremden Gruppe ihrem Tränenprozess komplett und besonders intensiv hinzugeben.

Was schließen Jacqueline und ich daraus? Unsere Gesellschaft scheint zum großen Teil noch in hohem Maße traumatisiert zu sein und weiß nicht, wie sie mit diesen Blockaden und Hemmungen umgehen soll. Die nachwachsende Generation ist schon wesentlich offener als noch die traumatisierte Kriegs- und Nachkriegsgeneration. Aber das spontane Weinen, Schreien und Heulen ist immer noch nicht in der breiten Gesellschaft als „natürlicher Verarbeitungsprozess“ unverarbeiteter Schmerzen anerkannt und wird noch nicht flächendeckend genutzt. Tendenziell wird es eher als ein unangenehmes Zeichen für Schmerz oder sogar als eine psychische Krankheit angesehen, als „falsch“ eingestuft und in die Schublade mit der Aufschrift „ZU VERMEIDEN“ geschoben. Nur bei Kleinkindern scheint es zunächst „normal“ zu sein, bis sie dann irgendwann älter werden und das Heulen von der Gesellschaft als „kindisch“ und als „Schwäche“ bewertet wird.

Stellen Sie sich eine Gesellschaft vor, in der die Erwachsenen wieder genauso über Schockerlebnisse und Verlusterlebnisse weinen, wie es die Kinder tun. Nicht nur zu Hause, sondern auch öffentlich – überall. Und jeder andere Mensch, der das mitbekommt und beobachtet, findet es „normal“ und „natürlich“, dass da gerade jemand seine Schmerzen verarbeitet und einen gegenwärtigen oder alten Schockzustand auflöst, und steht einfühlsam und begleitend zur Verfügung. Das wäre aus unserer Sicht eine gelöste Gesellschaft, die sich wieder „im Fluss“ befindet und in der Lage ist, mit traumatischen Situationen sofort umgehen und sie emotional verarbeiten zu können. Außerdem kann jeder in dieser Gesellschaft wieder freien Zugang zu seinem eigenen Stimmigkeitsgefühl haben und seine innere Realitätsabbildung optimal weiterentwickeln und fließend verfeinern.

In so einer Gesellschaft wird ganz anders auf einen Menschen geschaut, der sich noch streng, hart, vorwurfsvoll und ausgrenzend verhält. Jeder weiß mitfühlend: Dieser Mensch ist in alten Schockzuständen aus seiner Kindheit stecken geblieben, projiziert seine emotionalen Phantomschmerzen auf sein Umfeld und hat für sich noch keinen Rahmen gefunden, diese Schockzustände nachträglich zu verarbeiten.

Jacqueline und ich erleben an uns selbst: Je mehr unverarbeitete Schmerzen wir aus unserer Kindheit und sonstigen Vergangenheit komplett aufarbeiten, desto offener, liebevoller und verständnisvoller werden wir ganz „automatisch" in der Gegenwart. Wir müssen nicht unser unangenehmes Verhalten und Denken bewusst in positives Verhalten und Denken umändern – die Änderung geschieht nach den Verarbeitungsprozessen in den meisten Fällen von allein.

Wir denken auch: Gute Tipps und Sichtweisen sind immer sehr schön und fühlen sich auch gut an. Allerdings sind sie schwer umzusetzen, wenn da immer noch ein alter unverarbeiteter Schmerz bohrt und das Denken und Verhalten beeinflusst. Ist dieser Schmerz aber verarbeitet, dann entwickelt sich das positive und integrierende Denken, Fühlen und Verhalten ganz von selbst.

Allerdings weisen wir darauf hin: Dieser Prozess ist langwierig und kann über mehrere Jahre gehen. Wahrscheinlich spüren das unbewusst viele Menschen und steigen deshalb gar nicht erst in diesen Prozess ein. Wer sich diesem Prozess aber stellt und viel Geduld mit sich selbst hat, der kann eine allmähliche Öffnung erleben und sich immer mehr daran erfreuen, seine unangenehmen Verhaltensmuster und Blockaden allmählich in ein offenes, liebevolles und klares Verständnis für sich selbst und für sein Umfeld weiterzuentwickeln. Wir Autor*innen sehen uns selbst und unser Buch als einen „Beweis" dafür.

*Jacqueline:*

Wenn wir ganz genau hinschauen, erkennen wir den Sinn der „falschen" Projektionen unseres Gehirns, den Sinn unserer emotionalen Phantomschmerzen: Sie helfen uns intensiv, an solche unverarbeiteten Schmerzen wieder heranzukommen. Beispiel:

Als ich gestern mit Olaf und meinem Sohn aus dem Kino kam, stellte ich fest, dass ich meinen Schlüssel zu Hause vergessen hatte und mein Fahrradschloss nicht aufschließen konnte. Bis dahin war meine Planung, dass ich mit dem Rad nach Hause fahre und dann endlich etwas Warmes zu essen bekomme.

Olaf war mit dem Auto da, so dass er mich mitnehmen konnte, um zu Hause den Schlüssel zu holen. Im Auto besprachen wir, wie wir nun den weiteren Abend gestalten wollen. Olaf wollte zu Hause gleich zu Abend essen, da es schon recht spät war. Das hätte ich eigentlich auch gerne gemacht, doch ich wollte als allererstes mein Fahrrad holen. Ich fragte ihn, ob er mich mit dem Auto wieder zu meinem Fahrrad fährt. Doch Olaf sagte: „Nein, ich mag jetzt nicht noch einmal mit meinem Auto herumfahren“ und machte mir den Vorschlag, mich morgen früh mitzunehmen, wenn er wieder ins Büro fährt.

Ich wollte aber mein Fahrrad nicht über Nacht vor dem Kino stehen lassen, weil ich die Befürchtung hatte, dass es entweder demoliert oder gestohlen wird. Mein Gehirn kreierte eine Szenerie, die natürlich nicht unbedingt so ablaufen muss. Dieses kreierte Bild war der Ausgangspunkt meiner weiteren Entscheidungen.

Mein Gehirn hat aber inzwischen ein zweites Bild zu einer anderen Szene kreiert: Olaf hatte ‚nein‘ zu meinem Wunsch gesagt, mich mit seinem Auto zum Fahrrad zu fahren. Und mein Gehirn entwickelte daraus die Realität, dass es sinnlos ist, nach weiteren Möglichkeiten zu suchen, bei denen mir Olaf helfen könnte. Mein Gehirn erschuf das Bild, dass Olaf mir nicht helfen möchte. Doch kann ich sicher sein, dass das wahr ist?

Ausgehend von der Wahrheit meiner Bilder ließ ich von meinen Wünschen los und kümmerte mich um mein Fahrrad, so wie ich es alleine für stimmig hielt. Vorher mit Olaf zu Abend zu essen und dann selbst mit dem Auto zum Fahrrad zu fahren und es einzuladen, wollte ich nicht.

Aber die 5 km zum Fahrrad zu joggen und dann nach Hause zu radeln, würde mir Spaß machen – so hatte ich gleich ein wenig Training. Ich musste nur meinen Wunsch, etwas zu essen, nach hinten schieben. Gesagt – getan.

Am nächsten Morgen fragte mich Olaf, ob ich mich etwas verschlossen fühlen würde. Ich bejahte dies. „Seit wann ist dies denn so?“ – „Irgendwann gestern Abend fing es an“, antwortete ich. Wir gingen nochmals den Abend durch:

- Fahrradschlüssel vergessen mit der Konsequenz, dass ich nochmals hin- und herfahren muss?

  → Das war nur kurz ein Schreck. Ich konnte aber schnell loslassen.

- Olafs ‚Nein‘, mich zum Fahrrad zurück zu fahren?

  → Auch hier hatte ich nur ein kurzes ‚Schade‘. Doch ich dachte, dass Olaf vielleicht zu müde sei, konnte schnell loslassen und aus der Situation das für mich Beste machen.

- Als ich wieder zu Hause war, geduscht hatte und endlich Abendbrot essen konnte, erzählte Olaf mir, dass er etwas traurig sei, dass wir nicht zusammen essen konnten.

  → Ja. Das war der Punkt, an dem ich mich verschlossen hatte.

Ich fühlte mich schuldig, dass ich mich gestern Abend so intensiv um mich und mein Fahrrad gekümmert hatte, anstatt die Wünsche von Olaf ernst zu nehmen. Ich fühlte einen Widerstand gegen die von mir selbst geschaffenen Erwartungen, die Olaf scheinbar an mich stellte. Meine Gehirnprojektionen, dass Olaf mir nicht mehr helfen möchte und erwartet, dass ich meine Wünsche zugunsten eines gemeinsamen Abendessens aufgebe, hatten eine Distanz erzeugt, die in der Realität eigentlich gar nicht vorhanden war.

Denn im Gespräch mit Olaf erfuhr ich dann, dass er auf jeden Fall bereit gewesen war, mir zu helfen. Er wollte nur nicht mehr mit *seinem* Auto herumfahren. Mit *meinem* Auto hätte er mich zum Fahrrad gefahren. Doch aufgrund der von meinem Gehirn erschaffenen Projektionen bin ich nicht auf die Idee gekommen, Olaf nach weiteren Möglichkeiten zu Fragen. Er selbst war sich dieser Möglichkeit auch nicht richtig bewusst, aber er wusste, dass er in gewisser Weise immer noch offen war.

Mein Gehirn hatte eine Szene geschaffen, die nicht ‚wahr' war und ich hatte meine Projektion durch Fragen *nicht* überprüft.

Genauso war es mit meinen Schuldgefühlen:

Es ging Olaf nicht darum, dass ich von meinen Wünschen loslasse, damit er nicht traurig sein muss. Sondern er wollte mit seinem Bericht über seine Gefühle einfach alle Gefühle ‚auf den Tisch' legen – ganz ehrlich, ganz aufrichtig. Und auch hier hatte mein Gehirn eine ‚Realität' erschaffen, die keine Bestätigung im Außen erfahren hatte.

Bevor ich das Fazit daraus ziehe, möchte ich noch ein zweites Beispiel erzählen:

Annes Freundin Dorothée ist eine eifrige Geschäftsfrau und war in den letzten acht Wochen jedes Wochenende auf Messen unterwegs. Nun bekam Anne von ihrer Freundin eine SMS, dass sie das nächste Wochenende frei hat und sie sich endlich einmal wieder treffen könnten. Doch Anne hatte an diesem

Wochenende geplant, das ganze Wochenende nach Karlsruhe zu fahren, um bei den Aufstellungsworkshops teilzunehmen. Sie war im Dilemma und erzählte mir, dass sie ja eine Distanz erzeugen würde, wenn sie das Treffen mit Dorothée absagt. Und da sie ein Mensch ist, der gerne Nähe mit anderen lebt, würde sie im Fall der Absage unter der Distanz leiden – gleichzeitig würde sie aber auch zu gerne zum Aufstellen kommen. Außerdem würde sie sich schuldig fühlen, dass sie nun den einzig möglichen Termin absagt. Sie bräuchte ja nur ihren Wunsch nach dem Aufstellungswochenende in Karlsruhe aufzugeben und das Treffen am Wochenende wäre gerettet. Eine Zwickmühle.

Da mir diese Aussage mit ‚der Distanz' komisch vorkam, stellte ich Anne ganz viele Fragen und dabei kam heraus, dass Annes Gehirn eine ‚Realität' erschaffen hatte, die in keiner Weise auf Bestätigung im Außen stieß:

Anne stellte sich vor, dass Dorothée enttäuscht reagieren würde, wenn sie ihr absagt. Sie befürchtete auch, dass Dorothée ihr sogar Vorwürfe macht, dass sie sich so lange nicht gesehen hätten und sie jetzt auch noch den einzig ‚möglichen' Termin absagt. Anne schien einen gewissen Erwartungsdruck von Dorothée zu fühlen. Denn Dorothées Termine sind beruflich und scheinbar nicht verschiebbar. Und Annes Aufstellungswochenende war ‚nur' ein privater Termin, den man ja zugunsten eines gemeinsamen Tages absagen kann.

Mein intensives Nachfragen ergab dann aber, dass Dorothée gar nicht so ist, wie es sich Anne vorstellte. Dorothée hatte in der Vergangenheit immer ganz viel Verständnis und würde niemals Vorwürfe machen, wenn Anne auch einmal einen Termin absagen muss.

Obwohl Anne dies sogar selbst wusste, hatte ihr Gehirn trotzdem diese Realität kreiert und somit die Distanz und das Schuldgefühl selbst erzeugt, unter der Anne leiden würde, wenn sie das Treffen absagt.

Nach unserem Gespräch konnte Anne erkennen, wie viel Leid sie sich durch die Kreationen ihres eigenen Gehirns selbst erschafft.

Fazit: **Diese Kreationen haben oft ihren Sinn.**

Wenn unser Gehirn Vorstellungen / Überzeugungen erschafft, die keine Bestätigung im Außen finden, dann steckt dahinter oft ein unverarbeiteter Schmerz. Das Gehirn erschafft als Realitätsabbildung eine Situation in der Gegenwart, die an eine Situation in der Vergangenheit erinnert, in der wir einen Schmerz erfahren haben, den wir noch nicht verarbeiten konnten und der unser Denken in diesem Bereich einschränkt (‚Problemtrance').

In meinem Fall mit dem Fahrradschlüssel war es der Schmerz darüber, dass meine Eltern ab und zu nicht überwindbare Grenzen gesetzt haben. Sie sagten ‚nein' und dann blieb es auch dabei. Wenn ich in diesen Situationen als Kind und Jugendliche versucht hatte, Argumente zu bringen, dann wurde ich oft durch einen strengen Kommentar wie z. B.: „Schluss jetzt! Ich habe ‚nein' gesagt! Und wenn du jetzt nicht aufhörst, dann setzt's was!" zum Schweigen gebracht. Es ist der Schmerz, dass meine Wünsche, meine Argumente und meine Bedürfnisse kein Gehör fanden und ich meine Wünsche aufgeben bzw. nachgeben musste.

Bei Anne könnte ihr Gehirn die Befürchtungen und Erwartungen erschaffen haben, weil sie es als Kind oft erlebt hatte, dass ihre Wünsche von den Eltern nicht gewürdigt wurden. Die Wünsche der Eltern hatten ihrem Gefühl nach *immer* Vorrang und man erwartete von ihr, dass sie zurücksteckt und sich anpasst, damit der andere nicht enttäuscht ist. Oder ein Elternteil hat ihr dieses Verhalten vorgelebt.

Die eigenen realitätsfernen Gehirnkreationen kann man aber nutzen, um den entsprechenden Schmerz zu verarbeiten. Dabei

- taucht man vollkommen in die selbst erschaffene Projektion ein,
- macht man sich die Gefühle bewusst, die dadurch entstehen und
- sucht man in der Vergangenheit nach den Situationen, in denen man diese Gefühle schon einmal gefühlt hat.

Im besten Fall kommen dann Tränen hoch und man kann über die Vergangenheit trauern und anschließend besser erkennen, dass die Gegenwart ganz anders ist und man sich nun frei und gut fühlen darf.

## Wie wir Autor*innen uns gegenseitig beim Spiegeln helfen

*Jacqueline:*

Olaf und ich nutzen unsere natürliche Verbundenheit und unseren darauf aufbauenden siebten Sinn (Mitgefühl, Empathie, Resonanz) effektiv zum Erforschen und Lösen von Problemen und von unverarbeiteten Schmerzen. Wenn einer von uns beiden ein Problem hat, möchte er die dahinterstehenden Wünsche in sich selbst und/oder im Umfeld erforschen und eventuell Lösungen für sein Problem finden.

Manchmal können wir die Existenz des Problems verstehen, manchmal erhalten wir sogar neue Impulse oder Anregungen, wie wir im Alltag mit dem Problem besser umgehen können und manchmal können wir das Problem gemeinsam lösen oder einen tiefen Schmerz verarbeiten.

Dabei ist immer diejenige, der das Problem hat, die Chefin. Sie ist als ‚Problemträgerin' diejenige, die in den Spiegel schauen will. Sie ist die beeinflussende Beobachterin und Forscherin. Der andere steht der Chefin als ‚Spiegelnder' bzw. ‚Stellvertreter' und manchmal auch als ‚Berater' zur Verfügung. Er lässt sich durch die Chefin beeinflussen, fühlt sich ein und agiert spontan.

Dann beobachten wir gemeinsam, was der Spiegel zeigt. Welche Gefühle, Gedanken oder Verhaltensweisen tauchen beim Spiegelnden auf und welche (subjektiven) Rückschlüsse könnte man auf das Problem der Problemträgerin ziehen? Oder welche Reaktionen tauchen bei der Problemträgerin auf, wenn sie in den Spiegel schaut? Außerdem beobachten wir, welche Lösungen von dem Spiegelnden angeboten werden. Was will sich unter dem Einfluss der Problemträgerin Positives entfalten?

Dabei müssen wir nicht immer das gesamte körperliche Verhalten der spiegelnden Person beobachten. Es genügt auch, sich auf Gedankengänge oder innere Bilder zu beschränken. Welche Fantasien macht sich die spiegelnde Person unter dem Einfluss der beobachtenden Person?

Im Folgenden führen wir Sie in die Technik des Fantasie-Spiegelns ein. Da diese Technik den Freien Systemischen Aufstellungen im Geiste sehr ähnlich ist, könnte man es auch ‚Geistiges Aufstellen' oder ‚Inneres Aufstellen' nennen.

## Vorbereitungen für das Spiegeln in der Fantasie

### <u>Zeitlicher Rahmen</u>

Nehmen wir an, dass ich ein Problem habe. Beispielsweise schlafe ich nachts oft unruhig mit längeren Wachphasen. Gerne möchte ich wieder nachts durchschlafen. Dann frage ich Olaf, ob er Lust hat, mir bei der Lösung meines Problems behilflich zu sein, und wir klären zusammen den zeitlichen Rahmen. Wenn einer von uns beiden unter einem zeitlichen Druck steht, ist dies nicht immer förderlich. Dennoch muss nicht jedes Mal unendlich viel Zeit zur Verfügung stehen. Welcher zeitliche Rahmen gerade für die Beleuchtung oder Lösung des Problems zweckmäßig ist, bestimmt immer das Gefühl von demjenigen, der das Problem hat. Denn nur der, der das Problem fühlt, kann am ehesten spüren, wie viel Zeit er benötigt – also in diesem Beispiel: ich.

Olaf, der helfen möchte, kann dann ganz eigenverantwortlich für sich schauen, ob er gerade so viel Zeit zur Verfügung stellen möchte. Hat er aber nur wenig Zeit, dann kann ich mir als Problemträger überlegen, ob ich diesen kürzeren Zeitrahmen dennoch nutzen möchte. Es kann sein, dass ich das Problem zwar in der kurzen Zeit nicht lösen kann, aber vielleicht bekomme ich ja wertvolle Ideen, Impulse oder Anregungen, die mir helfen, das Problem später alleine weiterzuentwickeln.

Sollte ich Bedenken haben, dass die Bearbeitung des Problems in der kurzen Zeit nicht genügt, dann entscheide ich mich für eine Vertagung auf einen Zeitpunkt, der uns beiden besser passt.

Der Raum

Damit wir in unserer Fantasie ein gemeinsames Bild von dem Problem herstellen können, teile ich Olaf mit, in welchem Raum sich die Fantasie abspielen soll. Wir brauchen einen Raum, den wir beide kennen. Manchmal ist dies unser Wohn- oder Schlafzimmer oder einer unserer Seminarräume – alles ist im Prinzip möglich.

Spielfiguren aussuchen

Als nächstes überlege ich mir als Problemträger, welche Spielfiguren zu meinem Problem dazugehören bzw. welche von denen ich genauer erforschen möchte und von Olaf spiegeln lasse. Bei meinem Schlaf-Problem sind dies Folgende:

Zunächst auf jeden Fall „*Jacqueline*“, denn ich besitze ja das Problem, also möchte ich mich selbst natürlich näher zu dem Problem erforschen.

Dann mein „*Ziel*“ oder „*Wunsch*“ oder „*Anliegen*“. Wer ein Problem hat, der hat auch ein Ziel, Wunsch oder Anliegen, das er bis jetzt noch nicht erreichen oder erfüllen konnte. In meinem Fall ist es der Wunsch, die ganze Nacht tief und fest schlafen zu können – na ja, zumindest meistens.

Allein mit diesen beiden Möglichkeiten „*Jacqueline*“ und „*mein Ziel*“ kann ich mit Olaf zusammen das Fantasie-Spiel beginnen. Ich mag Ihnen aber noch weitere Möglichkeiten für Ihr eigenes ‚Spiel‘ anbieten:

Wenn man ein Ziel nicht erreichen kann oder ein Wunsch sich nicht erfüllen lässt, dann könnte es etwas geben, das die Erfüllung behindert – ein Hindernis. Es muss keineswegs bekannt sein, *was* das *Hindernis* ist. Es reicht einfach, das Hindernis als Spielfigur mit zum Spiel dazuzunehmen. Oder es gibt eine „*Ursache*“ für mein Problem – auch diese muss (wie das Hindernis) nicht konkret bekannt sein.

Es gibt Probleme, da benötigen wir etwas, das uns bis jetzt gefehlt hat („*Das, was fehlt*“) oder das uns hilft, das Problem zu lösen („*Das, was hilft*“). Auch hier muss es nicht konkret bekannt sein, was fehlt oder hilft. Man benennt eine Spielfigur einfach als „*Das, was fehlt*“. Wenn man aber schon eine genaue oder vage Vorstellung hat, was fehlen oder helfen könnte, dann kann man auch die Spielfigur ganz konkret benennen und zum Spiel dazunehmen. Der eigenen Fantasie sind da keine Grenzen gesetzt.

Es gibt Probleme, die einen bestimmten „*Sinn*“ haben, z. B. dass die Lösung des Problems noch nicht erfolgt, weil man noch etwas lernen muss. Auch diesen Sinn kann man mit aufstellen.

Natürlich können an einem Problem auch noch „*weitere Personen oder Elemente*“ beteiligt sein, wie z. B. „*das, was auf mich zukommt, nachdem ich mein Ziel erreicht habe*“.

Die Möglichkeiten nochmals im Überblick:

- „*Problemträger (also ich)*“
- „*mein Ziel*“
- „*Ursache*“ oder „*Hindernis*“
- „*Das, was fehlt*“ oder „*Das, was hilft*“
- „*Sinn meines Problems*“
- „*das, was auf mich zukommt, nachdem ich mein Ziel erreicht habe*“
- *evtl. weitere am Problem beteiligte Personen oder Elemente usw.*

Ich selbst wähle bei meinem Problem erst einmal die ganz einfache Variante: „*Jacqueline*“ und „*mein Ziel*“ (regelmäßig durchschlafen zu können).

<u>Offen oder verdeckt</u>

Für mich als Problemträger sind nun die Spielfiguren, mit denen ich beginnen will, bekannt. Nun kann ich Olaf entweder in die Spielfiguren einweihen, ihm die Namen verraten und somit offen spielen: „Fühl´ dich bitte einmal in zwei Figuren ein. In *Jacqueline* und in *mein Ziel*“. Oder ich lasse ihn mit dem Thema und den Spielfiguren im Dunkeln tappen und vergebe für meine Spielfiguren Buchstaben oder Zahlen – wie z.B. „*Jacqueline*“ = „*1*“ und „*mein Ziel*“ = „*2*“ - und spiele somit verdeckt. Dann sage ich Olaf: „Fühl´ dich bitte in die Nummer 1 und die Nummer 2 ein. Wo will die jeweilige Nummer im Raum stehen und wie fühlt sich jeder?“ Dabei weiß nur ich, was diese Nummern bedeuten.

Damit es für Sie beim Lesen einfacher nachzuvollziehen ist, werde ich hier offen spielen. Olaf und ich spielen am Anfang jedoch immer verdeckt, weil wir uns dann ganz unserem Gefühl widmen können, ohne dass der Verstand etwas beeinflussen und dazwischenfunken kann. Nur wenn das Spiel stockt und der Problemträger nicht mehr weiterweiß, öffnen wir das Spiel und geben Thema und die Namen der Spielfiguren bekannt. Denn auch das Wissen über Thema und Spielfiguren kann nochmals eine Ressource sein, aus der man schöpfen kann.

**Was spiegelt mir die Fantasie des anderen?**

Vielleicht haben Sie sich schon gewundert, warum ich das Vorgehen zum Erforschen oder zum Lösen des Problems ‚Spiel' nenne. Es ist ganz einfach:

Der Helfer – in meinem Fall ist das Olaf – ‚spielt' nun mit den Spielfiguren, wie ein Kind mit seinen Puppen, Indianern, Soldaten oder Stofftieren. Kinder schlüpfen in ihrem Figurenspiel abwechselnd in mehrere Rollen und bringen so ihr ‚Spiel' bzw. ihre ‚Geschichte' voran. Jeder von uns hat als Kind mit Spielfiguren gespielt – jeder kennt das – jeder kann das. Genau diese Fähigkeit, die wir von Kindesbeinen an kennen, nutzen wir in unserem Spiel zur Erforschung bzw. Lösung von Problemen. Mit dem einzigen Unterschied: Wir spielen nicht mit Puppen oder Tieren, sondern wir stellen uns in unserer Fantasie die Spielfiguren in einem vorher vereinbarten Raum vor. Dabei nutzen wir unsere natürliche Verbundenheit, unseren siebten Sinn. Wir beobachten, wie sich unsere Fantasie entwickeln will, während man sich dem Problem des anderen zur Verfügung stellt. Wir beobachten, wie wir uns im Rahmen des anderen mit den Spielfiguren fühlen, was wir denken und was wir mit ihnen tun wollen.

Olaf – von meiner Problem-Ausstrahlung, von meinen bewussten und unbewussten Wünschen automatisch beeinflusst – schließt nun seine Augen, um sich die Bilder in seiner Fantasie besser vorstellen zu können und fühlt sich in die Spielfigur „*Jacqueline*“ ein. Olaf lenkt seine Aufmerksamkeit nicht auf mich, sondern entscheidet einfach: „Jetzt spiele ich die Rolle *Jacqueline*“ und beobachtet *in sich selbst*, welche Gefühle und Impulse auftauchen bzw. sich verändern. Auf diese Weise kann man den im vierten Kapitel angesprochenen **siebten Sinn des Menschen** nutzen: Zu welchem Menschen werden wir im Kontakt mit unserem Umfeld?

Bei einer Fantasie-Aufstellung können wir uns also fragen: „Zu welchem Menschen werde ich, wenn ich mich in den anderen einfühle? Welche Fantasien bilden sich in mir, wenn ich dem Thema des anderen zur Verfügung stehe?“

Während Olaf sich mitfühlend in von mir vorgegebenen Rollen nacheinander hineinversetzt, berichtet er mir, was er in seiner Fantasie fühlt und erlebt:

*„Also, als Jacqueline betrete ich das Wohnzimmer durch die Tür vom Flur aus. Ich fühle Herzklopfen – es klopft mir bis in den Hals und den Kopf hoch. Puh, fühlt sich heftig an. Ich mag gar nicht richtig in den Raum hineingehen – würde am liebsten gleich wieder flüchten – weglaufen. Ich bleibe aber im Zimmer – mit dem Rücken an die inzwischen geschlossene Tür gelehnt.“*

Olaf fühlt sich nun in die 2. Spielfigur ein und berichtet:

*„Nun zu der 2. Spielfigur: Als dein ‚Ziel‘ … mh, das ist aber komisch … ich springe hin und her – mal bin ich im Raum, mitten im Zimmer – mal stehe ich draußen vor der Tür.“*

Aufgrund des Berichts des Helfers (Olaf) kann die Problemträgerin (ich) das Spiel in ihrer eigenen Fantasie nachverfolgen. Auch ich sehe anhand von Olafs Bericht die beiden Spielfiguren in dem vereinbarten Raum vor meinem inneren Auge. Gegebenenfalls kann ich dann als Problemträgerin ähnliche, andere oder zusätzliche Impulse mit in das Spiel einbringen. Genau wie zwei Kinder zusammen mit Figuren spielen.

Jedes Mal, wenn eine neue Spielfigur mit ins Spiel kommt oder aus dem Spiel genommen wird, kann man bei allen anderen mitspielenden Figuren nachfühlen, wie sie auf den ‚Neuzugang‘ oder auf den ‚Weggang‘ reagieren.

In der Fantasie wechselt Olaf nun die Rolle und schlüpft wieder in die Rolle *Jacqueline* und berichtet:

*„Ich stehe immer noch mit dem Rücken an der Tür – mit Herzklopfen. Es fühlt sich – glaube ich – wie Angst an. Das Rein- und Rausspringen des ‚Ziels‘ nehme ich gar nicht wahr.“*

Nun kann man eine weitere Figur ins Spiel bringen: *„Das, wovor Jacqueline Angst hat“*. Ich bitte Olaf darum, sich in die dritte Figur einzufühlen.

*„Als ‚Das, wovor Jacqueline Angst hat‘ stehe ich ganz groß mitten im Raum – breitbeinig und schaue Jacqueline an. Ich fühle mich so dick wie ein Michelin-Mann an, bin aber schwarz – von oben bis unten.“*

Jetzt wird mir klar, warum die Figur *„mein Ziel“* rein- und rausspringt. In meiner Fantasie prallt die Figur *„mein Ziel“* beim ‚In-den-Raum-Teleportieren‘ gegen die Figur *„Das, was Jacqueline Angst macht“* (schwarzer Michelin-Mann) und – schwupps – ist *‚mein Ziel‘* wieder draußen. Eine vollständige Materialisierung in den Raum klappt nicht.

Und wieder wird sich Olaf in die bereits vorhandenen Figuren einfühlen:

*„Als ‚Jacqueline‘ sehe ich den schwarzen Michelin-Mann und fühle mich plötzlich gaaaaanz klein. So klein wie ein Kind – vielleicht vier Jahre? Ich habe Angst, dass der Michelin-Mann auf mich zukommt und mich mit seinem Körper erdrückt. Ich zittere am ganzen Körper.*

*Als ‚mein Ziel‘ springe ich immer noch hinein und hinaus. Beim Raus-Springen drücke ich mich jedes Mal mit den Füßen von der Brust des Michelin-Mannes ab.“*

Anhand von Olafs Erzählungen über meine Spielfiguren suche ich gezielt in meinen Erinnerungen nach vergangenen Erfahrungen, die zu den Erzählungen passen könnten. Was spiegelt es mir, was Olaf da in seiner Fantasie entwickelt?

Zu dem dicken Michelin-Mann fällt mir nur ein, dass ich als kleines Kind immer bei großen Festen, wenn viele Verwandte zu Besuch waren, im Ehebett meiner Großeltern übernachten musste: rechts der schnarchende Opa, links die Oma. Damals habe ich nie gut zwischen den beiden geschlafen. Ja, ich kann mir auch vorstellen, dass ich damals eine Art Unruhe gefühlt habe. Aber ob ich damals Angst hatte, dass Opa mich im Bett überrollt, das kann ich nicht bestätigen. Ich glaube eher, dass die Angst vor dem ‚Überrollt-werden‘ zu einer oder mehreren anderen Situationen gehört und eher im übertragenen Sinn zu verstehen ist.

Ich kann jetzt aktiv werden, beobachten und die Folgen bewerten (Aktion – Beobachtung – Bewertung). Dabei habe ich verschiedene Möglichkeiten:

- Ich kann einfach eine Figur dazu stellen: *„Das, was mir die Lösung zeigt“* oder kurz: *„Das lösende Element“*.
- Ich kann Olaf bitten, die Figur *„Jacqueline“* einmal näher an den Michelin-Mann gehen zu lassen, um vielleicht noch deutlicher zu bekommen, ob die Angst berechtigt ist, oder um zu erfahren, was sich dadurch zeigt.
- Ich kann eine weitere Figur dazu stellen: *„Das, was hilft, dass sich mein Ziel im Raum komplett zeigen (materialisieren) kann.“*

- … es gibt bestimmt noch viele andere Ideen …

Ich entscheide mich für die zweite Möglichkeit. Ich lasse „*Jacqueline*“ einmal näher an den Michelin-Mann herangehen. So kann ich in der Fantasie einmal ausprobieren, wie es ist, sich ganz meinen Ängsten zu stellen. Das ist auf jeden Fall nicht so gefährlich, als wenn ich das in der Realität tun müsste.

Olaf berichtet wieder:

*„Als ‚Jacqueline' gehe ich zögerlich und ganz langsam auf den Michelin-Mann zu. Die Angst wird größer; sie nimmt mir fast den Atem. … Nun stehe ich vor dem Michelin-Mann. Und was macht der? … er lächelt mich an – Michelin-Mann-Lächeln. Hä? Ich verstehe die Welt nicht mehr. Ich traue dem Lächeln nicht. Es sieht künstlich aus. Ich fühle mich sehr, sehr unwohl.“*

Olaf erfühlt nun einmal den schwarzen Michelin-Mann:

*„Wenn Jacqueline so vor mir steht, dann schlinge ich meine Arme um sie und drücke sie ganz fest an mich heran. Ich nehme keine Rücksicht darauf, ob sie noch Luft bekommt oder nicht. Ich finde es toll, dass sie da ist – bin aber kaum einer Empathie fähig.“*

Womit geklärt ist, warum die Figur „*Jacqueline*“ direkt vor dem Michelin-Mann Atemschwierigkeiten hat. Ob sich bei „*meinem Ziel*“ etwas verändert hat? Olaf fühlt nach:

*„Ja, ich kann mich im Raum materialisieren – und zwar an dem Platz, an dem ‚Jacqueline' vorher stand: mit dem Rücken vor der Tür zum Flur – witzig, warum bin ich nicht durch die Tür gegangen? Sie wäre ja jetzt frei gewesen.“*

Das Schöne an dem Spiel in der Fantasie ist, dass man allen möglichen und unmöglichen Impulsen freien Lauf lassen kann. In der Realität kann eine Figur nicht teleportieren – in der Fantasie schon.

Wir machen weiter: Ich stelle mir in meiner Fantasie alles so vor, wie Olaf es mir beschreibt und versuche das somit Erlebte irgendwie zuzuordnen. Irgendwie scheint das Auftauchen meines Ziels im Raum in Abhängigkeit zu meinem ‚Verhältnis' zu dem Michelin-Mann – also zu „*Dem, was mir Angst macht*“ zu stehen. Da nun endlich „*mein Ziel*“ im Raum ist, interessieren mich natürlich die Reaktionen von „*Jacqueline*“ und der Figur „*Das, was mir Angst macht*“. Olaf fühlt sich ein:

*„Als ‚Jacqueline' drehe ich mich um – erstaunlicherweise geht das Umdrehen in den dicken Armen des Michelin-Mannes ganz leicht. Ich schaue nun ‚mein Ziel' an.*

*Als ‚Das, was mir Angst macht' (Michelin-Mann) wundere ich mich sehr, dass Jacqueline bei dem festen Griff sich so leicht umdrehen konnte. Ich habe meinen Griff nicht lockergelassen, halte ‚Jacqueline' immer noch ganz fest. Ich fühle Aggression in mir, dass ‚Jacqueline' sich von mir weggewendet hat. Und doch ist etwas komisch: ‚Jacqueline' entgleitet meinen dicken Armen – ich kann sie nicht mehr halten.*

*‚Jacqueline' flutscht nach unten aus den Armen des Michelin-Mannes und geht zum ‚Ziel'.*

*Die Figur ‚mein Ziel' fragt ‚Jacqueline', ob sie sie nach draußen teleportieren soll. ‚Jacqueline' willigt freudig ein und beide verschwinden und tauchen draußen im Flur wieder auf. ‚Jacqueline' fühlt sich erleichtert und befreit. Irgendwie liegt ganz viel Spaß und Freude in der Luft.*

*Der Michelin-Mann ist leider so dick, dass er nicht durch die Tür passt, so dass er ‚Jacqueline' nicht nachlaufen kann."*

Hier ist für mich nun das Spiel zu Ende. Es dauerte ungefähr 30 Minuten. Meine Figur *„Jacqueline"* hat *„mein Ziel"* erreicht und fühlt sich erleichtert, befreit und voller Freude.

Was hat mir das in der Fantasie Erlebte nun gezeigt?

Es scheint etwas (Michelin-Mann) in meinem Leben zu geben, vor dem ich Angst habe. Doch wenn ich mich dieser Angst stelle – sie nicht vermeide, werde ich feststellen, dass es mich nicht erdrücken wird. Stattdessen habe ich die Fähigkeit, mich ganz leicht daraus zu lösen und mein Ziel zu erreichen. Und diese Fähigkeit erhalte ich, wenn ich mir ganz klar bin, was ich eigentlich möchte – was mein Ziel ist (in einer Situation, in der ich Angst habe). So deute ich nun den Michelin-Mann als jegliche Situationen in meinem Leben, in denen ich Angst habe. Und das Fantasie-Spiel hat mir gezeigt, dass ich diese Situationen zunächst einmal annehmen und mich dann aber auf mein Ziel konzentrieren soll, statt meine Aufmerksamkeit auf meine Angst zu lenken.

Diese Deutung fühlt sich für mich stimmig an und hilft mir weiter.

Die Aufstellung war der erste Schritt, um im Alltag besser mit angstvollen Situationen umzugehen, was sich letztendlich positiv auf meinen Schlaf auswirkt.

Es ist immer wieder faszinierend, wie der Spiegelnde in seiner Fantasie ein „stimmiges“ Szenario zu dem Problem der Problemträgerin entwickelt. Dabei muss er nicht einmal wissen, um welches Problem es sich eigentlich handelt. Der Spiegelnde wird von seinem Umfeld beeinflusst, was sich in seinen Wünschen, Gefühlen und (inneren) Aktivitäten ausdrückt. Und die Problemträgerin kann dadurch ihre Realitätsabbildung in ein für sie stimmigeres Gleichgewicht weiterentwickeln.

Ein weiteres Beispiel: **„Die ewige Distanz“**

Und da war sie wieder, die Distanz in mir! Ich kenne diese Distanz seit meiner ersten Beziehung in meiner Jugend. Heute Morgen im Bett fragte ich Olaf, ob er mir für eine Fantasie-Aufstellung zur Verfügung stehen würde und er war offen dafür.

Ich sagte daraufhin zu ihm: „Stell mal 1, 2 und 3 auf.“ In Gedanken sortierte ich die „1“ als meine Stellvertreterin, die „2“ als mein Distanzgefühl und die „3“ als die Ursache meines Distanzgefühls – teilte aber Olaf weder mein Thema noch die Rollenverteilung mit. Ich wollte, dass er sich verdeckt einfühlt. Unser gemeinsamer Raum, den wir in der Fantasie für die Aufstellung nutzten, war unser Wohnzimmer. Olaf begann, sich in das erste Element (in mich) einzufühlen, und berichtete folgende Szene: ‚Ich‘ saß am Klavier und drückte meine Gefühle über das Anschlagen der Tasten aus. Dabei schlug ich immer wieder mit dem ganzen Arm auf die Tasten und erzeugte einen heftigen Lärm. Es hatte mit gewissen Aggressionen zu tun. Das zweite Element (mein Distanzgefühl) fand das gut und kam auf die Idee zu meiner ‚Musik‘ zu tanzen. Jedes Mal, wenn ‚ich‘ mit dem ganzen Arm auf die Tasten schlug, warf sich ‚mein Distanzgefühl‘ auf den Boden. Es war mit ‚mir‘ vollkommen in Resonanz und drückte alles aus, was ich auf dem Klavier ‚spielte‘. Dabei hatte es viel Spaß und Freude.

Das dritte Element (die Ursache der Distanz) saß einfach unbeteiligt auf dem Sofa.

Als ich dann ein viertes Element dazunahm, das lösende Element, legte sich dieses wie ein Trampolin unter das zweite Element (mein Distanzgefühl). ‚Mein Distanzgefühl‘ fand das nicht ganz so gut, weil nun das Auf-den-Boden-Hauen nicht mehr so effektiv erfolgte wie ohne das Trampolin. War aber nicht wirklich schlimm …

Auf alle anderen hatte das ‚lösende Element' keinen Einfluss. Also probierte ich weiter und stellte ‚mein Ziel' auf. Ich definierte mein Ziel *innerlich*, so dass die Aufstellung für Olaf weiterhin verdeckt blieb. Das Element Nr. 5 war „Mein Ziel, eine liebevolle und offene Beziehung zu Olaf zu haben". In Olafs Fantasie kam Nr. 5 zur Tür herein und rief ganz laut: „Stopp!" Alle anderen Elemente froren in ihrer Bewegung ein. Als ich ein Weiteres, das 6. Element, dazustellen wollte, meinte Olaf, dass dies nicht möglich sei, da das 5. Element (mein Ziel) alles eingefroren hatte. Nr. 6 konnte deshalb nicht zur Tür hereinkommen, weil sich die Tür nicht bewegen ließ.

Das gab mir doch sehr zu denken. „Mein Ziel, eine liebevolle und offene Beziehung zu Olaf zu haben" fror alle Aktivitäten ein und hielt sogar das 6. Element, das ich als ‚Olaf' aufstellen wollte, außen vor. War das der Grund, warum die Distanz in mir vorhanden ist? Mir wurde klar, dass an meinem Ziel etwas nicht stimmen konnte. Ich brauchte nicht lange zu überlegen und wusste sofort, dass ich etwas ausgeschlossen hatte: die schmerzvollen Gefühle, Unterschiede, Probleme, die uns immer wieder weiter reifen lassen. Kurzerhand definierte ich das 5. Element in ein neues Ziel um: „mit Olaf gemeinsam an allem reifen und uns gemeinsam weiterentwickeln". Ich teilte Olaf mit, dass ich das 5. Element (mein Ziel) ausgetauscht habe und er nochmals fühlen solle, ob sich dadurch etwas verändert. Er sagte, dass dann das „Stopp" nicht mehr gelten würde und alle sich wieder bewegen können. Er fühlte sich in Nr. 6 ein und erzählte mir, dass das 6. Element (Olaf) nun zur Tür hineinkommen könne und sich direkt zum ersten Element (ich) bewege. Es stellte sich neben ‚mich' und haute genauso auf die Tasten wie ‚ich'.

Damit war die Aufstellung für mich beendet. Ich hatte meine Antwort.

Ich erkannte: Mein erstes Ziel, mit Olaf eine (ausschließlich) liebevolle und offene Beziehung führen zu wollen, war unstimmig. Es hat ganz viele Impulse von uns beiden ausgeschlossen, an denen wir gemeinsam reifen könnten. Erst die Integration von Problemen und Distanzen brachte die Lösung in meiner Aufstellung. Dies geschah, indem ich das Ziel umdefinierte in: „das Ziel, mit Olaf gemeinsam an allem zu reifen und uns gemeinsam weiterzuentwickeln".

Nachdem ich Olaf die Aufstellung vollständig erklärt und die nummerierten Elemente in ihrer Bedeutung aufgedeckt hatte, ergänzte er die Sichtweise, dass es sehr wichtig sein könne, ständig die Möglichkeit einer kleinen Distanz zu anderen Menschen in sich zu tragen, sonst könne man ja nicht bei sich selbst sein. Fehlt diese Möglichkeit, dann nennt man das Abhängigkeit. Und da ich mir diese kleine Distanz bis jetzt nicht erlaubt habe, will sie mehr und mehr gesehen werden und bauscht sich zu einer großen Distanz auf, die sich in meinem Widerstand, ‚anderen generell nicht mehr zur Verfügung stehen zu müssen' schon lange zeigte. Kann ich aber die kleine Distanz in mir integrieren und somit im Kontakt mit anderen Menschen bei mir bleiben, dann brauche ich keinen Widerstand mehr gegen das Zur-Verfügung-stehen, denn dann bin ich frei und habe die Wahl, ob ich nun zur Verfügung stehen möchte oder nicht.

Spürt man immer die Möglichkeit, in sich selbst eine kleine Distanz zu anderen Menschen herzustellen, dann kann man mit diesem Wissen auch in stimmigen Situationen die Distanz vollkommen auflösen und intensive Nähe leben. Denn man weiß: eine Distanz ist im Notfall jederzeit wieder möglich.

Die kleine Distanz, die ich durch die Aufstellung integrieren konnte, ist nichts anderes als die Achtung, dass Olaf und ich zwei verschiedene Menschen sind. Jeder für sich ist autonom, mit eigenen Wünschen und Zielen, und dennoch sind wir in Resonanz miteinander verbunden. Die kleine Distanz gehört zu unserer Beziehung als ganz wichtiger Bestandteil dazu – wie mehrere voneinander entfernt stehende Säulen gemeinsam ein Dach tragen. Würden diese Säulen alle dicht in der Mitte zusammenstehen, dann würde das Dach nicht stabil gehalten werden.

Über die Methode des Freien Aufstellens hat Olaf genügend Literatur verfasst, die grundlegend darin einführt und sich ausführlich mit weiteren Techniken und Möglichkeiten auseinandersetzt. Erwähnen möchten wir für Interessent*innen, die an dieser Stelle eine Vertiefung wünschen, das Grundlagenbuch: *„Freie Systemaufstellung: Das fühlt sich richtig gut an! – Gefühle erforschen, Klarheit gewinnen und den Alltag befreit leben*".

Sie finden dort viele weitere Ideen und Techniken für das äußere Aufstellen, die sich leicht auf das innere Fantasie-Aufstellen übertragen lassen.

## Die Regeln des Freien Aufstellens auf den Alltag übertragen

*Olaf:*

Im Laufe der Zeit ist mir in unseren Workshops „Freie Systemische Aufstellungen“ aufgefallen, dass die von mir entwickelten Regeln sich wunderbar dafür eignen, das Zusammenleben von Menschen im Alltag zu sortieren. Außerdem entsprechen sie den aktuellen Sichtweisen von Hirnforscher*innen, in welchem Rahmen Kinder und Erwachsene optimal reifen können.

Der wohl bekannteste Neurobiologe in Deutschland Gerald Hüther betont in seinen Büchern und Vorträgen immer wieder, was die Grundbedürfnisse eines Kindes sind: Es möchte sowohl das Gefühl von Dazugehörigkeit empfinden als auch die Möglichkeit haben, frei, selbstbestimmt, selbstwirksam und begeistert über sich hinauszuwachsen.[14]

Jacqueline und ich haben das Gefühl und sind davon überzeugt: Für uns Erwachsene gilt das Gleiche.

Beides ist in unseren Workshops möglich. Aufgrund der Regel, dass alles dazugehören darf, kann sich jede/r Teilnehmer*in mit den eigenen Problemen und Bedürfnissen zu der gesamten Gruppe dazugehörig fühlen – so wie sie/er ist. Und aufgrund der Regel, dass alle Teilnehmer*innen eigenverantwortlich Chef*in der eigenen Aufstellung sind und sie selbstständig erforschen dürfen (mit freiwilliger Unterstützung der Organisatorin und der gesamten Gruppe), kann jede/r Teilnehmer*in selbstwirksam so über sich hinauswachsen, wie es ihr/sein momentanes Bedürfnis ist und wie es den eigenen aktuellen Möglichkeiten entspricht.

Der Rahmen des Freien Aufstellens:

**Der Workshop „Freie Systemische Aufstellungen“ ist eine nicht-therapeutische und ungeschützte Veranstaltung. Jeder bleibt eigenverantwortlich.**

Es gibt keinen therapeutischen oder schützenden Rahmen. Das bedeutet: Jeder Teilnehmer ist von Anfang an eigenverantwortlich, passt selbst auf seine eigenen Grenzen auf und hält sie ein oder überschreitet sie eigenverantwortlich. Jeder muss/kann sich selbst schützen lernen, falls sich während einer

[14] siehe u. a. Video auf YouTube „Wie Lernen am besten gelingt“ oder das Buch „Jedes Kind ist hochbegabt“, Hüther/Hauser

Veranstaltung etwas für ihn Unstimmiges entwickeln sollte. Sein eigenes Stimmigkeitsgefühl ist von Anfang an gefordert und erhält jeden Freiraum. Jeder darf jederzeit seine Grenzen setzen und wird von uns darin unterstützt. Niemand anderes kann erspüren, wann jemand seine eigenen Grenzen erreicht hat, als derjenige selbst.

Weil wir hier von „Grenzen“ reden, klingt es zunächst ein bisschen bedrohlich. Es ist aber im Grunde genauso, wie wir es aus unserem Alltag kennen, beispielsweise im Kino: Jeder ist selbst dafür verantwortlich, welchen Film er sich anschaut. Und wenn ihn eine bestimmte Geschichte oder eine bestimmte Bilderfolge intensiv mitnimmt, liegt es in seiner Verantwortung, aus dem Kino zu gehen. Es liegt aber nicht in der Verantwortung der Kino-Betreiber*innen, emotionale Ungleichgewichte der Kino-Besucher*innen wieder aufzufangen oder gar dafür verantwortlich zu sein.

Durch unsere Regeln machen wir den Teilnehmer*innen diesen Rahmen bewusst, weil geführte oder therapeutisch begleitete Aufstellungen oft einen anderen Rahmen anbieten, in welchem die Therapeutin eine therapeutische Verantwortung für ihre Teilnehmer*innen übernimmt.

Für das Freie Aufstellen bedeutet es, dass jeder folgende Freiheiten hat:

Ein/e Teilnehmer*in darf jederzeit den Raum verlassen.

Ein/e Rollenspieler*in oder Stellvertreter*in darf jederzeit aus der Rolle gehen, der aufstellenden Person nicht mehr zur Verfügung stehen und in der beobachtenden Runde wieder Platz nehmen.

Eine aufstellende Person darf frei und eigenverantwortlich mit ihrer Aufstellung umgehen, experimentieren, „spielen“ und ihren Wünschen folgen. Sie darf auch jederzeit die Grenzen setzen, die sich für sie stimmig anfühlen. Grenzen werden wichtig, wenn Rollenspieler*innen oder Beobachter*innen aus der Gruppe etwas sagen, behaupten oder vorschlagen, was sich für die aufstellende Person unstimmig anfühlt. Dann darf sie „nein“ dazu sagen.

Die Organisatorin darf jederzeit Grenzen setzen, wenn die Regeln der Freien Systemischen Aufstellungen von den Teilnehmer*innen nicht eingehalten werden oder wenn sie sich von ihren Teilnehmer*innen nicht gut behandelt fühlt. Außerdem darf die Organisatorin in ihrer Veranstaltung das Verhalten ihrer Teilnehmer*innen begrenzen. Wir bitten in unseren Aufstellungsworkshops beispielsweise darum, dass besonders aggressive Gefühle und Impulse nicht spontan ausgelebt werden. Es sollte vorher untereinander abgesprochen werden, was ausgedrückt werden darf und was nicht.

Diese Regeln auf unseren Alltag übertragen:

Jeder Erwachsene ist selbst dafür verantwortlich, in welche Situation er sich bringt, wann er aus welcher Situation wieder herausgeht und wie er seine Grenzen setzt. Ausnahme: Die Verantwortlichkeiten sind zwischen allen Beteiligten ausdrücklich anders geregelt. Das muss vorher abgesprochen sein. Ist nichts abgesprochen, dann gilt die Eigenverantwortung.

Auch wenn man Opfer einer „Unglücks-Situation“ wurde, die trotz aller Anstrengungen und Grenzsetzungen nicht vermeidbar war (Unfall, Diebstahl, Vergewaltigung etc.), dann ist derjenige *danach* verantwortlich für seinen Umgang mit dieser Situation. Denn er entscheidet, wie er *anschließend* (nach dem Gewitter oder der Verletzung) mit diesem Erlebnis umgeht und wie er es optimal verarbeitet. Das haben wir in Kapitel II bereits ausführlich beschrieben. Andere Menschen können ihn dabei fürsorglich unterstützen.

**Alles gehört dazu. Der Chef bestimmt den Rahmen.**

Grundsätzlich darf beim Freien Aufstellen zunächst einmal alles dazugehören – wenn die Organisatorin keine Grenzen gesetzt hat. Alle Teilnehmer*innen dürfen ihren Impulsen folgen, ihre Ideen mitteilen, die Gruppe darf sich störend verhalten, es darf telefoniert werden etc. Es gibt beim Freien Aufstellen keine allgemeingültigen Begrenzungen. Auch jede/r Teilnehmer*in gehört so dazu, wie sie/er ist. Mit allen Wünschen und Bedürfnissen. Es gibt keinen Maßstab, an dem die Persönlichkeit oder der Charakter einer Person gemessen und bewertet wird. Alles und alle gehören dazu.

Die aufstellende Person (Chef der Aufstellung) darf für die Zeit ihrer Aufstellung bestimmte Dinge ausgrenzen und mitteilen, was nicht dazugehören soll. Sie darf darüber bestimmen, wie sich die Gruppe während ihrer Aufstellung verhalten soll: frei mit einmischen oder sich melden, bevor man etwas mitteilen möchte, oder achtungsvoll schweigend die Aufstellung beobachten. Sie darf darum bitten, dass Handys ausgestellt werden. Sie darf darum bitten, dass das aufgestellte Thema nicht weitererzählt werden soll, sondern diskret innerhalb dieser Räumlichkeiten bleiben soll etc.

Die übrigen Teilnehmer*innen bleiben frei in der Entscheidung, ob sie sich dieser Person und ihrer Aufstellung mit den gewünschten Grenzen zur Verfügung stellen oder nicht und für eine Zeit aus dem Raum gehen.

Auf unseren Alltag übertragen: Alles gehört dazu. Es gibt nichts, das es nicht gibt. Es gibt keine „grundsätzliche“ und „objektive“ Wertung und keine Regeln, die für alle Wesen gelten. Alles, was existiert, was „ist“, gehört zum Universum dazu. Nur die einzelnen Menschen mit ihren Zielen und Wünschen beginnen, aus dieser Fülle das auszugrenzen und zu bewerten, was nicht den eigenen Zielen und Wünschen entspricht.

Derjenige, der ein Ziel verfolgt oder ein Problem hat (= Problemträger), steht als Chef an erster Stelle und bestimmt mit Hilfe seines persönlichen subjektiven Stimmigkeitsgefühls den Rahmen, in welchem das Ziel erreicht oder das Problem gelöst werden soll. Wer sich diesem „Chef“ unterstützend zur Verfügung stellen möchte, kann sich seinem Rahmen anpassen. Wer das nicht möchte, steht dafür nicht zur Verfügung.

Dies kann man auf viele Bereiche übertragen:

Die Schülerin bestimmt mit Hilfe ihres Stimmigkeitsgefühls über den Rahmen, in welchem sie lernen und ihre Ziele erreichen möchte. Der Lehrer stellt sich der lernenden Schülerin zur Verfügung und macht Angebote (wird zurzeit leider nur in wenigen Schulen umgesetzt, aber von Hirnforscher*innen bereits intensiv so empfohlen).

Der einzelne Sportler (z. B. Leichtathletik) bestimmt mit Hilfe seines Stimmigkeitsgefühls über den Rahmen, in welchem er trainieren und seine Ziele erreichen möchte. Die Trainerin stellt sich dem einzelnen Sportler zur Verfügung und macht Angebote.

Die Trainerin bestimmt mit Hilfe ihres Stimmigkeitsgefühls über den Rahmen, in dem das Fußballteam (= Gruppe) spielen soll. Das Team stellt sich der Trainerin zur Verfügung.

Umgekehrt bestimmt der Vereinsvorstand den Rahmen, in welchem die Trainerin ihr Fußballteam trainieren soll. Die Trainerin steht dem Sportverein zur Verfügung.

Der Dirigent bestimmt den Rahmen, in dem das Orchester oder der Chor musizieren soll. Die Musikerin stellt sich mit ihren Fähigkeiten den Zielen des Dirigenten zur Verfügung.

Der Patient bestimmt mit Hilfe seines Stimmigkeitsgefühls den Rahmen, in dem er geheilt werden oder seine Selbstheilungskräfte aktivieren möchte. Die Ärztin oder Heilpraktikerin stellt sich dem kranken Patienten zur Verfügung.

Die Klientin bestimmt mit Hilfe ihres Stimmigkeitsgefühls den Rahmen, in dem sie ihr Ziel erreichen möchte. Der Therapeut oder Coach stellt sich der Klientin zur Verfügung.

Der Chef einer Firma bestimmt die Ziele der Firma und bestimmt, in welchem Rahmen die Angestellte an der Erreichung der Firmenziele mitarbeiten soll. Die Angestellte stellt sich der Firma und ihrem Chef zur Verfügung.

Ein Ehepartner, der gerade ein Problem fühlt und es gerne lösen möchte, bestimmt mit Hilfe seines Stimmigkeitsgefühls den Rahmen, in dem ihm der andere Partner für die Lösung zur Verfügung stehen kann. Der andere wählt, ob er sich demjenigen, der gerade ein Problem hat, zur Verfügung stellt oder nicht.

Es gilt immer:

1. **Die/der Chef*in bestimmt den Rahmen.**
2. **Jede/r, die/der sich einem vorgegebenen Rahmen zur Verfügung stellt, kann jederzeit entscheiden, sich diesem Rahmen nicht mehr weiter zur Verfügung zu stellen.**

Aufgrund dieser Rangfolgen kann man jetzt auch ganz klar sehen, wodurch Konflikte und Streitigkeiten zwischen mindestens zwei Parteien entstehen: Die am Konflikt beteiligten Personen streiten sich letztendlich immer darum, wer jetzt gerade mit seinen Wünschen den Rahmen bestimmt und wer wem zur Verfügung steht.

Oft ist das den streitenden Parteien nicht bewusst. Gerade bei Paaren geht es oft darum, dass sich jeder gleichzeitig vom anderen Verständnis wünscht. Das bedeutet, jeder wünscht sich, dass der eigene Wunsch Vorrang hat, und fordert vom anderen, sich zur Verfügung zu stellen und Verständnis zu entwickeln.

Um einen Konflikt zu lösen, müsste also zuallererst geklärt werden, welches Thema Vorrang erhält und zuerst behandelt werden soll. Dann müsste geklärt werden, wer bei diesem Thema die/der Chef*in sein soll und wer sich zur Verfügung stellt und den Rahmen einhält, den das Gegenüber mit Hilfe seines Stimmigkeitsgefühls vorgibt.

Ist diese Ordnung nicht möglich, dann lässt sich der Konflikt auch nicht gemeinsam lösen. Jeder muss sich allein in Eigenverantwortung um die Erfüllung seiner Wünsche kümmern oder muss sich allein entscheiden, vom eigenen Wunsch loszulassen oder ihn lediglich ein wenig herunter zu regeln.

Schauen wir auf das heutige veraltete Schulsystem und auf die Verbesserungsvorschläge, die von einigen Gehirnforscher*innen vorgeschlagen werden, dann können wir genau das wiedererkennen, was ich oben aufgeführt habe: Die Forscher*innen schlagen vor, das Schulsystem so umzugestalten, dass Schüler*innen selbst entscheiden dürfen, wie sie lernen, was sie wann lernen und wann sie soweit sind, sich zu einer Prüfung anzumelden. Lehrer*innen stehen als kompetente Begleiter*innen den Schüler*innen für Fragen zur Verfügung. Es gibt bereits Schulen, die erfolgreich nach diesem neuen System arbeiten.[15]

Fazit: Aus unserer Sicht stellen unsere Workshops mit den Freien Systemischen Aufstellungen einen optimalen Rahmen dar. In ihm können sich sowohl Erwachsene als auch Kinder ihre Wünsche, Ziele und Probleme mit Hilfe von Rollenspieler*innen energetisch spiegeln lassen. Sie erhalten dadurch Anregungen und Ideen für nächste Schritte oder sogar für Lösungen, um letztendlich ihre Realitätsabbildung im Gehirn stimmiger zu gestalten. Sie sind eigenverantwortlich aktiv, bestimmen den Rahmen und was ihnen wirklich hilft und was nicht. Mit Hilfe der zur Verfügung stehenden Gruppe können sie so über sich hinauswachsen, wie es sich für sie stimmig anfühlt.

Jacqueline und ich sehen darin auch einen optimalen Rahmen, sich vorsichtig wieder an die unverarbeiteten Schmerzen heranzutasten und sie wieder in Fluss zu bringen, um alte Blockaden und Wunden nachträglich heilen zu lassen. Und zwar genau in dem Tempo und mit der Intensität, wie es sich für den Einzelnen stimmig anfühlt.

Dabei geht es in unseren Workshops *nicht nur* darum, unverarbeitete Schmerzen nachträglich verarbeiten zu können. Es ist auch jeder frei, sich kreative Lebensziele von den Stellvertreter*innen spiegeln zu lassen, um spielerisch, frei und lösungsorientiert die nächsten Schritte gehen zu können.

Wie schon gesagt: Es sind für uns „weise freie Spiele“, die wir gemeinsam so spielen, wie es die entsprechende Spielführerin für ihr Spiel (für ihre Aufstellung) gerade als stimmig empfindet.

Weil wir den Rahmen des Freien Aufstellens so angenehm und bereichernd finden und weil es keinen therapeutischen Rahmen hat, sagen wir: Jeder kann das Freie Aufstellen organisieren. Auch zu Hause im Freundeskreis. Oder

---

[15] siehe unter www.schule-im-aufbruch.de

sogar nur als Paar zu zweit, so, wie wir es als Fantasie-Spiel bereits beschrieben haben. Denn das gegenseitige Spiegeln unserer inneren Realitätsabbildungen ist aufgrund der Allverbundenheit aus unserer Sicht etwas Natürliches, was wir Menschen sowieso schon immer machen – oft nur unbewusst.

Martina H. kommt oft in unsere Aufstellungsworkshops, hat dort bereits viele andere Teilnehmerinnen kennengelernt und hat mit ihnen spontan eine Art „Aufstellungsnetz“ für den Alltag erleben dürfen. Hier ihr Bericht:

*Ich arbeite seit geraumer Zeit innerlich daran, mein Missbrauchserlebnis zu verarbeiten, das ich in der Kindheit erlebt habe. Dazu nutze ich hauptsächlich das Freie Aufstellen. Super interessant war es für mich, als ich merkte, dass mir plötzlich alle meine Aufstellungsfreundinnen zur Verfügung standen:*

*Ich kam an einem Samstagabend vom Aufstellen und bin von Tina angerufen worden. Sie hatte gerade von Eva erzählt bekommen, dass bei Bekannten ein Missbrauchserlebnis aufgedeckt wurde, was zurzeit aktuell an einem Baby stattfand. Diese Nachricht hat Tina so erschüttert, dass sie mich anrufen und mir davon erzählen musste. Denn sie wusste durch die vielen gemeinsamen Aufstellungen von meiner Missbrauchserfahrung. Sie sagte am Telefon: „Ist das nicht schlimm?!“*

*Ich stand gerade mit meinem Auto an der Tankstelle und dachte, dass ich es zwar vom Kopf her schlimm finde, aber kein Gefühl dazu spüre. Ich legte auf und wunderte mich total. Innerlich sagte ich mir, dass ich doch ein Gefühl spüren müsste und das auch möchte.*

*Gerade, weil ich ein paar Tage vorher noch in einer privaten Sitzung mit Jacqueline und Olaf mir einen inneren Schutz geholt habe. Außerdem hatte ich die beruhigende Erkenntnis erhalten, dass die Erinnerungen aus meiner Kindheit, die mir noch fehlen, aber jetzt wieder hochkommen sollen, „nur“ Erinnerungen sind und das Geschehene schon lange vorbei ist. Die Geschehnisse würden also nicht noch einmal passieren, wenn ich jetzt meine Gefühle und Erinnerungen zulasse.*

*Da merkte ich, dass sich in meinem Körper etwas tat. So, als ob sich meine Teile in mir unterhalten und sich wundern, dass ich die Gefühle spüren möchte. Dann kam auch ganz langsam das Gefühl hoch und bevor ich mich versah, war es mit voller Wucht da. Der ganze Ekel vor mir selber! Das Gefühl, schmutzig zu sein, weil ich es genossen hatte, Macht über meinen*

*Opa zu haben. Ich fühlte, ganz schmutzig und schlecht zu sein, weil ich so etwas Dreckiges irgendwie genossen habe.*

*Als ich dann im Auto saß, kamen die Tränen im Sturzbach. Ich konnte gar nicht mehr aufhören zu weinen und zu schluchzen. Es tat so weh. Ich riss die Fenster auf, weil ich auch den Gestank im Auto nicht mehr ertragen habe. So bin ich dann mit offenen Fenstern und 150 km/h über die Autobahn nach Hause gebrettert.*

*Zu Hause angekommen, habe ich mich dann einigermaßen beruhigt und bin zu meiner Tochter ins Zimmer gegangen. Die schaute nur kurz auf und sagte ganz entsetzt, dass ich gefälligst wieder verschwinden soll. Ihr würde übel werden und sie möchte mit diesem Dreck nichts zu tun haben. Sie riss auch alle Fenster und Türen auf und lief in den Garten. Normalerweise verhielt sie sich nicht so. Anscheinend befand sie sich in Resonanz zu mir und spiegelte mir mit ihrem Verhalten meine momentanen Gefühle.*

*Parallel dazu bekam ich „zufällig“ eine SMS von Tanja, in der sie schrieb, dass sie gerade sehr intensiv an mich denken müsse und ob mir die Worte „Selbstverurteilung“ und „Ohnmacht“ gerade etwas sagen würden. Ich solle doch mal schauen, ob ich Widerstände gegen mich selber oder gegen einen Anteil in mir hätte. Ich war ganz baff, weil es ja gerade mein aktuelles Thema ist und ich sonst mit Tanja nicht viel außerhalb der Aufstellungsworkshops kommuniziere. Ich habe dann Eva per SMS gebeten, sich mal in diesen Anteil in mir, der sich ekelt, einzufühlen. Sie gab mir wertvolle Hinweise, die mich in dieser Situation sehr unterstützt haben.*

*Auf diese Weise haben mir meine Aufstellungsmädels und meine Tochter zunächst unabsichtlich und unbewusst und anschließend bewusst geholfen, diesen Anteil in mir weiterzuentwickeln und dann mit viel Liebe zu integrieren.*

*Durch diese Erfahrung und diesen Erfolg gründeten wir anschließend im Internet eine Gruppe in „WhatsApp“, über die wir mit unseren iphones permanent Kontakt zueinander aufnehmen können. Seitdem integrieren wir alle zusammen über iphone unsere Anteile, die nicht geliebt, nicht gesehen oder von uns verachtet wurden und natürlich auch die, die darunter gelitten haben. Jeder von uns hatte so seine Anteile gefunden und fragt dann über SMS nach, wer gerade „einfühlsam“ helfen kann. Meistens ist es dann so, dass diejenige, die helfen kann, ebenso ein Thema damit hat und durch diese Arbeit dann auch bei sich selbst weiterkommt.*

*Ich denke, durch die Erfahrungen und die Intention, sich weiterzuentwickeln, klappt es auch mittlerweile so schnell! Das ist einfach genial. Egal, ob allein, zu zweit, zu dritt, oder alle zusammen: Wir sind ein Team und stellen mit dem freien Aufstellen und dem gegenseitigen Einfühlen über die Entfernung unser Leben auf den Kopf.*

Eine Teilnehmerin, die bei uns die Ausbildung zur Organisatorin für Freie Systemische Aufstellungen absolviert hatte, berichtete uns von einer schönen Erfahrung mit ihrer fünften Klasse. Sie gab einem Schüler im Unterricht eine „verdeckte Rolle":

*Einer meiner Schüler zeigte sich am Freitag sehr zappelig und unruhig. Er hatte sichtbar Mühe, sich zu konzentrieren und machte viel „Quatsch". Ich hatte plötzlich die Idee, einen kleinen Zettel mit den Begriffen „Gelassenheit" und „Ruhe" zu beschriften, ging zu ihm, lächelte ihn an und fragte ihn, ob er Lust habe, bei einem Experiment mitzumachen. Klar, hatte er. Ich gab ihm den zusammengefalteten Zettel, bat ihn, diesen in die Hosentasche zu stecken, ohne nachzuschauen, was draufstehe, und bereit zu sein, das, was auf dem Zettel stehe, anzunehmen. Und was passierte: Er wurde ganz ruhig und in der nächsten Stunde war er auch viel konzentrierter und ruhiger. Ich habe auch das Gefühl, dass er zu mir jetzt ein viel innigeres Verhältnis hat. Ich freu mich riesig. Die anderen Kinder wollen nun auch Zettel …*

Vier Tage später schreibt sie: *Der Junge, von dem ich sprach, ist immer noch sehr ruhig und viel weniger zappelig und vor allem zeigt er mir ganz deutlich seine Sympathie, ist mir auffällig zugewandt. Dem hat das richtig gutgetan. Ich freu mich total darüber!*

## Ein Unterscheidungs-Spiel
## zur Verfeinerung unserer Realitätsabbildung im Gehirn

*Olaf:*

Um die Realitätsabbildung unseres Gehirns und unser Selbstbild noch mehr zu verfeinern, können wir von „Klarträumer*innen“ viel lernen. Klarträumer*innen sind Menschen, die sich beim Träumen voll bewusst sind, dass sie träumen, und daher auch ihre Träume bewusst steuern können. Weil sich das auch innerhalb unseres Gehirns abspielt und zeigt, wie intensiv wir unser Gehirn steuern können, folgt auf diesen Seiten eine etwas ausführlichere Erklärung des Klarträumens. Anschließend übertragen wir die Phänomene auf unseren wachen Alltag.

Man kann sich das Klarträumen antrainieren, wenn man im Wachbewusstsein ein ganz bestimmtes Spiel durchführt, das ich weiter unten beschreiben werde. Dieses Spiel baut auf der Tatsache auf, dass unser Gehirn sowohl im Wachzustand als auch im Schlafzustand projiziert. Die Tätigkeit des Gehirns ist in beiden Zuständen die gleiche – mit dem Unterschied, dass beim Wachzustand durch unsere Wahrnehmungsorgane viele Signale in unser Gehirn kommen und sich die Gehirntätigkeit in gewisser Weise an diese Signale bindet. Es stellt zu ihnen eine Resonanz her. Im Schlafzustand ist unser Gehirn freier, das zu projizieren, was es gerade projizieren möchte.

In beiden Zuständen können wir theoretisch unsere Aufmerksamkeit lenken. Und weil das Gehirn im Schlafzustand sehr frei aktiv sein kann, können wir bei bewusster Steuerung unserer Träume (luzides Träumen) unsere Gehirntätigkeit besonders effektiv einsetzen.

Wissenschaftliche Untersuchungen haben ergeben, dass Klarträumer im Schlaf beispielsweise absichtlich eine bestimmte Fähigkeit trainieren können und diese Fähigkeit dann im Wachzustand auch wesentlich besser beherrschen als Normal-Lernende.[16] Geschicklichkeitsspiele, Bewegungsabläufe, die vor dem Einschlafen vermittelt werden, können im Schlaf während eines Klartraums trainiert werden, so dass der Klarträumer am nächsten Morgen das entsprechende Spiel wesentlich besser beherrscht als jemand, der dies nicht bewusst im Schlaf übt. Die Intuition für das Schreiben eines Buches kann gezielt ausgebaut werden usw. (siehe Bücher im Literaturverzeichnis).

---

[16] Planet Wissen Video „Klarträume“, Prof. Dr. Michael Schredl

Manche Menschen, denen ich davon erzählt habe, brachten den Einwand: „Aber dann geben wir ja unserem Gehirn gar keine Möglichkeit mehr, sich wirklich zu erholen“ oder: „Unser Gehirn kann dann bestimmt nicht mehr in Ruhe das verarbeiten, was es verarbeiten möchte.“

Keine Sorge. Es gibt genug Schlafphasen, in denen das Gehirn nicht träumt und sich gut erholt. Außerdem kann man nicht permanent klarträumen, so dass sich das Gehirn letztendlich genau das zur Verarbeitung holt, was es auch wirklich braucht. Es gibt aber Phasen während des Schlafs, die wir gut zum Klarträumen nutzen können. Stellen Sie sich einfach vor, dass es ein gewisses Potenzial gibt, das wir während des Schlafs haben. Zurzeit liegt es noch brach. Wir können es aber wunderbar für uns nutzen, wenn wir uns dafür trainieren. Die bisherigen Klarträumer*innen sind das beste Beispiel dafür.

Wie wird man Klarträumer*in? Folgendes **Spiel** wird dafür empfohlen:

Man bildet im Wachzustand ein neues Verhaltensmuster, das so in Fleisch und Blut übergeht, dass man auch im Traum dieses Verhaltensmuster durchzuführen beginnt. Als ich das Skifahren erlernte und der erste aufregende Tag vorbei war, bin ich in der Nacht in meinen Träumen auch weiterhin ständig Ski gefahren. Auf diesem Prinzip baut das folgende Spiel auf, das aus drei Schritten besteht.

1. Stellen Sie sich tagsüber immer wieder folgende Frage: *„Bin ich wach oder träume ich?“*
2. Anschließend ist es sehr wichtig, dass Sie sich diese Frage nicht einfach so in Gedanken beantworten, sondern durch einen **aktiven körperlichen Test.**[17] Auch wenn Sie die Antwort in Gedanken schon wissen, müssen Sie zusätzlich noch Ihren Körper durch folgende **Aktivität** die Frage beantworten lassen: *Halten Sie Ihre Nase zu und lassen Ihren Mund geschlossen. Nun versuchen Sie, tief einzuatmen.*
3. Wenn Sie wach sind, bekommen Sie auf diese Weise normalerweise keine Luft. Das bedeutet, Ihr realer Körper gibt Ihnen die Antwort: *„Ich bin wach.“* Wenn Sie aber träumen und ihre Traumpersönlichkeit kommt auf die Idee, sich die Nase zuzuhalten und den Mund dabei geschlossen zu halten, dann wird Ihre Traumpersönlichkeit erstaunlicherweise die Erfahrung machen, dass Sie trotzdem weiteratmen können. Denn in „Wirklichkeit“ halten Sie ja Ihre Nase nicht zu – nur im Traum. Einige von Ihnen haben sicherlich schon

---

[17] siehe auch im Spielfilm „Inception“: der Test mit dem Kreisel

einmal geträumt, ins Wasser gefallen zu sein – und dann im Traum die Erfahrung gemacht, unter Wasser trotzdem atmen zu können. Dieses Prinzip ist hier gemeint. Bei so einem Traum lautet die Antwort auf die unter Punkt 1 gestellte Frage: *„Ich kann trotzdem atmen, also träume ich und kann meinen Traum nun aktiv beeinflussen.“*

Spielen Sie dieses Drei-Schritte-Spiel tagsüber im Wachzustand so oft wie möglich. Vielleicht stellen Sie sich einen Wecker an Ihrer Armbanduhr oder in Ihrem Handy, der einmal pro Stunde klingelt. Und immer, wenn er klingelt, führen Sie diese drei Schritte durch: Frage stellen, aktiven Test durchführen, Antwort vom Körper erhalten.

Am nächsten Tag reduzieren Sie es auf alle zwei Stunden. Den dritten Tag lassen Sie Ihren Wecker nur noch alle drei Stunden klingeln usw. So wird dieses Spiel für Sie zu einer Gewöhnung.

Je intensiver sich dieses Verhaltensmuster in Ihrem Gehirn einprägt, desto größer ist die Chance, dass Sie irgendwann tatsächlich davon träumen. Im Traum wird – wie gesagt – die Antwort eine andere sein. Sie werden merken, dass Sie weiterhin atmen können, obwohl Sie im Traum Nase und Mund zuhalten. Ihnen wird bewusst, dass Sie jetzt gerade träumen. Anschließend werden Sie fähig sein, Ihren Traum gezielt zu beeinflussen.

Diesem Spiel geht eigentlich noch ein anderes Spiel voraus: Die meisten Menschen können sich an ihre Träume morgens nicht mehr erinnern. Um das zu ändern, können Sie sich abends bewusst vornehmen: „Ich erinnere morgen früh beim Aufwachen einige Träume wieder.“ Nehmen Sie sich morgens ein paar Minuten Zeit, um die Träume, an die Sie sich erinnern, aufzuschreiben. Machen Sie dies regelmäßig jeden Abend und jeden Morgen, damit Sie sich daran gewöhnen, Ihre Träume zu erinnern. Wenn dies einigermaßen gut läuft, können Sie das oben genannte Spiel beginnen, um Ihrem Gehirn die Möglichkeit zu geben, sich im Traum bewusst zu werden, dass es träumt. Diese Bewusstwerdung führt dann dazu, dass man seine Träume auch gezielt beeinflussen lernt.

Zusätzlich hat dieses Drei-Schritte-Spiel zwei geniale Nebeneffekte: Wir Menschen lernen dabei, besser zu unterscheiden (und damit „wahrzunehmen“! S. 137 ff.), ob wir wach sind oder träumen. Je klarer diese Unterscheidung ist, desto bewusster können wir mit den beiden Zuständen umgehen.

Der zweite Nebeneffekt: Durch das konzentrierte Üben eines Verhaltensmusters (das Fragenstellen) in einem Zustand, schleusen wir dieses auch in den anderen Zustand ein. Die beiden Zustände unseres Gehirns werden miteinander verknüpft, wodurch wir flexibler werden und unsere Wahlmöglichkeiten gezielt erhöhen können.

Wie können wir diese Erkenntnisse über das Klarträumen nun auf unseren Alltag übertragen?

Im Alltag gibt es viele Zustände, die uns nicht mehr bewusst sind oder die wir nicht (mehr?) richtig beeinflussen können. Beispielsweise erzählen mir Paare, die sich immer wieder streiten, wie sie *ungewollt* in eine Streitsituation hineinrutschen und nicht wissen, wie es passiert. Durch irgendeine Kleinigkeit entsteht eine Auseinandersetzung, aus der keiner von beiden wieder herausfindet. Innerhalb der Streit-Trance fühlen sich beide nicht mehr in der Lage, ihr Verhalten gezielt zu steuern. Was im offenen Zustand noch möglich war, ist im Streit-Zustand nicht mehr möglich.

Viele Menschen beklagen sich über ungewollte Verhaltensmuster, die in bestimmten Situationen auftauchen und auf die sie irgendwie keinen Einfluss haben.

Intensiv arbeitende Menschen, die von montags bis freitags ihre Energie in den Job stecken und am Wochenende frei haben, fühlen sich am Wochenende vollkommen ausgelaugt und sind nicht mehr in der Lage, etwas anderes zu machen. Sie hängen durch und müssen sich erholen. Wenn dann allmählich die Energie wiederkommt, ist schon wieder Montag.

Schüchterne Menschen wundern sich darüber, dass sie sich in manchen Situationen ganz frei fühlen, in anderen Situationen aber eine Hemmung auftaucht, die sie anscheinend nicht wirklich beeinflussen können. Sie fühlen sich als Opfer ihrer Schüchternheit.

Ein ähnliches Thema ist, sich immer wieder als lieben, rücksichtsvollen und sich anpassenden Menschen zu erleben, dabei aber sich selbst zu übergehen. Ist man gerade ein lieber sich zurücknehmender oder eher ein selbstsicherer Mensch, der gut auf sich selbst achten kann?

Ich stellte bei mir fest, dass ich oft unbewusst in Problem- oder Stressgefühle hineinrutsche und es erst merke, wenn ich schon drinstecke. Solche Problemtrancen wollte ich besser in den Griff bekommen.

Was ist eine Problemtrance?

Es ist ein Zustand, in dem wir ein Problem fühlen und sich unser Denken und Fühlen sehr stark auf dieses Gefühl konzentriert. Entweder müssen wir ganz viel reden und verspüren den Drang, dass unser Gegenüber uns endlich versteht, oder wir fühlen den Drang, unser Problem endlich einmal komplett in Worte zu fassen. Wobei es auch sehr gut sein kann, dass wir uns dabei in Rage reden und uns von keinem mehr unterbrechen lassen. Oder wir fühlen ein Problem, befinden uns im Stress und merken, wie wir in diesem Zustand nur noch lauter destruktive und ineffektive Gedanken haben. Manchmal ist unser Kopf sogar leer, z. B. in einer Prüfungssituation. Uns fällt nichts mehr ein, was wir vorher noch wussten. Kurz: In einer Problemtrance sind wir sehr auf einen Problemzustand konzentriert und bekommen nur noch wenig Zugang zu anderen Informationen in unserem Kopf. Unser Denken und Fühlen sind eingeschränkt.

Um meine Problemtrancen zu verändern, habe ich mir dieses Spiel für Klarträumer*innen zunutze gemacht. Dabei spiele ich nicht mehr, um den Unterschied zwischen Wachzustand und Traumzustand besser wahrnehmen zu können. Sondern ich spiele ein verändertes Spiel, um den Unterschied zwischen einem emotional offenen Zustand und einer Problemtrance klarer wahrnehmen zu können. Dabei geht es immer darum, zwei Zustände des projizierenden Gehirns auf eine Weise miteinander zu verknüpfen, so dass der beschränkte Zustand sich erweitern kann. Ich nenne mein verändertes Spiel: „<u>Rea</u>litäts-<u>A</u>bbildungs-Er<u>weit</u>erungs-<u>T</u>echn<u>ik</u>“ = **REAWEITIK©**. Dieser Begriff ist meine Eigenkreation.

Die REAWEITIK© ist das gezielte Einüben eines bestimmten Drei-Schritte-Verhaltensmusters:

1. Sich immer wieder über den Tag verteilt – mit z. B. stündlich klingelndem Wecker – die Frage stellen: „Bin ich in Zustand A oder bin ich in Zustand B?“ Der erste von beiden Zuständen (A) ist ein gelöster, offener, freier, glücklicher Zustand, oder ein Zustand, in dem man eine bestimmte Fähigkeit beherrscht. Der andere Zustand (B) ist der Zustand, in welchem man eine Veränderung bewirken möchte.

   Durch das Stellen dieser Frage wird quasi ein **Wunsch** nach einer Antwort erschaffen, eine „Wirkung“.

2. Um eine körperliche (!) Antwort auf die Frage bei Punkt 1 zu erforschen (keine gedankliche Antwort im Gehirn), versucht man eine körperliche **Aktivität** durchzuführen, die in dem einen Zustand grundsätzlich möglich ist, in dem anderen Zustand aber definitiv nicht. Beispiel: Bin ich frei oder gefesselt? Um eine körperliche Antwort zu erhalten, versuche ich aktiv, meinen Körper in alle Richtungen zu bewegen.
3. Dann **beobachtet** man, ob diese körperliche Aktivität durchführbar ist (stimmig) oder nicht (unstimmig), und zieht dann den Schluss daraus, in welchem Zustand man sich gerade befindet (= **Bewertung/Zuordnung**).

Die Wirkung der REAWEITIK© ist eine Bewusstwerdung der Unterschiede und damit eine deutlichere Wahrnehmung der beiden Zustände. Gleichzeitig werden die Bewusstheit und damit auch die Wahlmöglichkeiten innerhalb desjenigen Zustandes erhöht, in dem man eine Veränderung bewirken will. So wird eine Veränderung leichter möglich. Oft passiert sie sogar wie von selbst.

Übertrage ich die REAWEITIK© nun auf meinen Wunsch, dass ich im Alltag meine Problemzustände oder „Problemtrancen“ besser wahrnehmen können möchte, dann liest sich das so:

1. Ich stelle mir immer wieder über den Tag verteilt die Frage: „Bin ich gerade offen oder bin ich in einer Problemtrance?“ (= **Wunsch** nach Antwort).
2. Um eine körperliche Antwort auf die Frage zu erforschen, führe ich ein Verhalten durch (= **Aktivität**), das in dem einen Zustand möglich ist, in dem anderen Zustand aber definitiv nicht: *Ich versuche, frei und offen zu lächeln und dabei tief durchzuatmen.*
3. Dann **beobachte** ich, ob dieses Verhalten gut durchführbar ist oder nicht. Kann ich mit freien Gefühlen einfach lächeln und tief durchatmen, dann bin ich gerade offen. Fühlt sich das Lächeln künstlich an oder geht es gar nicht oder bremse ich mich irgendwie beim tiefen Durchatmen, dann befinde ich mich in einer Problemtrance (= **Bewertung**).

Als ich diese Übung gestern tagsüber in meinem Büro begonnen habe, konnte ich die Frage „Bin ich offen oder in einer Problemtrance?“ immer mit „offen“ beantworten und grinste wie ein Honigkuchenpferd. Als ich mich dann ins Auto setzte, um nach Hause zu fahren, fiel mir die Übung wieder ein, weil ich sie ja im Büro sehr oft durchgeführt hatte. Ich führte die Übung durch und merkte auf einmal, wie das Lächeln gar nicht mehr so einfach war – und mir wurde bewusst: Ich befinde mich beim Autofahren in einer Problemtrance.

Sofort kamen weitere Klarheiten: Mir wurde meine Angst bewusst, dass andere Autofahrer drängeln oder über mich schimpfen. Außerdem wurde mir bewusst, dass ich mich selbst gegenüber anderen Autofahrern nicht sehr tolerant fühlte. Plötzlich kamen Tränen – und ich ließ sie zu. Abends im Bett flossen noch mehr Tränen und mir wurde bewusst, wie stark ich als Kind in Problemtrancen gegenüber meinen Eltern gefangen war. Heute Morgen fühlte ich beim Autofahren viel mehr Offenheit und konnte lächeln. Eine schnelle und effektive Wirkung. Wow!

Außerdem erlebe ich, dass ich die Problemtrancen anderer Menschen schneller und klarer wahrnehmen kann. Mir fällt schneller auf, wann sich möglicherweise jemand anderes gerade in einem Problem- oder Stresszustand befindet, sich verschließt oder mich anzugreifen beginnt, und kann mich entsprechend schützen. Entweder stelle ich im Kontakt mit ihm meine Wünsche sofort hinten an, lasse los, stelle mich seinem Zustand zur Verfügung, oder ich vermeide den Kontakt und gehe aus dem Raum, um eine Konfrontation zu vermeiden.

Sie werden merken, je öfter Sie die REAWEITIK© anwenden und zu einem gewohnten Verhaltensmuster werden lassen, desto bewusster werden Ihnen Ihre Zustände und umso schneller können Sie sie beeinflussen und eventuell auch aus diesem Zustand wieder herauskommen. Zumindest können Sie besser darüber kommunizieren und Ihren Zustand in Worte fassen. Sie werden bewusster und flexibler im Verhalten. Auch werden Sie beim Gegenüber erkennen, ob er gerade offen ist oder sich in eine Problemtrance hineinsteigert.

Nachdem ich in einem Newsletter über diese Technik geschrieben hatte, schickte mir ein paar Tage später Ingrid G. folgenden Bericht:

*Es ist für mich schwierig, diese Frage regelmäßig zu stellen, habe es aber relativ gut hinbekommen, weil die Wirkung schnell zu spüren war.*

*Wenn ich allein war, habe ich die Frage „Bin ich offen oder in einer Problemtrance?“ mit „Ich bin offen“ beantworten können. Ich habe mich dabei gut gefühlt, weil mir dadurch bewusst wurde, wie es sich anfühlt, offen zu sein.*

*Als ich dann aber an einen Bekannten dachte, der mich vor Kurzem verletzt hatte, merkte ich, dass außer der Verletzung auch noch andere Gefühle auf-*

*tauchten, die gar nichts mit ihm zu tun hatten. Sie hatten mit meinem Männerbild und mit dem Thema „Beziehung" im Allgemeinen zu tun.*

*Ich konnte meine Problemtrance und die versteckten schmerzlichen Glaubenssätze deutlich erkennen. Allein schon dieses Erkennen war eine unglaubliche Erleichterung. Mir wurden die vermeintlichen Verletzungen von meinem Bekannten klar, die in Wirklichkeit „nur" deshalb weh taten, weil sie in meinem Kopf stattfanden und durch diese alten Erfahrungen und Glaubenssätze hervorgerufen worden waren. Die Verletzungen hatten mit meinem Bekannten gar nichts zu tun, sondern sind viel mehr durch meine eigenen Gedanken ausgelöst worden, die in dieser Situation automatisch bei mir abgerufen worden waren. Mir wurde bewusst, dass ich die Verletzung bereits unbewusst erwartet hatte und dass diese Erwartung letztendlich zu meiner Verletzung führte. Selbsterfüllende Prophezeiung.*

*Als ich meinen Bekannten dann wieder traf, ein paar Tage später, konnte ich sehr gut mit meinen Gefühlen umgehen und meine Frage mit „Ich bin offen" beantworten. Auch war meine Aufmerksamkeit nicht wie immer auf mein Gegenüber gerichtet, sondern auf mich selbst und auf meine Befindlichkeit. Das habe ich so noch nie erlebt. Dieses bewusste Interesse an dem, was mein Gegenüber in mir auslöst, fühlte sich neu und gleichzeitig auch ganz natürlich an. Ich fühlte mich aus meinen Verhaltensmustern, die bisher immer automatisch abgelaufen waren, befreit. Mein „Autopilot" war ausgestellt. Ich war wirklich überrascht, wie gut und schnell das funktionierte.*

*Auch bei weiteren Übungen, im Urlaub mit meiner Schwester und ihrer Familie, hat es ganz gut funktioniert. Sobald ich mich unsicher und unwohl fühlte, dachte ich nur an die Frage – und die Antwort war der Ansatz von lösenden und erklärenden Gedanken.*

*So konnte ich Situationen, in denen ich mit meiner Schwester Probleme spürte, direkt erkennen und entsprechend reagieren. Ich war in der Lage, mehrere Streit- und Verletzungsgefahren wunderbar erkennen zu können und zu meiner Zufriedenheit zu lösen. Ich habe mich immer schnell wieder offen und wohl gefühlt. Auch hier war der Autopilot ausgeschaltet. Das hat mich aber nicht erschreckt, überrascht oder verunsichert, sondern ich war auch hier offen und neugierig, wie ich das nun löse.*

*Das ist sehr schön und dafür bin ich sehr dankbar.*

In diesem Beispiel kann man sehr gut sehen, dass die REAWEITIK© dabei helfen kann, unpassende Realitätsprojektionen des Gehirns bewusst zu machen. Wir können sie gut nutzen, um unstimmige Realitätsprojektionen in stimmigere Projektionen weiterzuentwickeln. Dadurch lassen sich auch wunderbar emotionale Phantomschmerzen auflösen.

Ich übertrage die REAWEITIK© auf einen anderen Bereich: unseren Beruf. Viele Menschen erleben, dass sie außerhalb ihres Jobs kaum noch Energie haben, privat etwas zu organisieren oder aktiv zu sein. Man muss sich einfach erholen und hängt nur noch durch. Der gesamte Samstag ist energielos – und wenn man dann am Sonntag wieder ein bisschen Energie fühlt, dann ist kaum noch Zeit, etwas Größeres zu beginnen, da ja sowieso am Montag die Arbeit wieder anfängt. Fazit: Das gesamte Wochenende fällt ins Wasser bzw. in die Energielosigkeit.

Viele Menschen denken, dass das normal ist. Man muss sich eben eine Zeit lang erholen. Ich kannte das auch von mir selbst. Aber dann fiel mir meine Kindheit ein. Die damaligen Grundschulkinder (erste oder zweite Klasse) waren lange in der Schule, mussten dort zur Verfügung stehen und fieberten auf den Schulschluss hin. Wenn dann die letzte Stunde vorbei war, wollten sie nur noch nach Hause und dort endlich spielen. Sie hatten nach der Pflicht noch ganz viel Energie und Freude für das Spielen.

Wieso haben wir Erwachsene das nicht mehr? Meine Antwort: Weil sich unser Gehirn im Laufe der Schulzeit und später auch während der Arbeitszeit viel zu sehr an das Zur-Verfügung-Stehen gewöhnt hat und dies inzwischen auch auf die Freizeit überträgt. Unser Gehirn hat im Laufe der Jahre diese beiden Zustände immer stärker miteinander vermischt. In der Freizeit will es unbewusst immer noch anderen zur Verfügung stehen. Es ist aber niemand da, der einem sagt, was man machen soll. Der Druck ist weg – also ist erst einmal nichts zu tun. Energielosigkeit. Irgendwann begreift das Gehirn wieder: „Ich bin hier in der Freizeit mein eigener Chef" – und in dem Moment kommt langsam das Gefühl für die eigene Autonomie und die Energie für eigene Aktivitäten wieder.

Wie kann man die REAWEITIK© auf diese Situation anwenden?

1. Fragen Sie sich während Ihrer Arbeit und während Ihrer Freizeit immer wieder: „Bin ich in der Freizeit oder bin ich gerade im Job?"

2. Versuchen Sie, eine bestimmte körperliche Aktivität auszuführen, die in dem einen Zustand möglich ist, in dem anderen aber nicht. Diese Aktivität müssen Sie selbst herausfinden, da ja jeder Job anders ist.

Ich gebe ein paar Beispiele:

- Wenn Sie im Job nicht kreativ sein dürfen, sondern nur Aufgaben abzuarbeiten haben, dann konzentrieren Sie sich nach der oben gestellten Frage auf Ihre Kreativität. Dürfen/Können Sie gerade nicht kreativ sein (z. B. nicht am Computer spielen oder frei zeichnen), dann sind Sie im Job. Dürfen Sie aber frei tun, was Sie wollen, dann haben Sie gerade Freizeit.
- Wenn Sie im Job Ihre Aufmerksamkeit permanent auf andere Menschen lenken müssen, dann konzentrieren Sie sich nach der Frage darauf, ob Sie frei entscheiden können, für längere Zeit aus dem Raum zu gehen. Sind Sie frei zu entscheiden, wohin Sie gehen, dann sind Sie in Ihrer Freizeit. Sind Sie nicht frei, weil Sie von jemandem vermisst werden würden, dann sind Sie im Job.
- Wenn Sie im Job körperlich sehr aktiv und präsent sein müssen, dann konzentrieren Sie sich nach der Frage auf die Möglichkeit, sich jetzt einfach hinzulegen und lange zu schlafen. Geht das nicht, sind Sie im Job. Geht es, dann haben Sie Freizeit.

Suchen Sie also in Ihrem Job nach dem entscheidenden Unterschied, der sich „wirklich" von der Freizeit unterscheidet, und nutzen Sie diese Aktivität als Antwort auf Ihre Frage.

Das klingt hier vielleicht ein wenig lächerlich, da Sie ja auf jeden Fall in Ihrem Gehirn „wissen", wann Sie im Job sind und wann Sie Freizeit haben. Aber unterschätzen Sie nicht die Projektionsleistungen Ihres Gehirns. Es könnte durchaus sein, dass in der Freizeit auf einer unbewussten Ebene im Gehirn immer noch das Gefühl von „Jobsituation" vorherrscht und dieses Gefühl deshalb Ihre Energie in der Freizeit raubt.

Probieren geht über Studieren. Wenden Sie die REAWEITIK© auf Ihre Job-Freizeit-Situation an und testen für einige Tage, ob sich etwas verändert. Vielleicht lernt Ihr Unterbewusstsein, klarer zu unterscheiden, wann Sie im Job sind und wann sie Freizeit haben.

Bei dieser Technik empfehle ich, am ersten Tag sich diese Frage sehr häufig zu stellen, vielleicht noch öfter als nur jede Stunde. Spielen Sie richtig damit – über den ganzen Tag verteilt – und denken Sie auch daran, sich zusätzlich einen Wecker zu stellen, damit er Sie immer wieder an dieses Spiel erinnert. Üben Sie diese Technik ein, dann schärfen Sie damit Ihr Bewusstsein. Und ein geschärftes Bewusstsein führt immer zu erhöhten Wahlmöglichkeiten und stärkerer Flexibilität. Nach einigen Tagen werden Sie diese Frage nicht mehr gezielt stellen müssen. Sie wird sich in reines Bewusstsein über die beiden unterschiedlichen Zustände verwandelt haben. Wenn Sie die Frage wieder brauchen, werden Sie sie wieder stellen.

Sie können die REAWEITIK© auch auf andere Alltagszustände übertragen. Dabei sollten Sie sich immer nur auf *eine* Frage konzentrieren und die „Themen“ nacheinander bewusst machen – und nicht alle auf einmal. Stellen Sie sich beispielsweise folgende Fragen:

* „Fühle ich mich gerade authentisch oder spiele ich eine Rolle?“

  Dann testen Sie, ob Sie sich gerade frei verhalten und das tun können, wonach Ihnen der Sinn steht. Stellen Sie diese Frage immer wieder und beobachten, wie sich Ihr Bewusstsein im Laufe der Zeit über Ihre Authentizität erweitert. Vielleicht sind Sie immer öfter in der Lage, sich mit anderen Menschen authentisch zu verhalten, anstatt Rollen zu spielen oder sich Ihrem Gegenüber und seinen Erwartungen und Gewohnheiten anzupassen.

* „Bin ich gerade wirklich hungrig oder meine ich nur, etwas essen zu müssen, bin aber eigentlich satt?“

  Wenn Sie die nächsten 10 Minuten gezielt nichts essen und dabei kein hungriges Bauchgefühl spüren, sind Sie nicht hungrig.

  Dieses Thema könnte Menschen weiterhelfen, die oft in Verlegenheitssituationen mehr essen als sie eigentlich bräuchten.

* Auch auf bestimmte Überzeugungsmuster könnte man die REAWEITIK© anwenden. Beispielsweise haben manche Frauen immer wieder das Gefühl, Männern gehorchen und ihnen „zu Willen“ sein zu müssen. Stellen Sie sich immer wieder die Frage: „Bin ich frei, das zu tun, was sich für mich gut anfühlt, oder muss ich gerade gehorchen?“

* Paare, die ab und zu streiten, können die REAWEITIK© auf Ihre Beziehung übertragen. Sie können sich gegenseitig immer wieder die Frage stellen: „Fühlen wir uns gerade miteinander glücklich oder ist eine Distanz zwischen uns beiden?“ Anschließend probieren Sie, sich einen liebevollen Kuss zu geben und sich intensiv zu umarmen. Reflektieren Sie ganz ehrlich aus tiefstem Gefühl: Fühlte sich der Kuss oder die Umarmung für beide sehr gut an

oder war es für einen von beiden irgendwie unangemessen? Stimmte irgendetwas nicht? Wenn sich irgendetwas unstimmig anfühlt, dann ist eine Distanz vorhanden. Das Paar könnte als nächstes diese Distanz analysieren: Seit wann könnte dieser Zustand bereits bestehen? Wodurch ist er ausgelöst worden? Bei wem?

* Um ganz gezielt emotionale Phantomschmerzen mit Hilfe der REAWEITIK© aufzulösen, kann man sich fragen: „Nehme ich gerade wirklich die Gegenwart wahr oder projiziert mein Gehirn etwas Vergangenes in die Gegenwart?" Die körperliche Aktivität, die eine Antwort bringen soll, wäre in diesem Fall das aktive Erforschen und Nachfragen, ob das, was man gerade vermutet, stimmt oder nicht (unter das Bett schauen, ob die Hexe und die Fee tatsächlich da sind).
* Ich habe eine Idee, worauf ich die REAWEITIK© auch noch übertragen werde, habe es aber noch nicht ausprobiert: Ich habe schon öfter erlebt, dass ich mich beim Klavierüben sehr frei gefühlt habe. Sobald ich aber vor Publikum spiele, ist ein Lampenfieber vorhanden. Lampenfieber ist in gewissem Maße „normal". Allerdings ist es bei mir mit körperlichen Blockaden verbunden. Ich habe das Gefühl, meine Finger nicht mehr wirklich frei kontrollieren zu können. Und so werde ich mir beim Üben vor dem nächsten Vorspiel und auch während des Vorspiels immer wieder die Frage stellen: „Fühle ich mich beim Spielen gerade frei oder fühle ich mich körperlich gehemmt?"
* Eine weitere Idee, die für einige wahrscheinlich sehr wichtig sein könnte: „Ist es wirklich mein Wunsch, den ich hier fühle, oder ist es der Wunsch von jemand anderem?" Als Test stelle ich mir die Wunscherfüllung in der Zukunft vor. Befriedigt mich intensiv diese Vorstellung und freue ich mich sehr darauf, dann ist es mein eigener Wunsch. Wenn sich die Vorstellung einer Wunscherfüllung aber irgendwie unstimmig oder eher neutral anfühlt, könnte es ein fremder Wunsch sein, mit dem ich mich gerade in Resonanz befinde und dem ich zur Verfügung stehe.

Übertragen Sie die REAWEITIK© selbstständig auf weitere Themen.

## „Augen auf!“ – Befreie dein Stimmigkeitsgefühl !

*Olaf:*

Im dritten Kapitel berichteten wir darüber, dass unser persönliches subjektives ***Stimmigkeitsgefühl*** der einzige Maßstab ist, mit dem wir Entscheidungen fällen. Menschen, die sich permanent nach anderen Menschen richten und es schwer haben, sich selbstständig zu entscheiden, haben weniger Kontakt zu ihrem ***Stimmigkeitsgefühl***. Es befinden sich dunkle Wolken von Blockaden zwischen ihnen und ihrem ***Stimmigkeitsgefühl***.

Ich habe mir ein Spiel überlegt, wie Sie wahrscheinlich schrittweise Ihren Zugang zum Stimmigkeitsgefühl wieder befreien könnten.

Man kann den tiefen Kontakt zum eigenen Stimmigkeitsgefühl auch anders beschreiben: Stellen Sie sich vor, dass Sie in zwei innere Anteile eingeteilt sind. Einmal der Kapitän in Ihrem Gehirn und einmal Ihr Stimmigkeitsgefühl. Und nun stellen Sie sich vor, dass beide Anteile wie zwei Personen sind, die sich gegenüber stehen. Wenn der Kontakt nicht sehr gut ist, dann könnte es daran zu erkennen sein, dass sich die beiden nicht anschauen können. Wenn aber der Kontakt zwischen ihnen sehr innig und ehrlich ist, dann schauen sich beide tief in die Augen – lächelnd.

Das ist von den VIER SZENEN die Szene 4: Unsere Beziehung zu uns selbst. Wir blicken uns selbst tief in die Augen und können auf diese Weise genau wahrnehmen, was sich für uns stimmig oder unstimmig anfühlt.

Das wäre das Ziel: Sich selbst tief und ehrlich in die Augen schauen zu können.

Wenn wir das aber mit uns selbst nicht hinbekommen, weil eine dunkle Wolke zwischen uns und unserem Stimmigkeitsgefühl liegt, dann können wir das Ziel auch in einer der anderen Szenen zu erreichen versuchen. In Szene 2: Wir in der Beziehung zu einem anderen Menschen.

So funktioniert das Spiel, das ich mir ausgedacht habe:

Schauen Sie einem anderen Menschen ganz ehrlich und tief in die Augen und beobachten Sie dabei, was für Gedanken und Gefühle in Ihnen auftauchen. Was spiegeln Ihnen Ihre Gedanken und Gefühle? Beobachten Sie sie und sammeln dadurch Wissen über sich selbst – Selbst-Be-*wusst*-sein. Sie dürfen auch gerne ein paar Pausen einlegen und müssen den anderen nicht die ganze Zeit anstarren. Folgen Sie Ihrem Stimmigkeitsgefühl, wie lange es für Sie Sinn macht, einem anderen Menschen tief und offen und ehrlich in die Augen zu schauen.

Die unangenehmen Gefühle und Gedanken, die bei diesem Spiel in Ihnen auftauchen, entsprechen höchstwahrscheinlich den dunklen Wolken, die zwischen Ihnen und Ihrem ehrlichen Stimmigkeitsgefühl liegen.

Wenn Sie sich in diesem Augenkontakt aber ganz offen und ehrlich fühlen, könnte das ein Zeichen dafür sein, dass Sie auch offen und ehrlich zu sich selbst sein können und einen guten Zugang zu Ihrem Stimmigkeitsgefühl haben.

Was können Sie mit dunklen Wolken machen? Mit den unangenehmen Gefühlen und Gedanken, die Ihnen im Augenkontakt mit anderen Menschen bewusst werden? Wie können Sie sie in ein besseres Gleichgewicht verwandeln?

Es gibt verschiedene Möglichkeiten. Suchen Sie sich die Möglichkeiten aus, die sich für Sie im Moment stimmig anfühlen, und wenden Sie sie an:

a) Trainieren Sie es direkt in der Situation, in der Sie jemand anderen anschauen. Beobachten Sie Ihr Gefühl und Ihre Gedanken und stimmen ihnen zu. Es ist o. k., dass sie auftauchen. Es sind nur Gefühle und Gedanken in Ihrem kraftvoll projizierenden Gehirn. Sie dürfen dazugehören. Lernen Sie Schritt für Schritt, Situation für Situation, Augenkontakt für Augenkontakt, diese Gefühle und Gedanken nicht mehr zu vermeiden, sondern sie in Ihr Leben zu integrieren.
b) Erforschen Sie: Wird Ihnen beim Augenkontakt eventuell ein bestimmter blockierender Wunsch bewusst? Etwas, was Sie vermeiden wollen? Können Sie den Wunsch erfüllen oder herunterregeln? Wenn nicht, was für ein Wunsch steckt *dahinter* und verhindert die Regelung? Ist dieser dahinterstehende Wunsch erfüllbar oder können Sie ihn herunterregeln?
c) Wird Ihnen eventuell bewusst, was Sie in den anderen projizieren? Was er wohl denkt und fühlt, wenn Sie ihn so anschauen? Tauchen in irgendeinem Zusammenhang Schuldzuweisungen auf, z. B. indem Sie sich selbst schuldig fühlen oder dem anderen eine Verantwortung zuweisen? Beginnt eventuell vielleicht ein „Film“ in Ihnen zu laufen, was wohl gleich passieren wird, wenn Sie noch länger schauen? Können Sie Ihre Projektion oder Ihren inneren Film überprüfen und den anderen fragen? Oder können Sie ohne zu

fragen Ihre Projektion auch ändern und sich vorstellen, dass der andere etwas anderes denken oder fühlen könnte? Welche Projektion würde sich für Sie letztendlich stimmig und gut anfühlen?

d) Was spiegeln Ihnen Ihre Gedanken und Gefühle und vielleicht auch die Reaktion des anderen? Was löst es in Ihnen aus? Kennen Sie es von sich selbst oder aus früheren unangenehmen Situationen?

e) Setzen Sie die REAWEITIK© (Realitäts-Abbildungs-Erweiterungs-Technik) ein. Fragen Sie sich, wenn Sie mit sich allein sind: „Fühle ich mich frei und fröhlich oder fühle ich mich blockiert oder ängstlich?“ Durch eine Aktivität – in diesem Fall einem aktiven Lächeln – erforschen Sie, welche Antwort Ihnen Ihr Körper gibt. Fühlt sich das Lächeln frei an oder fühlt es sich irgendwie komisch an? Stellen Sie sich die gleiche Frage, wenn Sie einem Menschen in die Augen schauen – und ihn dann anlächeln. Wie lautet jeweils die Antwort? Was wird Ihnen durch diese Technik bewusst? Wenn es sich frei anfühlt, dann sind im Moment wahrscheinlich keine dunklen Wolken vorhanden, die Sie lösen müssten. Wenn es sich aber nicht richtig frei anfühlt, können Sie das unfreie Gefühl nun etwas genauer analysieren. Was genau ist Ihnen unangenehm? Woher kennen Sie es? Was wollen Sie vermeiden? Warum?

f) Angenommen, der andere meidet Ihren Blick, vielleicht sogar auf sehr distanzierte und abwertende Weise: Was löst es in Ihnen aus? Stress? Können Sie mit diesem Gefühl eigenverantwortlich *umgehen* lernen? Können Sie die Projektion, die Ihr Gehirn in dem Moment entwickelt, in eine stimmigere Projektion weiterentwickeln? In eine für Sie angenehmere? Vielleicht können Sie sich vorstellen, dass jetzt gerade das Gehirn des anderen etwas Unangenehmes in die Situation projiziert und Sie keine Möglichkeit haben, dies zu korrigieren? Oder dass Ihr Gegenüber selbst dunkle Wolken über seinem Stimmigkeitsgefühl hat? Vielleicht befindet sich der andere in einer Problemtrance? Und Sie haben Mitgefühl? Wie würden Sie sich fühlen, wenn Sie lächeln, während der andere Ihren Blick meidet?

g) Machen Sie in einem Workshop oder zu Hause eine Aufstellung mit einem Stellvertreter, der Sie selbst vertritt, und einem Stellvertreter, der Ihr Stimmigkeitsgefühl vertritt. Stellen Sie „lösende Elemente“ dazu (einen oder mehrere Stellvertreter*innen mit der Bezeichnung „lösendes Element“) und beobachten Sie, was sich dadurch verändern und lösen lässt. Ist ein Happy End möglich? Ein Happy End, das sich auf alle vier Szenen überträgt?

h) Führen Sie ein „geistiges Aufstellungsspiel“ mit einer guten Freundin oder einer guten Bekannten oder mit anderen Menschen durch, die offen für Fantasiespiele sind. Auch hier können Sie lösende Elemente dazustellen lassen und schauen, ob ein Happy End möglich ist.

i) Hat Ihnen der Augenkontakt eine Erinnerung an eine unerledigte Szene in Ihrem Leben an die Oberfläche gespült? In welcher der VIER SZENEN könnten Sie sich dafür nachträglich ein Happy End schenken und dadurch diese dunkle Wolke auflösen? Oder hilft es, sich in allen vier Szenen jeweils intensiv ein Happy End zu visualisieren und zu fühlen?

j) Wenn Sie sich durch den intensiven, offenen und ehrlichen Augenkontakt berührt fühlen und es steigen Tränen in Ihnen hoch, dann schauen Sie, ob der andere Verständnis für die Tränen hat. Wenn ja, dann können Sie sie fließen lassen und auf diese Weise im Kontakt mit dem anderen dunkle Wolken nachträglich verarbeiten und auflösen. Wenn nicht, dann holen Sie es irgendwann nach, indem Sie sich allein im stillen Kämmerlein an diesen Augenkontakt intensiv erinnern und die entsprechenden Gefühle wieder auftauchen lassen. Halten Sie diese Erinnerung so lange aufrecht, wie Ihr Körper mit Hilfe der Tränen dieses Gefühl zum Ausdruck bringen möchte.

Beim Auflösen einer Kriegstrance kann es vorkommen, dass man intensiv trauern und dabei einen bestimmten Schmerz durchleben muss: den Schmerz darüber, was man anderen Menschen angetan hat und wie leid es einem im Nachhinein tut.

Hier, beim Auflösen von dunklen Wolken zwischen Ihnen und Ihrem Stimmigkeitsgefühl, kann das gleiche passieren: Sie spüren eine tiefe Trauer darüber, was Sie sich selbst in der Vergangenheit angetan haben, wo Sie früher überall Ihr Stimmigkeitsgefühl übergangen haben. Durchleben Sie diese Trauer vollständig. Lassen Sie die Tränen fließen, bis Sie angenehm an diese Situationen denken können und dabei die Trauer nicht mehr fühlen. Dann haben Sie den Schmerz, der zwischen Ihnen und Ihrem Stimmigkeitsgefühl lag, vollständig verarbeiten können. Ab jetzt haben Sie einen guten, offenen und ehrlichen Zugang zu sich selbst und Ihr Leben wird einen Quantensprung machen.

Vorsicht: Wir haben bereits in unseren Aufstellungsworkshops ein paar Aufstellungen miterlebt, in denen Teilnehmer*innen sich und ihr Stimmigkeitsgefühl aufgestellt haben. Bei diesen Teilnehmer*innen war zu beobachten, dass der Zugang zum Stimmigkeitsgefühl nicht sofort mit *einem* Schritt zu befreien war. Wir vermuten, dass es oft auch mehrere Schritte und viel Geduld benötigt, bis der Zugang wieder frei liegt. Geben Sie sich die Zeit und rechnen Sie im ungünstigsten Fall mit mehreren Monaten und vielen Zwiebelschalen, bis Sie zum Kern vordringen. Das Positive daran ist: Auf dem Weg zum ehrlichen, offenen und freien Kern können Sie sich selbst immer tiefer und genauer kennenlernen.

## Wie lernen und wachsen wir mit Freude?

*Olaf:*

Kinder wachsen und lernen durch das erforschende Spiel. Sie suchen nach einer Umwelt, in der sie ihre körperlichen, emotionalen und sozialen Entwicklungsbedürfnisse befriedigen können.

In diesen Monaten haben der Kinderarzt und Wissenschaftler Herbert Renz-Polster und der Hirnforscher und Neurobiologe Gerald Hüther gemeinsam das Buch veröffentlicht: *Wie Kinder heute wachsen*. Die Autoren sind der Ansicht, dass Kinder eine Welt brauchen, die „*offen* ist für ihre Ideen, in der sie ihren Raum haben und in der sie ‚ihr Ding' machen können – in der sie also spielerisch entdecken, gestalten und wirken können. Kinder fragen nach guten Spielen. Sie fragen nach Freiheitsgraden. Sie fragen nach Echtheit, Abenteuer und sinnlicher Dichte. Sie fragen nach Erfahrungen, die unter die Haut gehen. Sie fragen nach Spielgefährten."[18]

Ich frage mich: Gilt das nur für Kinder?

Wir Erwachsene haben oft beim Beobachten von Kindern das Gefühl, dass wir vieles bereits hinter uns haben und größtenteils schon alles kennen. Wir müssen keine Pfütze mehr erforschen, nicht mehr im Matsch spielen, keine Marienkäfer mehr sammeln oder Sandburgen bauen. Manches, was wir als Kind nicht erforschen durften oder nicht erforschen konnten, holen wir als Jugendlicher oder junger Erwachsener noch nach. Aber kaum ein Erwachsener spielt motiviert mit den Kindern auf dem Spielplatz. Die Kinder spielen untereinander – und die meisten Erwachsenen sitzen auf den Bänken und unterhalten sich.

---

[18] Renz-Polster/Hüther: „Wie Kinder heute wachsen", S. 61

Je mehr ich meine unerlösten Themen oder unverarbeiteten Schockerlebnisse verarbeiten und mich emotional für das freie Leben öffnen konnte, desto mehr entdeckte ich wieder den Forscherdrang, den ich als Kind hatte. Während ich jetzt als 46jähriger das Buch von Renz-Polster und Hüther durchlas, konnte ich immer wieder fühlen: Das, was diese beiden Autoren über Kinder schreiben, gilt im gleichen Maße heute auch für mich (weises freies Kind) – mit nur einem Unterschied, den ich gleich genauer ausführen werde.

Renz-Polster und Hüther schreiben, dass Kinder Umwelten brauchen

„... in denen sie wirksam sein können – die also zu einem gewissen Grad frei gestaltbar (also nicht komplett durchstrukturiert) sind und sich damit für viele unterschiedliche Spielmotive nutzen lassen."

Ich bin davon überzeugt, wir Erwachsene brauchen in gleichem Maße das Gefühl, wirksam sein zu können, also zu einem gewissen Grad die Umwelt frei gestalten zu können. Der Unterschied zu den Kindern ist: Wir wissen nun, dass wir immer in den Spiegel schauen und unsere eigene Realitätsabbildung wahrnehmen.

Wie wäre es, wenn wir unser aktuelles Umfeld komplett neu interpretieren und neu bewerten? Wie wäre es, wenn wir unsere eigenen Realitätsabbildungen spielerisch so verändern, dass wir das Gefühl bekommen, wirksam zu sein? Die große Frage lautet – vollkommen unabhängig davon, wo wir uns gerade befinden, ob im Gefängnis oder in freier Natur: **Was kann ich in mir selbst *frei* gestalten? Das möchte ich unbedingt herausbekommen!**

Die Klarträumer*innen zeigen mir, dass ich meine Traumwelten frei gestalten kann, wenn ich es trainiere. Wenn im Traumzustand die Projektionen meines Gehirns frei gestaltbar sind, vielleicht kann ich im Wachzustand meine Realitätsabbildung auch freier gestalten? Welche stimmigere Realitätsabbildung kann ich in mir selbst erschaffen, die sich sowohl gut anfühlt als auch die Signale integriert, die mir meine Wahrnehmungsorgane vom Umfeld ins Gehirn schicken? Welche neue Sichtweise kann ich entwickeln?

Durch welche *Resonanz* kann ich mein Umfeld genauer erforschen? In welchem Umfeld werde ich zu welchem Menschen? Kann ich durch Erkenntnisse und innere Haltungsänderungen eventuell mein Umfeld beeinflussen? Wie reagiert mein Umfeld auf mich, wenn ich es anders beobachte als bisher? Anders bewerte? **Wo kann ich im Außen erfolgreich wirksam sein und wo kann ich im Inneren erfolgreich wirksam sein?**

Renz-Polster und Hüther meinen, Kinder brauchen Umwelten, „in denen sie sich selbst organisieren können – die ihnen also Raum bieten, sei es für Bewegung, Erforschung oder Begegnung, aber auch den Freiraum, ihre Aktivität und Aufmerksamkeit selbst zu regulieren (also hier zu bremsen und dort Gas zu geben …)."

Auch das fühlt sich für uns Erwachsene großartig an. Stellen Sie sich vor, Sie hätten einen Job, in dem Sie genauso frei sich und Ihre Arbeit (Ihr „Spiel"?!) selbst organisieren könnten. Und nun, nachdem Sie dieses Buch gelesen haben, können wir diesen Raum auf unser Inneres ausweiten und uns ganz ehrlich fragen:

**Wo und wie organisiere ich mich optimal selbst?**

**Wie erforsche ich motiviert meine gegenwärtige Realitätsabbildung (vielleicht mit Hilfe einer Aufstellung)?**

**Wo wirken welche Wünsche?**

**Welche Realitätsabbildung motiviert mich am allermeisten (was sagt mein Stimmigkeitsgefühl)?**

Erinnern Sie sich an das Ende des vierten Kapitels. Dort hatten wir Ihnen den Vorschlag gemacht, in jeder Situation, in der Sie scheinbar anderen Menschen zur Verfügung stehen müssen, sich selbst zu sagen: **„Irgendetwas Geniales werde ich hier lernen können. Ich möchte herausbekommen, was!"**

Wir Erwachsene sind frei, aus jeder scheinbar unangenehmen Situation für uns eine hochspannende Situation zu machen – durch Änderung unserer Wünsche, unserer Bewertungen und inneren Realitätsabbildungen.

**Wo ist hier das geniale Hintertürchen, das ich bisher noch nicht gefunden habe? Das Hintertürchen, das mir interessante neue Erkenntnisse über mein Umfeld oder über mich selbst liefert?**

Kinder brauchen nach Renz-Polster und Hüther Umwelten,

„… die ihrem sinnlichen Beuteschema entsprechen – die ihre Sinne und ihre Aufmerksamkeit also auf vielfältige, unterschiedliche Weise ansprechen und die mit ihrer Unmittelbarkeit unter die Haut gehen;

… die ihnen gerade wegen dieser vielen Möglichkeiten zur Selbstaneignung auch Bindungen ermöglichen, also zu einer Art Heimat werden können."

Der große Unterschied zwischen den Kindern und uns Erwachsenen ist, dass wir nicht mehr von einer bestimmten Heimat abhängig sind. Wir haben zusätzlich die freie Auswahlmöglichkeit, was wir als Heimat bezeichnen und wo wir uns zu Hause fühlen wollen. Selbst das gesamte „Universum" können wir für uns als Heimat erkennen und uns in der universellen Geborgenheit gefühlsmäßig einnisten. Alles ist miteinander verbunden. Bindung pur. Heimat überall. Rund um die Uhr – egal, wo wir leben, egal, wo wir hingehen.

Kinder sind noch abhängig davon, wo sie spielen dürfen. Kinder leben noch innerhalb der Grenzen der Erwachsenenwelt. Sie müssen sich materiell sicher fühlen, brauchen eine materielle Geborgenheit. Wir Erwachsene jedoch befinden uns mit unseren Realitätsabbildungen bereits auf einer Ebene, auf der wir die Möglichkeit haben, überall die Grenzenlosigkeit, die Allverbundenheit, die Einheit mit allem und unser Schöpferdasein in unserem Be-*wusst*-sein, in unserem Gehirn, in unserem Herzen, in unserem universellen Wesen zu erkennen / zu projizieren.

Und wenn wir dort noch nicht angekommen sind, wenn wir noch nicht sagen können, im fließenden Reifungsprozess „angekommen" zu sein, dann können wir alles, was uns äußerlich und innerlich begegnet, als Herausforderung und Training sehen, dieses Ziel zu erreichen. Wir können uns folgende motivierende Realitätsabbildung erschaffen:

*Es gibt keine Hindernisse, sondern nur Spiegel, Schutzwälle, Helfer und geheimnisvolle Botschaften, die entziffert werden wollen. Es gibt ungenutzte Ressourcen (Schätze), die es zu finden gilt. Es gibt hinter allem einen Sinn, den es zu entdecken gilt. Und es gibt hinter jedem Ziel eine neue zukünftige Aufgabe, ein neues Spiel, auf das wir uns freuen können. Und ein Spiel danach, auf das wir uns auch freuen können. Und ein Spiel danach …*

Wir können uns fragen:

**Wie können wir unsere Realitätsabbildung in unserem Gehirn so gestalten, dass wir aus unserem Leben und für unser Leben viel Motivation und Lebensfreude herausholen? Uns immer wieder neu begeistern?**

Ob unsere Realitätsabbildung der wirklichen Realität entspricht, ist zweitrangig. Vorrangig ist, dass sie sich für uns selbst stimmig anfühlt – immer wieder neu – und jedes Mal noch stimmiger und allumfassender und möglichst alle Aspekte (auch alle Aspekte der „wirklichen" Realität) integrierend.

Wenn es Ihnen nicht möglich ist, sich für solche und ähnliche Lernprozesse und für motivierende Realitätsabbildungen zu begeistern, könnten vielleicht noch ein paar eingrenzende Sichtweisen, ungelöste Schocksituationen, schmerzvolle Bewertungen, Ängste oder unverarbeitete Schmerzen in Ihnen wirken.

In dem Fall können Sie sich sagen:

**„Irgendetwas Geniales werde ich durch meine Motivationslosigkeit oder durch meine Energielosigkeit oder durch meine fehlende Begeisterung lernen oder lösen können. Ich möchte herausbekommen, was!"**

Es gibt ein großes, bisher noch kaum genutztes Potenzial für uns Erwachsene, das uns darin unterstützen kann, in diesen Wachstumsprozess wieder einzusteigen: unsere Kinder!

Kinder passen sich in Resonanz an den Rahmen an, der ihnen gegeben wird. Deshalb spiegeln sie uns auch unsere unverarbeiteten Schmerzen und unsere daraus entstandenen Grenzen. Durch ihr freies und klares oder auch provozierendes Verhalten machen sie uns wieder bewusst, wo und wie wir in unserer eigenen Kindheit Grenzen gesetzt bekommen haben und sie nun „automatisch" gegenüber unseren Kindern einsetzen wollen. Grenzen, die durch unverarbeitete Schmerzerlebnisse entstanden sind, sind lösbar.

Wir können an dieser Stelle die REAWEITIK© einsetzen und uns immer wieder fragen: „Ist meine Grenze in mir emotional lösbar oder ist sie *wirklich* **not**-wendig? Ganz ehrlich?"

Der dazugehörige körperliche Test wäre, diese Grenze nicht zu setzen und dann zu beobachten, was genau für eine Befürchtung in uns entsteht und stärker wird. Dabei könnte es auch sein, dass wir gar nicht in der Lage sind, uns vom Grenzensetzen abzuhalten. Wir *müssen* eine Grenze setzen. Beispiel: wenn unser Kind über die Straße rennen will, während ein Auto kommt. Hier *müssen* wir unser Kind schützen. Also: Unsere Grenze ist in diesem Fall wirklich **not**-wendig. Aber ist das *in jedem Fall* so?

Nutzen wir das Potenzial, das uns unsere Kinder bieten! Erkennen wir sie als Spiegel, Helfer und geheimnisvolle Botschafter.

In unserer eigenen Kindheit haben die meisten von uns die Erfahrung gemacht, dass unsere Eltern unser spiegelndes Verhalten nicht ernst genommen haben. Wir wurden dafür verurteilt und entwickelten ein Gefühl der Sinnlosigkeit: Es war sinnlos, unseren Eltern zu zeigen, wo sie ihre Grenzen hinterfragen könnten. Unsere Eltern haben den Sinn unseres Verhaltens nicht erkennen können. Viele Menschen fühlen als Erwachsene diese Sinnlosigkeit immer noch.

Geben wir unseren eigenen Kindern und auch allen anderen Menschen um uns herum (und damit letztendlich uns selbst! – Szene 4) den Sinn zurück. Nehmen wir ihr spiegelndes Verhalten wieder ernst, um unsere eigenen Problemtrancen in ein freies, fröhliches und liebevolles Verhalten weiterzuentwickeln! Werden wir zum weisen freien Kind!

Am Besten immer mit dem Gedanken an unser eigenes *subjektives* Stimmigkeitsgefühl. Und mit dem Gedanken, dass wir mit unserer *unscharfen* Realitätsabbildung auf unser Umfeld schauen. *Wir* entscheiden eigenverantwortlich, worauf wir genau schauen, welcher Spiegel für uns klar ist und uns weiterhilft und wie wir ihn letztendlich interpretieren.

Was ist für Sie stimmig? Ganz ehrlich?

## Wie wir unsere Problemtrancen nachhaltig auflösen - ein erlösender Überblick

*Olaf:*

Als abschließenden Höhepunkt und Happy End unseres langen persönlichen Briefes an Sie geben wir Autor*innen im Folgenden einen Überblick. Wir fassen die Wege, Techniken und Sichtweisen zusammen, die wir in unserem Alltag zum Lösen von Problemtrancen nutzen. Zusätzlich weisen wir durch Seitenangaben darauf hin, wo wir in diesem Buch ausführlich über das erwähnte Thema geschrieben haben.

Sie können den folgenden Abschnitt auch später gezielt dafür nutzen, um ihn *während* einer Problemtrance zu lesen. Dadurch rufen Sie sich bestimmte Möglichkeiten wieder in Erinnerung, die Ihr Gehirn in einer Problemtrance gerade ausblendet.

Obwohl wir den Text selbst geschrieben haben, geht es uns genauso: In einer Problemtrance blendet unser Gehirn bestimmte Möglichkeiten aus und verengt sich auf das Problem. Es hilft uns immer wieder, den folgenden Text zu lesen. Denn wir entdecken jedes Mal mindestens einen Punkt, der uns hilft, unseren Blick wieder zu weiten und die Problemtrance schrittweise aufzulösen oder weiterzuentwickeln.

Wir Autor*innen haben die Erfahrung gemacht, dass wir nur Probleme lösen können, wenn wir sie dabei in der Gegenwart auch konkret fühlen, wenn wir uns also tatsächlich in einer Problemtrance befinden.

Deswegen empfehlen wir Ihnen, an allererster Stelle die REAWEITIK©, die Realitäts-Abbildungs-Erweiterungs-Technik anzuwenden (ab Seite 271). Fragen Sie sich: „Bin ich gerade offen und energievoll oder bin ich gerade in einer Problemtrance?“ Dann versuchen Sie, frei zu lächeln und einmal tief durchzuatmen. Wenn das gut funktioniert und Ihre Antwort lautet: „Ja, ich bin offen!“ ☺ - dann werden Sie wohl diesen letzten Abschnitt momentan nicht „brauchen“. Sie spüren gerade kein Problem, das Sie mit den folgenden Hinweisen lösend anpacken können. Auch wenn andere Menschen Ihnen ein Problem zuschreiben und der Überzeugung sind, Sie hätten eins – und auch, wenn andere logisch begründen können, dass Sie ein Problem haben *müssen*: Nein, wenn Sie gerade kein Problem fühlen, dann haben Sie momentan auch keins. ☺

Vielleicht meint der andere in Wirklichkeit, Sie hätten noch „ungelöste Themen“ zu klären. Aber wenn Sie im Moment kein ungelöstes Thema fühlen, können Sie sich damit auch nicht lösend auseinandersetzen. Denn wie sollen Sie jetzt gerade den Unterschied zwischen dem ungelösten und dem gelösten Zustand fühlen, wenn Sie sich sowieso gerade gut fühlen?

Wenn aber Ihr Gegenüber weiterhin behauptet, Sie hätten ein Problem oder ein ungelöstes Thema und sollten sich darum kümmern, und Sie finden diese Behauptungen des anderen nicht gut, dann haben Sie nun eins. Nämlich das Problem, dass der andere solche Behauptungen über Sie ausspricht.

Ein Problem ist vorhanden, wenn Sie irgendetwas als unstimmig empfinden und es momentan nicht verändern können, wie z. B. das bohrende Verlangen des anderen, dass Sie Ihr Problem lösen sollen.

Sind Sie bereits fortgeschritten im Umgang mit Unstimmigkeiten, dann können Sie klar Ihre Grenze setzen und Ihr Unstimmigkeitsgefühl ausdrücken, beispielsweise: „Für mich ist es nicht stimmig, dass du weiterhin behauptest, ich hätte ein Problem, und dir wünschst, dass ich es löse. Ich stelle die Vermutung an, dass du selbst möglicherweise ein Problem hast, wenn ich dir diesen Wunsch nicht erfülle“ (ab Seite 72). Sie können erkennen, dass der andere nur aus seiner persönlichen Realitätsabbildung spricht, die nicht mit Ihnen übereinstimmt. Die Behauptungen des anderen haben nichts mit Ihnen zu tun, sondern zeigen nur, in welcher Projektion der andere gerade lebt, welche Wünsche ihn im Moment steuern. Dadurch können Sie eventuell Rückschlüsse auf die Sichtweisen und Gefühle und Wünsche des anderen Menschen ziehen und haben Mitgefühl.

Wenn Sie andere Unstimmigkeiten erleben, können Sie als Fortgeschrittener auf mindestens drei Weisen fließend damit umgehen – entsprechend der Art der Unstimmigkeit (Seite 42 ff.):

1. Sie kümmern sich so um Ihre Wunde, dass sie optimal heilen darf. Sie lernen so aus der erlebten Situation, dass Sie sich in Zukunft besser vor einer Verletzung schützen oder Sie Ihr Leben angenehmer gestalten können.
2. Können Sie eine unangenehme Situation nicht verhindern, dann schützen Sie sich davor, so gut es geht, und halten es so lange aus, wie die Situation andauert. Anschließend genießen Sie wieder die Sonne.
3. Wenn Sie einen schmerzhaften Verlust erleben, dann lassen Sie Ihre Gefühle fließen und verabschieden sich intensiv und lange, bis Sie ohne Schmerzgefühle an den Verlust denken können und ausgeglichen fühlen: *„Dieser Verlust gehört jetzt zu meinem Leben dazu.“*

Sind die Unstimmigkeiten auf diese Weise gelöst, dann atmen Sie tief durch und können wieder frei lächeln. ☺

Ist das Lächeln nicht möglich oder fühlt sich seltsam künstlich an, nicht wirklich frei, dann befinden Sie sich in einer noch ungelösten Problemtrance. Ihre Realitätsabbildung fühlt sich an einer Stelle unstimmig an. Ihr Gehirn hat an einer Stelle Stress und beginnt, Ihr Blickfeld einzuengen und auf das Problem zu konzentrieren. *Jetzt* können Sie an einem Problem arbeiten und es in Richtung Happy End weiterentwickeln, bis Sie wieder tief durchatmen und frei lächeln können.

Wenn Sie ein Problem fühlen, machen Sie sich als erstes bewusst, dass Sie permanent in den Spiegel schauen und es Ihr kraftvolles Gehirn ist, das dieses Problem erschaffen hat (= das ist der lebendige Spiegel in Ihnen). In Ihrer eigenen Realitätsabbildung „stimmt" etwas nicht. Auch wenn zunächst scheinbar Ihr Umfeld Schuld an Ihrem Problem haben sollte (wie z. B. ein Gewitter, Seite 43 ff.). In Wirklichkeit sind Ihre eigenen Wünsche schuld am Problem.

Eigentlich ist es egal, in welcher Szene Sie dieses Problem haben. Denn letztendlich haben Sie es immer mit sich selbst, weil Ihr Gehirn es in sich selbst projiziert (Szene 4, Seite 228).

Ihre ganz eigene Verantwortung ist, *wie* Sie auf ein Ungleichgewicht schauen und *wie* Sie damit umgehen (Seite 9). Ihre Verantwortung ist, dass Sie momentan mit dem gegenwärtigen Ungleichgewicht nicht stimmig umgehen können. Wenn Sie dieses Problem fühlen, können Sie sich noch nicht gezielt auf den Weg der Heilung machen. Sie haben ein bestimmtes Hindernis noch nicht als stimmig und dazugehörig einordnen können. Sie können sich nicht erfolgreich schützen oder haben einen bestimmten Lösungsweg noch nicht beschritten. Vielleicht haben Sie einen alten Schmerz noch nicht komplett verarbeitet oder ein bestimmtes Verhalten noch nicht erlernt. Sie haben die Situation noch nicht als „Gewinn" für Sie umdeuten können, empfinden das Problem noch nicht als stimmig, sehen noch keinen Sinn darin. Oder Sie befürchten etwas in der Zukunft, was Ihnen gefährlich werden könnte. Dies liegt alles in Ihrer Verantwortung, in der Verantwortung Ihrer ganz persönlichen aktuellen Realitätsabbildung.

Könnten Sie allerdings mit dem Problem stimmig umgehen, sehen den Zusammenhang oder den Sinn dahinter und hätten auch keine Befürchtungen, dann würden Sie die vorherrschende Situation nicht mehr als „Problem" bezeichnen. Sie sehen es stattdessen als eine geniale Herausforderung, an der Sie optimal reifen können.

Dies alles können Sie als lebendigen Spiegel für sich selbst nutzen. Wenn Sie also ein Problem fühlen, nicht mehr offen sind und keinen Sinn erkennen, dann wissen Sie nun, dass Ihre eigene Realitätsabbildung im Gehirn ein Problem erschaffen hat. Nur Sie allein können dieses Problem lösen. Deshalb nehmen Sie jegliche **Schuldzuweisung** an Ihr Umfeld zurück, **streichen** sie und kümmern sich allein um sich und Ihre Wünsche (Seite 117).

**Realitätsabbildung**

Nun haben wir diesen Begriff „Realitätsabbildung“ schon so oft verwendet, dass wir an dieser Stelle noch etwas genauer darauf eingehen wollen. Klar ist, dass eine Realitätsabbildung ein Modell ist, welches unser Gehirn in sich selbst herstellt. Aus den hereinkommenden Signalen unserer Wahrnehmungsorgane errechnet sich unser Gehirn mit Hilfe unseres Stimmigkeitsgefühls dieses Realitäts-Modell in jeder Millisekunde immer wieder neu (Seite 23 f.).

Wichtig dabei ist, dass unsere Realitätsabbildung wirklich *alles* beinhaltet, was in uns vorgeht. Sie besteht aus Projektionen, Gefühlen, Gedanken, Wünschen, Erfahrungen, Sichtweisen, Deutungen, Verhaltensmustern, Überzeugungsmustern, Menschenbildern, Weltbildern, Selbstbildern etc.

Wenn wir ein „Problem“ haben, gibt es in unserer aktuellen Realitätsabbildung *mindestens* zwei unterschiedliche Wünsche, Überzeugungen, Sichtweisen, die sich gerade entgegenstehen. Dazu gehören auch die Wünsche und Sichtweisen anderer Menschen, die wir letztendlich *in uns selbst* abbilden. Wir haben sie eventuell noch nicht identifiziert und/oder noch nicht „unter einen Hut“ bekommen (Welche Wünsche sind es? Ganz ehrlich? Seite 87). Und nun beginnt die Suche, was wir entweder außerhalb von uns oder in uns selbst drehen, wenden, ändern, ergänzen und erweitern können, bis wir das Problemgefühl in etwas Stimmiges verwandeln konnten. Möglichkeiten:

a) Wir ändern aktiv etwas an unseren gegenwärtigen **Wünschen**: Wir machen sie stärker oder schwächer – oder ändern den Inhalt der Wünsche (Seite 95 ff.) – oder verarbeiten den Schmerz, der mit einem Wunsch zusammenhängt (Seite 237 ff.).

b) Und/oder wir ändern aktiv etwas an unserem Körper (sich bewegen oder die Augen schnell hin und her bewegen, EMDR Seite 70 f.) oder an unserem Umfeld, so dass neue Signale für eine neue stimmigere **Realitätsabbildung** in unser Gehirn fließen.

c) Und/oder wir hinterfragen ganz direkt unsere momentane **Realitätsabbildung** und suchen nach einer stimmigeren (Seite 64 ff. / 251 ff.).

Wir beobachten: Was ist auf welche Weise änderbar? Dann setzen wir wieder die REAWEITIK© ein (Seite 271) und testen, ob wir uns nach der Änderung immer noch in der Problemtrance befinden. Sind wir offen oder noch irgendwie verschlossen? Hatte unsere Änderung eine stimmige oder unstimmige Wirkung? Aus dem Ergebnis ziehen wir unsere Schlüsse (Seite 104).

Bei dieser Sichtweise haben wir immer die volle Verantwortung für unsere Weiterentwicklung – und damit auch immer die volle Energie, die wir in die Lösungssuche stecken können (Seite 111 ff.). Ohnmacht und Aussichtslosigkeit und Verantwortungsabgabe und Warten auf eine Änderung im Außen und Ärger etc. fallen weg. Was bleibt ist: Ein aussichtsreiches Suchen nach einer lösenden Weiterentwicklung. Finden wir im Außen nichts, dann suchen wir im Inneren. Finden wir innen nichts, suchen wir im Außen – immer mit der Gewissheit: „Irgendwo finde ich die Weiterentwicklung!" (Seite 180).

Selbst bei einem schmerzvollen und unwiederbringlichen Verlust, bei dem wir uns als Opfer fühlen, geschieht die Weiterentwicklung durch die vollständige Verarbeitung dieses Verlustes – bis hin zum gelösten Gefühl. Anschließend können wir energievoll das Erreichen der nächsten Ziele anpacken.

Gefühle von Ohnmacht, Aussichtslosigkeit, Depression, Lustlosigkeit, Energielosigkeit, Burn-out oder auch Verantwortungsabgabe, Vorwürfe oder Schuldzuweisung etc. nutzen wir als Hinweis auf einen unverarbeiteten Verlust in uns, durch den wir etwas noch nicht loslassen können.

Konnte dieser Verlustschmerz bewusst werden und konnten wir ihn komplett verarbeiten, dann können wir mit dem erlebten und verarbeiteten Verlust energievoll weiterleben. Er wurde durch die Verarbeitung in einen kraftvollen Baumring unseres Lebens verwandelt und gehört nun vollständig zu unserer erfahrenen Vergangenheit dazu (Seite 237 ff.).

### Der lebendige Spiegel

Es kommt oft vor, dass wir in unserer Realitätsabbildung mindestens zwei sich entgegenstehende Wünsche haben (entweder zwei Wünsche in uns selbst oder ein Wunsch im scheinbaren Außen und einer in uns selbst). Diese entgegenstehenden Wünsche bilden zusammen in uns eine „Spannung". Leider kommt es auch oft vor, dass wir die Suche nach einer Weiterentwicklung aus einem bestimmten Grund aufgegeben haben. Wir halten diese Spannung aus. Inzwischen haben wir uns daran gewöhnt. Wir kümmern uns nicht mehr um diese Spannung. Sie wird unbewusst.

Weil aber unser Stimmigkeitsgefühl gerne Stimmigkeit hätte, werden wir fast automatisch immer wieder neu an diese vorhandene Spannung in uns erinnert. Sie soll uns wieder bewusst werden, damit wir sie in Richtung Happy End weiterentwickeln können.

*Wie* werden wir daran erinnert?

Dadurch, dass wir etwas erleben, was diese Spannung in uns kurzfristig *verstärkt*. Durch unser Erleben werden die an der Spannung beteiligten Wünsche angesprochen. Sie werden vom Umfeld getriggert, werden stärker, so dass uns die Spannung wieder bewusst wird. Beispielsweise verhalten sich andere Menschen (unsere Kinder, unser Partner, unsere Mitarbeiter oder Kollegen etc.) so, dass wir unsere innere Spannung wieder zu spüren bekommen. Oder wir haben einen Traum oder Gedankengänge oder Gefühle, die diese Spannung wieder auftauchen lassen.

***Das*** ist der Spiegel für uns selbst:

Wir erleben etwas, wodurch eine Unstimmigkeit in unserer aktuellen Realitätsabbildung zum Vorschein gebracht wird. Dabei müssen wir berücksichtigen, *was* wir beobachten, *wie* wir es beobachten (mit welcher inneren Haltung) und *wie* wir spontan mit dem Beobachteten *umgehen* (Seite 9).

Und nun können wir nach dem besseren Gleichgewicht suchen und unsere Realitätsabbildung verfeinern und stimmiger gestalten.

Welche **Aktivität** kann uns helfen, bei diesem Problem mehr Stimmigkeit oder sogar eine Lösung zu erreichen? (Seite 77 ff.)

### Was hilft?

Ein nächster Schritt ist die Konzentration auf die Frage: „**Was hilft mir jetzt weiter?** Wie kann ich mein Problem *wirk*-lich lösen?“ (Seite 205 ff.)

Richten Sie Ihre Aufmerksamkeit dabei weniger auf das Stimmigkeitsgefühl anderer Menschen, sondern viel mehr auf Ihr eigenes, subjektives, ***ehrliches Stimmigkeitsgefühl*** (Seite 82 ff.). Sie können zwar die Angebote und Vorschläge von anderen gerne ausprobieren. Schauen Sie aber nicht, was Ihnen helfen „sollte“ (der Meinung anderer Menschen nach), sondern prüfen Sie selbstständig, was Ihnen in Ihrer individuellen Problemtrance *tatsächlich* weiterhilft! Sie fühlen es in Ihrem ehrlichen Stimmigkeitsgefühl. Wenn Ihnen etwas hilft, fühlt es sich für Sie stimmiger an als vorher und Sie können am Ende wieder frei lächeln. Wenn etwas nicht hilft, dann bedeutet es nicht, dass Sie falsch oder dumm oder verschlossen oder nicht gewillt sind, sondern dass es *momentan* eben nicht hilft. Es ist ein anderer Lösungsschritt dran, es möchte eine andere Lösung von Ihnen gefunden werden.

Natürlich gibt es auch die Möglichkeit, dass Sie von Ihrem Stimmigkeitsgefühl zunächst in die Irre geführt werden. Sie machen die Erfahrung, dass etwas doch nicht so gut ist, wie es sich zunächst anfühlte. Oder Sie machen umgekehrt die Erfahrung, dass tatsächlich etwas hilft, obwohl es sich zuerst unstimmig angefühlt hatte. Dies könnte letztendlich der Verfeinerung Ihrer Realitätsabbildung dienen. Denn nach einem Misserfolg werden Sie Ihre Realitätsabbildung verändern und neu anpassen. Fehler gehören immer zum Lern- und Lösungsprozess dazu und erweitern Ihren Erfahrungsschatz. Umwege erhöhen die Ortskenntnis. Bei jedem Wachstumsprozess eines Kindes können wir es beobachten, wie es stimmige und unstimmige Dinge tut und durch Erfolg und Misserfolg die Welt immer genauer kennenlernt. Auch wir Erwachsene befinden uns weiterhin in diesem Prozess.

**Aktivität – Beobachten – Bewerten – neue Aktivität** (Seite 77 ff.)

Um also die Frage zu beantworten, was Ihnen weiterhilft, ist der erste Schritt die Aktivität, das Ausprobieren, das Experimentieren.

Dabei empfehlen wir die innere Haltung: **„Irgendetwas werde ich hier in dieser Situation lösen oder weiterentwickeln können. Ich will herausbekommen, was!“** (Seite 180)

Dann beobachten Sie die Folgen Ihres Ausprobierens. Ihre Problemtrance ist in dem Moment gelöst, wenn Sie sagen, dass Sie ein **Happy End** erreicht haben oder dass ein Happy End geschehen ist, und Sie wieder frei lächeln, tief durchatmen und feststellen: „Ja, ich bin wieder offen!“ ☺

Bis hierhin konnten wir generell an alle Leser*innen schreiben.

Wenn es nun darum geht, verschiedene Techniken auszuprobieren, um herauszubekommen, was einem *momentan* weiterhilft, dann wird es individuell. Wir können hier keinen *generellen* Weg mehr anbieten. Ab hier muss jede/r selbst schauen, welche der vielen Techniken bei welchem Problem in welchem Kontext ganz ehrlich weiterhilft. Und Techniken oder Sichtweisen oder neue Realitätsabbildungen gibt es unendlich viele auf dieser Welt. Welche ist *zum momentanen Zeitpunkt* die für Sie und Ihr Problem hilfreiche? Ihr ehrliches Stimmigkeitsgefühl gibt Ihnen in dem Moment die Antwort, indem Sie aktiv geworden sind, die Folgen beobachten und dann bewerten: stimmig oder unstimmig?

Dabei kann bereits jeder Gedanke, jedes Gedankenexperiment, jede innere Vorstellung, jede klitzekleine Frage schon eine Aktivität sein und die innere Bewertung anregen.

*Welche* Aktivität einem weiterhilft, muss jede/r individuell selbst ausprobieren und erfühlen und entscheiden. Im Folgenden ein paar Angebote:

**Problem oder Ziel?**

Eine erste Aktivität könnte sein, sich die Fragen zu stellen:

Hilft es mir, das Problem zunächst möglichst auf den Punkt zu bringen? Was für ein Problem habe ich genau?

Oder hilft es mir, vielleicht erst auf den Punkt zu bringen, wie ich mir den gelösten Zustand wünsche? Was ist mein Ziel, mein Wunsch? Was wäre optimal für mich? Wie würde das Happy End aussehen?

Beide Wege können Sinn machen.

Die Analyse des Problems kann helfen, im Bewusstsein wirklich komplett an das Problem anzudocken, um es dann anschließend vollständig weiterentwickeln zu können.

Die Konzentration auf das Happy End kann helfen, den Fokus der Aufmerksamkeit vom Leid weg und hin auf das Gelöste zu lenken, was auch eine Weiterentwicklung darstellen kann.

Es kommt immer darauf an, was „Ihr Problem" gerade benötigt. Was hilft also? Problem auf den Punkt bringen oder das gewünschte Happy End bewusst machen und sich darauf konzentrieren?

Nachdem Sie diese Fragen gestellt haben, fühlen Sie in sich hinein, nehmen (Augen)Kontakt zu Ihrem Stimmigkeitsgefühl auf (Seite 283 ff.) und fühlen ganz ehrlich: erste Variante oder zweite? Problem auf den Punkt bringen oder das Ziel klar machen und fokussieren? Oder eines nach dem anderen?

Bei „Problem": hier unten weiterlesen.

Bei „Ziel": auf Seite 304 weiterlesen.

**Was ist genau mein Problem?**

Sie machen sich be-*wusst*: Was habe ich eigentlich genau für ein Problem? Wie würde ich es präzise in Worte fassen?

Mir (Olaf) hilft es am besten, wenn ich genau aufschreibe, was mein Problem ist. Ich schreibe so lange, bis ich das Gefühl habe, mein Problem endlich „auf den Punkt" gebracht zu haben. Schon allein dadurch löst sich manchmal etwas oder ich komme an den unverarbeiteten Schmerz und darf ihn komplett ausleben und verarbeiten. Es kann also bereits sehr heilsam sein, sein Problem stimmig formulieren zu können. Was ist genau mein Problem? Was stimmt für mich nicht? Was ist blöd, ist unangenehm, ist falsch oder tut weh?

Sie können jemanden fragen, ob er für Sie eine Aufstellung in der Fantasie mit den Elementen „Ich" und „mein Problem" o.ä. durchführt. Die andere Person beschreibt, was sie sich mit den von Ihnen gewählten Elementen / Personen in ihrer Fantasie vorstellt. Vielleicht wird Ihnen durch diesen „lebendigen Spiegel" Ihr eigentliches Problem klarer (Seite 251 ff.).

Sie können im Freundeskreis oder in einem Aufstellungsworkshop Stellvertreter*innen als lebendigen Spiegel nutzen, um sich das Problem darstellen zu lassen, damit Sie analysieren können, was genau Ihr Problem ist (Seite 262 ff.).

Sie können Ihren Alltag genauer beobachten: Was spiegelt mir mein lebendiger Alltag? Durch welche Situation angeregt wird mein Problem (meine Spannung in mir) am allergrößten? (Seite 211 ff.)

Durch die überall vorhandene Verbundenheit könnte es sein, dass Ihr persönliches Ungleichgewicht Ihr Umfeld beeinflusst. Beobachten Sie also Ihr Umfeld und stellen Vermutungen über sich selbst an. Spekulieren Sie darüber, welchen Rahmen Sie Ihrem Umfeld bieten. Löst Ihre problematische Realitätsabbildung ein bestimmtes Verhalten Ihres Umfeldes aus? Spiegelt Ihnen Ihr Umfeld Ihr Problem? Oder spiegelt Ihnen die allgemeine aktuelle Situation Ihr Problem wider?

Was sagt das, was Sie scheinbar im Außen erleben, eventuell über Sie aus? Welche subjektive Schlussfolgerung hilft Ihnen weiter?

Sie nutzen bei dieser Analyse sowohl Ihre Realitätsabbildung als auch Ihr Stimmigkeitsgefühl immer als einzigen (!) Spiegel und Maßstab (S. 203), denn Sie können ja die *wirkliche* Realität nicht wirklich wahrnehmen.

Sie suchen so lange, bis Ihnen Ihr Problem stimmig be-*wusst* geworden ist. Bis Sie Ihr *Wissen* über Ihr Problem stimmig in Worte fassen konnten. Dabei ist es zunächst einmal egal, wer daran schuld ist. Wenn sich ein anderer Mensch verletzend verhalten hat oder wenn im Außen irgendetwas schiefgelaufen ist, dann gehört es erst einmal dazu, wenn Sie mit Schuldzuweisung formulieren: „XYZ hat sich äußerst verletzend verhalten! Das tut mir besonders weh, weil …" oder „Ich bin von ABC nicht beachtet worden, und das finde ich überhaupt nicht gut, weil …"

Es gibt auch Probleme, die man zunächst für „normal“ hält. Beispielsweise kommt man nach einem Arbeitstag müde und ausgelaugt nach Hause. Viele halten das für normal, doch es könnte ein ungelöstes Problem dahinter stecken. Es besteht durchaus die Möglichkeit, dass man nach Hause kommt und das Gefühl hat, endlich frei das tun zu dürfen, auf das man sich schon den ganzen Tag lang gefreut hat. Energievoll stürzt man sich in das Gewünschte. Ich selbst habe z. B. inzwischen das Gefühl, permanent Urlaub zu haben – auch wenn ich arbeite.

Ich möchte Ihnen noch einmal bewusst machen, dass Energielosigkeit, Unlust, Schlappheit und andere Ungleichgewichte Zeichen für ungelöste emotionale Konflikte oder unverarbeitete Verlustschmerzen oder ungelöste Abwehrmechanismen aus der Kindheit sein können. Hier wirken veraltete Realitätsabbildungen immer noch in der Gegenwart und es besteht ein Potenzial, Ihren Zustand in ein besseres Gleichgewicht weiterzuentwickeln. In diesem Fall können Sie also formulieren: „Mein Problem ist, dass ich in der Situation xyz immer wieder Energielosigkeit oder Unlust fühle.“

Natürlich ist es auch möglich, dass eine Energielosigkeit einfach nur bedeutet: „Ich brauche zwei Tage absolute Pause.“ Dann wäre das Problem nach zwei echten Faulenz-Tagen (also ohne Fernseher, Computer, iphone etc.!) gelöst.

Sie können sich gezielt fragen: **„Was genau ist in meiner Realitätsabbildung unstimmig?“** Wir bieten drei Möglichkeiten zur Orientierung an:

1. *Sie erleben gerade etwas Neues, das Sie noch nicht einordnen können und mit dem Sie sich zunächst unwohl fühlen.* Es fehlt Ihnen die Fähigkeit, stimmig mit diesem Neuen umzugehen. Welche Fähigkeit fehlt?
2. *Es wurde in Ihnen ein alter ungelöster Schockzustand, ein unverarbeiteter Schmerz neu aktiviert, den Sie wieder zu fühlen beginnen.* Dies ist ein emotionaler Phantomschmerz. Hier fehlt noch die Weiterentwicklung (Seite 64 ff.) oder Verarbeitung (Seite 237 ff.) des Phantomschmerzes.
3. *Sie haben noch nicht erkannt, dass Sie sich mit Ihrem gegenwärtigen Unstimmigkeitsgefühl in Resonanz zu Ihrem Umfeld befinden.* Hier wäre etwas „zu viel“: die Resonanz. Sie fühlen ein Problem, weil Ihr Umfeld auch ein Problem fühlt. Auf welche Weise Sie möglicherweise in Resonanz sind, können Sie mit Hilfe der elf Punkte in Kapitel IV genauer erforschen (Seite 152 ff.). Die Lösung könnte sein, sich nicht weiter zur Verfügung zu stellen und aus dem Einfluss des Umfeldes herauszugehen.

Vielleicht hilft auch die Fantasie *innerhalb* einer unangenehmen Situation, sich **seinem eigenen Ideal-Ich zur Verfügung zu stellen**? Das Ideal-Ich definieren wir gerne als: „So, wie ich im perfekt gelösten Zustand wäre, im erleuchteten Zustand." Ich stelle mir mein Ideal-Ich immer als eine erleuchtete Version von mir vor, die rechts neben mir steht. Manche sagen dazu vielleicht auch „höheres Selbst". Sagen Sie sich: „Ich stehe ab jetzt meinem Ideal-Ich zur Verfügung." Wie geht es Ihnen in der Situation damit? Oder sagen Sie sich: „Ich stelle mich meinen universellen Eltern zur Verfügung." Wie fühlen Sie sich nun? Oder wie fühlen Sie sich, wenn Sie in der Situation visualisieren, wie Ihre universellen Eltern unterstützend hinter Ihnen stehen?

Was machen Sie in Wirklichkeit, wenn Sie danach suchen, was genau Ihr Problem ist? Sie suchen nach der Lücke in Ihrer Realitätsabbildung. Sie suchen nach der Unstimmigkeit, die Sie fühlen. So, wie Sie beim Flicken eines platten Fahrradreifens erst einmal nach dem Loch suchen müssen.

Wer aber das Loch gefunden hat und es dann nicht flickt, verliert auch weiterhin Luft. Denken Sie daran, nach der Analyse des Problems auch konkret lösend aktiv zu werden.

### Was fehlt oder was ist zu viel?

Viele Menschen überlegen bei einem Problem immer, was ihnen fehlt. Man kann aber auch die Frage stellen, was einem „zu viel" ist. Wenn einem beide Wege bewusst sind, hat man mehr Wahlmöglichkeiten.

Fragen Sie sich zuerst, was Ihnen konkret fehlt. Testen Sie verschiedene Dinge und beobachten dabei Ihr Stimmigkeitsgefühl. Ist irgendetwas dabei, das Ihnen tatsächlich gefehlt hat und durch seine Anwesenheit zu angenehmeren Gefühlen führt? Beispiele: Das Visualisieren von „universellen Eltern", die unterstützend hinter Ihnen stehen oder die Sie in ihre Arme nehmen? Das Visualisieren von anderen „universellen Eltern", die unterstützend hinter den Menschen stehen, mit denen Sie gerade Kontakt haben? Oder eine neue Fähigkeit, mit dem vorhandenen Ungleichgewicht angemessen umgehen zu können? Oder die Erkenntnis eines lösenden Zusammenhangs? Oder das Bewusstsein eines klaren Unterschieds?

Fragen Sie sich auch, was Ihnen zu viel ist. Stellen Sie sich das, was Ihnen zu viel ist, in Ihrer Fantasie als Symbol vor und schicken es weg oder schicken es zu einem anderen Menschen, wo es eigentlich hingehört. Oder stellen Sie sich für etwas nicht weiter zur Verfügung, gehen Sie aus dem Resonanzfeld Ihrer Umgebung heraus. Ziehen Sie die Hand von der heißen Herdplatte. Hilft es?

**Wie wäre für mich der gelöste Zustand?**

Was ist mein sehnlichster Wunsch? Wie wäre mein Happy End?

Machen Sie sich Ihr Happy End sehr deutlich. Oft kann es intensiv weiterhelfen, wenn man sich bewusst ist, wohin man eigentlich möchte. Ist das Ziel klar, dann kommen häufig neue Ideen, wie man dieses Ziel erreichen könnte.

Falls es um Beziehungen zu anderen Menschen oder zu sich selbst geht, dann können Sie sich mit der Kraft Ihrer Gedanken dieses Happy End in allen VIER SZENEN visualisieren, um Ihr Gehirn und Ihr Gefühl optimal und allumfassend anzuregen (Seite 227).

Oder suchen Sie sich eine von den VIER SZENEN aus, in denen Sie sich im Alltag Ihr Happy End aktiv selbst gestalten können.

Möglicherweise kann man beim angenehmen Blick auf das Happy End einen unverarbeiteten Schmerz nachträglich verarbeiten, der bisher blockierend gewirkt hat. Steigen Tränen auf, dann lassen Sie sie zu. Lassen Sie Ihre tiefe Berührung oder den Schmerz so lange fließen, bis die Tränen sich von selbst beenden (Seite 237).

Wenn Sie noch keinen gefühlvollen Kontakt zum Happy End aufnehmen können, ist vielleicht vorher die Befreiung Ihres Stimmigkeitsgefühls an der Reihe. Haben Sie Ihren Kontakt zum Stimmigkeitsgefühl befreit, dann können Sie vielleicht auch Ihr Happy End stimmiger gestalten oder sich im Gefühl mehr dafür öffnen.

Gehen Sie den Weg zum Stimmigkeitsgefühl über den offenen, freundlichen und tiefen Augenkontakt zu Ihren Mitmenschen. Intensivieren Sie Ihren Blick und lassen Sie sich umgekehrt auch tief in die Seele blicken. Lassen Sie alle dabei auftauchenden Unstimmigkeitsgefühle zu und klären Sie sie gegebenenfalls. Indem Sie diesen ehrlichen Kontakt intensivieren, öffnen Sie sich auch gleichzeitig für den Kontakt zu sich selbst und Ihrem eigenen, ehrlichen Stimmigkeitsgefühl (Seite 283).

### Wirkung

Befreien Sie sich von der Frage: „Ist es gerade Realität oder Fantasie?" Weil beides in Ihrem Gehirn stattfindet, ist diese Unterscheidung für eine heilsame Wirkung nicht wirklich wichtig. Auch während des Träumens haben wir oft das Gefühl, es sei Realität. Aus diesem Grund kann Hypnose so gut wirken. Und Fantasie ist nichts anderes als eine Form von Selbsthypnose.

Alles ist unser kraftvolles Gehirn.

Mit diesem Hintergrundwissen können Sie im Gehirn wirkende emotionale Phantomschmerzen auflösen: Sie verwandeln die bisherige alte Realitätsabbildung (Überzeugungen, Glaubenssätze, Sichtweisen etc.) mit Hilfe der Kraft Ihrer Gedanken in eine angenehme neue. Zusätzlich können Sie dies mit Hilfe von verschiedenen Körperhaltungen oder Körperempfindungen ankern (Seite 64 ff.).

Gelingt dies nicht allein in der Fantasie mit sich selbst, dann können Sie auch jemanden bitten, eine Fantasie-Aufstellung mit Ihnen zu machen (Seite 251 ff.). Er spiegelt Ihnen in seiner Fantasie Ihren aktuellen Zustand wider und entwickelt ihn mit Hilfe von „lösenden Elementen" in einen stimmigeren Zustand.

Auch mit Hilfe von Stellvertreter*innen einer realen Aufstellung ist ein emotionaler Phantomschmerz in ein stimmigeres Gleichgewicht weiterentwickelbar. Sie suchen sich Menschen, die die Anteile Ihres Problems in Rollen spielerisch darstellen, und machen sich gemeinsam auf die Suche nach einem stimmigen Happy End oder einer Weiterentwicklung in ein stimmigeres Gleichgewicht (SZENE 3, Seite 227 ff.). Dabei ist Ihr Stimmigkeitsgefühl der ausschlaggebende Maßstab, denn Sie sind die/der Chef*in Ihrer Aufstellung (Seite 264 ff.).

### Spekulieren

Bei der Gelegenheit möchte ich Ihnen noch ein Spiel vorschlagen, mit dem Sie Ihre Realitätsabbildung im Alltag spielend verfeinern können.

Es gibt einige Menschen, die immer wieder das Bedürfnis haben, ihr nahes Umfeld (Partner*in, Mitarbeiter*in etc.) neugierig zu fragen: „Was machst/denkst/fühlst du gerade?"

Spielen Sie stattdessen ein neues Spiel und fragen Sie sich zuerst *selbst*:

„Was könnte mein Gegenüber wohl gerade machen/denken/fühlen?" Trainieren Sie sich, sich selbst darauf eine Antwort zu geben. Spekulieren Sie mit

Hilfe Ihrer sieben Sinne (Seite 147) und Ihres einfühlsamen ***Stimmigkeitsgefühls*** (Seite 82 ff.), was wohl in dem anderen vorgeht. Stellen Sie mutig Vermutungen an. Und dann fragen Sie anschließend den anderen: „Könnte es sein, dass du gerade ...xyz... machst/denkst/fühlst?“ So lernen Sie spielerisch, Ihr Umfeld genauer mit Hilfe all Ihrer Sinne zu erforschen. Außerdem stellen Sie sich mutig einer Korrektur, denn der andere könnte reagieren mit: „Nee, falsch. Ich mache/denke/fühle gerade ...abc...“

Unstimmigkeiten gehören auch dazu und können als wichtige Erfahrungen den Horizont erweitern.

Die Wirkung dieses Spiels: Sie werden nach einer Weile merken, wie durch Ihre Aufmerksamkeit auf Ihr Umfeld, durch Ihre Spekulationen über Ihr Umfeld und durch Ihre anschließenden Erfahrungen sich Ihre Realitätsabbildungen immer klarer, stimmiger und zutreffender anfühlen. Erlebnisse von Resonanz und Wellenlänge mit Ihrem Umfeld werden immer häufiger auftreten. Nach einiger Zeit des Spielens wird man Ihnen „Menschenkenntnis“ nachsagen.

**Wünsche erschaffen, erforschen und regeln**

Wünsche sind unsere „Grundnahrung“. Wir bestehen aus ihnen. Wir *sind* Wünsche.

Fühlen Sie ein Problem, einen Zwiespalt, einen Konflikt, dann ist vorrangig der Wunsch in Ihnen vorhanden, dieses Problem zu lösen. Dahinter stecken mindestens zwei andere Wünsche, die sich gerade gegenseitig im Weg stehen und das Problem erzeugen. Oder ist vielleicht der Wunsch, das Problem zu lösen, sogar ***Teil*** des Problems? Geht es darum, diesen Wunsch vielleicht herunterzuregeln und das Problem so anzunehmen, wie es gerade ist?

Was ändert sich dann?

Was ändert sich, wenn Sie andere Wünsche herauf- oder herunterregeln? Wie ändern sich Ihre daran geknüpften Bewertungen? (Seite 97 f.)

Wenn sich ein Wunsch nicht regeln lässt, was für ein anderer Wunsch steckt dahinter? Lässt dieser sich regeln? (Seite 98 ff.)

Wie können Sie sich Wünsche überhaupt bewusst machen?

Indem Sie ein Gedankenexperiment durchführen und sich die Frage stellen: „Was würde denn passieren, wenn ich jetzt ... xyz ... mache?“ Beobachten Sie nach dieser Frage Ihr ehrliches Stimmigkeitsgefühl. Gibt es einen Einwand in

Ihnen? Meldet sich ein Wunsch und sagt, was an ...xyz... nicht gut wäre? Dann ist dadurch eine Wertung und damit ein Wunsch an die Oberfläche gekommen und Ihnen wird bewusst, welcher Wunsch Sie gerade gesteuert hat.

Hängen Ihre Wünsche vielleicht auch mit Ihrem Umfeld zusammen? Wessen Wünsche wirken gerade wo? (Seite 106 ff.)

Wer beeinflusst wen? Können Sie Rückschlüsse von sich und Ihrem Verhalten und Fühlen auf Ihr Umfeld ziehen (Seite 152 ff.) oder Rückschlüsse von Ihrem Umfeld auf sich selbst ziehen (Seite 211 ff.)?

Fragen Sie auch Ihr Umfeld und überprüfen Sie Ihre Spekulationen.

Wie können Sie sich fremde Wünsche bewusst machen, durch die Sie vielleicht gerade gesteuert werden? Wenden Sie die REAWEITIK© an: „Ist das gerade mein ganz eigener Wunsch oder ein fremder?" Testen Sie Ihr körperliches Freudegefühl bei dem Gedanken an die Wunscherfüllung (Seite 282).

Falls Ihnen ein fremder Wunsch bewusst geworden ist, können Sie sich nun entscheiden, diesem fremden Wunsch nicht mehr zur Verfügung zu stehen – entweder für eine bestimmte Zeit oder gar nicht mehr.

Was ändert sich insgesamt an Ihrer Situation, wenn Sie sich die universelle Verbundenheit bewusst machen und sich intensiv auf sie konzentrieren? Alles ist über Wünsche miteinander *verbunden*.

Alles ist „das Wünschende" (Seite 94 ff).

*Im Leben gibt es keine Lösungen. Nur Kräfte, die in Bewegung sind.*
*Man muss sie erzeugen und die Lösungen werden folgen.*

Antoine De Saint-Exupéry

Natürlich können Sie sich auch neue Wünsche erschaffen. Sprechen Sie Wünsche gegenüber Ihrem Umfeld aus. Erzeugen Sie eine „Kraft", indem Sie sich intensiv eine Weiterentwicklung oder ein Happy End bei Ihrem Unbewussten und beim Universum wünschen.[19] Schicken Sie Ihren Wunsch sowohl nach innen als auch nach außen. Anschließend lassen Sie los und beobachten, was Ihnen vom „allumfassenden Wünschenden" als Spiegel oder als Lösung geschenkt wird.

---

[19] siehe auch Bärbel Mohr: „Bestellungen beim Universum"

*Olaf:*

Ein abschließendes Beispiel:

Als ich dabei war, diesen letzten Abschnitt für das Buch zu schreiben, gab es einen Teil in mir, der die Arbeit an diesem Abschnitt vermeiden wollte. Ich konnte nicht mit voller Energie zu Ende schreiben. Das ging zwei Tage so. Ich beobachtete, wie ich der Arbeit am Buch aus dem Weg ging. Dann fragte ich mich, was hier eigentlich los ist und was wäre, wenn ich tief in die Arbeit an diesem letzten Abschnitt eintauchen würde. Als Antwort darauf kam eine mich extrem berührende Freude hoch. Ich fragte mich, was wäre, wenn ich diese tiefe Freude zulassen würde. Daraufhin brach ich in Tränen aus. Beim Weinen kamen innere schmerzliche Bilder aus meinem Leben und aus Jacquelines und meiner Beziehung. Ich fühlte, dass dieses Buch sozusagen eine Art tief berührendes „Happy End" für mich darstellte, nach welchem ich lange gesucht und auf das ich lange gewartet hatte. Jetzt war es da – in Form dieses Buches.

Nach diesem Verarbeitungsprozess konnte ich den Abschnitt flüssig fertigstellen – und das fühlte sich richtig gut an. Die Tage darauf stieg aber wieder eine neue Energielosigkeit in mir auf. Ich ahnte, dass das Thema noch nicht wirklich durch war. Allerdings konnte ich nicht konkret sagen, was die Ursache meiner Energielosigkeit war. Daher wünschte ich mir beim Universum, dass mir etwas passiert, damit mir der Zusammenhang klar werden kann.

Zwei Tage später hatte ich diesen Wunsch vergessen, aber ich erlebte ein stressiges Telefonat mit einer Mieterin unseres Seminarraumes. Ich wollte sie nur daran erinnern, die Miete zu überweisen, die sie vergessen hatte. Sie warf mir Misstrauen vor und sagte, wie unwohl sie sich mit mir fühle. Mir war sofort klar, dass ich bei ihr etwas getriggert hatte und dass sie sich nun in einer Problemtrance befand. Gleichzeitig wusste ich aber auch, dass sie bezüglich meines Misstrauens irgendwo Recht hatte und mir etwas spiegelte.

Leider wurde sie in dem Telefonat so verletzend, dass ich entschied, mich für die Zukunft zu schützen und das Mietverhältnis zu beenden. Aber damit war das Thema für mich noch nicht gelöst. Ich fühlte permanent ein Stressgefühl in mir. Als es auch am nächsten Tag noch nicht vorbei war und ich immer noch merkte, dass ich mich selbst in einer Problemtrance befand, entschied ich mich, diesen letzten Abschnitt, den Sie gerade ab Seite 292 bis hierher gelesen haben, zu testen.

Wir hatten Ihnen vorgeschlagen, diesen Abschnitt immer genau dann zu lesen, wenn Sie sich in einer Problemtrance befinden. Dadurch erinnern Sie Ihr

Gehirn an Lösungsmöglichkeiten, zu denen es innerhalb der Trance keinen Zugang hat. Ich las also in meiner Problemtrance wieder diesen Abschnitt – und fühlte mich von meinem eigenen Text sofort verstanden.

Dann kam ich an folgende Stelle: „*Wenn wir ein Problem haben, gibt es in unserer aktuellen Realitätsabbildung mindestens zwei unterschiedliche Wünsche, Überzeugungen, Sichtweisen, die sich gerade entgegenstehen. Wir haben sie eventuell noch nicht identifiziert und/oder noch nicht ‚unter einen Hut' bekommen (Welche Wünsche sind es? Ganz ehrlich?).*"

Mir wurde sofort klar: Ja, stimmt. Ich habe bisher noch nicht gedacht, dass ja wohl mindestens zwei verschiedene Wünsche in mir vorhanden sein müssen. Der eine Wunsch war, mich bei Gedanken an die Mieterin gut fühlen zu können. Der andere Wunsch wurde mir auch sofort bewusst – und das war die entscheidende Erkenntnis, die mir hier in meiner Problemtrance gefehlt hatte: Ich wünschte mir tief in meinem Herzen, dass es der Frau wieder gut gehen möge und sie sich wohl fühlen darf!

Bei diesem Happy-End-Gedanken kamen die Tränen – und ich konnte auf einmal ganz klar fühlen, dass das ein tiefer Grundwunsch ist, den ich aus meiner Kindheit kenne. Wenn mich meine Eltern bestraft haben oder einfach nur böse wurden, hatte ich damals als Kind einen einzigen Wunsch: Es soll meinen Eltern wieder gut gehen. Es tut weh, wenn sie so leiden müssen.

Dabei spielte es „eigentlich" kaum eine Rolle, dass ich selbst durch die Strafe verletzt wurde. Das viel größere Leid war immer, dass es meinen Eltern gerade nicht gut ging und sie mich deshalb aus ihrem Stressgefühl heraus bestrafen mussten.

Als mir dieser tiefe Wunsch bewusst wurde, musste ich intensiv und lange weinen. In der Nacht träumte ich viel – mein Gehirn vollzog einen Verarbeitungsprozess. Am nächsten Morgen, im Bett liegend, kamen weitere Bilder und ich brach wieder in Tränen aus und weinte weiter. Ich dachte an meine Lehrer in der Schule, an meinen Orgel- und Klavierlehrer, an meine früheren Partnerinnen, an die Verwandtschaft usw. Überall hatte ich im Grunde den Schmerz gefühlt, dass es ihnen nicht wirklich gut ging. Sie waren im Stress, sie waren schüchtern, wirkten blockiert, konnten teilweise nicht offen und liebevoll mit mir kommunizieren, konnten mich, meine Wünsche und Bedürfnisse nicht wirklich wahrnehmen, konnten daher auch nicht wirklich auf mich eingehen geschweige denn mich und meine Gefühle überhaupt „sehen".

Als nächstes erinnerte ich mich an die Beispiele von Jacqueline, in denen sie beschrieben hatte, dass ein Baby die ungeweinten Tränen der Eltern ausdrückt. Dies konnte ich beim Weinen gerade in mir selbst fühlen. Ich weinte, weil mein Umfeld nicht über seine eigenen Schmerzen weinen konnte. Ich fühlte mich wie das schreiende Baby, das in den Armen der traurigen oder verzweifelten Mutter liegt, die nicht aus ihrer Problemtrance herauskommt, weil ihre ungeweinten Tränen nicht fließen können/wollen.

Während ich so im Bett lag und weinte und die Bilder durch meinen Kopf flossen, gab es auch Phasen, in denen die Tränen versiegten und ich an bestimmten Gedanken hängen blieb. Als mir bewusst wurde, dass ich gerade aufgehört hatte zu weinen, fragte ich mich, ob der Verarbeitungsprozess wohl beendet sei. **Dies verknüpfte ich mit der REAWEITIK©**. Ich fragte mich: „Bin ich offen oder bin ich noch in der Problemtrance?" Anschließend versuchte ich zu lächeln. Schon alleine dieser Versuch brachte die Tränen wieder ins Fließen und ich verarbeitete weiter ... bis irgendwann tatsächlich der Tränenfluss zu Ende war, ich frei lächeln und tief durchatmen konnte und mich innerlich gut und ausgeglichen fühlte.

Ja, und dann kam die Verbindung zu diesem Buch in mein Bewusstsein. Ich schreibe Bücher, weil ich mir aus tiefstem Herzen wünsche, dass es meinem Umfeld bessergehen möge. Nachdem Jacqueline und ich dieses Buch zunächst grob fertig stellen durften und wir das Ergebnis vor Augen hatten, war dieser unverarbeitete Schmerz in mir aufgetaucht. Er kam ins Fließen und konnte sich dadurch nachträglich über mehrere Tage verteilt verarbeiten. Bis zum jetzigen Happy End.

Nach diesem Prozess fühle ich mich jetzt noch offener und klarer, als ich mich bisher schon fühlte, und kann noch liebevoller an andere Menschen denken – vor allem auch an die Mieterin. Ich fühle mit ihr, dass sie durch mein Verhalten so leiden musste, damit nicht gut umgehen konnte und vielleicht deshalb immer noch leiden muss.

Ich bin in meiner nun erweiterten Realitätsabbildung davon überzeugt, dass dieser Wunsch „Es möge dem Umfeld besser gehen" der tiefste Wunsch eines jeden Menschen ist. Denn wenn es dem Umfeld gut geht, ist das auch eine gute Rahmenbedingung dafür, dass gleichzeitig die eigenen Selbstheilungskräfte aktiv werden können. „Heile dich, dann heile auch ich!"

*Das* ist der Wunsch, den jeder Mensch aus seinen ersten neun Monaten im Bauch der Mutter (Bauch = das erste „Umfeld") mitbringt und nach der Geburt als allererstes lebt. **Es ist eine natürliche tiefe Verbundenheit und Liebe zu seinem Umfeld – kombiniert mit dem natürlichen Wunsch, dass sich sein Umfeld glücklich fühlen möge.**

Im Laufe der Jahre werden diese Liebe und dieser Wunsch leider mit vielen unverarbeiteten Schmerzen verknüpft. Dadurch werden sie immer weniger bewusst und weniger zugänglich und teilweise vor Schmerz ins Gegenteil verkehrt. Aber im tiefsten Herzen handeln wir alle aus genau dieser Liebe mit diesem Wunsch.

Wenn ein Mensch scheinbar das Gegenteil macht und sein Umfeld direkt verletzt, ist das sein Trance-Ausdruck des tiefen unverarbeiteten Schmerzes, der bei ihm mit diesem Wunsch verknüpft ist. Dieser Schmerz wird ausgedrückt, damit er in Wirklichkeit gesehen, erkannt und letztendlich verarbeitet und transformiert werden kann.

Leider haben viele Menschen das Erkennen und diese natürliche Verarbeitung im Laufe ihrer Kindheit hintangestellt und vergessen …

*Jacqueline und Olaf:*

Wir Autor*innen wünschen uns aus ganzem Herzen, dass *Der lebendige Spiegel im Menschen* dazu beitragen kann, solche Lösungsprozesse wieder ins Fließen zu bringen. Denn aus einem Gefühl tiefer Liebe und Wertschätzung heraus wünschen wir uns allen gemeinsam, dass es jedem immer besser gehen möge.

Einen Schlussgedanken haben wir noch für Sie:

Wie würde sich eine Realitätsabbildung anfühlen, in der wir davon ausgehen, dass unser Kapitän im Gehirn *doch* unser Gehirn verlassen kann? In der wir davon ausgehen, dass unser Bewusstsein wesentlich größer und weiter ist, als wir es je erahnt haben? So wie es die Menschen erlebt haben, die durch ihre Nahtoderlebnisse vom Jenseits und der unendlich liebevollen Weite Ihres Bewusstseins berichten? Von einem erlösenden Überblick in reiner allumfassender Liebe?

Geht es dann noch darum, in irgendeinen Spiegel zu schauen und eine Realitätsabbildung zu erweitern?

Manchmal sind Lösungen so überwältigend schön, dass sich ein Teil in uns noch eine Weile davor schützen muss …

Damit sind wir an das Ende unseres langen subjektiven Briefes gelangt. Wir Autor*innen sind gemeinsam mit Ihnen einen weiten Weg gegangen und fühlen uns sehr dankbar dafür. Denn wir sind auch während der Arbeit an diesem Buch auf faszinierende Weise weiter gereift. Wir befinden uns inzwischen in stimmigeren Gleichgewichten als noch zu Beginn unseres Schreibens. Vielleicht haben Sie sich anstecken lassen? Vielleicht dürfen unsere Realitätsabbildungen für Sie in vielen Bereichen wirksame Unterstützungen sein?

Wir wünschen Ihnen über dieses Buch hinaus viele kreative, erfolgreiche und für Sie stimmige Weiterentwicklungsprozesse. Mögen Ihnen Ihre autonomen Selbstheilungsprozesse mit Hilfe Ihres lebendigen Spiegels optimal gelingen.

Vielleicht lesen, hören, fühlen oder sehen wir uns einmal wieder? Wir beide würden uns sehr darüber freuen!

Und regen Sie immer mal wieder Ihren individuellen Wachstumsprozess an, indem Sie an die Frage denken: „Wie wäre es *noch* stimmiger für mich?“

Auch das, was wir Autor*innen meinen, hier geschrieben zu haben, und was Sie meinen, hier gelesen zu haben, können Sie in Ihrer eigenen subjektiven Realitätsabbildung immer *noch stimmiger gestalten.*

Die Frage ist: *Wie?*

Die herzlichsten Grüße von

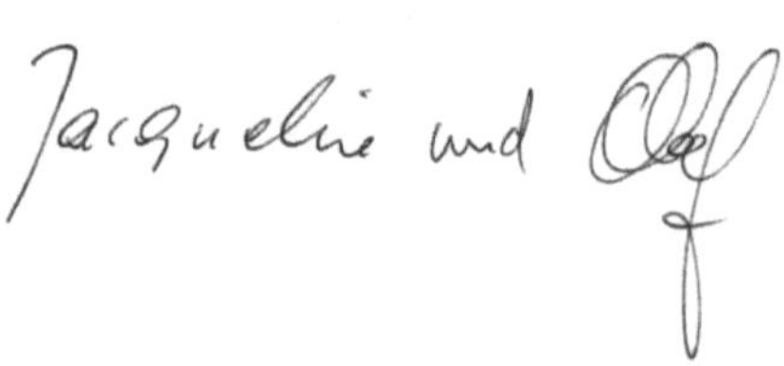

# Dank

Wir bedanken uns ganz herzlich bei all denjenigen, die das Manuskript dieses Buches durchgelesen und uns viele wertvolle Feedbacks gegeben haben. Allen voran danken wir Jacquelines Eltern, Christiane und Jürgen Plöhn. Dadurch, dass Ihr Euren Urlaub teilweise geopfert habt, hat das Buch an Stimmigkeit gewonnen. Es freut uns ganz besonders, dass Ihr uns erlaubt habt, die vielen Beispiele aus Jacquelines Kindheit zu veröffentlichen. Wir sind davon überzeugt, dass diese Beispiele intensiv zu einem besseren Verständnis der Inhalte des Buches beitragen und dass sich viele Menschen darin wiederentdecken können.

Monika Mößner, Martina Houben, Verena Möschle, Eva, Alexander und Vincenz Jellinek haben intensiv korrigiert und/oder sich mit den Inhalten unserer Sichtweisen im Alltag auseinandergesetzt. Ihre Feedbacks haben ebenso das Buch auf eine stimmigere Ebene gehoben und uns bei der Überarbeitung sehr motiviert. Ganz lieben Dank an Euch alle!

Den Teilnehmer*innen unserer Workshops und auch auf Facebook sind wir sehr dankbar, denn durch ihre Feedbacks wurde uns die Unprofessionalität unseres ersten Covers ausdrücklich bewusst, so dass wir nach unserem Gefühl nun ein stimmigeres Cover entwickeln konnten.

Letztendlich danken wir dem Universum für all die wundervollen Fügungen – und für den bisherigen Weg, den wir gemeinsam durchlitten, durchschritten, durchflogen, durchlacht, durchweint, durchlernt, durchlöst, durchlebt und durchliebt haben.

# Ausbildung für Freie Systemische Aufstellungen

„Drei auf einen Streich" - eine Ausbildung mit drei Zielen:

- ✓ Ausbildung darin, eigenverantwortlich und effektiv mit seinen eigenen Systemaufstellungen umzugehen (Selbstorganisation)
- ✓ Ausbildung im Organisieren von Freien Systemischen Aufstellungen (Abschluss: „**Organisator*in für Freie Systemische Aufstellungen**")
- ✓ Ausbildung im Ausbilden von Organisator*innen (Abschluss: „**Ausbilder*in im Organisieren von Freien Systemischen Aufstellungen**")

An drei Wochenenden bilden sich die Teilnehmer*innen darin aus, eigenverantwortlich, selbstständig und effektiv das Phänomen der „Resonierenden Empfindungen" zu nutzen, eine eigene Systemaufstellung mithilfe einer Gruppe oder für sich allein frei anzuwenden, mit ihr frei umzugehen und das Beste aus ihr herauszuholen.

Gleichzeitig bilden sich die Teilnehmer*innen zur/zum Organisator*in für Freie Systemische Aufstellungen aus. Das bedeutet: Die Teilnehmer*innen können nach der Ausbildung selbst die Freien Systemischen Aufstellungen organisieren. Sie können in einer Veranstaltung anderen interessierten Menschen Freie Systemaufstellungen anbieten und sie darin einführen, wie man effektiv seine eigene Aufstellung nutzen und das Beste aus ihr herausholen kann.

Ebenso befähigen sich die Teilnehmer*innen dieser Ausbildung dazu (und erhalten die Erlaubnis), selbst diese „Ausbildung für Freie Systemische Aufstellungen" anzubieten.
Für die Teilnahme gibt es keine Voraussetzung. Auch wer Aufstellungen noch nicht erlebt hat, darf an dieser Ausbildung eigenverantwortlich teilnehmen.

Ausbilder*in: Jacqueline & Olaf Jacobsen

## Empathisches NeuroSonanz-Coaching

Olaf Jacobsen stellt ein Coaching für alle möglichen Fragen und Themen zur Verfügung, in welchem er u. a. folgende Werkzeuge anbietet:

- ✓ Lösende Imaginationen und Techniken im einfühlsamen Gespräch
- ✓ Findungsprozesse mithilfe von Einzelaufstellungen
- ✓ Befreiende Realitätsbrille mithilfe des NeuroSonanz®-Modells

Ein Coaching ist wie folgt erlebbar:

- ✓ am Telefon
- ✓ in einer Video-Konferenz über das Internet (z. B. über zoom.com)
- ✓ in einem Direktkontakt vor Ort (Karlsruhe, Köln)

Weitere Infos: www.in-resonanz.net/Olaf-Jacobsen_Beratungen.html
Einen Termin buchen Sie per E-Mail: olaf-jacobsen@in-resonanz.net

## Über die Autor*innen

Jacqueline Jacobsen hat zwei Kinder aus erster Ehe und ist Heilpraktikerin.

Olaf Jacobsen hat keine Kinder und ist studierter Musiker, Empathie-Spezialist, Begründer der Freien Systemischen Aufstellungen und Bestsellerautor.

Jacqueline und Olaf kennen sich seit 2003, sind seit 2004 ein Paar, waren in der Zeit von 2009 – 2011 scheinbar getrennt und sind seit 2012 verheiratet.

Gemeinsam organisieren sie u. a. Workshops für Freie Systemische Aufstellungen.

Infos im Internet unter: www.wajarri.de www.olafjacobsen.com

## Veröffentlichungen von Olaf Jacobsen

Leseproben und Bestellungen (ohne Versandkosten, per Rechnung) unter www.olaf-jacobsen-verlag.de

### Trilogie „Basis-Erkenntnisse“:

**So, jetzt ist aber genug!** Die Geburt einer Weltformel (1996, aktualisierte Neuauflage 2014, E-Book 2019)

**Bewegungen in neue Gleichgewichte.** Bewegende Sichtweisen für unseren Alltag (2000, aktualisierte Neuauflage 2014, E-Book 2019)

**Die Vollkommenheit des Universums.** (Das) Nichts ist All-ein, Alles ist in Resonanz (2001, aktualisierte Neuauflage 2014, E-Book 2019)

### Trilogie „Freie Systemaufstellung“:

**Das freie Aufstellen - Gruppendynamik als Spiegel der Seele.** Eine Einführung in eine freie Form der Systemischen Aufstellungen (2003, E-Book 2019, aktualisierte Neuauflage 2021)

**Freie Systemaufstellung: Das fühlt sich richtig gut an!** Gefühle erforschen, Klarheit gewinnen und den Alltag befreit leben (2012, E-Book 2019, aktualisierte Neuauflage 2021)

**Ich stelle selbst auf.** Wie Sie Ihre Selbstheilungskräfte durch Freies Aufstellen aktivieren (2011, E-Book 2019, aktualisierte Neuauflage 2021)

**Impulskarten für Freie Systemische Aufstellungen.** Wenn Sie in Ihrer Aufstellung nicht mehr weiterwissen (2012/2021)

### Trilogie „Ich stehe nicht mehr zur Verfügung“:

**Ich stehe nicht mehr zur Verfügung.** Wie Sie sich von belastenden Gefühlen befreien und Beziehungen völlig neu erleben (2006, E-Book 2021, aktualisierte Neuauflage 2021)

**Ich stehe nicht mehr zur Verfügung 2.** Die Kritik von anderen hat nichts mit mir zu tun (2010, E-Book 2020, aktualisierte Neuauflage 2021)

**Hilfe! Ich stehe *unbewusst* zur Verfügung** Unbewusste Beeinflussungen aufdecken – für ein unabhängiges Leben (2016/2021, E-Book 2019)

**Stehe ich zur Verfügung?** Das Kartenset für jede Situation (2021, E-Book 2020)

**Ich stehe nicht mehr zur Verfügung – Die Essenz (CD).** Wie Sie sich von belastenden Gefühlen befreien und Beziehungen völlig neu erleben, Hörbuch zu Band 1 (2009), Restexemplare beim www.olaf-jacobsen-verlag.de erhältlich

**Drei Bücher „Selbstreflexion & Empathie“:**

**Der lebendige Spiegel im Menschen.** In Resonanz lernen – lösen – leben – lieben (Jacqueline & Olaf, 2014, E-Book 2019, Neuauflage 2021)

**Meine Eltern sind schuld!** Was unsere Eltern falsch gemacht haben und immer noch falsch machen (2014, E-Book 2019, Neuauflage 2021)

**Die Kriegs-Trance und das Mitgefühl** Warum wir fast alle betroffen sind und wie wir daraus aufwachen (2015, E-Book 2019, Neuauflage 2021)

**Drei Bücher „Werkzeuge für Potenzialentfaltung“:**

**Der Mann, der sich glücklich weinte** Tränen befreien das Gehirn, das Menschsein und die Gesellschaft (PDF-eBook 2019, erweiterte Neuauflage 2021)

**Das Handbuch der resonierenden Empfindungen** Wie wir mit Gefühlen umgehen können, die in Verbindung zu unserem Umfeld stehen (2022)

**Das NeuroSonanz-Modell** Die vollständige Erklärung unseres Menschseins (PDF-eBook 2019)

**Wie wird das Ziel erreicht?** Das E-Kartenset rund um Ziele, Wünsche, Bedürfnisse (E-Book 2020)

**Olafs komplette Werkzeugkiste** Das umfassende E-Kartenset (beinhaltet alle anderen Kartensets und noch mehr, über 400 Karten, **nur als PDF-Datei**, 2020) – nur beim www.olaf-jacobsen-verlag.de erhältlich

**Weitere Schriftwerke:**

**Das trifft sich gut** Ein Schlaganfall, seine dramatischen Folgen und wie er zum wundervollen Geschenk wurde (Jacqueline & Olaf, Autobiographie 2018, E-Book 2019)

**HauptRolle** Es geht immer um das stimmigste Rollengefühl (E-Book als PDF-Datei, 2019) – ***kostenfrei*** auf www.olaf-jacobsen-verlag.de

**Wie wir uns ändern und die Erde retten** Wir haben bereits alles Wissen – nur die Umsetzung fehlt noch (E-Book als PDF-Datei, 2019) – ***kostenfrei*** auf www.olaf-jacobsen-verlag.de

## Verzeichnis der Spiele und Empfehlungen


| | |
|---|---|
| Der Umgang mit einem Spiegel | 9 |
| Der Kapitän im Gehirn | 24 |
| „Das ist mein kraftvolles Gehirn!" | 30 |
| „Du projizierst gerade!" | 35 |
| Drei Umgangsmöglichkeiten mit unangenehmen Situationen | 42 |
| Auflösung von emotionalen Phantomschmerzen | 60 |
| Die passende Projektion finden | 63 / 64 |
| Im Gehirn neue lösende Wege bahnen | 65 |
| EMDR – Stressauflösung durch Augenbewegungen | 70 |
| „Das ist dein Problem!" | 72 |
| Aktivität – Beobachten – Bewerten | 78 / 82 |
| Sich auf sein Stimmigkeitsgefühl konzentrieren | 89 |
| „Alles ist DAS WÜNSCHENDE" | 94 |
| Wo wirken welche Wünsche? | 110 |
| Wie wir Schuldzuweisungen auflösen | 117 |
| Wessen Wünsche sind schuld? | 126 |
| Abwehr gegen das Zur-Verfügung-Stehen auflösen | 178 / 179 |
| Irgendetwas Geniales werde ich hier lernen können | 180 |
| Jede Unstimmigkeit als Spiegel nutzen | 203 |
| Alle sieben Thesen auf einen Blick | 204 |
| Welche Fragen und Aktivitäten helfen wirklich weiter? | 208 |
| Happy End in den vier Szenen | 231 / 235 |
| Projektionen haben ihren Sinn | 249 |
| Der Chef bestimmt den Rahmen | 266 |
| Wie werde ich zum Klarträumer? | 272 |
| Die REAWEITIK© - das Unterscheidungsspiel | 275 |
| Befreie dein Stimmigkeitsgefühl | 283 |
| Was genau ist unstimmig? Eine Orientierungshilfe | 302 |
| Sich seinem Ideal-Ich zur Verfügung stellen | 303 |
| Über das Umfeld spekulieren | 305 |
| Tiefe Liebe zum Umfeld | 311 |

# Literaturverzeichnis

Folgende Bücher haben uns beim Schreiben dieses Buches inspiriert:


Alexander, Eben: **Blick in die Ewigkeit.** Die faszinierende Nahtoderfahrung eines Neurochirurgen. Ansata 2013.

Betz, Robert: **Frieden mit meinen „Arsch-Engeln“.** Verstrickte und zerstrittene Beziehungen verstehen und verwandeln. Audio CD. Roberto & Philippo 2008.

Beyer, Silvia: **Meine Kinder spiegeln mich.** Die Pubertät mit Hilfe der Spiegelgesetz-Methode leichter bewältigen. Ennsthaler 2007.

Ennenbach, Matthias: **Buddhistische Psychotherapie.** Ein Leitfaden für heilsame Veränderungen. Windpferd 2010.

Erlacher, Daniel: **Anleitung zum Klarträumen.** Die nächtliche Traumwelt selbst gestalten. Books on Demand GmbH 2010.

Franckh, Pierre: **Das Gesetz der Resonanz.** Koha 2008.

Frei, Irene und Thomas: **Das Lebensspiel.** Die Regeln verstehen, anwenden und gewinnen. Arkana 2011.

Goewey, Don Joseph: **Mystisch cool.** In der Kraft der Gegenwart sein. Windpferd 2009

Hüther, Gerald: **Jedes Kind ist hochbegabt.** Die angeborenen Talente unserer Kinder und was wir aus ihnen machen. Knaus 2012.

Hüther, Gerald: **Was wir sind und was wir sein könnten.** Ein neurobiologischer Mutmacher. Fischer 2013.

Hüther, Gerald / Renz-Polster, Herbert: **Wie Kinder heute wachsen.** Natur als Entwicklungsraum – Ein neuer Blick auf das kindliche Lernen, Fühlen und Denken. Beltz 2013

Katie, Byron: **Lieben was ist.** Wie vier Fragen Ihr Leben verändern können. Arkana 2002

Kössner, Christa: **Schlüssel zum Glücklich-Sein.** Das Spiegelgesetz. Ennsthaler 2009.

Kössner, Christa / Leeb, Leopold / Senger, Alois: **Meine Krankheit spiegelt mich.** Individuelle Symptom-Entschlüsselung mit der Spiegelgesetz-Methode. Ennsthaler 2009.

Kranawetter, Louise / Beermann, Brigitte: **Spiegelgesetz-Methode und EFT.** Zwei populäre Methoden genial kombiniert. Param 2012.

Levine, Peter A.: **Sprache ohne Worte.** Wie unser Körper Trauma verarbeitet und uns in die innere Balance zurückführt. Kösel 2011

Lipton, Bruce: **Intelligente Zellen.** Der Geist ist stärker als die Gene. Koha 2008.

McTaggart, Lynne: **Intention.** Mit Gedankenkraft die Welt verändern. VAK 2013.

Mohr, Bärbel: **Bestellungen beim Universum.** Ein Handbuch zur Wunscherfüllung. Omega 2004.

Moorjani, Anita: **Heilung im Licht.** Wie ich durch eine Nahtoderfahrung den Krebs besiegte und neu geboren wurde. Arkana 2012.

Nussbaumer, Maria: **Die Balance für Körper, Geist und Seele.** Der Partner als Spiegel und wie die Partnerliebe mehr Lebensqualität bekommt. Books on Demand 2007.

Osho: **The Devine Melody.** Diamond Pocket Books 2000.

Rosenberg, Marshall B.: **Gewaltfreie Kommunikation.** Eine Sprache des Lebens. Junfermann 2001.

Ruppert, Franz: **Seelische Spaltung und innere Heilung.** Traumatische Erfahrungen integrieren. Klett-Cotta 2010.

Ruschinski, Ina: **Dein Pferd – Spiegel deiner Seele.** Schirner 2011.

Schmidt, Gunther: **Einführung in die hypnosystemische Therapie und Beratung.** Carl-Auer 2008.

Sheldrake, Rupert: **Der siebte Sinn der Tiere.** Warum Ihre Katze weiß, wann Sie nach Hause kommen und andere bisher unerklärte Fähigkeiten der Tiere. Fischer Taschenbuch 2007.

Thiemann, Jens: **Klartraum.** Wie Sie Ihre Träume bewusst steuern können. Rowohlt 2013.

Van Lommel, Pim: **Endloses Bewusstsein.** Neue medizinische Fakten zur Nahtoderfahrung. Knaur 2013.

Wachtendorf, Thea: **Spiegelgesetz in allen Lebenslagen.** Schirner 2011.

Watzlawick, Paul: **Die Unsicherheit unserer Wirklichkeit.** Ein Gespräch über den Konstruktivismus. Piper 2007.

Williams, Redford: **Anger Kills.** Seventeen strategies for controlling the hostility that can harm your health. Harper Perennial 1994.

# Ein schweres Schicksal mit wundervollen Fügungen

Olaf: „Wenn wir unseren Weg veröffentlichen, welcher Titel würde passen?“

Jacqueline schließt die Augen und überlegt eine Weile. Dann sagt sie: „Das trifft sich gut.“

Einige Monate vor seinem fünfzigsten Geburtstag ahnt Olaf, dass etwas schieflaufen wird. Denkt er an die Geburtstagsfeier, wird er traurig. Eines Abends fühlt sich auch Jacqueline plötzlich traurig, weiß aber nicht, warum. Zwei Tage später erleidet sie eine Blutung im Gehirn und wird in die Intensiv-Station eingeliefert. Ihre rechte Körperhälfte ist taub und gelähmt und ihr Gedächtnis funktioniert nicht mehr …

Die beiden berichten über das Drama dieses schweren Schlaganfalls, über lehrreiche Erlebnisse im Krankenhaus, über Verlustschmerzen, über Abschiede – als auch über wundervolle Fügungen, spannende Erfahrungen und über die Zahl 17, die auf seltsame Weise immer wieder auftaucht. Sie wirkt wie eine Botschaft vom Universum: „Alles gehört dazu. Ihr seid auf dem richtigen Weg.“

Jacqueline und Olaf wenden alles, was sie als Heilpraktikerin und Empathie-Trainer gelernt und gelehrt haben, auf sich selbst an. Einfühlungsvermögen und freie Aufstellungsarbeit spielen eine große Rolle. Im Mittelpunkt steht die erfolgreiche Verarbeitung schmerzvoller Erlebnisse. Sie lässt beide „im Fluss“ bleiben und optimal mit diesem Schicksal umgehen.

Dieses Buch ist ein leidenschaftliches Plädoyer für eine besondere Form der Empathie, die jeder Mensch seit der Kindheit bereits lebt. Es ist hilfreich für jeden, der sich auf irgendeine Weise mit einem schmerzvollen Schicksal konfrontiert sieht und Anregungen für den inneren und äußeren Umgang damit sucht.

**Jacqueline und Olaf Jacobsen: „Das trifft sich gut“**
340 Seiten, Broschur, ISBN 978-3-936116-08-3
Leseprobe: www.olaf-jacobsen-verlag.de, bestellung@in-resonanz.net

# Die spiegelnde Gruppe

Die Freien Systemischen Aufstellungen sind im Jahr 2003 von Olaf Jacobsen begründet worden. Dieses Buch ist das allererste, das über das Freie Aufstellen geschrieben wurde, und bildet die Basis zu allen weiteren Büchern über diese effektive Selbsthilfemethode.

Das Freie Aufstellen nutzt das Phänomen der „Resonanz“ in unseren Gefühlen. Sogenannte „resonierende Empfindungen“ tauchen auf, sobald wir uns als Stellvertreter*in für die Probleme und Fragen anderer Menschen zur Verfügung stellen. Wir beginnen, die Personen oder Anteile des fremden Problems in uns selbst zu spüren, und bieten dadurch der aufstellenden Person einen Spiegel für ihr Anliegen.

Olaf Jacobsen entwickelte diese Methode, damit die resonierenden Empfindungen auch außerhalb eines therapeutischen oder fachlich geleiteten Rahmens von allen selbstständig genutzt werden können. Dadurch handelt es sich um die erste „echte“ Form der klientenzentrierten Systemaufstellung. Jeder, der daran Interesse hat, sich mithilfe anderer Menschen sein Anliegen spiegeln zu lassen und eigenverantwortlich Lösungen dafür zu finden, kann an einer Gruppe für Freies Aufstellen teilnehmen. Auch im Freundeskreis kann eine solche Gruppe selbstständig organisiert werden.

Dieses Buch enthält die ersten praktischen Anleitungen und theoretischen Hintergründe zu den Freien Systemischen Aufstellungen.